卓越教育 主编

TOWARD EXCELLENCE

走向卓越

中小学教师专业发展理论读本

（第六卷）

济南出版社

图书在版编目（CIP）数据

走向卓越：中小学教师专业发展理论读本（全6卷）/
卓越教育主编. — 济南：济南出版社，2016.7
ISBN 978-7-5488-2232-5

Ⅰ. ①走… Ⅱ. ①卓… Ⅲ. ①中小学—师资培养—
研究 Ⅳ. ① G635.12

中国版本图书馆 CIP 数据核字（2016）第 179282 号

出版发行 济南出版社
地　　址 济南市二环南路 1 号（250002）
印　　刷 山东省东营市新华印刷厂
版　　次 2016 年 7 月第 1 版
印　　次 2016 年 8 月第 1 次印刷
开　　本 710 mm × 1 000 mm　1/16
总 印 张 174.75
总 字 数 3 050 千
印　　数 1—10000 套
总 定 价 598.00 元（全6卷）

目　录

专题十六　校本教研的理论与实践

第一章　校本教研的特征与理念 / 003

第一节　校本教研的基本特征 / 003

一、校本教研的要素性特征 / 003

二、校本教研的功能性特征 / 006

第二节　校本教研的理念基础 / 008

一、学校是教学研究的基地 / 008

二、课堂是教学研究的实验室 / 009

三、教师是教学研究的主体 / 009

四、促进师生共同发展是教学研究的直接目的 / 010

第二章　校本教研的要素与范畴 / 012

第一节　校本教研的核心要素 / 012

一、教师个体的自我反思 / 012

二、教师集体的同伴互助 / 013

三、研究人员的专业引领 / 014

第二节　校本教研的范畴类型 / 016

一、应用研究 / 016

二、中微观研究 / 017

三、现场研究 / 019

第三章 校本教研的目标与途径 / 021

第一节 校本教研的目标系统 / 021

一、基本任务 / 021

二、主要内容 / 022

第二节 校本教研的实施途径 / 025

一、基于教学问题的课题研究 / 025

二、基于有效教学理念的教学设计 / 026

三、基于教学对话的教学行动 / 027

四、基于教学实践的教学反思 / 027

五、基于改进结果的教学重建 / 028

第四章 校本教研的方法与技术 / 030

第一节 校本教研的方法系统 / 030

一、教育调查研究法 / 031

二、教育经验总结法 / 033

三、教育叙事研究法 / 036

四、教育案例研究法 / 039

第二节 校本教研的技术系统 / 045

一、情报技术 / 045

二、问卷技术 / 050

三、访谈技术 / 054

四、观察技术 / 057

五、统计技术 / 060

第三节 校本教研方法技术的应用 / 063

一、明确校本教研方法技术的价值取向 / 063

二、了解校本教研的展开过程 / 066

三、掌握校本教研方法技术的习得途径　/ 068

四、创造性地应用教育研究的方法技术　/ 069

第五章　校本教研的模式　/ 071

第一节　课例研究模式　/ 071

一、课例研究模式的内涵　/ 071

二、课例研究模式的应用　/ 072

第二节　案例研究模式　/ 078

一、案例研究模式的内涵　/ 078

二、案例研究模式的应用　/ 079

第三节　专题研究模式　/ 083

一、专题研究模式的内涵　/ 083

二、专题研究模式的应用　/ 084

第四节　课题研究模式　/ 089

一、课题研究模式的内涵　/ 089

二、课题研究模式的应用　/ 091

第五节　网络教研模式　/ 093

一、网络教研模式的内涵　/ 093

二、网络教研模式的应用　/ 095

第六节　区域合作教研模式　/ 097

一、区域合作教研模式的内涵　/ 097

二、区域合作教研模式的应用　/ 098

第六章　校本教研的成果与应用　/ 099

第一节　校本教研成果的基本特点　/ 099

一、扎根性　/ 099

二、个性化　/ 100

三、多样性　/ 100

第二节　校本教研成果的表达思路　/101

一、提升研究的价值，注重成果的效用　/101

二、描述实际的研究，呈现清晰的思路　/102

三、突出问题的解决，强调措施的运用　/102

第三节　校本教研文本成果的体例　/103

一、教育随笔　/103

二、教学设计　/105

三、教学实录　/109

四、教学案例　/114

五、教学后记　/118

六、教学总结　/122

七、教育论文　/126

八、课题报告　/127

九、学术著作　/133

关联拓展阅读之一　全球化：教师具备怎样的观念和能力　/134

关联拓展阅读之二　"碎片化"的教育研究及其批判　/137

关联拓展阅读之三　叶澜：一个人和她的教育改革　/148

专题十七　中国教育简史

第一章　原始社会和夏、商、西周时期的教育　/159

第一节　中国教育的起源与古代学校的萌芽　/159

一、原始社会的教育活动　/159

二、古代学校萌芽的传说　/160

第二节　夏、商、西周时期的教育　/162

一、夏朝的教育　/162

二、商朝的教育　/162

三、西周的教育　/163

第二章　春秋战国时期的教育　/168

第一节　官学衰废与私学兴起　/168

一、官学衰废　/168

二、私学兴起　/169

三、私学产生的意义　/170

第二节　儒家的教育思想　/171

一、孔子的教育思想　/171

二、孟子的教育思想　/176

第三节　墨家的教育思想　/178

一、墨子生平与墨家学派　/178

二、墨家的教育教学思想　/178

第四节　《礼记》的教育思想　/180

一、《大学》中的教育思想　/180

二、《学记》中的教育思想　/181

第三章　秦汉魏晋南北朝时期的教育　/184

第一节　秦朝的教育　/184

一、"书同文""行同伦"　/184

二、禁办私学、焚书坑儒　/184

三、以吏为师、以法为教　/185

第二节　汉朝的教育　/185

一、独尊儒术的文教政策　/185

二、汉朝学校教育制度　/186

第三节 魏晋南北朝的教育 / 190

一、国子学与太学并列 / 190

二、专科学校的产生 / 191

三、私学与家庭教育的发展 / 191

第四节 董仲舒的教育思想 / 192

一、生平与著作 / 192

二、教育思想 / 192

第四章 隋唐时期的教育 / 194

第一节 隋唐的文教政策 / 194

一、重整儒术 / 194

二、兼容佛道 / 195

第二节 隋唐的学校教育制度 / 196

一、隋朝的教育制度 / 196

二、唐朝的教育制度 / 196

第三节 隋唐的科举制度 / 199

一、科举制度的确立 / 199

二、唐朝科举考试的程序 / 199

三、唐朝科举考试的科目和方法 / 200

四、科举制度的影响 / 202

第四节 韩愈的教育思想 / 204

一、生平与著作 / 204

二、教育思想 / 204

第五章 宋元时期的教育 / 207

第一节 宋朝的文教政策 / 207

一、宋朝重文的文教政策 / 207

二、北宋的三次兴学 / 208

第二节　宋朝的教育制度与科举制度　/ 210

　　一、中央官学　/ 210

　　二、地方官学　/ 211

　　三、宋朝的科举制度　/ 212

第三节　宋朝的书院　/ 213

　　一、书院制度的产生　/ 213

　　二、宋朝书院的兴衰　/ 214

　　三、书院的教学制度　/ 215

第四节　元朝的教育　/ 216

　　一、元朝尊用汉法的文教政策　/ 216

　　二、教育机构　/ 216

　　三、元朝的选士制度　/ 217

第五节　朱熹的教育思想　/ 218

　　一、生平与教育活动　/ 218

　　二、关于教育目的、作用的主张　/ 219

　　三、朱子读书法　/ 219

第六章　明清（鸦片战争前）的教育　/ 221

第一节　明清的文教政策　/ 221

　　一、尊经崇儒，以程朱理学为指导思想　/ 221

　　二、文化专制，禁锢思想　/ 222

第二节　明朝的教育制度　/ 223

　　一、中央官学　/ 223

　　二、地方官学　/ 225

　　三、书院　/ 225

第三节　清朝的教育制度　/ 226

　　一、中央官学　/ 226

　　二、宗学、觉罗学、八旗官学　/ 227

第四节　明清的私学　/228

一、明清私学的发展　/228

二、明清私学的教材　/229

第五节　明清的科举制度　/230

一、将三级考试改为童生试、乡试、会试、殿试四级考试　/230

二、精简了科目，只设有进士科　/230

三、考试方式主要有经书义和策论　/230

四、考试规则更加严密　/231

第六节　王守仁的教育思想　/231

一、生平与著作　/231

二、教育思想　/231

第七节　颜元的教育思想　/235

一、生平与思想　/235

二、论教育的作用　/235

三、关于教育的目的和内容　/236

四、关于教学方法　/237

第七章　晚清时期的教育　/238

第一节　清末的教育　/238

一、清教育的衰落　/238

二、教会学校的开端　/239

第二节　洋务运动时期的教育　/241

一、洋务教育产生的背景　/241

二、洋务运动时期的教育活动　/241

第三节　维新运动时期的教育改革　/244

一、维新派和顽固派、洋务派在教育问题上的分歧　/245

二、兴办学堂　/245

三、维新运动中的教育改革　/247

第四节 "新政"时期的教育改革 / 249

一、"壬寅·癸卯学制"的颁布 / 249

二、清教育行政机构的建立 / 252

三、科举制度的改革与废除 / 252

第五节 张之洞的教育思想 / 253

一、生平与教育活动 / 253

二、中学为体、西学为用的教育思想 / 254

三、关于教育改革 / 254

第六节 康有为、梁启超的教育思想 / 256

一、生平与思想 / 256

二、关于教育的作用与目的 / 256

三、论废八股、变科举、兴学校 / 257

四、关于新式学校教育制度 / 257

五、论儿童教育和女子教育 / 258

第八章 新中国成立前的教育 / 260

第一节 南京临时政府的教育改革 / 260

一、改革旧教育 / 260

二、颁布新的教育方针 / 261

三、制定"壬子·癸丑学制" / 262

第二节 北洋政府时期的教育 / 264

一、北洋政府的复古主义教育 / 264

二、新文化运动时期的教育改革和教育思潮 / 265

三、1922年的"新学制" / 269

四、新民主主义教育的产生 / 271

第三节 南京国民政府时期的教育 / 273

一、南京国民政府的教育宗旨 / 273

二、南京国民政府的教育改革 / 274

三、20世纪二三十年代的乡村教育运动 /277

第四节 蔡元培教育思想 /279

一、哲学思想 /279

二、"五育"并重的教育方针 /280

三、"尚自然""展个性"的教育原则 /281

四、"思想自由、兼容并包"的办学思想 /281

五、教育独立的主张 /282

第五节 陶行知的教育实践与思想 /283

一、生平与教育实践 /283

二、教育思想 /283

第六节 苏区与延安时期的教育 /285

一、苏区的教育方针政策 /285

二、延安时期抗日民主根据地的文教方针政策 /285

三、各级各类教育 /286

第九章 新中国成立以后的教育 /289

第一节 社会主义改造期间的教育 /289

一、教育概况 /289

二、教育举措 /290

第二节 1956~1976年的教育 /291

一、独立探索社会主义教育发展道路 /291

二、"文化大革命"时期的教育 /292

第三节 改革开放以来的教育 /293

一、教育领域的拨乱反正 /293

二、探索中国特色社会主义教育 /294

三、建设中国特色社会主义教育的深化 /296

第十章　港、澳、台地区的教育发展　/ 299

第一节　香港地区的教育发展概况　/ 299

一、古代至殖民地时期前　/ 299

二、殖民地时期初期　/ 300

三、20世纪初期　/ 301

四、日治时期　/ 302

五、第二次世界大战以后　/ 303

六、香港回归前　/ 305

七、香港回归后　/ 306

第二节　澳门地区教育发展概况　/ 308

一、澳门教育的历史回望　/ 308

二、澳门教育发展现状　/ 313

第三节　台湾地区教育发展概况　/ 317

一、荷兰统治时期　/ 317

二、明郑与清朝　/ 318

三、日据时期　/ 318

四、当前的教育发展　/ 319

关联拓展阅读之一　当前我国教育改革的三个理论问题　/ 322

关联拓展阅读之二　基础教育改革深化之路怎么走　/ 330

关联拓展阅读之三　当代教育的五大使命　/ 334

关联拓展阅读之四　台湾教改二十年的得与失　/ 339

专题十八　外国教育简史

第一章　古希腊与古罗马的教育　/ 345

第一节　古希腊教育　/ 345

一、荷马时代的教育　/ 345

二、古风时代的教育　/ 346

三、古典时代的教育　/ 348

四、希腊化时代的教育　/ 350

第二节　古希腊教育思想　/ 351

一、苏格拉底的教育思想　/ 351

二、柏拉图的教育思想　/ 352

三、亚里士多德的教育思想　/ 354

第三节　古罗马教育　/ 356

一、共和时期的罗马教育　/ 356

二、帝国时期的罗马教育　/ 357

三、基督教教育的兴起　/ 358

第四节　古罗马教育思想　/ 359

一、西塞罗的教育思想　/ 359

二、昆体良的教育思想　/ 359

第二章　西欧中世纪的教育　/ 361

第一节　基督教教育　/ 361

一、修道院学校　/ 361

二、大教堂学校和堂区学校　/ 362

第二节　世俗封建主的教育　/363

一、查理曼的教育改革和宫廷学校　/363

二、骑士教育　/364

第三节　西欧中世纪大学和城市学校　/365

一、中世纪大学的兴起　/365

二、中世纪大学的组织制度　/366

三、城市学校　/367

第四节　经院哲学与西欧中世纪教育　/368

一、经院哲学　/368

二、经院哲学对西欧教育的影响　/368

第三章　文艺复兴与宗教改革时期的教育　/370

第一节　文艺复兴时期的教育　/370

一、文艺复兴运动　/370

二、意大利的人文主义教育　/371

三、北欧的人文主义教育　/372

四、人文主义教育的基本特征　/374

第二节　宗教改革时期的教育　/375

一、宗教改革运动　/375

二、宗教改革时期的教育思想　/376

三、耶稣会学校　/378

第四章　17～19世纪欧美主要国家的教育　/379

第一节　17～19世纪的英国教育　/379

一、慈善教育　/379

二、文法学校和公学　/380

三、学园　/380

四、星期日学校和导生制学校　/381

五、国家干预教育的开端 /381

六、"新大学运动" /382

七、1870年的《初等教育法》 /383

第二节 17～19世纪的法国教育 /384

一、胡格诺派和冉森派的教育活动 /384

二、"基督教学校兄弟会"的教育活动与耶稣会学院 /385

三、法国大革命期间的教育计划 /385

四、拿破仑时期的教育改革 /386

五、《基佐教育法案》与《费里教育法案》 /387

六、中等教育的发展 /387

第三节 17～19世纪的德国教育 /388

一、强迫义务教育 /388

二、文科中学和实科中学 /389

三、泛爱主义教育 /389

四、洪堡教育改革 /390

第四节 17～19世纪的俄国教育 /391

一、彼得一世的教育改革 /391

二、《国民学校章程》 /392

三、《大学附属学校章程》 /392

四、19世纪60年代的教育改革 /393

第五节 17～19世纪的美国教育 /394

一、美国殖民地时期的教育 /394

二、教育分权制的确立 /394

三、公立学校运动 /395

四、学术型大学的创建 /396

五、《毛雷尔拨地法》 /396

第六节 17～19世纪的日本教育 /397

一、明治维新的教育改革 /397

二、《学校令》 /398

三、《教育敕语》 /399

第五章 17～19世纪西方教育思想 /400

第一节 夸美纽斯的教育思想 /400

一、生平与思想基础 /400

二、论教育的作用和目的 /401

三、论"教育适应自然"的原则 /401

四、"泛智教育"论和学校教育体系的主张 /402

五、教学论 /402

第二节 洛克的教育思想 /404

一、生平与思想基础 /404

二、绅士教育论 /405

第三节 卢梭的教育思想 /407

一、生平与思想基础 /407

二、自然教育论 /408

三、论儿童身心发展各阶段的教育 /408

第四节 裴斯泰洛齐的教育思想 /410

一、生平及教育活动 /410

二、论教育的目的与作用 /411

三、关于教育内容的论述 /411

四、教学理论 /413

第五节 赫尔巴特的教育思想 /414

一、生平与思想基础 /414

二、论教育目的 /415

三、论教育过程 /415

第六节 福禄培尔的教育思想 /418

一、生平及教育活动 /418

二、论教育的两个原则　/418

三、论教育的作用　/419

四、论学前幼儿教育　/420

第七节　斯宾塞的教育思想　/421

一、生平与思想基础　/421

二、教育目的论　/422

三、关于智育、德育和体育的论述　/423

第六章　现代外国教育　/425

第一节　英国现代教育　/425

一、20世纪前半期的教育改革　/425

二、20世纪50～80年代的教育改革　/428

三、英国现行教育制度　/429

第二节　法国现代教育　/430

一、20世纪前半期教育的基本情况　/430

二、第二次世界大战后的教育改革　/431

三、法国现行教育制度　/433

第三节　德国现代教育　/434

一、20世纪前期的德国教育　/434

二、第二次世界大战后德国的教育改革　/436

三、20世纪60年代以来德国教育的发展　/436

四、德国现行教育制度　/437

第四节　美国现代教育　/439

一、20世纪前期的教育改革　/439

二、第二次世界大战以后的教育改革　/440

三、美国现行教育制度　/443

第五节　日本现代教育　/444

一、20世纪前半期的教育　/444

二、第二次世界大战后初期的教育改革　/445

三、日本现行教育制度　/447

第六节　俄罗斯现代教育　/448

一、苏维埃建立初期对旧教育制度的改造　/448

二、20世纪20年代的教育发展　/449

三、20世纪30年代至50年代初期教育的调整和发展　/449

四、20世纪50年代末至80年代末的教育大改革　/450

五、俄罗斯现行学制　/453

第七章　现代外国教育思想　/454

第一节　新教育运动　/454

一、新教育运动的由来与发展　/454

二、蒙台梭利的教育主张　/456

三、"公民教育"和"劳动学校"思想　/459

第二节　进步教育　/460

一、进步教育的始末　/460

二、进步教育家的实验　/461

第三节　杜威的教育思想　/463

一、生平与教育活动　/463

二、实用主义教育思想　/464

三、关于教育本质的论述　/465

四、关于教育目的的论述　/467

五、活动课程论与"从做中学"　/468

第四节　实验教育学　/469

一、梅伊曼的教育思想　/469

二、拉伊的教育思想　/470

三、桑代克的教育思想　/471

第五节　当代欧美教育思潮　/472

一、改造主义教育 / 472

二、要素主义教育 / 473

三、永恒主义教育 / 474

四、存在主义教育 / 475

五、结构主义教育 / 476

关联拓展阅读之一 误读美国教育：中国英才教育批判 / 477

关联拓展阅读之二 何等清晰的教育改革思路 / 484

关联拓展阅读之三 论第三代学校的核心使命 / 488

本丛书主要参考文献 / 498

后 记 / 523

附 丛书阅读导图 / 526

专题十六

校本教研的理论与实践

第一章　校本教研的特征与理念

第一节　校本教研的基本特征

　　校本教研作为一种新的教育研究形态，它不是正式的学术研究，而是基于学校、为了学校、在学校中进行的实践性研究；也不是纯粹的教学工作或理论学习，而是一种教师的专业社会化和学校特色发展的途径。其基本特征可以从"结构要素"和"功能意义"两个层面加以审视。

一、校本教研的要素性特征

　　1. 研究主体的参与性

　　研究主体的参与性，首先指教师参与研究，也可以理解为"教师成为研究者"。以往的教育研究认为研究是专家的事，教师天生就是"教书匠"，根本不具备独立从事教育研究的能力；专业研究人员是研究的主导，教师只能是配合者，只能亦步亦趋地跟着专家的指示走，毫无发挥自身主体性的空间。这种忽视教师直接参与研究的做法，可能会带来两种后果：一种是研究结果缺乏针对性和科学性，不能用于教学实践；另一种是教师的积极性受挫，对教研成果不感兴趣。校本教研以确认教师的研究意识和能力为支点，倡导以教师为研究主体，提倡教师成为研究者，凸显教师在研究中的主体地位。教师研究的主体性贯穿于教师参与校本教研活动的整个过程中，包括确定研究课题、制订研究计划、实施研究、收集研究反馈信息并调整、评价结果、应用研究成果等。教师要成为研究者，就要确立研究意识，以研究者的心态置身于教学情境中，以研究的眼光审视、分析和解决教学实践中的问题，把教学研究与日常教学实践一样作为自己职业生活的一部分。教师真正成为研究的主体要做到以下两点：一是具有主动意识，改变传统教学中按教学计划和教材进行照本宣科式的教学方式，与教材对话，与学生对话，要成为能动的教学实践者而非被动的执行者，要驾驭教学过程，进行探究和反思性的教学实践，成为教学的主体；二是具有问题意识，保持对问题思维的敏捷性和心理上的警觉，在教学中不断审视、思考、质疑、探索、反思教学中的各个细节，提炼出问题，为进一步研究打基础。

研究主体的参与性，其次指以教师为研究主体，但不排除其他人员包括教育学者、研究者、科研人员的参与。专业人员也应成为校本教研的主体是有道理的，因为专业人员为教师提供理论和技术的支撑，引领教师的专业成长，与教师共同研究并形成研究共同体。教师只有站在更高的角度与专业人员展开合作与对话，培养合作意识，才能使校本教研获得广泛参与与支持，才能使研究真实、翔实、扎实。教师要有与人合作的技巧，因为他们能使教师"学习和继续学习我们所需要的尽可能多的东西"，这也体现出校本教研的整体参与性与合作性的特点。

2. 研究对象的具体性

与传统教研不同，校本教研以教育实践中的具体问题为研究对象，从问题出发，以问题的研究解决为中心，以期通过对问题的分析解决来提升教学工作的质量。校本教研对象的具体性主要体现在三个方面：一是直接性，问题必须直接来源于教师自己的教学实践，是教师自己而非他人在教学过程中的经历和感受。二是特殊性，校本教研更多关注的是实际情境中的具体问题，表现出较多的学校伙伴及特征，不具有普遍性和代表性。三是微观性，校本教研的对象多为教学实践中的比较具体的微观问题，问题范围较小，结构简单，相关因素较少。四是情景性，研究的问题产生于实际的教学情境中，并且其计划的内容会从实际情景出发，根据需要随时修正。

3. 研究目的的改进性

校本教研打破了传统教研单纯的理论验证或构建目的，凸显其"改进型"的价值取向。校本教研无论是作为一种教研活动，还是作为一种教研机制，其直接和核心的目的都是为了改善学校实践、提升教学质量、促进师生发展。校本教研以学校为研究基地，密切联系学校实际和教师的教学实践，研究问题源于实践，研究结果服务实践，力图为提升学校总体实践水平而努力。我们必须看到，实现实践的改进即实现从理念到行为的转变的教育现象是复杂的，并不是靠一两次的实践就能形成意识，解决问题。因此，在校本教研的展开过程中，教师必须不断实践反思和深入地观察、分析，去研究、把握自己具体的教学行为，在文本学习、讨论的同时，还要关注教学行为的连环跟进，这样才能使校本教研活动逐步走向深入，并不断提升学校实践水平。校本教研关注实践的改进，在此基础上，研究者也会形成自己对教育理论的独特理解，从而可在一定程度上检验与发展教育理论，力图改变长期以来教育理论与教育实践两相脱离的状况，进而实现两者间良性而又完美的互动。

4. 研究过程的反思性

埃里奥特曾指出，"改进事件"意味着教师以"反思性教育实践"的方式亲自参与研究。就是教师在"改进实践"的行动研究中，"将教学、课程开发、评价、教育研究与教师专业发展整合为反思性教育实践"。反思是校本教研的突出特征，是教师以自己的教学活动为思考的对象，对自己的教学行为、决策及产生的结果进行认真的自我审视和分析的过程。校本教研的各个阶段，包括校本教研问题的确立、研究方法的制定、研究问题的分析与解决和研究结果的运用都离不开反思。教育实践应真正成为"反思—改进—再反思—再改进"的螺旋式上升的过程。

5. 研究结果的公开性

校本教研是一种实践研究。随着世界范围内校本运动的深入展开，教学研究向学校回归、向教师回归、向教学实践回归已成为世界教学研究的共同趋势。当今的教学研究要求研究者把自己的教学作为研究对象，用自己的教学观念关照、审视自己的教学世界。作为研究主体的一线教师，要成为自身教学的反思实践者，把研究融入自己的教学生活中，使教学与研究密切结合；要将自己的研究结果公布于众，引发他人对自身研究结果的讨论以及彼此的研究成果为他人所用，在交流中共同提高。

二、校本教研的功能性特征

在我国传统的教研制度中，学校教师作为研究者只不过扮演研究或实验的辅助、配合和执行角色；教研内容强调围绕教材统一教学进度、统一要求、统一作业及教案设计；教研方式自上而下展开，上级教研部门组织活动，学校和教师只能服从、服务于上级安排，被动参与；研究过程往往脱离教学实际，解决日常教学问题存在盲目性、随意性等。新一轮课程改革实验开展后，教师的教研工作经历着前所未有的挑战和机遇，校本教研成为帮助教师顺利进行新课改的必要的制度保障，它能加快教师教育教学理念的更新，促进教师的专业成长。与传统教研相比，校本教研有如下功能性特征：

1. 校本教研突显以校为本理念

顾名思义，校本教研是一种以校为本的教学研究制度，它涉及三个重要概念，即"为了学校""在学校中"和"基于学校"。因此，它特别强调以学校为研究基地，将研究的重心置于具体的学校教学情境中，并以此营造有利于学校发展的教育行动研究氛围。

2. 校本教研以教师的教学问题为研究重点

校本教研把教师作为教学研究的主导力量和积极参与者，认定教师在校本教学研究中起关键作用；强调教学是校本教研的核心，教学实际问题是其解决的目标，尤其应在教学理念的更新、教学内容的变革、教学方法的改进、教学效率的提升方面，开展具体而深入的研究。

3. 校本教研服务于学生的学习生活

校本教研是围绕着学生的学习生活而开展的，其突出地表现为六个"关注"，即关注学生身心的健康全面发展、关注学生学习方式的转变、关注课堂和谐愉悦气氛的生成、关注学生个性品质的塑造、关注学生创新能力的培养、关注民主合作的师生关系的构建。

4. 校本教研重在挖掘学校的研究潜能

教学研究不只是少数专职研究人员的专利，也是校长和所有教师的权利和责任。校本教研制度相信每一位学校成员，尤其是教师拥有教学研究的潜质，鼓励所有的教师积极参与教学研究，提供足够的条件支持教师充分发挥自己的研究潜能，对取得教学研究成果的教师予以肯定和奖励。

5. 校本教研追求教师实践反思和专业成长的一体化

校本教研的实施过程是教师改善自身行为的反思性实践和专业成长的过程。它强调研究和实践合一，倡导自我发展、自我提升、自我创新、自我超越。尝试在实践中开展研究，把自己的实践行为看作是一种研究体验，实质上是教师反思性的突出表现，同时教师反思性的实践也促进了教师的专业成长，目的在于逐渐使教师成长为一个知识的建构者和创造者。

有国外学者把校本教研定义为"对学校和课堂工作进行的一种系统的、有目的的探究，是教师与研究者、教学与研究的统一"。这一定义将教师的校本教研与专家学者的专业研究区分开来。校本教研直接与他们的教育教学实践有关，是为了实践、通过实践和在实践中的研究，研究的对象是与学校和教育教学实践相关的人、事、物和观念等。而教育专家的研究对象，更多的是普遍意义上或宏观层面上的教育问题和教育现象，因此他们的研究未必能解决教师所面对的一些实际的教育教学问题。

第二节　校本教研的理念基础

校本教研的基本信念是：学校是真正发生教育的地方，教学研究只有基于学校真实的教学问题才有直接的意义。在这一信念的作用下，校本教研从研究基地、研究场所、研究主体到研究目的生成了自己的成熟理念。

一、学校是教学研究的基地

校本教研强调学校是教学研究的基地，意味着教学研究的重心要置于具体的学校教学情境中，教学研究的问题是从学校教学实践中归纳和汇集的，而不是预设和推演的，即要在学校真实的教学情境中发现问题、分析问题和解决问题。

许多教学问题，如果脱离了具体的教学情境去抽象地谈论，是容易做到的，但意义却不大。比如，在实施新课程的过程中，三级课程管理政策对学校提出了新的要求，学校不仅要创造性地执行国家课程和地方课程，还有权力和责任开发适合本校特点的校本课程，这就会出现与以往任何时候都很不相同的教学情境。再加上各个学校的情况差异很大，对于具体的学校而言，解决所谓"面上"的教学问题显得并不那么"真实"了，总有一种隔离感，并不能对学校的教学实践产生直接的影响。像校本课程如何开发，综合实践活动如何开展，大班额背景下如何体现学习的自主性、合作性和探究性等等之类的问题，只有置于学校的具体教学情境中才可能找到恰当的解决办法。

强调教学研究的基地是学校，意味着教学研究的工作方式将发生很大变化。一方面，学校内部的教学研究要立足于学校自身的真实教学问题，做到"学校为本"。这种方式要在政策措施上加以鼓励和保护。另一方面，校外教学研究机构不仅要采用自上而下的工作方式，还要更多地采用自下而上的工作方式，倾听和反映学生、老师和校长的教学要求和教学问题，鼓励他们的首创精神，学习他们的实践智慧。教学研究除了研究教材、教参和教法之外，还要十分重视研究学生、研究课堂、研究学校、研究课程。如果只是传达指示和分派任务，即使天天在学校，也不能说是教学研究的基地在学校。

二、课堂是教学研究的实验室

课堂是学校中最为平常、最为细小的细胞，教师每天都在课堂中生活，学生的学习时光大多在课堂中度过。这种习以为常常使我们经意或不经意地忽视课堂，忽视对课堂的深刻认识。然而，任何教育教学改革如果没有真正触动课堂的话，那么，就不能算是彻底的改革，更不能改变学校生活和教师行为。

课堂是教育教学诸多热点与难点的汇集场所，许多教学思想观点常在这里碰撞，许多教育教学经验和成果常在这里产生；课堂又是萌芽、孕育、展现先进教育理念和实施教改实验的地方，学校教育研究的"主阵地"理所当然地在课堂。同时，课堂教学过程作为一种有目的有计划的探索过程，要求教师把教学研究与日常教学有机结合起来，将教室作为研究室，在教学中研究，在研究中教学。我们只有立足课堂，脚踏实地地去研究、去分析，才能为自己的课堂教学改革找出一条新路。

课堂是实验室的理念破除了教育研究的神秘感。教师以教室为实验室，自己作为研究者，对新课程下的教与学进行研究，通过实验去探索、发现、解决、创新，从而使自己的思想观念和行为方式适应新课程的要求。这就是"课堂是教学研究的实验室"的意义所在。

三、教师是教学研究的主体

校本教研强调教师是教学研究的主体，认为教学研究不能只是少数专职研究人员的专利，还应该是所有教师的权力和责任。只有当越来越多的一线教师以研究的态度来对待自己的教学实践和从事教学工作，并且在这个过程中不断提高解决实际教学问题的能力，学校教学质量的普遍提高才有可能。

以教师为主体所从事的教学研究不同于以倡导"思想观念"和"理论流派"为己任的象牙塔式的研究，更多地应该是"问题解决"式的行动研究，是自觉和主动地致力于探索和解决自身的教学问题，从而达到改进教学实践、提高教学质量的目的。为此，应该对中小学在教学研究上的一些误区加以澄清。例如，在一些学校，教学研究项目仅由学校里个别"科研能人"乃至校外专家"代劳"或者教育科研项目越做越大，甚至动辄就要形成某某理论，不仅让广大教师对教学研究望而却步，也否定了教师从事教学研究的权力和责任，而且这样的研究游离于教师自身的教育教学实践之外，脱离教师的经验范围，对提高学校的教学质量起不到应有的支持作用。这些现象的存在和蔓延，使教学研究越来越远离学校的教学实践，这与我们在校本教研机制方面的制度建设跟不上是有密切关系的。校外教学研究机构的一个重要任务，就是帮助学校和教师在教学实践中发展和提高教学研究的意识和能力。教师成为教学研究的主体是整个教育创新的活力所在。

四、促进师生共同发展是教学研究的直接目的

校本教研，无论是作为一种教学研究活动，还是作为一种教学研究机制，其直接的目的都是为了改善学校实践，提高教学质量，促进教师和学生共同发展。其中的核心是教师的专业发展和学生的身心健全发展，这是体现学校办学水平的主要内容。丢掉了这个直接目的，校本教学研究的灵魂也就丢掉了，"学校为本"就会变成一句空话。

教研的直接目的是否指向改善学校实践、提高教学质量、促进教师和学生共同发展，一个重要的标志就是看它是否植根于教师和学生的日常教学活动，是否与学校日常教学行为的改善联结起来。而且，评判的最终主体应该是学校的校长、教师和学生，而不应该是学校之外的其他主体。这一点，需要有制度上的保障。也就是说，当学校认为教学研究没有直接指向教师和学生的共同发展时，他们应该在制度上顺畅地表达自己的感受和要求。这并不是否定校外评价的重要性，而是要在制度上确认校内评价的应有地位和作用。校本教研的成果，包括它的目的指向，应该由学校师生自己确认，这一点在制度上应该获得

更多的鼓励和肯定。教学研究中存在的一些为研究而研究、为"装门面"而研究的现象，是与校本教研的基本理念背道而驰的。

　　综上所述，校本教研是对我国几十年来教研制度的重大发展，并以教师的校本教学研究规约为关注重点。但是，它一经产生，已不限于教师、教学和新课程本身，它对于校长和学校中层干部管理教学、对于与教学相关的其他教育活动、对于反思传统的课程和教学问题都是必要而有效的。因此，落实校本教研制度，就是要在坚持继承与革新相结合的原则的基础上，完善和发展教研制度，使学校教研工作更好地服务于教育教学、服务于课程改革。

第二章 校本教研的要素与范畴

第一节 校本教研的核心要素

在校本教研中，教师个体、教师群体、专业研究人员构成了校本教研的三位一体关系，教师个体的自我反思、教师集体的同伴互助、研究人员的专业引领构成了校本教研的核心要素和基本活动形式。

一、教师个体的自我反思

自我反思是教师个体以自己的教学行为为思考对象，对自己在教学中的行动及其产生的结果进行反省和检视。教师个体的自我反思从本质来说，是一种理论与实践之间的对话，即理论与实践两者相互沟通的桥梁；是研究的自我和教学的自我进行对话的过程，即理想自我与现实自我进行心灵沟通的方式。显然，这种反思不同于一般意义上的"回顾""检讨"，它是对观念、行为、目标设定、实施过程和教育智慧等内容的反思。它的价值和意义在于将隐性知识显性化，即将难以明确表达的技能、技巧、经验、诀窍、直觉、灵感、心智模式等外显，使之成为有价值的教学实践知识。

自我反思是校本教研的基础和前提，只有教师的反思成为个体的自我意识，成为教师自觉自愿的行为，校本教研才能成为现实。在课程教学中，教师的自我反思根据时间可以区分为前、中、后三个阶段，三个阶段分别具有不同的特点和具体表现形式。

1. 在实施课程之前的反思。这时候的反思往往是一种预设性的反思。通过这种前瞻性的反思，可以使教师的教学行为更为有效；通过预测和分析，可以使教师的教学成为一种自觉的研究性实践活动。

2. 在教学过程中的反思。在教学过程中进行及时的反思，便于处理和思考随时出现的各种问题。教师在教学过程中的自我反思具有监控性和即时性的特点，它能使教学活动高质高效地顺利进行，对于教师的教学调控和应变能力也是一个有力的促进。

3. 在课程实施后的反思。在结束教学之后及时回顾自己的教学活动，批判自己的教学行为，这样可以提高教师的教学总结能力和评价能力，提高反思水平，并逐步成长为反思型教师。

在传统的教育研究中，教师大多处在被研究者地位，成为教育实验中的"白老鼠"。而在校本教研中，教师则成为反思性的实践者和教学研究者，教师不仅是教学的主体，而且是教学研究的主体，他们把自己的教学行为作为研究的对象，研究自己的教学实践，反思自己的教学观念、教学行为以及教学效果。通过这样的反思性研究，教师的教学观念得以更新，教学行为得以改善，教学水平得以提升。

二、教师集体的同伴互助

同伴互助是同学科、同年级、同学校、同区域（地域）的同伴之间实现知识共享、共同发展的机制。校本教研强调教师在自我反思的同时，开放自己，形成相互交流经验、相互切磋心得的研究团队。在同伴的互动中共同分享经验，互相学习，彼此支持，共同成长。同伴互助的基本形式有交谈、协作、帮助等。

1. 交谈。交谈有着不同的层次区分，浅层次的交谈主要是信息交换和经验共享。信息和经验只有在对话中才能被激活，教师只有通过交谈，不断获得信息、借鉴和吸收经验，才会少走弯路，发展自身。深层次的交谈主要是专业会谈和专题讨论。专业会谈是一个相对自由开放的发散过程，这个过程是最具有生成性和建设性的，它会产生和形成很多有价值的新见解；专题讨论是教师们一起围绕某个问题畅所欲言，提出各自的意见和看法，在这种有效的讨论中，每个教师都能获得单独学习所得不到的东西。

2. 协作。协作指教师共同承担责任，完成某项任务。在课程教学过程中，往往要求许多教师共同承担研究课题而组织成为协作的团队。在协作过程中，要激发每个教师的兴趣爱好和个性特长，使教师在互补共生中成长，同时也要发挥每个老师的作用，每个教师都要贡献力量，在互动、合作中成长。

3. 帮助。在教师队伍中，总有一些教师有着这样或那样的专长和经验，他们可以作为相互交流中的核心人物，承担起帮助和指导其他教师的任务，使他们尽快适应角色和环境的要求。学校中的骨干教师、学科带头人是教师队伍的核心和中坚力量，他们自然要在同伴互助中发挥积极作用。

校本教研是在学校层面上展开的教师群体行为或学校整体行为，其主要目的在于解决学校所面临的问题，这些问题也往往是作为个体的教师所碰到的共性问题。所以，校本教研不是靠个人的力量就可以完全做得到的，而是需要借助团体力量来实现。校本教研常常体现为一种集体协作，体现为作为研究者的教师之间的合作。就校本教研发挥作用的机制而言，必须有教师集体的研究，唯有教师集体参与研究，才能形成一种研究的氛围、一种研究的文化。这样的研究才能真正提升学校的教育能力和教育质量，才能成为教师的一种集体生活方式。

教师集体的同伴互助，是校本教研的基本形式，是学校文化建设和学校凝聚力的重要标志，是学校集体主义精神的灵魂所在。

三、研究人员的专业引领

校本教研是基于学校、以学校为单位进行的，但是绝对不是局限于本校，局限于本校的教职人员。专业研究人员是教育研究的先行者，在信息、资源等方面具有优势，可以为校本教研提供专业的引领和学术的支持，所以专业研究人员是校本教研中不可缺少的因素。离开了专业人员的学术支持与专业引领，校本教研会出现低水平的重复，而且很难得到理论提升。校本教研要得到实质性的进步，得到可持续发展，获得专业人员的支持和帮助是一个关键因素。

专业引领的实质是先进教育思想和教育榜样的引领，其主体可以是教育专家。也可以是有经验的教师、专业背景的研究人员和教研员等。其引领方式主要有学术专题报告、理论辅导讲座、教学现场指导以及教学专业咨询（座谈）等。每一种形式都有其特定的功用，但就其促进教师专业化成长而言，教学现场指导是最有效的形式，也是最受教师欢迎的形式。为此，专业引领的实施思路应立足于下面的"五个结合"。

1. 理论培训和实践指导相结合。教学实践如果缺乏教育理论的指导，经验就不能自发上升为理性认识。教学理论的获取与习得并不能自动地保证教学实践的有效改进，更不能保证教学理论与教学实践的协同提升。教师专业素养的提升必须坚持理论学习与实践指导相结合。教师的学习提高要以课程实施中遇到的各种具体教学问题为对象，以经验的总结、理论的提升、规律的探索、自身的专业发展为目的。把理论培训有针对性地与教师在课程改革中的实际问题紧密结合起来。

2. 案例评价与教师讨论反思相结合。案例教学是发挥专业引领作用的一种重要形式，是实现教学理论与教学实践协同提升的一种教师教育的组织形式。案例可以采用录像形式、文字形式，也可采用口头形式、现场表演形式，以使教师从中有所感受和体会。学校或教研员、专家组织教师参加案例的评价、讨论，既强调教学理论的获取和掌握，又强调教学实践的改进和优化，实现教学理论与教学实践的深度融合。

3. 教师的授课与专家点评相结合。专家在点评中肯定教师的优点和成绩，指出不足，同时会使授课教师和参加听课评课的教师受益。

4. 骨干教师、教研员上示范课与教师参与听课、评课相结合。专家型教师通过教学现场示范指导，发挥专业人士的专业引领作用，丰富教师的教学实践知识。

5. 课题研究与教学实践相结合。学校或教师将教学实践中的共性难点、热点问题上升为课题，用科学研究的方法去研究探索，通过在"做中学"来提升教师的理论修养，解决实践中的困惑和迷茫。

校本教研的三大要素是促进教师专业成长的三种基本力量，共同构成了一种全新的教研模式。自我反思、同伴互助、专业引领三个要素既具有相对独立性，同时又是不可分割的相辅相成关系。只有充分地发挥自我反思、同伴互助、专业引领三者的作用并注重相互间的整合，才能有效地促进校本教研制度的建设。

第二节　校本教研的范畴类型

从校本教研的内涵和目的需求来看，"应用研究""中微观研究""现场研究"构成校本教研的范畴体系。

一、应用研究

教育研究按研究的目标指向可分为应用研究和基础研究。两者之间的主要区别是：基础研究旨在增加科学知识的组织体系，并不一定会产生直接的实际价值的结果；应用研究旨在解决直接的实际问题，增长科学知识的目的是第二位的。基础研究以抽象、一般为特征，目的是揭示、描述、解释某些现象与过程以及它们的活动机制与内在规律。这也就是说，基础研究对研究领域具有直接增加知识的价值——或是对教育理论中的个别原理、概念等做出修正、说明；或是对某一领域中已形成的概念、原理等有进一步的探讨，乃至建立某种新的理论体系和在核心概念、基本范畴和基本原理方面有所突破。其成果一般与直接的应用无关。应用研究以具体、特殊为特征，它是对基础研究的成果进一步验证，就所关注的某一实际问题寻求概率性的必然结论，其目的在于解决某些特定的问题或提供直接有用的知识——或是解决教育实践中某些典型的、涉及面广的问题，提出有效地解决问题的方法，并能在一定范围里推广；或是直接解决个别实际问题，使之更具操作性。因此，应用研究更关心实用效果。

需要指出的是，教育教学中基础研究与应用研究的区分是相对的，并且它们之间也没有什么高低之分。基础研究虽然旨在增加科学体系的知识，但有时也有可能产生有实际价值的结果；应用研究虽然旨在解决直接的实际问题，但它将对增加科学体系的知识做出贡献。

校本教研属于应用研究。这是因为：首先，丰富的教育实践必然要求教育研究中的应用研究占有较大的比例。学校作为教育实践的重要基地，时刻产生一些迫切需要解决的问题；社会的不断发展也在不断地向学校提出新的需求，这就使学校的改革成为人们关注的焦点。其次，应用研究的可行性较强。一方面，应用研究成果的实用性、操作性强，便于推广，并能有效地训练教师学会运用这些成果；另一方面，这种能直接派上用场或直接产生效用的应用研究，可以把教育实践活动同研究直接联结起来，便于教师的实践应用。我国几十年来在学校开展的教育研究表明，学校情境中的教育研究主要是应用研究，有关学校中的教育实践问题或者教学改革重大问题，需要通过应用研究来解决和落实。

应用性的校本教研是指为了直接解决特定的实际问题，以期在短期内获得效果、取得经验，并进行局部推广的校本研究类型。这种校本研究的显著特点是操作性、实用性、显效性比较强，主要的关注点在于其研究成果的质量和效果之上。这里所说的质量，一般是通过实用性的突击式的操作方法体现的，其效果虽非立竿见影，但见效周期相对较短。这种校本研究由于以近期目标为宗旨、以立即应用为要领、以快速奏效为期求，忽视了对质量的稳固性和效果的持久性的思考和探究，因此也暴露出明显的缺陷。其缺陷主要在于这种研究的个性特征过于明显，推广价值不高，而且带有较强的功利色彩。但由于它毕竟是一种客观存在，而且在基层学校有着一定的"市场"，有着一批践行者，学术界必须予以正视，为其寻找恰当的定位。至于它是否符合教育规律，符合何种教育规律，尚需进行深入的探讨。

二、中微观研究

教育研究按研究对象大小可分为宏观研究及中观研究、微观研究。宏观研究把教育活动看成是一种有自身特性的社会现象，"教育作为容易引起科学注意的社会生活的一部分，是一个特定的、有意创立的体系，在这一体系中进行着同样特定的过程，这一体系与其社会体系及过程有联系，但又是独立的，并且有其本身的动力"。这些联系包括与社会政治、经济、文化等方面的联系，对这些联系进行的研究即为宏观研究。中观研究把教育活动看作是在某种机构（如学校）进行的活动，对这些机构进行的所有有关教育、教学、管理活动的研究，属于中观研究。微观研究把教育活动看成是人与人交往的一种特殊形式，有关这方面的研究属于微观研究。比较而言，宏观研究重在研究"联系"，包括社会各系统对教育的要求与投入，教育系统对社会各系统的产出与作用等；而中观、微观研究，更注重一般社会系统所没有的教育体系内的特殊成分，比如课程、教学等现象。

校本教研主要针对的是学校这一机构内部进行的各种活动，从学校的制度体系到师生间的人际交往，因而属于中观、微观层次的研究。由于学校与外部社会有着多种形式的交流，因而对学校个性化的教育活动的研究必然会涉及学校与社会关系的研究。当然，这种关系的研究与宏观的关系研究是有区别的。后者是在教育与社会关系的最一般的意义上做全面的论述，而前者则以学校的具体事项为出发点，研究内化成为学校内部的一些特殊类型的社会关系，如学校里的经济现象、政治现象、文化现象等。由于中观层次研究从不同角度反映了人与人之间的相互关系，这种相互关系又体现了人的情感、需要、动机以及生活的意义和价值，当对这些问题做进一步研究时，就达到微观研究范畴了。这样看来，所谓的中观研究与微观研究并没有明显的界限。

中观性校本教研是指为解决某一所学校发展的前景蓝图、大政方针、思路走向等问题而开展的校本研究类型。这种校本研究，主要的关注点在于对一所学校的具有全局性特征的研究论题的选择，如全校的教育发展问题、教育质量问题、管理水平问题、文化建设问题、学生的素质提高问题等。开展这类校本研究需要注意的是，在论题的选择上，要具有前瞻眼光；在价值的取向上，要追求办学品位；在材料的取舍上，要做到抓大放小；在研究方法上，要坚持实事求是；在学术追求上，要尝试理论建树；在研究的效果上，要展现办学特色。总之，开展这类中观性校本研究，必须立足于校本的立场，以发展观、整体观、学术观和特色观作为支撑，以便取得较理想的研究成果。

微观性校本教研是指针对学校教育、教学和管理中各种各类具体问题而开展的校本研究类型。这种校本研究，因为涉及的是微观领域，其主要的关注点应该在于研究的深入性、典型性和创新性。这就是说，只有进行深入研究，才能认识到问题的实质、找到解决问题的症结和关键；只有进行典型研究，才能把握住问题的特征所在，发挥典型的标杆和导向作用；只有进行创新研究，才能寻觅到问题发展的生长点所在，进入一个新的研究境界，取得唯我独有的创新成果。在一所学校中，这种微观性校本研究的课题可以说是无处不在、无时不有的，诸如班级管理的研究、学生干部的培养和任用研究、学生的心理需要研究、问题学生的研究、学生群体的研究、学生的学习方式的研究、班主任工作艺术的研究、学校中人际关系的研究、教师角色转换的研究、优秀教师队伍建设的研究、学科教学领域的诸多问题的研究等。对于基层学校的校长和教师来说，由于这种微观性校本研究贴近学校的教育教学实际，因此必须将其作为学校主打性的校本研究内容。

三、现场研究

教育研究按研究开展的地点、资料收集的方式可分为"书斋式"研究与现场研究。在"书斋式"研究中，主要通过查阅文献获得研究材料，并通过自己的思维加工而取得研究成果，因而"书斋式"研究又称为"文献研究"。由于这种研究者不是直接接触教育实践活动，而是对实践活动的旁观性思考，专业研究者进行"书斋式"研究的情况较多。现场研究是在实践活动发生的现场进行的，"到现场去"是人们认识事物性质的可靠方式。当然现场研究也需要做文献考察，这样可以节省时间、精力和及时、全面地把握某类课题的研究动向、研究程度。但更多的还是亲临教育活动现场，通过直接的观察，对现实存在的、与教育实践有关的人、物、事等活动进行如实记录、分析、推论。这种现场研究最适合于了解和解决实践问题方面的课题研究。在这种研究中，研究者与实践的接触是直接的，可以看到事物发生、发展的真相。

校本教研主要是现场研究，它较好地体现出研究与实践的一致性。当研究者就是教师本人时，繁重的教学任务使他不可能也没有必要中断实践活动，去进行与他的实践活动关系不大的"书斋式"课题研究，而教师一直生活在现场中，这为他的现场研究提供了极为有利的条件。从某种意义上说，当教师在观察、思考并试图理解他所参与的教育活动时，就是开始了现场研究。即便是学校里开展的实验研究，也很好地体现了"现场研究"与教学实践的一致性，它以课堂为实验室，实验的过程就是教育活动开展的过程。

具体来说，基于现场的校本研究是指就学校教育教学工作中的某一个现场现象、现场情境而开展的一种研究类型。这种校本研究，因为是围绕特定、具体的教育教学现场进行的，其主要关注点必然在于它的针对性、即时性、鲜活性和真实性，特别要尽力发掘现场现象、现场情境的即时效果和即时价值，追溯这种效果和价值产生的渊源和影响。例如某位教师的一堂课走红现象，某次教育教学活动的轰动效应，都绝不是偶然、孤立的事件，而是在有着有利的先决条件和牢固的实践基础、有着适当的机会和诸多因素的协助、有着主观的努力和各种客观力量支持的情况下出现的。总之，只有具备天时、地利、人和多种有利因素，方能成功。这种校本研究，因为针对性、即时性强，在研究的过程中务必要注意将其即时效果发挥到极致；又因为这种校本研究鲜活性、真实性强，在研究的过程中还要努力将其即时价值提炼得准确、深刻、到位，让其产生的亮点和轰动效应能够持续不断发挥作用，形成长期的影响。

上述三种研究范畴仅仅是从研究性质的视角对校本研究进行了粗略的划分。多数情境下，它们是相互联系、相互包容、相互补充的，即你中有我、我中有你、你我相依的，很难将它们截然分割开来。

第三章 校本教研的目标与途径

第一节 校本教研的目标系统

校本教研的范畴与目标一脉相承、互为表里。根据校本教研范畴的内涵，可以明确界定校本教研的目标系统，下面从基本任务和主要内容两个层面予以说明。

一、基本任务

作为新课程的支撑系统，校本教研所承担的基本任务可以概括为：认真研究课程的功能、结构、内容、实施、评价和管理，深入了解并及时解决教学中随时出现的困难与问题，总结推广教学经验，在课程改革的推进过程中，不断提高教师的专业水平和驾驭课程的能力。这一任务大致包括以下六个方面的内涵：

1. 以新课程为导向，围绕推进新课程的需求，着眼新课程推进中的实际问题开展教学研究。既注重切实解决课程改革真实情景中的具体问题，又强调理论概括和提升，为课程改革的不断深化总结经验、探索规律。

2. 促进教师个体的自主反思，增强教师的研究意识，逐步形成自己对教学现象、教学问题的独立思考和创造性见解，使教师逐步成为学习型的研究者、反思型的实践者，真正成为教学和教学研究的主人。

3. 谋求学生、教师、学校的整体发展。课改的灵魂是要促进学生发展，学校的发展是为了学生的未来。"生本"是"师本""校本"的前提条件和根本目的，通过校本教研使全体教师得到发展，进而使每位学生得到发展。

4. 挖掘学校和学生生活资源。发展新课程要创造性地使用新教材，围绕学生的需要来研讨和解决问题。

5. 建立学校中教师群体的合作研究制度。建立经验共享的教学交流制度，使教师之间能经常而有效地互通信息、交流体会、相互切磋、分享经验。建立行之有效的校本培训制度，使教师基于学校、结合实践，获得观念上的更新和理论上的提高。建立相互协作的教研攻关制度，使教师充分发挥团队精神和个性特长，群策群力、优势互补，在分工协作、互动共生中获得专业发展。

6. 充分发挥教研员的"专业引领"作用。教研员要运用专业理论和专业知识，采取专业化的工作方式，引导和带领教师开展研究、获得提高。"专业引领"就其实质而言，是理论和实践之间的对话与合作，是理论和实践关系的重建与升华。

二、主要内容

校本教研的内容与任务是相辅相成的，由校本教研的任务目标可推知校本教研的内容目标。校本教研的内容目标，是基于"创造性地实施新课程，促进教师专业发展，提高学校的课程建设能力，全面提高基础教育教学质量"这一任务目标而言的，因此，校本教研的主要内容说到底就是：学校课程的建构与实施的全过程，或者说这一过程的所有组成要素及其关系。

根据学校课程结构关系，上述内容目标又可解构为"学校发展研究""学校管理研究""学校德育研究""学校教学研究"等系列。其中，学校发展研究包括学校发展规划研究、学校特色和品牌建构研究、学校教育质量和效益研究、学校文化建设研究等；学校管理研究包括常规教学管理研究、学生学业成绩管理研究、教学资源管理研究等；学校德育研究包括德育工作目标体系研究、德育途径方法研究、德育活动实效性研究等；学校教学研究包括校本课程研究、校本教材研究、教学模式研究、教学效能研究等。它们构成一个相辅相成的校本教研的内容目标体系。

校本教研的内容目标主要是学科教学研究。所谓学科教学研究，是以某一个学科的教学为研究对象，以提高一个学科的教学水平和教学效益为目的，以课堂教学为研究重点，以专题研究为主要形式的范畴类别。基础教育课程改革很大程度上也是各学科的教学改革。只有深入开展各学科教学研究，提高各学科的教学水平，才能在教学中切实落实好对学生的知识与技能、过程与方法以及情感、态度和价值观的培养，促进学生全面发展，提高学校的教育质量。因此，学科教学研究是学校发展的基本动力，是提高教学质量的重要保证。同理，校本教研的最终目的必然要通过学科教学研究的实施才能实现。因为，校本教研只有抓住学科教学研究这条主线，才能真正改善教学实践，提高教学质量，促进教师的专业发展和学生的身心健康发展。

1. 校本课程研究

基础教育课程改革实行国家、地方和学校三级课程管理，使得校本课程开发成为校本教研的重要内容，校本课程开发的领域广，实用性强，教师大有作为。教师在校本课程开发研究中可以做的研究有课程的设置，课程的性质、宗旨，课程的目标、内容与要求，课程的实施，课程的评价等。

2. 校本教材研究

在完成了校本课程的开发之后，往往需要选用或编写相应的校本教材，因此，校本教材就成了校本教研的重要内容。校本教材研究主要包括三个方面的内容：一是对选用的校本教材进行评价，如教材的特色、缺点与不足等；二是对选用的校本教材进行分析与运用，如教材的知识结构分析、能力结构分析、情感态度与价值观分析、重点难点分析、表述结构分析，运用教材的基本策略定位，学科课程资源的开发与利用等；三是校本教材的编写，如教材内容的选择、组织、表述等。

3. 教学模式研究

教学模式多种多样，但任何一种模式都不是万能的，都具有特定的功能和适用范围，因此，教师必学探索符合学校实际、具有校本属性的学科教学模式。教学模式的创新既可以是创设，也可以是改造。其创设即先提出理论假设，设计实施方案，再经过教学实践的检验、修正和完善而成；或者先在教学实践中探索，再经过总结经验、提炼和论证，概括升华而成。其改造通过对现有的教学模式吸收、借鉴、融合、加工而成。在创设和改造教学模式的过程中，必须充分考虑学校实际条件（学校地域条件、教学设备条件、教学水平、教学环境等）、学生特点和教师自身特点。

4. 教学效能研究

"聚焦课堂的有效教学""关注课堂的有效教学"是当前课程改革的热点，也是学科教学研究的前沿问题。课堂教学是课程改革的主阵地，没有课堂行为的改革，就没有素质教育的落实，也就没有新课程的真正实现。课堂有效教学关系到课程改革的成败，校本教研必须关注新课程背景下的课堂教学效能。课堂教学效能研究可以围绕以下一些问题展开：新课程课堂教学面临的问题调查研究，新课程课堂教学目标的有效设计研究，新课程课堂教学内容的有效设计研究，课程资源的开发利用与课堂有效教学研究，新课程有效课堂教学模式研究，新课程课堂有效教学的策略研究，新课程课堂讨论教学的有效性研究，新课程课堂自学辅导教学的有效性研究，新课程课堂发现教学的有效性研究，新课程课堂活动教学的有效性研究，新课程课堂案例教学的有效性研究，新课程课堂问题教学的有效性研究，新课程课堂合作学习的有效性研究，新课程课堂探究学习的有效性研究，课堂有效教学与低效教学的课堂行为差异研究，等等。

第二节　校本教研的实施途径

校本教研的实施途径服务于校本教研的目标。大体而言，校本教研的实施途径主要包括基于教学问题的课题研究、基于有效教学理念的教学设计、基于教学对话的教学行动、基于教学实践的教学反思和基于改进结果的教学重建等。

一、基于教学问题的课题研究

校本教研强调解决自己的问题、真实的问题、实际的问题。不过，并非任何教学问题都能构成研究课题，只有当教师持续地关注某个有意义的教学问题（即"追踪"问题），只有当教师比较细心地设计解决问题的思路之后，日常的教学问题才可能转化为研究课题，教师的问题意识才能上升为课题意识。

强调对问题的追踪和设计，意味着所研究的课题来自教师自己的教学实践。课题产生的途径往往是"自下而上"而不是"自上而下"的；它是教师"自己的问题"而非"他人的问题"；它是教室里发生的"真实的问题"而非"假想的问题"。

强调对问题的追踪与设计，意味着校本教研不是"随意性问题解决"或"经验性问题解决"。教师虽然在日常教学中从来就没有远离过"解决问题"，但如果教师只是以日常经验和惯用策略去解决问题，而不是"想方设法"（设计）之后采取行动并持续地反思其效果，那么，这种问题解决只属于"日常性教学"活动，算不上研究。

强调对问题的追踪与设计，能使日常教学中的问题意识与校本教研中的课题意识区分开来。不过，这不是说问题意识就不重要。教学研究中，常见的障碍既可能是课题意识太弱，也可能是课题意识太强。课题意识太弱的教师容易满足于以日常经验解决那些琐碎的日常问题，不善于在解决日常教学问题的过程中捕捉一些关键的值得设计、追究的研究课题。由于缺乏必要的追踪与设计，那些日常的教学问题虽然不断被解决，但教师却很难从整体上转换自己的教学观念，改变自己的教学行为。与此相反，课题意识太强的教师容易热衷于"热点问题""重大问题"，对自己日常教学中的实际问题视而不见，或"以善小而不为"。满足于"大问题""大课题"的后果是忽视、轻视了教室里每天都在发生的真问题以及自己产生的真困惑。

二、基于有效教学理念的教学设计

教师日常的教学设计（即备课）所形成的方案即教师的教案。校本教研意义的设计虽不完全等同于一节课或一个单元的教学设计，但它实际上离不开教师日常的、具体的、以一节课或一个单元教学为单位的教学设计。校本教研中的设计意味着教师在发现某个值得追究、追踪的教学问题之后，在接下来的一系列的课堂教学的设计（备课）中，寻找和确定解决该问题的基本思路和方法。

不过，该设计与其说是个体化的备课写教案，毋宁说是具有合作意义的（不是形式化的）集体备课和说课。集体备课和说课实际上是借鉴他人的经验或他人的智慧。当教师在集体备课、说课中借鉴他人的经验或他人的智慧来设计解决教学问题的基本思路与方法时，这种备课活动或教学设计活动就具有校本教学研究的意味。

就此而言，校本教研就是以研究的意识来强化教学设计活动的。但校本教研中的设计又不只限于备课或集体备课。或者说，当教师期望借鉴他人的经验、他人的智慧来设计自己的教学方案以便解决某个教学难题时，教师还可以从另外的地方获得他人的经验或他人的智慧，比如与专家对话，以及阅读相关的教学论著等。

这就是说，一个有责任感的教师总是"想方设法"地教学，而"想方设法"又意味着教师既反思自己的经验，又琢磨他人的经验。当教师将自己的经验与他人的经验做比较时，自己"想方设法"的教学就有了灵感和着落。

三、基于教学对话的教学行动

行动是指根据既定的目标进行实践探索。如果校本教研所既定的目标是一节课或一个单元的教学过程，那么，接下来的行动既包括教师的上课，也包括相关的合作者的听课（即一般所谓的集体听课），此时教师的上课被转化为公开课或研讨课。

就教师的上课而言，行动不仅意味着观察事先所设定的目标方案是否能够解决问题，而且意味着在教学对话中创造性地执行事先设定的目标方案。教师一旦进入真实的课堂，面对具体的学生，就不得不保持某种教学对话的情境，在教学对话中，根据学生的实际学习状况，根据教学过程中发生的意想不到的教学事件，去灵活地调整教材、调整教案。

四、基于教学实践的教学反思

在整个校本教研的过程中，反思实际上是贯穿始终的。所谓反思，是指教师以及合作研究者在行动结束后回头思考解决问题的整个过程，查看所设计的方案是否能够有效地解决问题，如果问题没有很好地被解决，就需要进一步搞清究竟是由于所设计的方案本身不合理，还是因为方案的执行发生严重偏离，如此等等。

由于校本教研常常是一种基于教师个体自主思考的合作研究，因此这种反思也可以称之为集体讨论，它与此前的集体备课、集体听课相呼应。事实上，校本教学研究需要经常性地与中小学已经存在的集体备课、集体听课、集体讨论等教学研究制度相结合。教学反思的关键在于开放自己的眼界，汲取他人的经验并将他人的经验转化为自己的设计和行动。这样看时，校本教研与其说是对传统的教学研究方式的改变，不如说是对传统教学研究方式的一种落实和恢复。

当教师讲述自己教学研究的过程及其发生的教学事件时，可以不必盲目依赖于传统的概念体系和逻辑技术。教师讲述的教学事件与教师写的教育论文相比将会发生一些变化——它将变得富有情趣、活泼、生机盎然；变得日常、亲切、生活化；变得更动听、可读、可爱、令人感动、使人受启发、俏皮、欢快、美妙、音乐性的、有韵味的、有灵性的、让人心领神会的、引起共鸣的。教师叙述自己的个人教育生活史的过程，实际上是在研究、反思自己的教育生活经历，反思自己在教学中到底发生了哪些教育事件。这种叙述性反思使教师进入研究性教学的境界。

五、基于改进结果的教学重建

教学重建是再次进行的教学实践活动。这种教学实践源于第一次教学实践，它是经过教学反思，对教学设计进行重新策划，由实践者进行的第二次、第三次实践活动。其活动有两种表现形态：一种是虚拟性的教学重建，一种是实质性的教学重建。

所谓虚拟性教学重建，是指在一种虚拟的状态下进行的教学重建。参与者可以敞开心扉，根据自己对教材的理解，再对课程进行创造性的设计，以便这种设计具有创新性与合理性。但是这种设计能否符合教学现场的实际，设计者与实践者都没有十分的把握。在校本教研实践中，集体评课这种形式就蕴含着教学重建的成分。当然，这里的重建只能是一种"应然"。虚拟性教学重建的价值在于：第一，多角度解读文本，提高大家对文本理解的高度；第二，多角度解读学生，提高大家对学生发展的再认识；第三，多角度解读课堂教学，重新审视教学设计和教学工具使用的合理性；第四，互相启发，提高大家的教育理论修养。

所谓实质性教学重建，是指经过教学反思，教师采纳众人的意见和建议，反复修改教学设计，重新安排教学方案，再次进行的教学实践活动。教学重建不是第一次教学活动的简单重复，而是一种自我扬弃和超越。在教学一线，我们经常可以看到，有的教师为了参加评优课或为了开设示范课，都会在有经验专家的指导下修改设计再次进行教学实践。这种实践本身就是一种教学重建。实质性教学重建的价值在于：第一，提高实践者对教材、课程的认识，以便实践者能够在更高层面上进行实践；第二，提高教师群体的教研自觉性，大家在听课、评课时不断生成教育智慧；第三，有助于实现教学效益的最大化。

上述两种教学重建是基于学校的由教师自觉参与的教学研究，故而有着现实的实践价值。

校本教研的目标与途径，反映了新课程的基本理念和教师工作方式及其角色要求，体现了现代教研制度对传统教研制度的扬弃和超越。

第四章　校本教研的方法与技术

第一节　校本教研的方法系统

　　校本教研的方法系统包含"量的研究"和"质的研究"两个基本子系统。量的研究主要是模仿自然科学对教育现象进行"观察—经验"的、"定量化"的研究，研究的目的在于确定因果关系，并做出解释。质的研究是从人文学科推衍出来的一种注重从质的规定性方面认识事物的研究，它以研究者本人作为研究工具，在自然情境下，采用多种资料收集方法，对研究现象进行深入的整体性探究，从原始资料中形成结论，并通过与研究对象互动，对其行为和意义建构来获得解释性理解。

　　量的研究和质的研究在哲学思想的取向、研究对象的选择、研究方法的应用和研究结果的表现方式上均有所不同。但它们不是相互排斥而是可以互补的——量的研究为进一步的质的研究提供条件，质的研究为量的研究提供框架。例如关于"影响学生学业成绩的因素"的研究：首先，通过质的研究确立哪些因素在影响学生的学业成绩，并对这些因素做逻辑分类；其次，通过量的研究确定各个因素影响作用的系数；最后，通过量的研究或者质的研究来研究某一因素对学生学业成绩的影响情况。然而，在校本教研中质的研究更具优势，这是因为：从工作范围看，教师更适合对微观问题、个别事物的研究；从工作需要看，教师对面上（如一个教学班）的一般情况比较容易掌握，而更迫切需要的是深入研究特殊现象（如某些知识难点如何掌握等问题）；从工作条件看，教师与被研究者有较长时间的接触，有的班主任甚至还能连续 6 年带一个班，因此特别有条件进行动态的发展研究；从工作习惯看，教师不像有些理论工作者从抽象观念出发思考问题，而是更习惯和善于从掌握的事实中归纳出自己的观点。

在校本教研中，常用到的量的研究方法是教育调查研究法，常用到的质的研究方法是教育经验总结法、教育叙事研究法和教育案例研究法。

一、教育调查研究法

1. 教育调查研究法的意义

教育调查研究法是在一定的教育理论指导下，通过访谈、问卷等手段，有目的、有计划、系统地对研究对象的有关材料进行搜集、整理和分析，从而获得有关教育现象及其规律的科学认识的一种研究方法。教育调查研究法具有"适宜对教育现状进行考察和研究，具有很强的现实性；在自然的教育环境中搜集资料，具有很强的实用性；能够在比较大的样本中获得数据，具有较强的可信度"等特点，因此，在校本教研中具有较强的应用性。

2. 教育调查研究的方式

教育调查的方式包括查阅资料、访谈、开调查会、发问卷和调查表几种。

（1）查阅资料

查阅资料是调查研究中普遍采用的一种间接性调查方式。它简便易行，可在较短的时间内获得较多的信息。研究者可以根据调查目的和调查内容分别对各种书面材料进行查阅、摘录或复印。教育资料大体包括如下几方面的内容：反映一个地区或一所学校的教育工作情况的资料，如有关方针、政策、决定、指示、通告、通知、工作、计划、报告、报表、总结、会议记录、统计材料、规章制度条文等；反映教师课程教学工作情况的资料，如教师的工作计划、教学总结、教学日志、经验文章和听课笔记等；反映学生课程学习情况的资料，如学生的个人档案、学生登记表、考勤表、成绩册、作业、试卷、学习笔记、体检表等；其他有关课程与教学情况的资料。查阅资料既要重视收集第一手材料，又要重视收集第二手材料；既要注意收集基本情况的资料和数据，又要注意收集典型、生动、有说服力的事例。

（2）访谈

访谈是研究者通过与调查对象面对面谈话来了解情况、搜集资料的一种直接的调查方式。这种方式所获得的资料准确、有深度。访谈法有重点集中访问和非指导性深度访谈两种形式。重点集中访问是将访问的重点集中在某一问题或某一事件上，以进行深入详细的访问。非指导性深度访谈是不给予任何指导、建议或问题，让被访问者尽量表达情意。在实施访谈时，这两种方式常常是结合起来运用的。

（3）开调查会

开调查会是在少数人范围内通过会议和讲座的形式来了解情况、搜集资料的一种直接的调查方式。运用这种方式不仅可以获得较全面的信息，还可以互相启发、集思广益。

（4）发问卷和调查表

发问卷和调查表是用书面形式收集资料的一种间接性调查方式，它具有调查覆盖面大、样本代表性高、简便易行、节省时间、调查的材料容易整理和统计等优点。

3. 教育调查研究的实施步骤

教育调查研究的实施通常按以下几个步骤进行：

（1）确定调查目标。根据调研课题明确调查的目的是什么，要解决什么问题。

（2）选取调查对象。根据调查目的确定调查的对象范围和样本。

（3）制订调查计划。调查计划的基本内容包括调查研究的题目和目的，调查的对象和范围，调查的手段和方法，调查的时间、地点和日程，调查项目及其表现载体等。

（4）实施调查。按照调查计划，用编制好的调查工具和合适的调查方法展开调查活动。

（5）整理资料。汇总调查材料，进行统计处理和分析，以形成结论。

（6）撰写调研报告。调研报告的基本内容包括研究背景和研究价值说明，调查的工具、方法、对象及过程说明，调查结果说明，对调查过程及结果的分析与讨论，得出研究结论并提出对策等。

4.教育调查研究法的应用要求

基于教育调查研究的内在规定性，在教育调查研究法的应用过程中应遵循如下要求：

（1）调查对象要有典型性、代表性。

（2）收集材料应真实、客观、公平、丰富。

（3）注意揭示教育现象之间的相互联系、制约关系以及可能存在的因果关系。

（4）参加调查的人员必须采用统一的调研标准、内容、步骤，使用统一的记录表格和记录方式。

（5）尽量不干预教育对象，不影响正常的教育活动。

（6）对所引用的材料进行鉴伪工作，以保证每一份材料的真实性。

二、教育经验总结法

1.教育经验总结法的意义

经验是指人们在实践活动中所获得的感性知识；总结是指人们在某一实践活动告一段落之后，对经验材料进行整理、分析、抽象、概括的思维加工活动；人们对直接经验材料进行思维加工活动，从而上升到理性认识，就是所谓"经验总结"。实际上，经验总结的过程也是一种研究自身实践问题的过程——研究对象是实践中的事件和问题，包括人们经历事件所产生的零散、片断的感受或体会；研究过程是总结，即在思维上加工经验材料；研究成果是使零散、片断的经验材料化为系统、理性、规律性的认识。有鉴于此，基于教育实践经验总结的研究方法就是教育经验总结法。

一所学校，每学期或每学年都要进行经验总结。每一专项教育教学活动结束后，一般也要进行经验总结。总结的目的主要在于从教育实践中吸取经验和教训，以便改进工作，提高效率。因此，教育经验总结法成为校本教研的常规方法。

2.教育经验总结的基本类型

教育经验总结有全面总结和专题总结两个大类。

（1）全面总结

全面总结是教育工作各方面的情况的总结。例如，对学科课程的教学情况进行全面总结，一般包括教书育人、备课、上课、批改作业、辅导、考查考试等方面的内容。必须指出，全面总结并不意味着包罗万象，而要抓住主要矛盾。全面总结的优点是能反映事物的全貌，有利于全面考察课程与教学的情况。但它面面俱到的内容受篇幅所限，一些比较突出的问题难以进行深入详尽的描述和分析。

（2）专题总结

专题总结是对某一个具体而独特的课程与教学的问题做专门的总结。例如，总结小学综合课程实施的经验、高中研究性学习课程实施的经验、开展活动课程的经验、实行启发式教学的经验、如何备好一堂课的经验等。专题总结的内容范围较窄，问题容易集中，故可写得具体深入，有利于投稿发表，但它只反映事物的一个侧面，而不能反映事物全貌。

全面总结和专题总结是相对的，两者可以互相转化。譬如，一个课程与教学工作的全面总结，相对于一所学校的整体工作而言，它也是一个专题总结。所以，我们做全面总结时，要考虑一个整体的各个侧面；而在做专题总结时，也要考虑一个问题的各个方面。

3.教育经验总结的过程和方法

教育经验总结过程大体包括确定总结对象和问题、反思并制订总结计划、搜集资料和事实、分析综合、形成总结报告、应用推广和指导实践等环节。

（1）确定总结对象和问题

总结的对象可以是本地区、本学校，也可以是本人，是集体总结还是个人总结，要根据总结的目的、任务和上级的要求去确定。选择总结的问题是总结成败的关键，因此选题要从自身的实际出发。一般应考虑四个方面的问题：问题的实践性——应选择自己（本校、本地）工作实践中做得最多、成绩最显著、体会最深刻的课题；问题的独特性——应选择自身最有特色的、具有个性或地方色彩的课题；问题的创造性——应选择对自己或对别人都是新颖的课题；问题的价值性——应选择有现实意义和应用推广价值的课题。

（2）反思并制订总结计划

经验总结是一种事后反思，这里的反思就是回顾先前的实践历程，再现所做过的事情。它要求围绕着总结的问题去进行，并做一定的回忆记录，将回顾重要事件的梗概时所产生的体会或灵感及时记录下来，以便下一步进行整理加工。反思之后，即根据研究的问题和目标制订总结计划。总结计划的主要内容包括总结的问题、研究目标、如何搜集资料和事实（重点）、如何整理与分析资料、如何撰写经验总结报告、如何推广应用等内容。

（3）搜集资料和事实

资料和事实是经验总结的基础，应根据总结计划去搜集资料和事实。搜集资料和事实的一般途径和方法有：查阅有关资料，其中包括学校工作计划、工作报告、汇报、会议记录、工作日志，自己的工作日记、札记、随想录，教师备课听课记录，学生作业、试卷，上级有关文件、指示等；召开有关人员的总结座谈会，多方面了解情况，掌握总结的事实依据，集思广益；听取汇报或个别访谈，深入了解某些事情，听取某人的评价和意见；发问卷和调查表，广泛地掌握总结的一般情况和有关数据；现场考察，了解工作成效和变化情况。在搜集资料和事实的过程中，要做好资料的选择以及具体事实的记录和整理工作。

（4）分析综合

做好资料和事实的搜集工作之后，要对它进行整理、加工、研究，以形成心得体会（经验）。在分析资料时，要善于运用归纳法和演绎法，即以事实为依据，做出由个别到一般或由一般到个别的判断。在综合问题时，要善于运用抽象和概括的方法，将共性的东西或本质的特征抽取出来，加以理论上的概括，以形成结论性的观点和体会。

（5）形成总结报告

将形成的观点体会以文字的形式记录下来，这就是总结成果；将结果以文章的形式系统地反映出来，就是经验总结报告。

（6）应用推广和指导实践

成果的应用包括自用和推广应用两个方面，但大多属于自用。自用就是总结者亲自从中吸取成功的经验和失败的教训，从而指导新一轮的实践活动，这是经验总结的基本价值所在。推广应用，就是将经验总结报告发表或会议交流，或者提供给有关部门采用。经验总结一旦得以推广应用，便可启发他人改进工作，产生一定的社会效益。

综上所述，教育经验总结的过程是一个系统地研究自身实践问题，指导实践工作的过程。这是一个周期性的循环往复的活动过程，每一活动周期，均始于自身实践之后，终于指导新的实践。每循环一次，工作得以进一步改进，形成良性循环。

三、教育叙事研究法

1. 教育叙事研究法的意义

教育叙事研究法是以故事为手段，通过对过去事件的发生、现在的影响以及未来的期待的描述，来建构教育生活的意义的一种研究方法。教育叙事研究的特点是故事内容的真实性、故事伦理的教育性、故事意义的彰显性和故事价值的实践性。在叙事研究框架下撰写自己的教育故事，是对经历的教育事件的审视和反思；是把对触动自己的教育情境和某种理论进行链接；是对产生于教育活动的蒙眬而又新鲜的感受、体验和隐含于日常教育实践中的经验的积极揭示。教育叙事研究的意义不是为了检验或建构某种教育理论，而在于积累和丰富教育教学经验，从而更有质量地、更娴熟地从事本职工作。

2. 教育叙事研究的类型

表面上看，教育叙事研究不过是教学的研究，但任何真实的教学研究往往会牵涉到学生和教师的生活，由此，教育叙事研究大致可以分为教学叙事和生活叙事。又由于教学叙事与生活叙事是叙事者个人生活史的一系列片断，为此，真实的教学叙事和生活叙事往往具有某种"自传"的性质。这样，教育叙事研究又可以从中分类出"自传叙事"。

（1）教学叙事

教学叙事是指教师将自己的某节课堂教学叙述出来，使之成为一份相对完整的教学案例（课堂教学实录）。教学叙事常常配合集体备课和公开课而进行，它的基本过程和环节可以概括为：集体备课—集体听课—集体讨论—个人叙事。

（2）生活叙事

生活叙事是指教师把课堂教学之外班级管理中发生的某些学生生活事件叙述出来，使之成为一份有教育意义的班级管理个案。这种生活叙事又称"德育叙事"或"管理叙事"。生活叙事使个人生活事件的片断成为可以理解的整体。

（3）自传叙事

自传叙事是指教师讲述自己的教育故事。由于这种讲述教育故事的方式有些像叙述自己的"自传"，于是它又被称为"教育自传"。教师通过自传叙事学会自我反思、自我评价，进而获得某种"自我意识"。

3.教育叙事研究的行动框架

教育叙事研究因研究目的和研究主体的不同而有多种操作模式。教师从事叙事研究是以改进教育工作、提升教学有效性为主旨的，因此教师的叙事研究必须秉承行动研究的基本精神。其行动框架可分为如下四步：

（1）深度观察

研究始于问题。由于教师长期沉湎于以"重复"为特征的日常教育生活，致使教师对"教育问题"视而不见，习以为常。因此教师发现"教育问题"往往需要教育理论工作者提供批判性教育理论，帮助教师以批判性理论的眼光重新审视自己的日常教育生活，并以此唤醒教师对日常教育实践的反思意识。这种过程可称之为深度观察。深度观察的目的在于明确研究的问题，选择研究的样本。

（2）制作故事

叙事研究的主线是制作故事，即对故事的回忆、叙说（口头的与书面的）和重构，也就是叙事性写作。教育叙事的结构一般分为标题、引言、教育教学过程、反思或讨论几个部分。引言主要是交代问题产生的背景，教育教学过程主要是对问题及其情境的描述，反思或讨论主要是对结果或效果的描述。叙事性写作与科学性写作一样重要——资料数据的重要程度及其研究者处理资料数据的努力程度不会降低。其主要环节如下：

①自下而上地提炼主题。叙事性写作的主题提炼强调自下而上，即教师在叙说和整理自身经历的教育事件过程中，形成具有教师个人特色的"本土概念"，并由此出发构建"扎根理论"。例如，与"人是目的""学生主体"等抽象理论相比，"暴露思维过程""把问题交给学生"等就更具有生活气息。同时，以理论作为教育事件深层意义的参照，引导教师不断地用新的认识框架审视教育事件并赋予其新的意义。例如从"差生""后进生""学困生"等概念的变迁中就可以感悟到当代学生观的转变。

②基于改进的"深描"。叙事研究受现象学的影响，认为现象本身就是本质，事物就像一个洋葱（与二元论的核桃模式不同），其本质与现象实际为一体，如果对其进行分解，剥到最后可能什么也不存在了。因此，叙事性写作强调对教师解决教育问题的过程进行整体性、情境化、动态的"深描"。要求教师敏锐地捕捉教育改进过程中有意义的教育细节，并对其进行原汁原味的翔实的呈现——改变教师"例行公事""目中无人"的日常工作方式，代之以对教育改进过程中学生的细微变化进行细致的体察和敏锐的感知。

③坦诚的自我反思。叙事性写作要求教师必须"将自己摆进去"，以第一人称的方式坦诚地交代自己在研究过程中的种种遭遇，包括自己对特定教育事件的价值取向、情感态度和思维方式等。通过在文本中放大自己的声音、暴露自己的所思所想，可以引导教师以反思的态度思考自身教育行为背后的种种主观意向，从而将日常工作与教育研究真正结合起来。

（3）集体研讨

集体研讨是基于制作故事的对话交流。叙事研究认为，每个人都是在具体时空中的一种社会历史存在，因此每个人都有向他人倾诉故事的欲望，同时每个人的故事又都受到自身经验背景、价值观念等方面的局限。在民主性的交流和研讨中，教师一方面从集体中确证了自身经验的价值，激发其参与研究的积极性；另一方面也在研讨中突破现有观念的束缚，获得更深的自我理解。有鉴于此，叙事研究特别重视参与者之间的平等、互助的情感沟通，教师和校外研究者共同进入叙事历程，构建叙事共同体，在共同叙事和平等研讨中促进教师不断反思和重构自身的"内隐理论"。

（4）理论提升

叙事研究不仅关注故事的叙说和重构，同时也注重从大量的故事中提升有价值的理论观点。与科学主义范式主张通过去时间、去空间、去情景的方式构建放之四海而皆准的宏大理论、普适理论不同，叙事研究认为：教师的经验叙事是一种特殊的实践性语言，这种语言不能用概念、命题等科学话语进行抽象分析，其基本的表现形式是比喻、个人哲学、规则、实践原则和隐喻等。从教师的经验叙事中所提升出来的理论实际上是"扎根理论""小理论"或者说"个人理论"，这种理论以经验事例为依据，并且与特定的使用情况相联系。叙事研究中的理论提升的任务在于归纳总结有助于揭示"故事"中教育问题的复杂性和教师的教学个性的情境化理论。

四、教育案例研究法

1. 教育案例研究法的意义

教育案例研究法是运用质性方法在教育案例描述基础上进行反思、评点和分析，以促进经验的提升、观念的更新和工作的改进的一种研究方法。校本教研中的案例研究，主要是结合自己的工作实际，对学校教育实践情境中的事件、现象和问题进行的叙述和探讨，具有主体性、情境性、倾向性、内驱性的特点。

与以往常用的一些研究方法有所不同，教育案例研究不再处于纯粹客观的状态。从研究的目的和方法上看，教育案例研究重在说明而不是证明，研究者的观点、立场、态度通过视角的选择和情感的表达得以强化和放大，表现了研究的主观倾向。这种主观表达的价值在于对于一个情境和事件，可以给予不同的解释和说明，并揭示这种解释说明的心理依据。教育情境是十分复杂的，怎样理解教育行为的合理性和有效性，教育案例研究并不试图给出一个标准答案，而是提出了可供参与的各种可能性及其内在的逻辑。

教育案例研究不仅追求一个结果，更需要一个过程。中小学教师在教育教学实践中关注自己感兴趣的问题，进而开展案例研究，并获得某种形式的成果（如案例研究报告的完成或实际问题的解决）。在这个过程中，教师的研究成果不仅在于显性的案例文本的呈现，更在于隐性的缄默知识的体验和获得。文本是案例研究的一种载体和手段，而经历并尝试用文本来反映的特定情境并体会其中的意味，则是案例研究的内容和目的。

2. 教育案例研究的类型

为了便于研究、撰写和交流，有必要给案例研究进行分类。从校本教研的现状和需要看，可以尝试按特定的研究对象，如一节课、一次活动、一件事、一个人来分类。这种分类在逻辑层面上有所交叉，但在一定程度上适应了教师的工作特点和研究思路，具有较强的针对性和实践性。

（1）一节课的案例研究

课堂教学是学校教育的主要途径，也是教师工作和研究的主要内容。一节课作为一个相对完整的教学单位，比较集中地体现了教师在日常工作中所面临的各种教育教学问题，是教师开展案例研究的十分合适的内容和对象。

课的内容是非常丰富的，根据情境的特征和研究的需要，教师可以从不同的角度切入，以选择和研究恰当的研究范围和研究主题。这些观察和思考的角度有：一节课的整体教学设计与实施，包括设计思想、基本过程、教学要点、课堂效果等；一节课中的某个环节或侧面，如教学过程的特定阶段、教材内容的处理调整、教师的教学行为、学生的学习方式等；课堂上的意外事件，如学生的争吵或冷场阻碍了教学进程，教师困窘于学生提出的难题等。

作为案例研究的对象和范围，一节课除了课堂教学阶段之外，还应包括课前的准备阶段和课后的评析阶段。这既可以把三个阶段作为一个完整的教学过程和研究对象，也可以有重点地研究其中的某一部分。如某节公开课之前集体备课过程的争议，或课后评课引发的不同议论和评价，都是很有价值的研究内容，尤其是评课阶段所反映的观点和观念的冲突，对于促进教师深入思考问题、提高专业水平具有十分明显的作用。

（2）一次活动的案例研究

课外活动是学校教育的重要组成部分，其中包括学校班团队活动、学生社团活动、社会实践活动、研究性学习活动等。与课堂教学相比，其活动形态更具开放性、生成性和不确定性的特点。在课外活动的组织、开展和指导过程中，有许多值得研究的问题，如活动的主题和设计的问题、活动的组织形式问题、活动的资源开发和环境支持问题、学生的自主管理问题、教师的参与指导问题等。

由于活动的过程和形态相对比较复杂，教师可以通过案例研究来总结提炼教改经验，根据工作需要和实践体验，对一次活动的基本过程或某个侧面进行描述和分析。如近年来各地开展了研究性学习活动的教改试验，在缺乏经验和资料的情况下，通过案例研究提供范例和经验，已成为指导教改的一种主要形式。在教改实验的起始阶段，案例研究偏重于研究性学习活动开展的整体设计和基本过程，如实施准备阶段—进入问题情境阶段—实践体验阶段—表达与交流阶段等。当教改实验逐步进入推广和攻坚阶段时，案例研究便开始有重点地关注研究性学习活动的个别环节、个别侧面，如各个阶段的主要任务、注意要点、指导策略、评价方法、管理措施，以及教师评价、师资培训、社会资源开发等。

（3）一件事的案例研究

教师工作实际上是由一系列的事件所构成的，学校教育中发生的每件事都可以说是一个情境。除文化学习外，教师还要关心学生成长的全过程。在多彩而又繁复的学校生活中，有一些事情会给人以特别的意义，即使时过境迁，这些事仍会留在记忆的深处，触动人的情感和心灵。关注这些事件，就会发现许多值得思索和研究的内容。例如一次学生逃学后的谈话、一次对学习困难学生的辅导、一次教室中物品丢失事件的处理、一次成功或失败的家访、一个教师面对自己失误或错误的场景、一本载满师生对话交流的作业本、一张具有特殊意义的节日贺卡，等等。

选择一件事作为研究的对象和内容，故事的生动感人常常是触发教师研究的起因。这里需要注意的是，"生动"是叙事方式的一个基本特征，它是研究的一个起点，但不是追求的最终目标。从教育案例研究的角度看，案例研究水平的高低主要体现于故事所蕴含的教育意义。例如有的学生受某位明星的激励，刻苦训练，终于在大赛中获得成功。这样的事件固然也有一定的社会意义，但与学校教育并没有直接的联系。同样，曾有一位为学习成绩所困扰的女中学生，向报刊投寄一篇《差生宣言》，发表后在校园里引起轰动，同时她也深受鼓舞，从此以文科为主攻方向，终于考上了大学。如果把这个事件作为教育案例的研究内容，关注点显然不能局限在学生身上，还要看学校和教师在这个过程中起了什么作用。

（4）一个人的案例研究

教育研究也是对人的研究。在学校生活中，作为研究者的教师经常会对某些特定的对象予以特别的关注，并产生进一步了解和研究的兴趣。这些对象可能是一个难以接近的学习困难学生，也可能是一个有特殊天赋的资优学生，或者是一个本校或邻校的优秀教师。通过对这些对象的研究，教师可以从中发现、体会和借鉴许多有益的、宝贵的教育教学经验。由于受主题和篇幅的限制，案例研究所反映的事件并不是越详细越好。因此，研究者还要依据研究重点和研究对象的特点，选择较有代表性的典型事例来反映研究主题和研究结果。

近些年来，各地中小学教师开展了心理健康教育，积累了不少个案研究的成熟经验。如有的专家提出了中小学生心理辅导个案研究的基本环节：问题界定，包括问题界定的清晰性、典型性和准确性；资料收集，包括个案资料的具体、细致、完整以及相关性；诊断分析，包括对材料的判断、诊断技术的运用、诊断的合理性；辅导方案，包括方案的适切性、科学性和可操作性；辅导效果，主要指个案的变化。当然，在案例的具体表述上，可以有不同的重点和形式。

3. 教育案例研究的过程

教师案例研究的过程与其教育教学的工作过程大体上是同构的，因此其研究过程不是一种从理念到文本的线性过程（如理论准备—进入现场—收集资料—编码分析—形成案例），而是一个教育实践与理论思考交错促进的非线性过程，它一般包括以下几个环节：

（1）自觉的实践反思

教师的实践反思起源于解决实际问题、改进教育策略的需要。教师在日常工作中，每天都身处各种各样的教育情境，并由此积累了许多应对情境的策略和经验。这些教育教学经验是他们在长期的教师生涯中自然地、无意识地积累的，是一种不断"尝试错误"的结果。为避免缓慢、随意、低效的经验积累过程，有不少教师表现出一种更为主动积极的态度——有意识的自觉的实践反思。

这种自觉的实践反思是对具体情境的理性思考，是对所处的教育情境中的各种因素及其关系（包括教育的对象、条件、措施、效果等方面）的审视与权衡。经常的自觉的实践反思使零散的教育经验得到梳理，教师因此而经历了一个教育策略系统化的过程。教师对实践情境的回顾与思考，是触发案例研究动机的重要条件，也是案例研究内容和材料的主要资源。

（2）开放的行动研究

教师的实践反思过程也是开放的行动研究过程，即从解决实际问题的需要出发，不断地反思、调整自己的教育措施和行为，从而达到增进教育效果和提高专业水平的目的。在这个过程中，案例作为行动研究的一个组成部分，成为研究教师行为的有效途径。教育案例比较集中地反映了教师在特定阶段、特定情境中所面临的问题，形象地反映了教育主体的认识水平与教育环境、教育行为之间的关系。研究案例与研究教育行为，共同构成了教师的行动研究。

由于案例研究的内容来源于教育实践中的问题，而问题的产生往往带有一定的偶发性，因此案例研究还具有回溯性的特点。与比较严谨完整的行动研究相比，案例研究（尤其是在起始阶段）在假设、目标、计划等方面有一定的随机性。有时候案例研究可以有预定的计划和方案，而更多的时候则需要敏锐地发现研究的契机和价值。至于问题的解决，也有不同的研究深度。这种随机性蕴含着一定的教育课题和研究价值，随机性与计划性相结合，便形成以案例为载体的教育行动研究。

（3）教育案例的写作

教育案例写作就是将教育案例研究的结果写成研究报告，它不仅是案例研究成果实现的重要手段，而且是案例研究过程的具体反映。教育案例写作的基本程序和要求如下：

①选择关键事件。课堂教学和日常教育活动是案例主题和案例材料的源泉。对于教师而言，可以选择的潜在案例材料十分丰富，一个事件、一本课本、一个计划等都可能成为案例的潜在材料，但并非随便确定一个事件就可变成一个好的案例。案例事件的选择应有一定的标准，其中最重要的一条就是它能否对自己的专业成长和深入理解教育事件具有最大的促进潜力。在具体做出选择

时，教师需要自问：它对我产生过情感上的冲击吗？它是否呈现了我难以解决的困境？它需要我做出困难的选择吗？我是否对自己解决问题的活动感到不满意？它是否具有道德上或伦理上的启示？但这些思考都是建立在对案例事件浓厚的兴趣之上的，自己对它有写出来的强烈冲动。

②确定事件中的人物。确定事件中的关键人物和从属人物——他们各扮演何种角色？相互之间的关系及其与研究者的关系是什么？如果涉及诸多人物，必须有清楚的指代。应特别注意将作者本人设定为案例人物，并在叙述时从各方面来审视自己的作用，其中尤其不能忽视审视自己在事件中产生的假定——什么样的假定？这些假定从何而来？它们如何影响研究行动？

③描述有关情景。在描述事件时，必须交代事件的背景，以便将事件置于一定情境中，使读者能在一定的情境中解读事件。对背景的交代并非一定要在开头进行，可以穿插在案例之中。但无论何时交代，都应将事件发生的时间、地点交代清楚，以明确事件发生的班级、学校甚至社区情况和案例人物的背景。为此，研究者需要对事件是如何发生的、事件涉及哪些因素、是什么导致了事件的发生、自己最初的反应是什么、自己的反应对事件的进展发生了何种影响、如何发生影响等问题做适当的提示。

④审视自己的反应。如果研究者自己被当作案例的主角，那么必须审视自己的情绪和行为反应对事件的发生和进展的影响——事件中发生了什么？它如何进展？自己可以做哪些选择？做这些选择会导致什么结果？事实上做了何种选择？是什么情感、价值观或理论假定推动这种选择的做出？事件或自己的反应中有什么仍在困扰着我？

⑤检视行动的结果。对研究行动的结果进行检视的内容一般包括事件的结果如何、自己的行动对学生对班级产生了何种影响、对事件中的其他人物以及自己产生了何种影响等问题，它反映了案例研究的意义。

（4）教师经验的分享

教师的案例研究是以教师的个人经验为基础的，案例写作则是教师经验表达的一种方式。在教师研究和写作的过程中，个人故事的叙述实际上是以潜在的听众（其他教师）为对象的，以听众的需要作为案例撰写的重要参照点。一个案例是否有价值，是否提供了独特的教育经验，是由案例研究者所处的环境、所要交流的对象决定的。因此，案例报告的完成不是研究的结束，而是交流的开始。通过交流，案例及其所蕴含的个人经验才能充分体现出它的价值。

　　教师个人经验的交流和分享，是案例研究功能和作用的重要体现，也是提升案例研究水平的必要途径。由于经验背景的差异，不同的人对同一个情境的体会和认识是不同的，因而就会做出不同的解释，这也是"质的研究"的特点和价值所在。就一个具体的案例而言，文本的叙述方式本身就反映了案例研究者对特定情境和事件的看法，而这种看法难免具有一定的局限性。案例研究的过程表明，交流和讨论是提高研究质量的一个重要环节——通过多角度、多侧面地认识案例文本的叙事形式及意义阐释，作为研究者的教师往往有一种再发现的感觉和收获。特别是高水平的教师和研究人员的参与，对提高教师案例研究的水平是非常有效和有益的。

第二节　校本教研的技术系统

　　校本教研在教育研究方法应用过程中，程度不等地运用到情报技术、问卷技术、访谈技术、观察技术和统计技术。这些技术手段的实际操作，对于准确揭示教育规律、增强校本教研的效率具有重要意义。

一、情报技术

1.情报技术的意义

　　就教育领域而言，情报是指当前发生的种种对于教材、教法、教育理论、教育法规、教育改革动向的及时报道。它注重本专业研究工作的最新进展，包括新概念、新理念、新方法、新设备、新技术、新成果等。对于校本教研来说，掌握教育情报技术，可以帮助选定研究课题，确定研究方法，扩大研究视野，提高研究水平，避免重复劳动，提高研究效益。

2. 情报的基本类型

了解情报的种类是情报搜集的前提。按情报资料的载体形式来分，情报可分为印刷型情报和非印刷型情报两个大类。

（1）印刷型情报：是以纸为媒介，通过铅印、油印、胶印等方式记录、保存信息的情报，主要有书籍、报纸、期刊、档案资料等种类。

（2）非印刷型情报：是以其他介质来记录保存的情报资料，其主要种类有机读情报、微缩情报和声像情报。机读情报——通过计算机磁盘、光盘等来记录、保存信息的情报。由于阅读需要通过计算机，故名机读情报。机读情报存储密度高，易于复制，并且检索快速方便。微缩情报——通过微缩技术把印刷型情报按一定比例缩小复制到胶卷或平片上而形成的情报。微缩情报储存密度高，保存时间长，但阅读要借助微缩阅读机才能实现，不方便。声像情报——通过声像和图像来记录保存信息的情报，诸如幻灯、电影、唱片、录音带、录像带等，这种情报形象、直观、易于传播。

此外，按对情报内容加工程度的不同，又可将情报分为如下四个等级：

（1）零次情报：是一些事件、行为、活动的当事人所撰写的第一手资料。如个人日记、教师日志、手稿、函电、信件、笔记、自传；学校、团体、学会等撰写的文献，如会议记录、纪要、备忘录、卷宗等；或当初并未记录，后来因研究的需要才进行加工、整理而发表的文章等。

（2）一次情报：是未经加工的原始情报，即直接反映事件经过，研究成果，产生新技术、新知识的情报，其既有原始性又有创造性的特点，是离事实最近的情报。如专著、科学论文、研究报告等。

（3）二次情报：是对一次情报加工、提炼、压缩后得到的情报，是关于情报的情报。二次情报本身不直接产生新知识、新技术，它的目的是使原始情报系统化、条理化，为查找一次情报提供线索。二次情报的形式主要有书目、题录、索引、提要、文摘等，对情报检索具有重要作用。

（4）三次情报：指对前两类情报分析、概括后撰写的参考性情报，是情报研究的成果。其主要形式有动态综述、进展报告、专题评述、辞典、年鉴、手册等。这类情报是派生的情报，本身也不直接产生新知识、新技术，但概括较全面、浓缩度高、覆盖面宽、信息量大，既有综合性，又有参考性。对情报资料的检索，主要通过二、三次情报来进行，根据二、三次情报所提供的线索去获得一次情报或零次情报，其中以专著、研究报告的参考价值为最大。

3. 情报收集的途径

情报收集的基本要求是准、全、高、快。"准"是指要有较高的查准率；"全"是指要有较高的查全率；"高"是指检索到的情报专业化程度高，并能占有资料的制高点；"快"是指检索情报要快捷、迅速。达到这些要求的基本思路是：明确检索方向和要求—确定检索工具和信息源—确定检索途径和方法—根据检索结果获得原始情报。情报收集的基本途径有计算机检索和手工检索两种。

（1）计算机检索

计算机检索主要有计算机数据光盘检索和计算机国内国际联机检索两种形式。

计算机数据光盘检索——专业人员通过研制检索软件，将情报资料录在磁盘或光盘上，供用户上机检索。如上海市图书馆将 1992 年以来的期刊资料刻入光盘，需要者可上机直接从光盘中检索和提取，非常方便。

计算机国内国际联机检索——利用检索终端和国内国际通信网络，通过联机检索系统进行远距离人机对话，直接从检索系统的数据库中查找所需的资料。计算机联机网络和检索终端已遍及全球，具有检索速度快、内容广、信息新的优点，但检索费用较高。

（2）手工检索

手工检索就是根据情报的既定标识或利用一定的检索工具进行检索。情报的既定标识主要有以下 5 种：

著者名——在已知作者姓名的情况下，按作者姓名排检方法，从检索工具中去查找情报。中文姓名的排检有按姓氏笔画排检和按姓氏汉语拼音排检两种方法，外文姓名的排检必须以姓的第一个字母作为检索点。

文献名——在已知文献名称的情况下，按情报的既定标识排检方法，利用书名目录、篇名索引或论文索引等检索工具去查找文献。

代码——根据文献的代码进行排检，一般先从代码索引中查出文献的代码，再利用报告号索引或论文索引等检索工具查找原始文献。

分类体系——通过图书分类体系来检索文献。这种方法适用于检索某一类问题或某一学科领域的文献。如果查世界各国初等教育概况的文献，按《中国图书馆图书分类法》分类体系可知道凡 G629 打头的书，均涉及此范围。要注意的是，利用分类体系检索情报，必须了解各种不同的分类体系和分类表。

主题词——根据情报内容所涉及的主题，通过主题词表来检索情报，检索工具主要是《汉语主题词表》。目前，很多城市图书馆已不用在木制抽屉的小卡片中检索，而是在图书馆的电脑上检索，只要输入你所需要的情报资料关键词，或你所掌握的情报名称、作者名等，就能获得众多的有关资料，非常方便、快捷。

4. 情报收集的方法

情报资料的检索不必拘泥于某一种方法，而往往需要灵活选用以下方法中的一种。

（1）时序检索法：以研究需要的资料发生的时间为检索线索，或由远及近，或由近及远地进行检索的方法。对于新课题的研究，一般以由近及远的检索方法为宜，因为相隔时间越近的情报资料就越新，当然，如果时间、精力允许，应尽量多地掌握情报资料。

（2）追踪检索法：按已掌握的文献资料正文中所提及的，或文章脚注，或文后所列参考文献目录等为线索，逐一追溯，而不断获得新线索，再扩大追踪范围，从而获得所需情报资料的方法。

5. 情报内容的分析

情报内容的分析，是根据资料的性质和研究目的选择适当的方法，做出定性或定量的分析，从而为下阶段的研究提供事实根据或理论根据。常用的情报分析方法有逻辑分析法与统计分析法两种。

（1）逻辑分析法：对收集到的丰富的情报资料，特别是观察、调查及实验过程中获得的教育事实及现象材料，经过去粗取精、去伪存真、由此及彼、由表及里的思考加工过程，以揭示本质，形成概念范畴及理论系统。它经常运用的思维方式有如下三种：

①分析与综合。分析，就是把复杂的事物或现象分成各个简单的组成部分，单独予以仔细考察，认识各个组成部分的性质与特征。在教育情报资料的研究中，常常使用对比分析（横向或纵向对比）、定向分析（确定其时空范围）、因果分析（分析其内因、条件与结果的关系）与系统分析（把研究对象各因素及其关系作为有机整体）等方法。综合，即对从分析中获得的结果加以全面的概括，作为统一整体来认识。在教育情报资料的研究中，常用的综合方法有简单综合（对发现某些材料的相同之处与不同之处作综合归纳，或者从部分到整体，使知识集中化、系统化；或者从整体到部分再到整体，利用已有的知识创造新的知识体系）、提炼综合（把个别的、局部的、分散的情况结合在一起，从中提炼产生某一现象的共性原因或特殊原因，从而提出新的认识、概念与结论）和系统综合（从系统的观点出发，对专题进行大范围的综合研究）几种。

②抽象与概括。抽象，就是从具体的感性材料中，抽出其中某些最本质的东西，使复杂的材料简单化，使混沌的材料清晰化，从而抓住事物的本质。概括，就是将同类事物的本质属性抽出来，归纳概括成一个普遍性、共同性的本质与属性。抽象概括往往与分析综合结合进行。

③归纳与演绎。归纳是由个别到一般、由具体到概括的推理方法。它主要有两种形式：一种是完全归纳，即根据全部事物做出结论；一种是不完全归纳，即根据部分事物做出结论。演绎则是由一般推出个别的方法。在分析研究中，归纳与演绎常结合起来使用。

（2）统计分析法：通过数理的统计与分析，展现事物发展变化的过程及其相互关系，把握研究对象的现状与发展趋势，掌握其发展规律。具体的统计分析的手段有绝对数与相对数分析法、平均数分析法、动态数列分析法（通过发展水平、增长量、发展速度、增长速度等动态指标来显示事物的发展变化）、表格法与图示法、平等数列对比法（揭示现象之间的联系及因果联系）、相关法（通过相关事物的分析研究，揭示事物的发展规律）等。

6.情报应用的过程

情报资料的收集应用不是一次性完成的工作，它贯穿整个研究的全过程，其大致程序如下：

确定一个研究论题即观点雏形—围绕观点雏形搜集一些基本资料—研读搜集的基本资料，从中提炼出具体的、成形的观点—进一步充实完善成形的观点，并据此搜集更重要和前沿的资料—研读新搜集的资料，并开始写作—根据写作过程中所发现的问题，再次搜集资料予以补充落实。

二、问卷技术

1. 问卷技术的意义

问卷是书面形式的一系列设计好的问题的组合，它反映出研究人员希望获得的信息。问卷能否达到目的，关键在于问卷的编制。成功的问卷编制，一方面要体现研究者的意图，将需要了解的问题准确地传递给被调查者；或另一方面要考虑被调查者的态度、状态，使他们乐于并真诚地回答问题。研究者利用问卷技术可以收集各种意见或材料，也可以测量研究对象的某一方面的情况，问卷技术在教育调查和教育实验中用得最多。

2. 问卷的基本类型

根据题目答问要求的不同，通常把问卷分为开放式和封闭式两种，设计时可根据研究的需要选择。

（1）封闭式问卷

封闭式问卷就是把问题的答案预设好，要求答卷者只在提供的答案范围内选择。封闭式问卷的最大优点是便于整理和统计，局限是不能更深入地了解问题，而且题目设计的难度较高。其主要样式有以下几种：

①是否式：把问题的可能答案列出两个极端情况，从"是"或"否"、"同意"或"不同意"中选择一个。例如关于学生自主性情况的问卷：

●我自己决定的事，别人很难让我改变主意（　　）

A. 是　B. 否

●我的行为不受班里舆论的影响（　　）

A. 是　B. 否

●学习上，我总有自己的目标和计划（　　）

A.是　B.否

②选择式：从多种答案中挑选最适宜的一个或几个答案。例如关于高中必修课教材修订的问卷：

高中必修课教材修订要解决的主要问题是（最多选三项答案）（　　）

A.减轻负担，少而精

B.提高兴趣，注意可读性、可接受性

C.便于自学

D.加强教材的综合性

E.联系实际

F.注意培养各种能力

G.增加弹性和灵活性

③评判式：每个问题后列有多个答案，要求被调查者依据其重要性评定等次，因是用数字表示几种答案应排列的顺序，所以也叫排列式或编序式。

例：你认为目前中小学的艺术教育存在的主要问题是什么（　　）

A.领导不重视

B.没有系统科学的教材

C.教学方法不恰当

D.教师水平不高

E.没有专门的教室

F.说不清楚

④等级式：问题答案是一种顺序测量量度等级的量表，一个答案对应一个数字，答案以在点上打"√"或在代表该点的字母上画圈给出。

⑤划记式：在问卷表的细目中，被调查者在所选答案上分别打上"√"或"×"的记号。例如关于小学生行为规范的问卷：

请将你的日常表现在适当地方打"√"

调查问题	做不到	偶尔做	做得一般	做得好
A. 在任何公共场所都不随地吐痰				
B. 在任何公共场所都不乱扔废弃物				
C. 随手关灯，人走灯灭				
D. 在课堂、会场、考场上都遵守纪律				
E. 过马路时走斑马线，不闯红灯				
F. 礼貌待人，不说脏话粗话				
G. 不毁坏树木花草				

（2）开放式问卷

开放式问卷指在问卷中只提问题，不提供答案，由被调查者自由回答，它可以是填空式的，也可以是问卷式的。开放式问卷有利于较深层次的问题研究，但整理和统计的难度较大，费时费力。例如一项对中学生兴趣倾向情况的调查：

请你用最简洁的语言，回答你在日常生活学习中的兴趣倾向。

A. 最希望的问题是什么？_____

B. 最关心的问题是什么？_____

C. 最担心的问题是什么？_____

D. 最不满意的问题是什么？_____

E. 最苦恼的问题是什么？_____

F. 最感兴趣的问题是什么？_____

G. 最高兴的事情是什么？_____

H. 最痛恨的事情是什么？_____

I. 最想干的职业是什么？_____

J. 最崇拜的人是谁？_____

在研究中，可以根据研究的需要，综合运用封闭式与开放式的问卷。例如在封闭式问卷中加一些开放式问题，就可以弥补所提供的答案不能穷尽的缺陷。

3. 问卷编制的思路

在日常研究工作中，常发现一些教师在编制问卷时，一开始就落笔编写问题，想一个写一个，导致整个问卷缺乏必要的逻辑结构，从而无法整理、统计研究结果。因此，严格遵循问卷编制的思路非常重要。问卷编制的思路集中表现在以下四个方面：

（1）对调查问题总体构思。根据调查目的的要求，了解被调查内容的基本情况，划定调查范围，确定对象，收集所需资料，考虑问卷设计的整体框架，列出分类的提纲。

（2）初步拟定问卷的题目。先编制整个问卷各个部分以及前后顺序的框架图，在确定各部分主要内容的基础上，具体写出每一部分的问题及答案，最后检查、调整、补充，形成问卷。

（3）问卷的论证和试用。将设计好的问卷初稿分别送给有关专家、研究人员以及典型的被调查者，请他们阅读和分析问卷初稿，并根据他们的经验和认识对问卷进行评价，提出存在的问题和修改意见。也可先将问卷初稿打印若干份（30 份~100 份），在正式调查的总体中抽取一个小样本进行试探性调查，看看所设问题是否清楚，问卷内容和形式是否统一，填答是否完整，是否能满足调查的要求，问卷的编码、录入、汇总过程是否有问题等。

（4）问卷的修订和定稿。根据试用情况，对问卷进行进一步的修订。有条件的，可求出问卷的信度和效度。

4. 问卷编制的要求

问卷主要是由一系列问题构成的，问题编写的一个最重要的原则是简洁，为了获得必要的信息，题目越简洁越好。此外，还要注意如下要求：

（1）主题鲜明。所列问题要与研究的目的、假设直接相关，与调查主题无关的问题和可有可无的问题不要列入问卷。

（2）通俗易懂。问题要清楚，使用的术语要让每个被调查者都能明白，避免使用模糊、专业性很强的术语及行业语。

（3）一个题目中只准包含一个问题。所列的问题要简短、单纯，不要在一个问题中并列问两个或两个以上的问题，这样所获的信息会模糊不清。

（4）避免使用带有诱导性的问题。要避免那些会给调查者带来社会压力、心理压力的问题，或者涉及被调查者个人隐私的问题。

（5）所提问题应是被调查者能够提供信息的问题。应充分了解问卷调查对象的背景资料，如文化层次、生活经验、专业技术水平等，使他们能够理解和回答问卷上的每一个问题。

（6）问卷的容量要适当控制。回答问卷的时间不要超过 30 分钟，题目数量不要超过 70 个，这是设计问卷的一般常识。

（7）问卷中的题目应符合被调查者的思维习惯。一般情况下是先易后难，先简后繁，先具体后抽象，相同主题、相同形式的问题可以放在一起，也可以与其他主题、形式的问题穿插排列，但研究者一定要清楚问题的归类。

（8）问卷结果应便于统计处理。问卷编制时就要考虑到易于编码、录入、汇总和数据处理。

三、访谈技术

1. 访谈技术的意义

教育访谈是指研究者与被调查的对象进行直接的、面对面的口头交流，从而了解教育事实的真相或者被访问者的心理、行为倾向的一种研究技术。

访谈收集的信息资料，是通过研究者与被调查对象面对面直接交谈方式实现的，具有较好的灵活性和适应性。访谈广泛适用于教育调查、求职、咨询等，既有事实的调查，也有意见的征询，更多用于个性化、个别化研究。访谈的优点是方便可行，引导深入交谈可获得可靠有效的资料；团体访谈不仅节省时间，而且可以使与会者放松心情，进行较周密的思考后回答问题，相互启发影响，有利于促进问题的深入。访谈的缺点是样本小，需要较多的人力、物力和时间，在应用上受到一定限制。此外，无法控制被试者受主试者的影响（如角色特点、表情态度、交往方式等）。所以访谈技术一般在调查对象较少的情况下，且常与问卷、测验等结合使用。

2. 访谈的基本类型

访谈主要有结构访谈、非结构访谈和半结构访谈三种类型。

（1）结构访谈：按照统一的设计要求，依据有一定结构的问卷而进行的比较正式的访谈。结构访谈对选择访谈对象的标准和方法、访谈中提问的方式和顺序、被访者回答的方式、访谈记录的方式等都有统一的要求，有时甚至对访谈的时间、地点、周围的环境等外部条件都有统一的要求。这种方法所获得的结果便于统计分析，但缺乏弹性。

（2）非结构访谈：按照一个粗线条式的访谈提纲而进行的非正式的访谈。这种方法对访谈对象的条件、所要询问的问题等只有一个粗略的要求，访谈者可以根据访谈时的实际情况而灵活地调整提问的方式、顺序等。这种方法有利于发挥访谈者和被访者的主动性与创造性，有利于加深和拓宽对问题的研究，但难以进行定量分析，对访谈者的技术要求也较高。

（3）半结构访谈：半结构访谈分 A、B 两种类型。A 型的访谈问题是有结构的，但被访者的回答方式是自由的，如在研究儿童的亲子关系的特征时，就常采用这种方式；B 型的访谈问题无结构，所提问题、提问方式、顺序等都比较灵活，但要求被访者按有结构的方式进行回答。

访谈通常是两个人（有时包括更多人）之间有目的的谈话，由其中一个人（研究者）引导，收集对方（研究对象）的语言资料，以了解研究对象如何解释他们的世界。访谈的主要意图一是作为收集资料的主要策略，二是配合参与观察或其他研究技巧，作为搜集资料的辅助方式。

3. 访谈的技巧

访谈的技巧在于访谈程序和方法的正确运用，其基本规定性有以下几点：

（1）构思好访谈计划

访谈要遵循一定的标准程序，避免只凭主观印象，或访谈者和调查对象之间漫无边际地交谈。因此要设计好谈话计划，即做好谈话进行的方式、提问的措辞及其说明、必要时的备用方案、规定对调查对象所做回答的记录和分类方法等方面的准备。访谈出现的问题往往是访谈时总想跳过制订谈话计划这一步而急于进入具体实施阶段。如果事先准备不充分，就不能收到预期效果。一个不愿思考问题、不善于提出问题的人，在研究工作中是很难有成功的希望的。

（2）收集被访者的材料

访谈前尽可能收集有关被访者的材料，对其经历、个性、地位、职业、专长、兴趣等有所了解，要分析被访者能否提供有价值的材料，要考虑如何取得被访者的信任和合作。另外，在访谈时要掌握好发问的技术，善于洞察被访者的心理变化，善于随机应变，巧妙使用直接法（开门见山）和间接法等。

（3）提问要简单明白

访谈所提问题要简单明白，易于回答；提问的方式、用词的选择、问题的范围要适合被访者的知识水平和习惯；谈话内容要及时记录，可以用类似表格整理谈话记录。

（4）做好心理调查

研究者要做好访谈过程中的心理调查。为了给被访者留下良好的印象，要善于沟通，消除误会隔阂，形成互相信任、融洽的合作关系。研究者还要注意自己的行为举止，其中关键是以诚相待、热情、谦虚、有礼貌。访谈的失败往往在于沟通不够。

如果开调查会，还要注意以下几个问题：

选择好对象——参加调查会的人数不要太多，一般以 6~12 人为宜；参加成员要有代表性、典型性；参加者在学历、经验、家庭背景等各方面情况尽可能相近。为此，事先要了解一下与会者的个人问题，避免触及个人隐私而造成被动局面。

拟订好问题——问题设计要具体，如有可能，可事先发给每个人发言讨论提纲，让他们事先做好准备，并约定好开会时间和地点。

创造畅所欲言的气氛——座谈会要按计划进行，目的明确，中心议题要集中。也可根据调查课题的需要，临时提出提纲上没有的问题，让与会者作答。重要的是要创造一个畅所欲言的气氛。讨论中若发生争执，如果争执有利于课题的深入，则支持争执下去；如果争执与结论无关，则及时引导到议题上来。主持人应以谦虚平等的态度、诙谐亲切的语言，争取与会者的合作，但一般不参加争论，以免影响与会者的思路。

（5）做好访谈记录

访谈者（研究者）在访谈期间做好访谈日记是访谈的重要技术之一。在日记上列出每次访谈的主题，使访谈者知道哪些话题已被谈过；还可写下反省评注，标明需要探究的事情；在写访谈记录时，每出现一个新的话题即换一段开始；对研究对象的谈话间穿插的笑声、静默、停顿或说话的速度、语调等要在该段话旁用括号注明，以显示什么是研究对象所强调的、感到快乐或觉得伤感的，因为这些都是探究其内在观点的线索。

四、观察技术

1. 观察技术的意义

观察是指人们对周围存在事物的现象和过程的认识，这种认识是基于研究者对事物的现象和过程的理解。但科学观察，并不是指一般意义上的"仔细察看"，而是通过人的感觉器官或借助科学仪器，有目的有计划地在自然条件下对自然、社会的现象和过程进行观察。这种科学的观察，就是教育研究中的观察技术。观察贯穿于教育研究的各个阶段，有助于课题的选择和形成，有助于教育科学理论的提出与验证。

2. 观察的基本类型

观察根据不同的划分角度可以有不同的分类。根据是否借助仪器可分成直接观察与间接观察，根据观察地点可分为实地观察和实验室观察，根据观察结果可分为量的观察与质的观察等等。这里介绍几种应用较多的观察技术。

（1）抽样观察

抽样观察包括时间抽样观察、场合抽样观察和阶段抽样观察等，它注重抽样的科学性，以保证观察结果能符合总体情况。

时间抽样观察——专门观察和记录在特定的时间内观察对象和过程的一种方法。例如进行课业负担现状的观察时，在校内就选择下课时间、午休时间和下午课余时间进行观察，统计和记录这些抽样时间内在教室里做作业的人数，从而做出分析判断。

场合抽样观察——有意识地选择某个自然场合观察研究对象行为表现的一

种方法。例如进行学校卫生面貌的观察时，可以把厕所作为反映学校卫生面貌的抽样场所，进行观察，由此分析学校卫生状况。

阶段抽样观察——观察者选择某一阶段对观察对象的状态进行观察。例如观察学校全面贯彻教育方针的现状时，可以选择期末考试阶段，因为这是检验全面安排和实施教学的典型阶段。

（2）追踪观察

追踪观察是一种长期、系统、全面地观察研究对象发展过程的方法，目的在于获得对象发展变化过程的材料，以便研究发展变化的规律性。这种方法常常用在对特殊学生的个案研究上，是一种实验观察类型。例如：进行女学生的学业负担、月经和焦虑情绪的相关性研究，就要确定在较长时间内（如一年）对一定数量女学生的月经情况、学业负担情况（规定几个统一标准）和焦虑情绪（确定几个指标的不同程度级）进行系统全面的观察和记录，这样才可以获得其发展变化过程的材料。

（3）隐蔽观察

在观察中，观察者对被观察者的影响几乎是一种通病，它不同程度地影响了观察材料的真实性。为了在对人进行观察时使观察对象自然、放松，往往采用通过单向透光玻璃、电视、纱幕或潜视系统进行观察，以让观察对象不知不觉，这就是隐蔽观察。采用隐蔽观察的条件较高，但其精神为观察者所重视。

（4）综合观察

客观事物都是相互影响、相互联系、相互制约的，要成功地对某一事物进行观察，必须将几种有关的观察方法有机地结合起来，才能获得最有价值的观察材料，从而找出事物发展的规律。这种综合观察有两层要义：一是指对某一具体观察对象进行观察时，要把眼光扩展到同观察对象有关的各个方面、各个因素上；二是指在观察对象时，不单是使用一种观察方法，而是根据具体情况把几种相关的观察方法有机结合使用。

3. 观察的一般步骤

（1）观察前的准备

做好观察前的准备工作是进行科学观察的基础，准备工作的好坏是观察成败的关键之一。准备工作主要包括以下三项内容：

明确观察目的——观察目的是根据研究任务和观察对象的特点而确定的。为了明确观察目的，应做大略的调查和试探性观察。其目的不在于系统收集研究材料，而是掌握一些基本情况，了解观察对象的特点，以便确定通过观察需要获得什么材料、弄清楚什么问题，然后确定观察范围，选定观察重点，具体计划观察的步骤。例如，进行中小学班主任政策可行性研究，需要确定对班主任工作现状的观察。事先应对班主任有关情况进行大略的调查，通过谈话、查阅有关资料，以及进行试探性观察，对观察对象的特点、观察过程中可能碰到的问题等有所了解。这样便可以科学地确定观察的范围：有高年级段和低年级段的，有文科、理科、艺术科的；有不同责任心的，有不同工作能力和风格的，有不同年龄、教龄和不同性别等。还可以规定观察的具体内容和过程，根据观察量，做好观察者的组织分工。

制订观察计划——在确定观察目的、收集观察对象的资料，并进行试探性的观察后，就应深思熟虑地制订出观察计划，使观察有计划、有步骤、全面系统地进行。观察计划一般应包括观察目的，观察重点和范围，观察提纲，观察过程，观察注意事项，观察记录表格、符号和参照标准，观察仪器，观察人员的组织分工，观察的应变措施等内容。

做好相关物质准备——印制观察记录表格，以便迅速、准确、有条理地记录所需要的材料，便于日后的核对、比较、整理和应用。如果观察要借助仪器，就必须事先对仪器进行检查、安装。

（2）进行实际观察

进行实际观察应尽量按计划进行，不要轻易更换观察的重点、超出原定的范围，致使离开了原定的观察目的。如果原定计划确实不妥，或观察现象有所变更，则应按计划中的应变措施或实际的变化情况随机应变，但目的只有一个，即力求妥善地完成原定任务，尽可能取得最好的成效。有效观察的途径一般有参观、听课、参加活动、列席会议、个别谈话、座谈会几种。

（3）观察材料的记录和整理

做观察记录应符合准确性、完整性和有序性的要求，为此，必须及时进行记录，不要依赖记忆。记录方法有下列几种：

评等法——观察者对观察对象评定等级，如在观察记录学生在某一集体活动的表现时，可以分为十分活跃、活跃、一般、不活跃、很不活跃五级。其方法是在预先印好的表格上按等级画圈。

频率法——观察者事先将规定好要观察的对象和观察的项目印成表格，一旦出现某一现象，就在表格的相应框格内打上记号。

连续记录法——就是当场在笔记上做连续记录，或借用录音机、摄像机将现象连续录下。

做好观察记录后，要及时整理材料，即对大量分散的材料利用统计技术进行汇总加工，删去错误材料，对反映特殊情况的材料另作处理，然后对典型材料进行分析。如有遗漏，及时纠正。

4. 观察应注意的问题

科学的观察不是被动地收集事实，是对事实进行分析研究，找出各种教育现象间的相互联系。因此，在观察过程中，一定要与分析研究相结合，一边观察一边思考。

（1）要摒弃一切先入之见，按照观察对象的本来面目提出问题、进行分析，不断把观察引向更深的层次。如此循环往复，才能得到高质量的观察结果。

（2）要深思细察、善疑多问，面对观察事实进行分析。在分析研究中注视观察对象，不分散注意力，不漏掉细节。不轻易相信观察对象的变化，不急于下肯定性的结论。要在缜密的分析、比较、思考、研究中得出结论或观点。

（3）要见机行事，根据观察对象的变化灵活地调整观察计划，同时及时、敏锐地捕捉观察对象的各种细微变化，从中找出联系，以使观察结果更丰富，或从中引出新的研究课题。

五、统计技术

1. 统计技术的意义

就教育领域而言，统计技术即是用数理统计学的原理和方法，对在教育研究和教育实践中所获的数据进行整理、计算、分析和解释。统计的主要内容包括描述统计和推断统计。描述统计，就是将数据资料加以整理、简化，形成序列，制作成次数分布图表；或根据数据的分布特征计算成平均数、标准差、相关系数等概括性的统计量数，以便从杂乱的原始数据中获得有意义的信息，进而通过比较得出结论。推断统计，就是从样本统计量推断它来自总体的特性，并标明可能发生的误差，以此对所研究的问题做出自己的解释或预测。

2.统计中的常用集中量数

下面几种集中量数是校本教研中要经常用到的统计技术，分别予以介绍。

（1）平均数

平均数是个变量值的总和除以变量总次数所得之商。我们常用一个班的考试平均分来代表全班成绩，由于这个平均分能表示全班分数的中心位置，因此它可以作为所有分数的"代表值"去参加统计分析。

例如：甲组 4 个人的分数分别为 100, 51, 49, 0，我们很容易计算出甲组的平均分是 50 分。

（2）百分数

表示一个数是另一个数的百分之几的数叫百分数，也叫百分比或者百分率。校本研究中经常使用的百分数有及格率、优秀率等。

3.统计中的常用符号

一线教师在学习他人研究成果的时候，常会遇见以下一些统计符号，这些统计符号也是校本教研不能回避的内容。

（1）P（差异量数）

当我们总结自己的实验成果或者是学习别人的实验成果的时候，常常出现一个统计符号 P。在教育实验中，实验者即使再小心也难免受到干扰，出现一些误差，从而掩盖了实验的真正效果。为了对实验效果进行分辨，统计方法上采用了"差异显著性检验方法"，这个检验（也叫考验）得到的结果就是 P 值。统计学上，把 $P \leqslant 0.05$（图表中用 * 表示）的差异叫作显著差异；把 $P \leqslant 0.01$（图表中用 ** 表示）的差异叫作非常显著差异。

P 值的具体含义是：$P \leqslant 0.05$ 时，表明这个实验成果有 5% 是偶然因素造成的误差，反过来说，就是这个实验成果有 95% 是由于实验的条件取得的。如果再进行同样条件下的实验，有95%成功的把握。一般来说，当实验结果是实验班高于对比班，而且有显著差异或非常显著差异时，才能说明实验基本成功。

（2）Z（检验）

Z检验是差异显著性检验中最常用的方法，它适用于30个样本以上的大样本（如全校的调查往往多达百人、千人）。

（3）t（检验）

t检验是差异显著性检验中最常用的方法，它适用于30个样本以下的小样本（如一个小班）。

（4）x^2（检验）

教育研究实验中常常要用性质、品质而不是数量分类来说明实验结果（如性别中的男女，品德中的好、中、差，态度中的同意、不同意、不了解等），然后再计算出每类的人数或次数。这种计算数据（所谓计算数据就是中间不能插入数据，如在3人和4人之间不能有3.2人）则要用x^2来进行差异显著性检验。

下面这个例子就是用"态度"来进行分类，然后根据计数数据用x^2来进行差异显著性检验。

回答"你是否经常对自己有新的要求"结果统计

	是	没有	按教师、家长要求做	总计	差异检验
实验班	304（77%）	22（6%）	69（17%）	395	$x^2=21.066687$ df=2
对照班	190（61%）	26（8%）	95（31%）	311	$P < 0.000$ 差异极其显著

（5）S（标准差）

标准差表示一组分数的离散程度，即分数之间彼此差异的程度。

例如：甲组4个人的分数分别为100，51，49，0，我们很容易计算出甲组的平均分是50分；乙组4个人的分数分别为52，51，49，48，我们也很容易计算出乙组的平均分也是50分。这两组的平均分虽然一样，但是甲组的两极分化现象更为严重。也就是说，甲组分数的离散程度更大，表示这个离散程度的叫标准差，一般以S表示（也有的记作SD）。

（6）r（相关系数）

相关是指两组数据之间的相互关系，比如，学生的学习成绩和思想品德有一定关系。相关系数，就是用来表示相关程度的量的指标，用 r 来表示。相关有三种情况：①正相关——两组数据变动方向一致，即一种数据变动时，另外一种数据也发生相同方向的变动。例如，一般地说，身体越高，体重越重。②负相关——两组数据变动方向相反，即一种数据变动时，另外一种数据发生相反方向的变动。例如，一般地说，小学生观看电视节目的时间越长，阅读能力越低。③零相关——两组数据的变动方向无关。例如，学生身高与学习成绩无关。

第三节　校本教研方法技术的应用

校本教研方法和技术是在研究过程中逐步习得并熟练运用的。因此，校本教研方法和技术的应用，必须明确校本教研方法技术的价值取向，了解校本教研的展开过程，把握教育研究方法技术习得的特点，重视研究方法技术的创造性加工。

一、明确校本教研方法技术的价值取向

校本教研自身的特点决定了其研究方法和技术的价值取向性。校本教研方法技术的价值取向，主要表现在以下几个方面。

1. 实现"科学"与"人文"的统一

胡森等人在其主编的《国际教育百科全书》中曾指出：在教育研究领域里，21 世纪初就已显现出来两个主要范式之间的冲突。一是模仿自然科学强调适合于用数学工具来分析的观念——经验的、可定量化的观察。研究的任务在于

确定因果关系，并做出解释；另一范式是从人文科学推衍出来的，所注重的是整体的定性的信息，以及说明的方法。他所指的两个范式就是"科学"与"人文"的范式。应当说，"科学"的范式和"人文"的范式都有自己的适用对象和范围。

校本教研要研究的是学校的教育活动，而任何一种教育活动都与其所处的社会文化情境分不开。如果要了解个体和社会的教育活动，就必须把它置于丰富、复杂、变化的社会情境中进行考察，必须直接指向个体的生活体验本身。这就决定了校本教研不应以客观自然界为对象，而应该以具有丰富的情感、态度和生命活力的人为对象，即在千变万化的真实教育实践中进行。教育活动中的因果关系相当复杂，它不但呈现出多因素相互作用的现象，还存在着因果在过程中不断相互转化，致使很难分解变量。教育研究的对象、情境及其内部规律的特殊性，决定了教育研究不可能简单模仿、机械照搬自然科学的实验法，也决定了它在追求"客观化""科学化"规范上的有限性。走向生活体验的校本教研，要求研究者必须在真实的教育情境中进行长期的观察，深入到日常教育生活中，了解日常生活体验，发现其中的教育问题，发掘其中的教育意义。因此，校本教研要把"科学"的范式与"人文"的范式统一、整合起来。

2. 强调"描述"与"干预"的结合

校本教研要指向学校教育实践中的各种问题的解决，因此，它不仅是要描述某种教育现象或教育活动，而且更要通过干预性的实践去改善它和变革它，以真正体现认识世界的目的是为了改造世界。

干预是人为地、有目的地施加某种影响，以达到改革某一种事物的目的的行动。广义而言，任何教育措施都是干预，但教育措施与教育干预并不是一回事。首先，干预是针对某一问题而设置，具有鲜明地解决问题的目的，常规的教育措施是针对普遍性情况，目的在于学校日常工作的正常运作。其次，干预往往是常规教育手段的改变，以获得常规手段难以得到的结果。再次，干预往往是在学校教育改革研究中作为某种变量出现，而处于实施者的控制和观察之中，常规教育措施、手段由于反复运用而处于自动化运行中。

但是，两者也不是全然分离的，当某种干预措施多次取得成功时，它就可能变为常规的措施固定下来。因此，干预是对原有常规措施的革新，常规措施是成功的干预措施的定型。通过两者的互动，学校各项措施便日益完善化、科学化。可以说，校本研究的实质就是为解决学校中的问题而进行干预，并选择最优的干预策略。

3. 追求"成事"与"成人"的双赢

教育研究从总体性质来看是一种"事理"研究，这正像叶澜教授所指出的："事理研究既不像自然科学，是对人的外界物体之研究，以说明'它'是什么为直接任务；也不像精神科学，是对人的主观状态的研究，以说明'我'之状态、变化、性质以及为什么会如此等为直接任务。它以人类自己所创造、所从事的活动为研究对象，即研究事由与事态、结构与过程、目标与结果等一系列与事情本身直接相关的方面，也研究提高活动的合理性、效率、质量与水平。"所以，教育研究的价值在于"成事"，既要"改进教育实践"，也要"促进教育理论建设"。

以往的教育研究注意到了"成事"的方面而忽视了"成人"的方面。从校本教研的价值追求来看，它不仅要提高对教育活动规律的认识、解决学校教育实践中的问题，而且要促进学校的文化建设和教师的专业发展。也就是说，校本教研中"成事"与"成人"是统一的，即通过改变人来办好事，又在"成事"中"成人"。校本教研的"成人"价值主要体现在三个方面：作为人的理性活动，它具有丰富人类精神文化的价值；作为一种组织行为，它具有激发组织活力、形成组织凝聚力的价值；作为人的探究活动，它具有不断提升人的生命质量的价值。

4. 重视"主体"与"对象"的互动

在校本教研中，学校领导和教师是研究的主体，而具体的人所从事的各种活生生的教育活动是研究的对象。校本教研的主体必须沉浸在教育活动之中，通过各种形式的相互作用和长时间的"参与性观察"，才能做到既看到现象又了解人的真切认识和情感体验，才能把握教育活动深层的、本质的奥秘。其实，校本教研中的"行动研究""叙事方法""经验总结""主客位互动"等，其意义就在于要在研究者和研究对象之间建立一种新型的平等互动的关系。如何在教育研究者与研究对象之间建立一种平等互动的关系呢？首先，教育研究者应尽可能地使其研究活动与真实的教育情境和经验形成内在的密切联系，深入研究对象的教育生活，了解他们的思想感情、价值观念和人生态度。其次，研究者要对个体的生活体验进行理性反思，探寻其中的教育意义，从而将晦涩的东西变得明了，使之可以解读。教育研究的最终目的在于服务教育实践，在于提升教育活动中个体的生活质量与生活意义，理性反思有助于保证教育研究的理论特质。再次，实现叙述风格的转变，克服思辨语言的局限性，引入一种平易、亲切的生活语言。

5. 注意"规范"与"灵活"的兼容

校本教研是一种教育科学研究，因此它必须注意科学研究的规范，要了解各种教育研究方法的特点、利弊、适用范围、技术要求和影响因素，只有这样才能保证校本教研的质量和实效，校本教研的成果才能有效地使用和推广。但也应当看到，学校的教育情境是复杂多变的，需要解决的问题又往往是"结构不良领域"的问题，研究方法和技术的条件也未必能充分满足。因此，要在注意规范的同时注意灵活、变通和整合，以使校本教研更具有活力，更能吸引教师的主动参与。

校本教研还要处理"移植"与"改造"的关系。由于校本教研并无一种特有的方法系统，它的方法和技术常常需要"移植"。但"移植"必须与"再造"结合起来，叶澜教授指出："移植不意味原封不动的套用，而是指对已有方法作合目的、合对象的再造，它含有创造的成分。因此，被移植到教育研究这块土地中的任一具体方法，不再只具有原先所属研究领域的方法的类特征，还具有了教育研究领域的方法特性，是不同于原方法的新方法。"因此，要学会正确地选择和使用方法和技术，在实践过程中不断完善已有的方法和技术，并创造出新的方法和技术。不要被方法技术束缚住自己的手脚。

二、了解校本教研的展开过程

任何方法技术都是附着于研究过程并支撑这一过程的，因此，必须了解校本研究的过程。校本研究的过程，是一个有着多种因素参与和多种可能发展的复杂过程，要提出一个综合统一的模式是有困难的，但可以从以下三种角度做出阶段的划分。

1. 按研究的认识进程划分阶段

（1）直觉认识阶段：研究者发现问题，往往是凭借一种直觉认识忽然察觉的。

（2）理性认识阶段：研究者对所研究的问题用理性认识去审视，去考证，去查阅有关资料，了解最新发展。

（3）求异认识阶段：这一阶段是理性认识的继续、创新认识的中介。在进一步查阅文献资料和形成理论观点时，不盲从、不轻信，思维发散、变通。从不同角度、不同侧面，运用不同的方法与手段指向认识对象；透过表面现象和容易迷惑人的假象，深入本质，斟酌推敲，直到"放心"为止。

（4）创新认识阶段：这是收网归纳、提炼思想、检验论点、形成结论的最后阶段，也是出成果、出质量、出水平的关键一环。

2. 按研究的工作进程划分阶段

（1）选题阶段：包括问题的发现与选择，课题的设计、论证、申请和审批，人员的挑选与队伍的组织，条件的准备和经费的落实，等等。

（2）开题阶段：开题阶段主要是认真做好各项准备工作，尤其是文献资料方面、研究队伍方面、研究思路方面、理论基础方面的准备要充分，要能拿得出手，经得起检查。

（3）解题阶段：即组织实施、解决问题的阶段。这是研究过程的一个中心环节，是"工作进程"中的一个实质性阶段。

（4）结题阶段：这个阶段要做的工作也很多，例如研究结论的最后论证、研究成果的全面推出、研究报告与汇报的拟写讨论、专家鉴定会的安排、结题报告会的总结发言等。

3. 按研究的活动进程划分阶段

校本教研可以是"群体研究"，也可以是"个体研究"。前面讲的"工作进程阶段"可能更适合"群体研究"，而"个体研究"是用不着这么复杂的。按照"研究过程的活动进程阶段"的逻辑思路，个体参与校本教研一般有以下几个阶段：

（1）选题——研究什么问题。

（2）设计——打算如何研究。

（3）资料——依据什么研究。

（4）结论——依据什么研究。

（5）成果——什么方式体现。

（6）评价——研究情况怎样。

三、掌握校本教研方法技术的习得途径

校本教研方法和技术的运用有其研究手段、方式和程序的特定要求，这些操作要求的习得不仅要记住其要点，更要认识其内在的联系。

首先，要了解"方法类、技术类知识"的特点。"方法类、技术类知识"有两个很明显的特点：一是方法类、技术类知识是更高级的"抽象"知识，是一种"元知识"，具有可以广泛迁移的可能空间。因此，它不能单由"告知"解决问题，必须在实践中反复琢磨、细心领会，才能把握其要领和精髓，由抽象上升为具体；二是方法类、技术类知识是一种程序性知识，其心理表征是"产生式"或"产生式系统"。方法、技术的习得实质上是习得一套规则，这正如美国著名心理学家加涅所指出的：规则学习的内部条件是必须掌握相关的陈述性知识（概念、原理），而外部条件则必须获得能够体现规则的例证—无论是"例—规学习"或"规—例学习"，无不如此。一般地说，规则学习要经过"陈述性阶段""程序化阶段""自动化阶段"。

其次，要明确习得这些方法、技术的过程。任何方法技术的掌握本质上都不是一个记忆的过程，而是一个"内隐学习"的过程。从书上获得或别人传授的方法是"显性知识"，而在研究中惯用的方法、技术往往是"默会知识"，研究者只有在运用情境中获得某些经验和体验，通过感悟、反思和概括化，才能达到"内化"的目的。

再次。要重视掌握这些方法、技术的"运思"。从表面上看，方法、技术是一些操作的规则、程序，但实际上所有的操作要求都同内在的思维活动和思

维方式相联系，掌握一种方法、技术必然要求研究者"运思"。

四、创造性地应用教育研究的方法技术

校本教研方法和技术应当是那些适合运用于学校情境、以帮助教师解决教育实践中的具体问题，并便于他们习得的某些教育研究方法和技术。它的基本特征是：其一，校本教研的方法、技术是研究学校中的教育活动的方法、技术，它常常具有"综合"和"包容"的特征。叶澜教授指出："教育研究需集人类研究方法之大成。"事实上，并没有一个校本教研的专用方法，校本教研方法常常是各种具体研究方法的集合，如"行动研究""叙事研究"等等都会综合与包容一些具体的研究方法。其二，校本教研方法、技术是为解决学校教育实践中某一问题服务的，它具有"适合"和"能用"的特征。著名学者劳丹认为："方法表达的是手段—目的的关系，因此应根据方法的有用性来对待不同的方法。要知道一种方法是否具有有用性，就要看使用这种方法是否能够比不使用它或使用其他方法产生更多的有用信息。……在采用研究的方法、技术时，不应以方法为中心，而应以问题为中心。"也就是说，方法、技术服从于目的，有利于学校实践问题解决和教师专业发展的方法技术就是好方法好技术。而且，它还应当是教师在学校工作情境中有条件和能力去采用的。

教育研究的方法和技术要适应研究的发展需要，校本教研的兴起，必然会促进教育研究方法和技术出现新的动向，因此应创造性地运用各种教育研究方法和技术。关于教育研究方法、技术的应用，有学者提出三条原则：一是主体与客体相协调——要适合特定的研究者运用它去研究特定的问题；二是方法技术与研究相一致——研究的方法技术要同研究性质、类型、规模、对象等相一致；三是移植与再造相结合——对某种方法技术的学习和沿用要同创造性改造和发展结合起来。具体而言，就是遵循校本教研范式规定性。

1. 方法多元：在给予实证主义的自然科学研究范式应有地位的同时，格外关注现实中所发生的教育事件，更多采用人文主义的研究方法。

2. 力求可行：在确保研究方法具有必要科学性的同时，尽可能鼓励和支持教师结合实践研究的需要，对研究方法做出必要的变通。

3. 彰显特色：在按照共同标准逐步对广大教师加以引导的同时，格外尊重学校教师的个性特色，形成自主的研究和特色。

4. 强调整合：在根据研究需要选择一到两种方法作为研究主干方法的同时，格外重视多种研究方法的整合。

5. 借助信息技术：这主要表现在研究前期对情报资料的收集利用和研究后期对所收集数据采用统计软件进行范围和深度的分析上。

第五章　校本教研的模式

第一节　课例研究模式

一、课例研究模式的内涵

课例研究又称教例研究，是对实际的课堂教学例子的研究。其特点是：（1）教学性，教学不仅是一个教师引导学生掌握知识、发展智力的认识过程，同时也是一个师生情感共融、价值共享、共同探索新知、共享生命体验的完整的生活过程；（2）研究性，课堂不仅是教师自我反思的对象，同时也是教师和专家共同讨论的领域；（3）实践性，解决教学实际问题。课例研究的一般操作流程包括以下环节：

1. 确定主题：每个研究单元选定一个主题，参与研究的教师要围绕相同的主题进行研究。

2. 形成课例：既可以形成同一学科的课例，也可以形成不同学科的课例，如果在一个研究群体中能够形成围绕同一研究主题的多学科课例，将具有教学论、课程论的意义和价值。

3. 阐述课例：在研究群体中，参与者分别阐述所形成的课例，其中主要围绕设计思想、操作程序、细节处理、实践效果、存在问题等方面进行。

4. 群体诊断：在研究群体中进行，一般应有专业研究者参与，提出存在的共性问题，进行集体讨论和协商，以明确解决问题的办法或建议。

5. 形成新例：参与研究者在原有课例的基础上形成新的课例，并在新的教学情境中进行实践。

在校本教研实践活动中，上述五个环节可以有不同的组合，并且还存在着课例研究的更多变式。

二、课例研究模式的应用

课例研究模式在集体备课、说课、评课、课堂观察、课堂诊断、微格演课、同课异构、多人同课循环、一人同课多轮等教研活动形态中得到广泛应用，下面分别予以介绍。

1. 集体备课

集体备课是指教研组（备课组）内的教师按照教学计划有组织、有准备、有目的地对某一教学内容进行讨论，达成共识，并形成一个统一的集体教案的教研活动形态。

集体备课有"个案辅导式"和"整体提高式"两种基本方式。个案辅导式的流程为：个人初备—集体研讨—修正教案—课堂跟踪—课后交流。首先由授课教师根据自己的实际设计教案；接着以说课的形式在备课组共同探讨，相互补充，使教案得以完善；然后备课组成员进行跟踪听课；课后进行交流，指出其优、缺点，促进教师教学水平的提高。

整体提高式的流程为：集体研讨—分工备课—集体完善—形成个案—交流反思。首先由备课组对某段教学内容进行研讨，划分课时，确定课时教学的目标及思路；然后由备课组成员分工备课，每人承担部分课时的教案；再进行逐课时的集体研究，完善计划；再将成形的教学方案发放于任课教师，任课教师再根据自身和学生的情况进行筛选或补充；最后，大家对按定型教案实施教学的情况进行反思性交流。

集体备课的内容涉及教育学知识、教材目标、学生情况、教学方法、教学过程、板书设计、作业布置等内容，它们形成一个相辅相成的教案体例。

2. 说课

说课是教师在备课的基础上，面对同行或专家和有关领导，口头阐述自己课堂教学方案，并与听众共同研讨改进和优化教学方案的教研活动形态。对于备课而言，说课是一种教学改进和优化活动；对于上课而言，说课是一种更为缜密的科学准备活动。通常情况下，说课教师要在规定时间内（一般为 10 ~ 15 分钟），把自己将要上的或已上过的一节课的教学设计及理论依据用简明、准确、形象的语言表述出来，有时说课者还要对听者的质疑进行解释和答辩，以接受听者的评价或建议。

说课的内容包括说教材、说教法学法、说教学程序和说板书设计四个方面。说课的基本思路是"教什么—怎么教—为什么这样做"。其中"教什么"应说清课题、章节和内容，进行教材分析；"怎么教"应说清教法、教学过程和教学手段，通过描述教学程序（包括课堂教学结构、步骤、各环节师生的重要活动安排和调控），展示课堂教学全貌；"为什么这样做"是说明"教什么"和"怎么教"的理论依据，包括大纲依据、教材依据、学情依据以及学科教学论、语言学、教育学和心理学依据，等等。

说课质量的评价依据主要包含以下几个方面的内容，它可以作为说课的目标抓手：

（1）教材的理解：是否全面理解和把握了课程标准；是否全面正确地理解把握了教材的地位和作用；是否恰如其分地把握了教学重点难点。

（2）教学目标的落实：各个教学环节和各项教学活动是否服务于三维目标；学生参与教学活动后可能获得的体验是否反映了三维目标。

（3）教学方法的应用：是否充分体现了学科特点；是否符合学生的年龄特点和认知规律；是否有助于调动学生的学习积极性。

（4）教学程序的设计：教学过程的设计是否围绕教学目标展开，所安排的各项学习活动能否有效地为既定目标服务；教学内容的安排是否结合教材资源，贴近和联系学生生活实际，做到科学正确无差错；教学结构、教学节奏的安排是否合理，学习重点、难点是否突出；教学方法的选择是否有效地调动学生学习的积极性，使各类学生都能获得一定的发展和提高；教学媒体的选择是否有效、实用，能否真正发挥辅助教学的作用；教学过程流畅、条理清晰、环环相扣、逐步深入与否。

（5）教学机智：说课活动中对教师教学机智的评价，不能模仿课堂教学来进行，而应侧重在对教师教学活动的设计、教学理念的陈述和应对突发事件的策略等方面，即可以通过设置诸如"请你谈谈这样设计的理论依据""如果学生在学习中遇到了××的情况，请你说说你的解决方法"等问题来判断教师的教学机智。

3. 评课

评课是教师课堂教学的反馈系统，是继说课、观课之后教师之间的进一步交流和研讨。作为校本教研活动的常规形态，评课要致力于提出问题、分析问题和提出问题解决的措施，以使评课成为教师专业成长和教学水平提升的专业活动。评课的基本形式有个别面谈式（听课者与执教者单独面对面地深入交流）、小组评议式（执教者说课—听课教师评议—领导、专家总评）、师生评议式（执教者评议学生的学习态度、学习方式、合作情况和知识技能掌握情况，学生则评议教师上课的精神面貌、自己学习的效果和困惑等情况）、专家会诊式（专家对执教者的课进行会诊，指出要害，帮助执教者扬长避短、尽快成长）、自我剖析式（执教者在听取别人的评价后，及时进行反思和内化）几种。

评课实施的关键在于一套科学合理的评课指标体系，下表中的评课指标体系反映了新课程的评价理念和目标要求，可供校本评课借鉴。

课堂教学评价表

课题		授课人		
一级指标及权重	二级指标及权重	评级	评分	评语
教学目标 10%	认知目标、能力目标、情感目标明确具体 50%			
	各目标符合大纲要求、教学特点和学生实际 50%			
教学处理 25%	围绕目标进行教学，突出重点、突破难点、抓住关键 30%			
	知识正确、概念清晰、详略得当、理论联系实际 25%			
	教学设计循序渐进、层次分明、结构完整 15%			
	引题贴切、过渡自然、各环节安排周密、连贯、紧凑，时间分配合理 15%			
	体现教学原则，组织教学贯串始终 15%			

接上表

课题		授课人	
教学方法 20%	教法灵活多样、学法指导得力、教与学统一，学生主动性积极性发挥充分 25%		
	运用启发教学激发学习动机、提高学习兴趣、培养学生能力 25%		
	以教师为主导、学生为主体、训练为主线，重视反馈、评价与调控 30%		
	因材施教、面向全体，注意"最近发展区"，利用学生已有知识进行教学 20%		
教学素质 25%	普通话好，评议准确流利，简练生动，逻辑严谨 20%		
	板书工整美观、简明扼要、有条不紊 20%		
	教态自然大方、热情庄重、亲切认真、民主和谐 20%		
	运用教具、仪器和现代化手段进行教学，且熟练恰当，直观形象、生动有趣 20%		
	善于提出问题、抓住主要矛盾，思维敏捷，应变自如，课堂艺术富有特色，勇于创新 20%		
教学效果 20%	双边配合默契、信息交流频繁、课堂气氛活泼 30%		
	学生乐学爱学、思维积极、发言踊跃、情绪高涨、秩序井然 20%		
	学生的学习内容充实，练习与作业密度、强度、负荷得当 20%		
	完成教学任务，提高学生素质 30%		
总分等级		评课人	

　　表中的评级分优、良、中、及、差五等；各级的分值范围分别为优：100～90分，良：89～80分，中：79～70分，及：69～60分，差：59分及以下；总分为一级分值之和，一级分值为二级分值与其权重的乘积。

　　4. 课堂观察

　　课堂观察就是将研究的问题具体化为观察点，将课堂中的连续性事件拆解为一个个时间单元，将课堂中的复杂性情境拆解为一个个空间单元，透过观察点对一个个单元进行定格、扫描，并搜集、描述与记录相关的详细信息，再将观察结果整合到一起进行反思、分析的一种教研活动形态。根据资料收集的方式和资料属性，可将课堂观察的分为定量观察和定性观察两种。前者是运用一套定量的、结构化的记录方式进行观察；后者是依据粗线条的观察纲要，并通过描述和评价的文字记录现场观察的感受和领悟。

课堂观察总的操作流程为：确立观察主题—设计观察方案—进行现场观察—课例观后研讨。基于课堂观察的校本教研活动把工作的重点放在课堂观察上，旨在促使教师由观察他人课堂而反思自己的教育理念和教学行为，感悟和提升自己的教育教学能力。

课堂观察的基础工作是确定好课堂观察视角、设计好课堂观察记录表，掌握了它就掌握了课堂观察的框架和方式。其基本思路为：首先，把与研究主题相关的要素罗列出来，按照重要程度排序；其次，把这些要素进行层层分解，形成可直接观察的点；最后，设计出观课记录表。其具体的形式和内容参见下表。

课堂观察视角表

主体	目标	互动	状态
教师	设置的合理性、达成的策略性	教师的追问行为如何引发互动，引发了何种互动，以及互动的程度如何，这种互动是否基于学生实际、目标达成和知识特点等	以何种策略促进课堂良好状态的形成与维持
学生	达成度与达成效率		

5. 课堂诊断

课堂诊断，是指由专业指导小组听新教师或教学质量偏低教师的课，然后由听课者根据所发现的问题，分析"病因"，开出"处方"，帮助被听课者提高教学能力的一种教研活动形态。具体来说，就是作为诊断者的教师、专家通过对某一课堂教学过程或教学片段的看（师生活动的表现、情感、态度）、听（师生在教学活动中的交流发言及其思维状况）、问（教师的执教意图与学生的内心感受），发现执教者存在的问题与不足，并提出针对性意见与改进措施。其基本流程可概括为：随堂听课—现场评价—执教者反思和改进。

6. 微格演课

微格演课是在微格教学和说课基础上发展起来的一种实践性、操作性极强的教研活动形态，这里的"微"是微型、片断和小步的意思，"格"是指对教学行为的规律进行分类研究。

微格演课是基于完整教学内容的分解与组合的某种重要教学行为的及时反馈，基本操作流程为：对教学内容进行分解—分别就所承担的内容和任务进行教学设计—模拟真实课堂进行演课—就演课的结果进行讨论评估—再次演课—最后组合定型。

7. 一人同课多轮

一人同课多轮，是指同一个教师连续多次上同一课，内容重复，但教学行为不断改进的教研活动形态。其操作流程一般为：由教师特别是年轻教师独立备课、上课，备课组或教研组听了该教师的课之后，针对课堂教学存在的问题进行分析、讨论，献计献策，通过集思广益，上课教师形成新的方案，并第二次上课。上课教师和同伴对第一轮课和第二轮课进行对比，明确进步的方面，分析还存在的问题，进一步修订方案，并第三次上课。如此循环，上课教师反思整个过程并写成教学课例。这种教研形态对于提高青年教师的教学技能和水平，帮助他们解决教学中的问题，效果显著。

8. 多人同课循环

多人同课循环是指备课组或教研组的教师同上一节课。这种教研形态的关键在于教师的互动和问题的跟进。第一个教师上完课，第二个教师针对第一个教师课堂存在的问题上第二次课，第三个教师针对第二个教师课堂存在的问题上第三次课，每次上课的方案都由同伴集体共同参与研制。多人同课循环活动能让教师切实感受到课例研究、同伴互助的魅力和意义，有助于激发教师对课堂教学境界的不断追求。

9. 同课异构

同课异构中的"课"指教学内容，"构"指教学设计。它有两种基本模式：一是同一教学内容由不同教师进行处理，组织课堂教学；二是同一教师对同一教学内容在不同教学班级进行不同构思、处理，组织课堂教学。通常所说的同课异构是指第一种，也就是教研组或备课组商定出相同的教研主题内容，由两个以上的教师分别备课、上课，教师集体听课、评课。不同的教师选用同一教学内容，根据学生实际、现有的教学条件和教师自身的特点，进行不同的教学设计。不同教师的教学风格、教师对课程资源的组合能力以及教师对教材的处理艺术，在"同课异构"中均能得到充分展现。充分比较、学习不同教师执教同一教学内容的教学案例，是教师提高专业化水平、提升校本教研实效性的一条有效而便捷的途径。

第二节　案例研究模式

一、案例研究模式的内涵

案例研究是以教育案例为载体，通过对其典型事例的描述和分析，提出解决问题的办法和思路的一种教研活动形态。所谓教育案例，是对教育实践中发生的一个包含有疑难情境或某些决策行为的真实描述，它通过一系列引人入胜的生动故事，向大家提供具体的背景、人物、场合、事件和后果，引发人们的反思。一个好的案例往往代表一类典型事件，蕴含着深刻的教育理念与教学技能。教育案例是课例的特殊形式，它源于课堂教学生活又高于课堂教学生活。相对而言，课例研究重在对课本身的改进和提高，而案例研究重在对案例的搜集和开发。案例研究的操作流程包含以下环节：

1. 研究前的准备：将案例的文本印发给参与研讨的教师，使参与教师明确案例教研的目标。同时，留给参与教师一些时间，让参与教师搜集各种信息（其中比较常用的有文献资料、访谈、观察和实物等）和探索问题。

2. 引入案例：组织者在研讨前做一次简要的辅导报告，讲明必需的教育理论、学科知识背景和注意事项，巧妙地将案例引入事先设计好的校本教研情境之中。

3.讨论案例：案例研究是一种互动式研究，是一个共同参与、共同构建的过程，研讨教师参与程度的高低决定案例教研的成效，因此，要充分调动参与教师的主动性、积极性，分析思考案例中教师的行为和对策的合理性，鼓励参与教师主动通过自己的思考、感悟、理解，并不断提出新的设想和思路。

4.设计方案：在有效教学理念的支持下，提出解决问题的假设和方案，寻找解决问题的基本思路和方法。通过比较、论证，筛选出若干较为理想的方案，从中确定出最佳方案。

5.实施方案：案例教研的参与者将其解决问题的方案付诸实践，得出结论。

6.反思总结：认真反思方案所提出的问题及其结果，把通过案例研究形成的共识和见解进行概括、总结、提炼，以加深对教育教学规律的认识，指导教学实践，提升学术水平和研究能力。

二、案例研究模式的应用

案例研究模式可有效应用于"磨课"和"教历研究"等教研活动形态。

1.磨课

磨课，就是某个教师在一定时期内，在大家协助下，把某课教学当作研究课题，采取多种形式，运用科学研究的方法，反复、深入地学习、探索与实践，从而使该课成为水平较高的精品课。磨课的基本过程通常分为准备、实施、总结三个阶段，三个阶段为一轮，可进行多轮磨课。具体操作流程如下：

准备阶段——（1）选课：磨课教师选出两个课题，单册一课，双册一课。选课的依据为知识比较重要，能代表某类型，内容相对独立，难度较为适中，参考资料较多，适合教师发挥，有利于学生发展。（2）计划：每个磨课教师都要制订出磨课计划，包括预期目标、学习材料、研究时间、研究方法等。

实施阶段——（1）学课：用购买、借阅、复印等方法收集与磨课课题教学密切相关的资料，将资料分类整理，编好目录，写好学课资料的批注及学课的心得体会。（2）备课：对某课教学，不仅要知其然，而且要知其所以然；不仅要明确怎样做，而且要明确为什么这样做。所以，磨课的备课要写出说课讲稿。说课讲稿涉及的内容很多，撰写时不必面面俱到，要突出重点、突破难点、抓住关键。（3）讲课：讲课时要做好录音，以便为后面的研究提供材料，为教师准确地反思教学过程、总结经验和教训、撰写教学实录和案例分析提供真实、可靠的素材。（4）说课：一说重要的教学设计及其根据，二说教学过程中的主要亮点及其分析，三说教学过程中的主要失误及其原因分析、调控措施等。（5）议课：磨课教师向大家简析该课的优点与缺点，对某些重要问题作简要说明，提出某些问题请大家议论。磨课教师要虚心听取参与教师的评议，对参与教师提出的问题和意见做必要的解释，并录好音，做好记录。（6）结课：结课主要是找出自己本轮磨课中教学及教研的优点与缺点，分析原因，找出对策。同时将该轮磨课的材料收集起来，反复修改，将其中感悟最深、最有价值的认识写成研究文章，形成个人教研成果。

总结阶段——写出磨课的全面总结，精选自己的磨课资料，反复修改，编印成个人磨课专辑，作为校本教研的一项成果。

磨课是对教师某课的课堂教学实际场景的研究，通常也只能解决教学中的某一具体问题。因此，在对磨课的管理安排上，应确定一个大主题或研究的大方向，即把磨课研究主题化。这样一方面解决了教育理论向教学实践、向课堂实际转移的问题，促使教师教学行为的跟进；另一方面把教师磨课的微观研究纳入到宏观研究的主题框架下，有利于解决教学中的一些普遍性问题，有利于理论的完善和发展。

2. 教历研究

教历，是教师教学的经历，是在教案基础上发展起来的更全面、更真实记录教师教学轨迹的一种研究教学、总结经验、提升理论的动态生成材料。教历由"课前计划、过程描述、课后反思"三个部分组成。"课前计划"是教师进行课堂教学之前的所有准备工作，其实质就是教案。"过程描述"是教案所没有的，它是对合作备课与课堂教学的全程记录，以便授课教师对自己的课堂教学实践进行分析和反思，或提供给其他参与教师进行分析和反思。"课后反思"是指教师在教学之后，通过多层面的反思，意识到教学的成功与不足，从中悟出道理，使这些切身体验与更为广泛的教学理论联系起来。课后反思不是教历的终结，而是教师重新审视自己的教学活动，积极主动地吸取新的信息，制定出新的实施方案，以便进行新的课堂教学实践。一份完整的教历记载的就是有关教师从教的心路历程。

教历研究就是教师通过对个人资料的收集实现对自己思想轨迹记录的一种教研活动形态。教师要通过这一记录来认识自己，认识自己的教学实践，在此基础上提高自己的教学能力，改进自己的教学实践。教历研究的宗旨不在于某种固定的理论成果，而在于教师在现有基础上提高教学效率，在课堂教学实践中实现专业发展。

教历研究可以分为三个层次：一是教师个人通过单独记录反思教学新方法，或将自己的新观点转化为行动；二是学校组织若干教师组成研究小组，开展研究；三是由专业研究人员、教师、学校管理者、教育行政部门等组成较为成熟的研究队伍，支持教师从事的研究。这里择要介绍第二层次的教历研究过程，其基本程序如下：

（1）成立合作小组。根据个人愿望、需要和不同的分类标准成立合作小组。如根据学科不同设立语文、数学、英语、理化教研组等，根据年龄不同设立青年教师组、中年教师组等。

（2）制订行动计划。计划的制订涉及教研组和教师个体两个方面的内容：教研组工作计划在于确定操作规范，教研组负责人在专家的指导下以及与组员的协商中，制定出完整的操作方案，以便教研工作开展得更有条理和效率；个体行动计划在于确定自我发展方向，每个教师都有自己的特点与追求、长处与弱点，因而需要根据实际做出一个合适的自我发展计划，以便使自己永远处于发展之中。

（3）教师的全程记录。包括主讲教师的记录和参与教师的记录，所有的记录均要求有具体时间、地点和参与人（个人的反思可以例外）。

主讲教师的记录主要是四个教案和三份记录，具体内容如下：

教案一——主讲教师的课前计划。课前计划包括基本分析（学习者分析、教师资源分析、教材分析、现有课程资源分析）、教学目标分析（知识与技能、过程与方法、情感态度价值观，现有条件下实现的可能性分析）、教案及其编写过程（包括个人的和集体的工作，要求有时间、地点、过程和各位教师的见解等）等内容。

记录一——参与式集体分析记录。教研组对主讲教师的课前计划进行参与式分析，提出各自的意见，并说明原因。主讲教师对这些意见进行整理备案，并融进自己的新教案。

教案二——修改后的教案。在教案一的基础上，根据记录一中所提的意见修改教案，使记录一中的集体评判和自我反思在教案二中得以体现。

记录二——心路历程记录。即为什么吸收这些意见，记录自己的心理过程。

教案三——实施的教案。课堂中实施的教案即课堂教学活动的过程描述，主要包括课堂教学的过程；各个教学环节实际所用时间；教师根据教学进展情况临时改变计划，对教学内容、教学方法、教学步骤等所做的调整及其原因；课堂管理与辅助教学行为等内容。

记录三——合作小组对教学活动的分析记录。其中包括教学过程的自我反思、教师之间的合作反思以及与专家的交流反思；整个活动过程在哪些方对自己有所启发，以在日后的教学活动中加以避免或利用；困惑或有待解决的问题；感想等四个方面的内容。

教案四——重新修订的教案。根据以上几个环节，对教案三进行修订，使教案趋于完善，并将其存档。

参与教师记录的内容主要是自己参与过程中的感想与思考。每个参与者记录在课题进行过程中的所想所思应力求真实，以便根据这些材料建构每个教师的发展模型，并针对性地提出进一步发展的建议，这是教历研究的最终目的。因为教师除了自我反思外，也可通过反思其他教师的成功经验或失败教训来反观自己的工作。

第三节　专题研究模式

一、专题研究模式的内涵

专题研究是指对教学工作中存在的对全局工作有重大影响的共性问题进行专项研究的教研模式，它旨在解决教学过程中遇到的难点和关键性问题，使教学理论和教学实践在紧密结合的基础上有所突破，促进教师在教学领域中有所发现和探索，开创教育教学新局面。其基本流程有以下环节：

1. 确定专题：选择一个在学校教育教学中产生的，且为教师共同关注的问题作为教研的专题。为了生成研究的专题，学校要培养和激活教师的问题意识，可以建立教学问题信息表，将问题可分为"我的问题"和"学生的问题"。生成的共同问题必须具有以下几个方面的规定性：问题有一定的理论或实践价值；问题是大家感兴趣和值得研讨的；问题本身能够清晰、简洁地陈述；问题能分解为具体的、可供研究的小问题；问题所涉及的具体内容在既定的时间、条件和能力范围内能够解决。

2. 公布专题：通过通知、广告或网上公布教研专题的内容。

3. 实践探索：组织教师个人或集体根据公布的研究专题进行调查研究，搜集、分析和加工信息，探索解决问题的方案。

4. 论坛交流：主要采用讨论式、辩论式、案例分析式、名师专题报告、调研汇报、经验总结、专题发言等形式，让专题研究有关的教育思想和教学实践的感悟、体验在论坛上汇集、交锋、交流、切磋、共鸣，使教师通过论坛这一平台系统地学习、反思，研究教学工作面临的困惑，获得专业素质的提升。

二、专题研究模式的应用

专题研究模式可有效应用于"学术沙龙""专题研讨""辩课""关键教育事件研究"等专题性教研活动形态。

1. 学术沙龙

学术沙龙是一种由同一学术团体的成员参加的、可以自由发言的专题研讨会。把学术沙龙作为教研活动的一种形态,每次可就一个教研话题展开讨论,不强求统一的结论,旨在开阔思路,引导思考,加深教师对某一问题的认识,寻求更多的教学策略。学术沙龙适用于对教师不易理解或存在争议的问题的澄清,或者对教学策略最优化的讨论。

"头脑风暴"和"中立主席"是值得学术沙龙式教研活动借鉴的重要策略。"头脑风暴"又称"智力激励法",最早是现代创造学奠基人奥斯本提出的。借助这种方法开展学术沙龙,可由组织者以一种明确的方式向所有参与教师阐明中心问题,然后让每位教师在一定时间内自由提出尽可能多的想法和方案,对大家提出的想法或方案贯彻"无错原则",不允许任何的批评指责,并做好详细记录,然后进行整理与分析。"中立主席"法则是英国课程专家斯坦豪斯创立的。它要求活动组织者在活动前尽可能多的收集与讨论问题相关的资料提供给与会教师,在此基础上引导大家展开充分的讨论,并确保讨论过程的连续性。但在讨论过程中,组织者对讨论的问题必须始终保持中立的态度,不得利用自己的权威对讨论进行控制与限定。运用"头脑风暴"和"中立主席"两种策略开展学术沙龙教研活动,更有利于发挥每个参与者的积极性、主动性和创造性,从而能对讨论的问题形成更全面、更深入的认识。

2. 专题研讨

专题研讨,就是以教研组为单位,针对教师工作中具有共性的具体问题。开展持续性的主题研究。开展专题研讨活动的一般步骤是:(1)经过教师商讨,教研组拟定所要研讨的专题;(2)由教研组成员发言,表达自己对专题的想法和思考;(3)教研组就各位教师的发言进行研讨,并达成初步共识;(4)教研组成员将初步共识和教学设想写成问题解决的初步方案;(5)以课例为载体,安排教师上研讨课；（6）授课教师进行自我反思；（7）教研组集体评课，对所发现的问题进行反思和再认识，探究解决问题的策略，并将研讨中所发现的新问题作为下次专题研讨的子问题。当前，对具有共性的具体问题进行聚焦研讨，已成为校本教研活动的一大亮点。

3. 辩课

辩课是指参与教研活动的教师在备课、上课、说课、评课的基础上，就某一研究主题或教学的重点、难点、疑点等，提出论题，展开讨论和辩论，以加深对教学问题的理解。辩课不是评课的一个概念，而是一种全新的教研活动形态。

从内容上看，辩课既可以围绕教学的文本解读、目标定位、重点难点、内容选择、过程安排、方法手段、作业练习等专题展开，也可以按照整体感知、理解感悟、语言训练、拓展延伸等教学环节展开；既可以围绕整节课所反映出来的某种理念倾向或教学主张展开，也可以围绕课堂教学的某一内容展开；还可以在"同课异构"的基础上横向辩课，甚至可以进行跨学科辩课。

从形式上看，辩课既可以在课前进行，以帮助授课教师改进教学设计；也可以在课后进行，以探讨教学的成败得失。既可以在授课教师与听课者之间展开，由听课者提出问题，授课教师予以答辩；也可以在听课者之间展开，大家围绕一个主题进行互动交流。

辩课的主要目标是辩教学思想。教学思想支配教师的教学行为，只有正确先进的教学思想，才能取得良好的教学效果。辩教学思想的基本思路是：（1）辩课堂是否体现了"以学生为主体"的思想。具体视点在于，在课堂上，教师是否处理好"教"与"学"的关系，真正扮演好组织者、领导者的角色，为学生学习素养的形成与发展服务；教师是否为学生主动、积极地学习创造和谐的气氛，是否为学生探求知识提供良好的条件；学生是否有足够的思考时间，是否有自主、合作、探究的机会，是否在教师必要的点拨、引导下主动地获取知识。（2）辩教师是否具有"开放教学"的意识。具体视点在于，课程是否开放而富有创新活力；课堂教学是否打破僵化教学模式的束缚，根据学生学习的需要，为学生提供开放的教学内容、教学空间、教学时间，等等；教师是否合理利用课内外资源，开启学生的思维，引导学生探索，激发学生的创新活力。（3）辩教师是否有共同探索的思想。具体视点在于，教学是否在师生平等对话的过程中进行，教师是否能放下权威的架子，与学生建立平等和谐的关系；教学中，教师是否创设了民主、平等、和谐、自由的教学环境，将教学过程变成师生共同探索的过程；师生是否平等对话，教师是否尊重学生的独特见解，是否鼓励学生在学习过程中主动发现问题、提出问题、研究问题、解决问题，在探索中获得新知识。（4）辩教师是否关注学生的成功感。具体视点在于，教学是为学生服务的，如果教师只考虑自己的板书是否完整、教学环节是否完成，而不去考虑学生是否有收获，这样的教学只有"教"而没有"学"，是不完整甚至是不成功的教学。我们应关注教师在教学中是否把着眼点放在学生身上，是否更多地去关注学生的收获，是否尽可能地让每个学生在课堂上都能够有成功感。

4. 关键教育事件研究

关键教育事件研究是以"关键教育事件"为抓手的新型教研活动形态。在教师教育教学过程中，经常会发生一些令人困惑的、欣慰的、遗憾的事件，这些存在于教师日常教育教学实践过程中的客观而普通的事件，经由专业判断、理性思考，被赋予深刻教育教学意义，就成了"关键教育事件"。基于关键教育事件的教研形态具有如下特点：

以事件中的问题为研究前提——关键教育事件研究的前提就是有问题，面对新课程的理念，面对新教材，教师很容易产生新的困惑或疑难。而这些困惑、疑难问题正是研究的动力所在。

以事件的内容为研究载体——"关键教育事件"是具有代表性的，当我们以"关键教育事件"的内容为研究的载体，切入口就比较小，研讨就比较集中，同伴之间也容易互动，效果较好。

以对事件的不同认识为互动的基础——在"关键教育事件"研讨中，基于不同认识的互动，能使教师在碰撞中感悟，在交流中吸纳，在互补中成长。

以对事件研讨的引领为提升研究质量的方式——"关键教育事件"研讨应有专业引领，专业引领者提出的可供深化思考的问题往往可以引起新的更有质量的讨论高潮。在研讨结束时，专业引领者可根据课改理念提出解决问题的建议，并从理论上予以提升。这样不仅能归纳总结教师在研讨中的不同认识，更能从问题的解决中提升思想和理念，促使每一次的"关键教育事件"研讨能有较高的质量。

以对事件研讨的反思为提高教师实践智慧的手段——在"关键教育事件"研讨中，教师可以实现三个角度的反思：一是我怎么认识与思考这个片断；二是同伴们怎样议论和解决这个问题；三是专业引领人员如何总结与归纳，提出认识这个事件的思想与理念。由于关键教育事件研究的内容新颖多样、交流沟通真实、探讨研究味重，就容易在真实生动的教学情境中激活教师的深度反思，走向行动研究，提高专业水平。

关键教育事件研究分关键教育事件的选择和关键教育事件的研究两个阶段，其基本操作流程如下：

（1）"关键教育事件"的选择流程

"关键教育事件"的选择包括敏感细腻地捕捉事件、简明扼要地提炼事件、理智深度地阐释事件（群体交流研修事件）、撰写关键教育事件个案几个环节，其具体流程如下：

捕捉教育事件——教育事件是客观存在并不断发生的，要使之成为"关键教育事件"，首先需要捕捉教育事件。"教育事件"的捕捉，是创造"关键教育事件"的前提与基础。捕捉教育事件应该遵循真实性、困惑性、教育性三条原则。而教育事件捕捉的视角也是多种多样的，诸如：关注习以为常的"细节"、司空见惯的"小事"、群体黑洞中的"隐事"和看似天经地义的"微事"；关注现象与本质的"相异"、关注预设与生成的"相反"、关注形式与内容的"相悖"、关注方法与策略的"相违"，以及关注目标与任务的"相左"；关注意外疑难（突发疑难）、认识疑难（问题疑难）、操作疑难（应对疑难）、判断疑难（价值疑难）和选择疑难（态度疑难）；关注目标是否实现、效果是否良好、机智是否展开、情感是否到位，等等。

进行阐释赋意——"关键教育事件"的阐释赋意，是指教师经过独立思考或群体研修，使得自身对事件的理解由浅层走向深层、由事例走向事理、由知识走向智慧。阐释，主要是对事件本身特定意义的挖掘和再认识。一般情况下，可以从"事件本身的原因理由""疑难解决的策略方法""他人对事件的阐释"三个角度来对事件进行阐释，将人们习以为常、视而不见、听而不闻、行而不知的道理阐释清楚。赋意，即从不同角度、不同层面给教育事件以新的意义，将事件放在普遍意义的高度予以理性提升。关键教育事件中的"关键"是人为赋予的，是教师认识思维加工的产物，只有赋予事件新的意义才能产生价值。通常情况下，事件可以从其"价值判断"和"心理因素"这两个方面进行赋意。

引发价值启迪——"关键教育事件"的价值启迪，是教师在对教育事件的思考捉摸中得到切身体验和感悟，是教师在讨论反思中顿悟到的教育真谛，从而真正促进教师把先进的思想理念内化为自身的教育理念，并最终转化为具体行为的落实。这或许就是"关键教育事件"最真实的价值启迪。

（2）关键教育事件研究的基本流程

呈现"教育事件"—— 一般由教研活动的组织者准备并呈现教育事件。点出"关键"—— 一般由教研活动的组织者或参与者中的经验型教师点出关键。既可以在呈现教育事件之后点出关键，也可以在充分讨论了"可以怎么做""何以这么做"之后点出关键。能否点出关键，主要取决于活动组织者的专业判断力。

讨论"可以怎么做"—— 一般由有一定实践性判断力的参与者阐释，教研活动的组织者也可呈现一些事先收集整理到的其他同行、专家的做法。

讨论"何以这么做"——能否讨论出何以这么做，需要较为深厚的理论功底和理论联系实践的能力。大家对"何以这么做"展开了热烈讨论，不乏真知灼见，活动组织者要进行梳理归纳。

第四节　课题研究模式

一、课题研究模式的内涵

课题研究是将教研与科研有机融合的教研活动形态。它以教学实践过程中遇到的较为复杂的问题或内容为研究对象，制订分步骤研究计划，在一段较长时间内，围绕同一专题多次反复研究，探寻教学对策，逐步解决问题。与传统的课题组建制的"大课题"相比，它具有聚焦个体、着眼微观、周期较短、倾向平民的特点；与常规的教研活动相比，它具有更深入、更规范、更科学、更具针对性等特点。课题研究的基本流程包含以下环节：

1. 界定研究内容

准确界定研究内容是课题研究的前提和关键。一个有待研究的问题不管大小，一般都是可以也应当进一步具体化的。研究内容的界定不仅将课题分解为一个个可以直接着手的具体的问题，也规定了一定的范围，任何一项研究不可能也没有必要将课题所能涉及的所有问题进行全面研究。中小学教师开展课题研究首先必须明了研究的内容，否则，研究工作将无从着手。

2. 设计研究方案

研究问题明确后，就要进一步分析问题的成因，规划问题解决的方法和步骤。其一，要了解已有研究成果，学习相关理论。教师要围绕课题研究的问题，搜集相关的文献，并对文献进行认真阅读和分类梳理，从而全面了解同类或相关课题研究现状，明确已有的研究结论和经验，发现原有研究的不足，并站在问题的前沿，寻找研究问题的理论支撑，以保证研究工作在理论指导下有针对性地开展。其二，提出自己的研究假设。这是研究方案中最富有个性和创造性的部分。假设是一种走在行动之前的思想和一种先于事实的猜想，是研究者从思想观念上对未来的洞察和把握。

3. 开展行动研究

研究方案只是一个解决问题的思路和设想，课题研究的核心是行动。行动是研究方案付诸实践的过程，但是这种行动不是一般意义的行为和动作，而是一种变革、改进、创新，是一个寻找问题和创造教育实践新形态的过程。它具有以下特征：（1）验证性。检验研究方案的可行性，证实或证伪研究假设，这是课题研究的基本特征。（2）探索性。发现和寻找各种新的可能性，行动绝不是按图索骥、按部就班的机械活动，而是一种积极寻找解决问题并达到目的的最佳途径和最佳策略的过程，这是课题研究的本质特征。（3）教育性。教育行动应服从、服务于学生的成长和发展，任何行动都应该无一例外地遵循人道主义原则，体现教育活动的价值导向和人文关怀，关注所有学生的成长和发展，这是行动的最高原则。

4. 总结研究成果

总结在课题研究中既是一个研究循环的终结，又是过渡到另一个研究循环的中介。在总结这个环节中，教师作为研究者主要要做以下几件事：（1）整理和描述。对已经观察和感受到的与研究问题有关的各种现象进行回顾、归纳和整理，其中要特别注重对有意义的"细节"及其"情节"的描述和勾画，使其成为教师自己的教育故事或教学案例。（2）评价和解释。在回顾、归纳和整理的基础上，对研究的过程和结果做出判断，对有关现象和原因做出分析和解释，探讨教学事件背后的理念，揭示规律，提高认识，提炼经验。（3）重新设计。针对原有方案及其实施中存在的各种偏差或"失误"，以及新的感悟、新的发现、新的认识和新的思考，修改原有方案或重新设计方案，并付诸实施，进行进一步的检验、论证和探索。

在上述工作之后，教师应该撰写一份相对完整的课题研究报告，其构成主要包括课题提出的背景，课题研究的目的和意义，已有研究成果，课题研究的内容、目标，课题研究的实施过程，课题研究的主要结论。这只是一般的体例，不可将其形式化和绝对化。写作过程也要避免"科学化""客观化"的纯理性论述，要积极采用生活故事和经验叙事来撰写课题研究报告，凸显课题研究的人文性、个体经验性，反映教师的个体体验和个体实践知识，使研究报告充满生活气息和人文气息。

二、课题研究模式的应用

在校本教研中，课题研究模式对"微型课题"和"个人课题"两种活动形态有切实的应用价值。

1. 微型课题

微型课题研究，也称作"微型科研"，是指把日常教育教学过程中遇到的问题，及时梳理、筛选和提炼，使之成为一个课题，并展开扎实的研究，是教师基于解决自身的教育教学困惑而进行的一种微观的应用研究。

微型课题研究是一种有别于"学术派"的非正式的教育研究活动，它不囿于科研机构所提供的选题指南，它关注自身教育教学中有意义的事件，关注日常教育教学中有价值的困惑。它不一定要经过立项审批即发生研究，也不需要固守着 3 年或 5 年的研究周期，什么时候眼明心亮了，就可以结题。很显然，这样一种短平快的研究形态应当是教师专业发展和应对新课程的一条捷径。

微型课题源于教师教育教学面临的困境，来自同伴的（年级组、学科组、班级组、办公室）共同感兴趣的话题；是教师自身在读书、学习后对某种新理念、新方法在自己教育教学中的嫁接与应用；也可以是教师围绕学校主课题研究而结合自身实际确立的具体可行的子课题研究。

微型课题研究的基本流程是：确立问题（提出解决什么问题）—预设目标（期望获得什么结果）—设计步骤（设计研究的步骤方法）—主题阅读（围绕问题查找资料）—研究实施（在教学中应用验证）—总结提高（提供经验和成果）。

微型课题结题报告的一般格式为：问题的提出—研究目的—国内外研究现状，本研究的特色（可略）—理论与实践的依据（可略）—研究内容—研究过程及方法—研究结果及分析—研究的主要结论—问题讨论与建议。

2. 个人课题

个人课题是以教师个人为研究主体、以教育教学的具体问题为研究对象的课题，是与包括国家级课题、省级课题、市级课题与区县级课题和学校课题在内的"集体课题"相对应的一个概念。个人课题的特点是：独特性（每个教师的个人课题都可能与众不同，具有自己的个性特点），自主性（不受他人牵制和行政干预，在研究的过程中具有相当的自由度），灵活性（课题的主动权在教师手里，进度的快慢和方法的选择由自己决定），实践性（课题源于教师自己的教育教学实践，课题研究针对教育教学实践），实用性（课题切合教师的实际需要，服务于教师的教学实践）。个人课题的研究流程有以下几个环节：

课题的选择——个人课题的选择，一是要针对自己教育教学的实际问题，也就是说，研究的问题来源于自己的教育教学实践；二是切口要小巧，一个小问题、一个现象、一个学生、一种方法、一次活动等均可以成为个人课题；三是内容切合自身的实际，课题虽好，但不是自己的专长，不是自己的爱好，再好的课题也难以研究，因此应该选择自己有一定的积累、有话可说的课题；四是方向对准教育教学实践，理论问题我们可以通过学校申报集体课题加以研究，个人课题还是需要选择实际问题，进行实践研究。

开展文献研究——这是个人课题研究的基础性工作。文献研究需要解决理论支撑问题，还要了解同类或相关课题研究现状，在此基础上，确定研究目标，创新研究内容，理清研究思路，选择研究方法，以便为个人课题研究奠定基础。文献研究的途径一般有图书资料、报纸杂志，现在比较重要的是网络，参考面更加宽泛，内容更加丰富。文献研究的关键在于研究，查阅资料只是研究的基础，对资料进行去粗取精，分析比较，才会有超越和创新。把自己在文献研究中获得的资料进行整理归类，作为课题研究的重要参考是非常必要的。

做好教育调查——这是绝大多数课题研究者使用的研究方法。了解现状是设计课题的重要基础，对于现状了解得越具体、越深入、越全面、越准确，课题研究也就越有针对性和实效性。调查研究可以是问卷调查，了解面上的情况；可以是座谈调查，有针对性地召集调查对象，进行追问式调查，以把调查内容引向深入；还可以是个别访谈，这是点上的调查，解决深度问题。许多研究者提供的问卷设计科学而适用，结果发人深省。

付诸实践检验——把自己的理论假设和研究内容付诸实践，在实践中检验其正确性。

进行经验总结——这是课题研究的最后一道程序，也是最为关键的一道程序。其一，要对材料进行整理和归类，课题研究会涉及许多材料，总结之前要进行归类整理，为总结做好准备；其二，对材料进行分析和比较，通过比较，找到相同和相异之处，特别是有效性和无效性的原因分析，这是找出规律的重要依据；其三，总结课题研究的经验，这时需要辩证分析、全面分析和条理性分析。一些课题研究者就是因为没有认真做好经验总结，即使过程很好，但结论不佳。当然，最为重要的是坚持研究、深入研究、行动研究。

第五节　网络教研模式

一、网络教研模式的内涵

网络教研，是指以计算机和网络为支撑，以探究学习、交流研讨为主要方式的教研活动形态。网络教研所采用的载体有博客、论坛、专业网站、QQ、留言板、电子邮件等。为推动网络教研，学校要专门为教师建立网络教研平台，鼓励各科骨干在博客上创建网络教研室，以引领教师在线研讨和共享资源。与现场教研相比，网络教研体现了平等、个性、开放等特征，具有方便快捷、信息量大、互动性强，跨越时空等优点，但缺少现场气氛的感染。

网络教研同样体现了教育研究的基本规范和程序。在网络平台的支撑下，网络校本教研形成了"发现问题并学习研讨—形成方案并组织实施—在实施过程中进行自我反思和交流研讨—新一轮基于问题解决的校本实践"前后相继的行为链。其具体的实施流程如下：

1. 发现问题：（1）立足课堂。无论利用何种方式进行教研，问题的产生都要立足课堂。教师可以在自己的教学过程中发现问题，也可以在为教学做准备时发现问题，如上网查找教学所需的材料，结合自己的教学发现需要研究的问题。（2）积极思考。在教学中发现的问题不一定是要进行研究的问题，此时需要把教师的个体问题转化为教师群体共同关注和思考的问题，把学校里发生的真实问题概括、提炼、升华为有价值的课题，才会有真正意义上的校本教研。教师可以利用网络交流平台，发布要研究的问题，与网友进行讨论，有利于确定所要研究的课题。

2. 学习准备：（1）教师研讨。在制定方案之前，有必要对问题进行充分研讨。教师可以利用网站上良性的互动平台与同行、网友进行讨论，为制定方案做准备。通过网络在学习者共同体内部进行的交流和研讨，可以帮助教师深入理解现实中的困惑和问题，在实践中构建起自己独特而先进的个性化理论。从而更好地指导自己的教学实践。（2）在线培训。在此阶段如果能得到专家的引导，有助于教师准确地理解和把握问题的本质，教师可以根据自己的需要，选择培训的内容，在网上向专家请教。这样可以使校本培训融入教师的日常教学实践中，并真正发挥作用。

3. 设计方案：（1）分析问题。采用思维导图法列出问题的因素和解决思路，然后分析讨论其实际价值和重点难点。教师可以将其中有疑惑的问题发布到网上，与网友进行深入的交流，网络上学习者的共同体会给教师更多的启发和思考。（2）优化方案。根据自己的思考和与网友的讨论，对设计的方案进行优化，使之更具有操作性和可行性。教师可以将方案发布到网上征询同伴和专家的意见，在对方案优化时，教师要从解决实际问题入手，对方案中的具体内容逐条进行可行性分析。

4. 组织实施：（1）校本实践。教师按既定方案进行校本实践，应根据实际情况有计划地推进实施步骤，分阶段处理各个关键问题。在实施的过程中，如有问题和疑难可利用网络与专家进行在线咨询。（2）及时调整。方案是校本实践的主要依据，但可以根据实际需要随时对方案做有根据的调整、变更，并记录调整的原因。这样一方面有助于教师进行自我反思，另一方面发布在博客上可以使学习者共同体中的其他成员了解调整变化的原因，从而使自己在教学研究中避免出现同样的问题。

5. 交流反思：（1）教学反思。在一轮教学实践当中或之后，教师有必要对自己的教学活动和教学行为进行思考和审视，对行为背后的思想、决策及其背景知识进行分析。网络中的社会性软件为教师表达研究形式提供了广阔的平台，网友的评论有利于教师作更为深入的思考。（2）经验分享。教师的研究课例、所利用的资源以及解决问题的方法和经验，是同行有益的参考和学习内容。教师可在网络上发表教学反思文章，在文章中对问题、设计、实践的过程和结果做出判断，对有关现象和原因做出分析和解释，探讨各种教学事件背后的理念，揭示规律。这样便于网友进行反馈和评论，促进交流、分享经验。

6. 展示改进：（1）案例展示。除了传统的教研方式，利用网络平台进行案例展示也是很好的方式。案例展示的过程包括教学设计思路介绍、自我反思、对研究问题的研讨等，教师针对案例中的关键问题进行网上讨论，总结出有价值的教学经验或解决问题的办法，可以帮助教师找到不足之处并加以改进。（2）专业提炼。教师实践之后，需要借助专家的引导来完善相关研究，以便进行新一轮的研究实践。可以利用网站上的专家博客群或专家在线讨论等方式及时得到专业引领，但是，专业引领不能代替教师的独立思考，专家始终是咨询者、指导者，教师才是研究的主体。

上述六个环节只是网络校本教研的一般操作程序，实际上，网络校本教研不是一个线性结构，而是一个不断地趋向问题解决的复式循环结构。在实际运行的过程中，关键在于解决实际问题，提高教研质量。

二、网络教研模式的应用

网络教研模式主要应用于"教育博客""网上论坛""在线教研""微格点击"和"网络课题"等以网络为载体的教研活动形态。

1. 教育博客

教育博客是教师利用互联网"零壁垒"的 Blog 技术，以文字、多媒体等方式，将自己日常的生活感悟、教学心得、教案设计、课堂实录、课件等上传到网上发表，超越传统时空局限（课堂范畴、讲课时间等），记录教师与学生个人成长轨迹的一种教研活动形态。教育博客，作为教师个人的电子文档系统，可以写教育日志、写灵感录、写读书笔记；可以进行电子备课和资料收集；作为教学活动中交流与协作的工具，可以实现教师和学生课后的网上交流；作为虚拟教研平台，可以在网上探讨教学和研究、合作编写教材等。

2. 网上论坛

网上论坛即模拟的网络论坛（BBS）。它主要是基于网络载体成立备课组，进行电子备课，建立备课包、课件包、资源包，实行分工合作、定期交流、资源共享。网上论坛实质上就是一个虚拟的教研中心，教师可以将自己的想法和要讨论的问题及时发布到论坛上（发帖），有想法要说明的教师可以对这个问题发表自己的意见（跟帖）。一般情况下，与发帖人同组别、同学科的教师必须跟帖，其他教师可选择性跟帖。学校可设置统一的论坛模板，以方便网上论坛的交流与管理。

3. 在线教研

在线教研是指利用教育城域网、校园网和音频、视频、数据网络通信工具——AVCDN 网络视频会议系统等现代信息技术手段，以聊天室主持和做客嘉宾在线互动形式进行的教研活动。在线教研的常见方式是采用主持人负责制，定期通知教研主题和上传相关资源，参与教师通过聊天工具实现网上交互研讨。

4. 微格点击

微格点击是对教师的课堂教学录像后，利用声像手段对课的某一方面、某一环节进行模拟，事后反复点击，回放相关镜头，使之形成清晰的自我图式，以便琢磨、研究教学规律，解决教学问题的一种教研活动形态。这种教研活动形态不仅可以帮助教师及时了解并纠正自己教学行为的不足之处。而且能帮助大家在真实的教学情境中捕捉到共性问题进行分析，找到解决问题的最佳途径，从而提高教学能力和水平。

5. 网络课题

网络课题是指组织研究团队利用网络进行课题研究。由于网络平台具有作为学习理论、研究方案和阶段成果的发布平台和研究档案夹的功用，借助网络就可以使课题研究呈现开放性，使资源积累有更强的组织性。这样，不但课题组成员之间的交流得到加强，还能得到更多专家、同行的指点。只要研究者及时定期地整理研究过程资料，资料的积累就会更加丰富，研究过程的生成也会更有建设性。

第六节 区域合作教研模式

一、区域合作教研模式的内涵

区域合作教研，是指在自己学校开展教学研究的基础上，由区域内若干学校组成有目的、有计划的"松散教研联合体"，充分挖掘不同学校的资源，整合若干学校的力量，主攻某个教学问题，谋求共同发展的一种教研活动形态。其基本环节如下：

1. 成立领导小组。在协商的基础上，校际间签订合作教研的协议，打造教研新平台。学校间的合作可以是"强强联合"，也可以是"强弱联合""城乡联合"。同时，成立校际合作教研领导小组，整合教育资源，制定出财务、交流等教研制度，以切实保证校际合作教研活动的有效实施。

2. 确定研究的课题。以课题研究为载体，选择合作学校共同面临的教学问题和教师在实际教学中遇到的共同困惑，采取"自下而上"的方式，确定一个课题，并分解为若干子课题。若干所学校主攻一个课题，智慧共生，成果共享。

3. 组建课题组。各合作学校分别组建一个课题组，寻找专业支持，承担课题的研究工作。

4. 制定研究计划。各合作学校课题组制定出课题的研究方案。

5. 实施课题研究。各合作学校根据研究计划，组织教师学习相关教育教学理论，扎扎实实地开展课题研究活动，让教师的困惑能及时得到回应，经验能与同伴分享。

6. 形成研究成果。在课题组的领导下，交流研究收获，形成研究成果，促进合作学校教师队伍建设，提高学校教学、教研的能力和水平。

二、区域合作教研模式的应用

当前，区域合作教研模式主要用于区域内的城乡联动教研和联片教研等教研活动形态。

1. 城乡联动教研

城乡联动教研是指区域内的条件较好、实力较强的城市学校与薄弱的农村学校之间形成的结对帮扶式教研。它依托城市学校的优势组建城乡联合学校，在校际资源互相支援的基础上，合作共享、平等交流、积极开展诸如教学互访、专题合作、同伴结对、课例研究等多层次的教研活动，以充分利用城市优质教育资源解决农村学校难于进行校本教研的困难，提高农村学校教师的研究水平，促进农村学校教师的专业成长。

2. 联片教研

联片教研是以区域为单位的学校组成联片教研共同体，把学校结成强弱互助、优势互补的组合，同时保持恰当的"管理宽度"，使学校的教师们能进入到真实的合作教研中。大家共同商讨问题，共同备课研究，共同解决问题。片区的强校有责任在联片教研中帮助"伙伴学校"，"龙头学校"的辐射支援是联片教研的重要支撑。联片教研的意义不在于一次性的学校联合教研活动中的指导与交流，而在于利用联片的合作与竞争机制，促进基层学校教研活动的常态开展，扩大教研的覆盖面和实效性。

第六章　校本教研的成果与应用

第一节　校本教研成果的基本特点

　　校本教研成果是指学校教师在教育职业活动中，通过行动实证或辩证思维对某一教育实践问题的探索过程所取得的具有一定实践价值或学术意义的结果。其成果有不同的类型和与之相适应的形态，一般分为认知成果和技术成果两个大类：认知成果是对所研究的问题获得的规律性的认识或理论上的提高，通常以总结、论文、专著等形式体现；技术成果是可供操作使用的一些模式、案例、教材等。考察校本教研成果的内涵与外延，可以看出校本教研成果具有扎根性、个性化、多样化的特点。

一、扎根性

　　扎根性是由校本教研的价值取向决定的。校本教研通常属于教育行动研究，其成果是教师在一般教育原理指导下，经过一定阶段实践的孕育，把自己积累的经验性知识条理化、程序化、理性化的结果，是扎根在自己耕耘的教育土壤中产生的有效的本土化理论或个人理论。从研究价值上看，这种成果的重要之处在于实践的创新，主要体现在创造性地解决教育教学中的实际问题上，同时，主动地建构个人专业内涵，发展个人的理论，这是一般理论与个性化实践密切结合的产物。从形式与表达方式上看，这种成果除了有一定理论性的阐述外，大量采用教师自己的"话语系统",它是在质的研究过程中形成的,富于教师内心体验的情境性、过程性的描述。如果只能写文章而缺乏实践过程体验,则无法获得令人满意的成果。

二、个性化

个性化是由校本教研的性质决定的。自然科学主要研究物,强调研究的科学性。人文科学主要研究人,强调研究的人文性。从教育的性质看,校本教研的对象和情境具有复杂性和多变性,教师对学生的培养很难是一种"批量生产",教育教学更多是一门艺术,是个性化的活动;从研究内容与过程看,教师以自己和自己身边的人和事为主,以个人独立研究和同伴合作研究为主,从提出问题到解决问题,教师首先拥有个性体验,在个体的和特定群体的经验背景中展开。教师研究强调将理论运用于具体实践,通过实践创新真正解决问题,这时从教育经验中提炼出的观点往往有其独特的价值。因此,校本教研主要产生个性化的成果。

三、多样性

多样性是由校本教研的客体丰富性、主体差异性所决定的。其"多样性"特点的表征,体现在成果的性质上,如应用研究成果和开发研究成果等;体现在成果的文本形态上,如教育教学的随笔、论文、案例和各种报告等;体现在技术开发的"产品"形态上,如教材、课件等;体现在"实践产品"形态上,如课堂教学实践观察等。此外,体现在成果研究对象上,有研究学生,也有研究教师本人;体现在成果内容上,有研究校内的问题,也有研究学校与外部的关系问题;体现在成果创新上,有原创性的,也有移植他人的经验进行再创造的。

第二节 校本教研成果的表达思路

　　校本教研成果无论表现形式如何，它都具有一些共同的规定性。首先，成果的表达与撰写是一种复杂的思维活动，需要有一定的分析、综合、想象、概括能力，即准确运用语言文字的能力，教师必须借助文字把思考后的问题经过整理、分析、综合、加工，再将它客观描述出来。这种思维与表达的过程，也是教师理解和认识水平不断深化的过程。所以，校本教研成果的表达既是一种研究手段，也是一种交流方式。其次，校本研究成果作为教师教育观念、专业素质、创新能力的真实体现，它要求教师在成果表达时必须关注其学术水平，而不仅仅是一般的收获，它需要教师以真实思想和独到的见解开拓出新的教育路子，推动自己的研究。对有条件和能够深入开展研究的教师，要求通过实践把感性的东西上升到一定的理论高度来分析，以增强成果的理论性。最后，要突出问题在成果中的重要性。问题的大小和是否前沿并不重要，重要的是教师对问题有没有认识。校本教研是教师感受、体验、辨析、解决问题的过程，教师要把问题作为研究的原动力，要注重在研究中不断从新的视角、新的高度去诠释和分析问题，从实践中寻找突破口，以做到有的放矢。这是研究成果的实质意义所在。

　　基于校本教研成果表达的规定性，一线教师在表达校本教研成果时必须遵循以下思路。

一、提升研究的价值，注重成果的效用

　　校本教研的价值不是在研究完成后再由研究者自己来随意拔高和美化的，而是一种理性的实证经验和事实。校本教研的主要目的是通过研究，寻找出一

套能够有效地提高教育质量的方式、方法、途径等，教师无论进行何种研究，运用何种成果载体，都应在一定的主题下按一定轨迹逐步展开。只有这样，研究才能克服盲目性与随意性。因此，在总结校本教研成果时，教师应清楚自己的研究课题是从哪一角度、通过什么方式、运用什么手段和方法促进学生、教师和学校的发展，是如何与实际工作结合起来的，应清楚并强化研究实用功能的价值取向。

校本教研与实际的教育教学活动的联系非常紧密，它在本质上是一种特殊的学习，即学习和利用先进理论指导教育教学实践。校本教研行为之所以不同于一般的教育改革行为，就在于它首先是对先进思想、先进理论的认识。在此基础上，教师结合自己工作中存在的问题，通过研究的过程，把学习到的理论运用于实践，得出解决问题的方法，从而在提高工作效益的同时提高教研的价值和水平。

二、描述实际的研究，呈现清晰的思路

校本教研在初始阶段都只能是对教育现象的某种期待，这种期待既产生于生活和工作实践，也产生于理论学习、同行交流和专业进修。这种预测性的假设就是开展校本教研的充要依据，如果研究的过程与假设的推测相符、结果证明了假设，那就说明假设的正确性。当然，人们对真理的认识有一个逐渐接近的过程。因此，在表达校本教研成果时，应以这一设想为线索，用已有的理论和事实做论证，真实地描述自己接近和解决这种假设的清晰思路与行动过程。把自己的分析、归纳、判断真实地呈现出来，这是校本教研成果表达最主要的环节。

三、突出问题的解决，强调措施的运用

校本教研的过程就是发现和解决一个个教育教学问题的过程，也是教师针对自己的研究内容进行调查研究、思辨或论证后所得出的新的教育观点、教育思想、教育方法或教育体验的过程。人们了解校本教研成果时，所关心的是如何开展研究，在研究中发现了什么问题，采取了什么样的措施来解决这些问

题。因此，在表达校本教研成果时，教师一定要说明自己研究了什么、怎样研究以及研究结果如何、价值怎样等。具体来说，有以下几点要求：

1.对背景材料的比较研究，对同类研究的概况与发展趋势的分析，对本研究创新情况及其亮点的挖掘与展示。

2.围绕研究目标思考主要解决了哪些问题，解决这些问题的指导思想、实践思路、操作策略、具体方法、适用范围和支撑条件等。

3.以客观事实和准确的数据来说明问题，实事求是地呈现研究的过程与结果。

4.处理成果表达中论点与事实的关系。首先选好实事（案例），用事实来说明问题，揭示普遍规律；其次，要恰当运用事实，即要精选那些富有说服力、典型性的事实，去证明自己论点的正确性，做到论点和论据的统一。

第三节　校本教研文本成果的体例

校本教研文本成果的体例有一定的规范，下面择要分别予以阐释。

一、教育随笔

教育随笔是用随感、笔记的形式，反映教育实践中的经验、教训和感受、体会，或针对教育实践中的问题发表自己的意见、见解的教育应用文书。在教育实践中，它主要有教学笔记、教学后记、读书笔记、教学札记、教育教学随感录、备课笔记等样式。

教育随笔的内容十分广泛，或讲述文化知识，或发表教学认识，或评析教学得失，或抒发教学心情，或书写阅读感悟，或记录听课感想等。与教育教学相关的点点滴滴，只要自己有深切的感受，想表达出来，都可以写成教育随笔。写教育随笔最重要的是要表达出来自己真实的想法与意图，就是把教育实践中的心情、感悟、新观点、新发现等书写下来。

教育随笔其特色就在一个"随"字——随便、随时、随手、随心。有文就录，有感就发，有事就记，有理就说，率性而为，不必拘泥！教育随笔也不受字数的限制，短的几十个字，长的几百字、几千字，篇幅长短皆由内容而定。教育随笔的基本特点是题目小，篇幅短，层次和结构比较简单，内容单纯，涉及面比较小。教育随笔往往不进行理论性太强的阐释，行文缜密而不失活泼，结构自由而不失谨严，既富有事例，又富有"理趣"。事与理的结合，使得教育随笔既生动活泼又能启人心智、引人深思。

教育随笔在写作样式上没有什么固定的限制，常见的有借事说理、夹叙夹议等形式。借事说理的随笔主要是着力描写一个事件，不用太多地发议论、做点评，只要能把一件事情写清楚，在文章的结尾作个简单的点题就可以了。夹叙夹议的随笔，是在叙述一个事件的同时发表自己的见解，一边叙述一边评论。

教学随笔示例：

《校园铃声》教学随笔

"课间你们喜欢做什么活动和游戏？"随着我的一个问题，教室里活跃起来，玩"老鹰捉小鸡""跳绳""丢手绢""丢沙包"……看来，我是问到孩子们感兴趣的问题了。本来嘛，对于刚入学一个月的孩子来说，有什么比玩游戏更能吸引他们的呢！可是，这短暂的课间10分钟，如何让他们合理地安排好，即怎样才能既安全又愉快地开展课间活动，是我这节课要尝试解答的问题。

课中我出示了一些图片资料，大家通过自己入学近一个月的实际生活，明白了很多在课间活动的要求，并且也能够尝试把课间的10分钟合理地安排妥当。

在课堂教学的最后一个环节，我告诉孩子们，我像他们这么大的时候喜欢玩的游戏有拍手游戏、踢毽子、跳绳。我还带着他们一起玩这些游戏，告诉他们每个游戏的玩法，尤其是踢毽子。我对他们说："刚开始老师也不会踢，于是我自己想了个办法，用一根绳子拴着毽子踢，慢慢地就能踢得很好了！"我在课堂上边说边示范，孩子也一个个跃跃欲试起来。我马上给孩子们分好小组，每个小组分好几个毽子、跳绳和球，让他们自己安排游戏，然后伴随着《你好，十分钟》欢快的音乐，大家开始活动起来。

顿时，教室里俨然已经变成了欢快的课间，孩子们的高兴劲儿就别提了。音乐声停，活动停，这是我提前说好的，可孩子们还是不想停下来。于是，我对他们说："这个音乐停了，就像我们的课间结束要上课了一样，听到上课铃声我们就要把自己做的游戏停下来，赶快回到教室上课了，对吗？"孩子们赞同地点头。

我又接着说："刚才我发现有几个同学与别人争抢东西，请大家谈谈对这种现象的看法。"孩子们你一言我一语地发表自己的见解，有的说："不应该跟别人抢，老师发给你什么你就玩什么。"还有的说："跟别人抢东西玩不礼貌。""我们在游戏时应该讲谦让。"……这个环节的设计，主要是为了在孩子们活动的过程中发现问题、解决问题。

正如品德与生活课程理念中所提到的，品德与生活必须针对学生的生活实际，以学生的生活情境为教学切入点，关注学生的兴趣和爱好，了解学生品德与生活中的新情况、新问题，从学生的生活去取材，有针对性地选择学生身边的典型事例作为教材，再去指导学生的生活。这节课中的这个环节的设计我认为是成功的：我让课堂变成了课间，让学生在活动中进一步体验了课间活动的快乐，不仅如此，他们还从中知道了在活动中应该避免的一些问题，初步具备了明辨是非的能力。

在学生的学校生活中，无论课间还是课堂，处处充满了教育，又何必非要区分是课间还是课堂呢？

二、教学设计

教学设计是教师为了达到一定的教学目标，分析教学问题、设计解决方法，对教学活动进行精心组织与策划的教学行为方式。教学设计是教师对教学进行的规划，是对教什么（教学内容）和怎么教（教学活动、教学方法、教学媒体等）进行的设计。

按照教学设计的步骤流程，一份完整的教学设计方案应该包括教材分析、学情分析、教学目标、重点难点、教学准备、教学过程、布置作业、教学后记几个方面的内容。当然，根据实际情况，上述内容也可以有所增减。教学设计的简与细，要根据教学情况而定。特别是一些老教师对教材和学生情况比较熟悉时，有些教材分析与学情分析可能就不写了，而主要写教学过程的设计。

教学设计就是教学实施的活动导向图，教师可以据此展开教学。下面这则教学设计内容比较全面，过程设计清晰，层次井然有序，把教师的教学思路很好地呈现了出来。由此，不难想象这堂课的行进路径与实施情况。

教学设计示例：

课题：落花生

教学目标：

一、知识与能力

1. 掌握本课 7 个生字、正确读写第 10 自然段，会用"居然"造句。

2. 能分角色朗读课文，背诵课文的重点句段。

3. 能用自己的话说说课文中哪些内容是详写的，哪些内容是略写的，并初步体会这样写的好处。

4. 理解课文中含义深刻的句子，懂得"人要做有用的人，不要做只讲体面，而对别人没有好处的人"的道理。

5. 初步了解借物喻人的写作手法，学习作者的写法写一写身边的事物。

二、过程与方法

1. 自学生字新词，并用"居然"造句。

2. 理解课文中含义深刻的句子，体会这样写的好处，懂得做人的道理。

3. 用借物喻人的方法写写身边的食物。

三、情感态度价值观

学习花生不图虚名、默默奉献的品格，懂得"做人要做有用的人，不要做只讲体面，而对别人没有好处的人"的道理。

教学重点：

1. 理解父亲赞美花生的话的深刻含义。

2. 掌握详略得当的写法。

教学难点：

理解父亲赞美花生的话的深刻含义。

课前准备：

制作多媒体课件

教学过程：

（一）激情导趣，揭示课题

1. 出示谜语，猜猜它是哪种植物？"根根胡须入泥沙，自造房屋自安家。地上开花不结果，地下结果不开花。"（花生）

2.（出示花生的图片）说说花生的作用。

3. 思考：为什么叫落花生呢？教师解题：花生又叫落花生，因为花生的花落了，子房柄就钻到土里长成花生荚，所以叫落花生。

4. 落花生不仅是农作物的名字，也是本篇作者的笔名，他为什么取这个笔名呢？留着这个问题，今天就让我们一起走进文中，走进许地山童年的时光。

5. 板书：落花生

（二）初读课文，整体感知

1. 自由选择你喜欢的方式读课文。要求：读准字音，把课文读通顺。

2. 检查认读生字词情况。

3. 检查学生读课文情况，指名读指定的段落，评议读的情况。

4. 默读课文，思考：课文围绕落花生讲了哪些事？

板书：种花生—收花生—尝花生—议花生

5. 你能说说哪些部分是详写，哪些部分是略写吗？（认识详略）

详写：议花生

略写：种花生、收花生、尝花生

（三）细读课文、重点感悟

1. 略学第一自然段。

（1）自由读、指名读。

（2）课文中哪些词语写种花生的经过？这些词语能颠倒吗？为什么？

（3）抓住对"居然"的理解（什么意思？用在什么情况下？课文为什么要用"居然"呢？练习用"居然"造句）。

（4）指导朗读（读出惊喜）。

2. 学习"尝花生、议花生"。

过渡：母亲为了庆祝收获，提议过一个收获节，在收获节上一家人是怎样议论花生的好处的？

（1）分角色朗读课文。

（2）三个人分别说花生的好处是什么？

姐姐说它味美；

哥哥说可以榨油；

"我"说便宜，大家都喜欢吃。

（3）学生根据收集的课外资料补充花生的好处。

（4）父亲认为花生的好处是什么呢？指名读父亲的话。

（5）父亲认为花生最可贵的是什么？默读第10自然段，小组讨论，完成表格。

（6）所以，父亲仅仅是在说花生吗？父亲希望我们学习花生什么？（再读读父亲说的话，引出"所以你们要像花生，它虽然不好看，可是很有用"。）

（7）日常生活中，还有哪些人也像这花生一样，外表不好看，可是很有用？举例子（清洁工、送报员等）。

（8）作者明白父亲的希望吗？从哪一个句子可以看出？引出"人要做有用的人，不要做只讲体面，而对别人没有好处的人"。

理解句子：人要做有用的人，不要做只讲体面，而对别人没有好处的人。并指导朗读［肯定］。

"体面"是什么意思？什么叫"只讲体面"？什么是"有用的人"？

（9）齐读最后一个自然段。

父亲的话深深地印在作者的心上，对他产生了很深的影响，他长大后埋头苦干，默默奉献，在抗日战争中，他为抗日奔波劳累过度而去世，年仅48岁，他的确是一位具有花生精神的人。齐读他说的这句话："我要像落花生一样，踏踏实实地做一个淳朴的人，有用的人，我要为中华而生，为中华而贡献。"

（四）总结全文，深化主题

1.作者为什么以落花生为笔名，文章为什么要用"落花生"做题目？

（作者写这篇文章是为了回忆父亲的教导，更严格地要求自己按照父亲的"像花生那样"踏踏实实、不求虚荣地去做人。因为父亲的话是由花生引出的，又用花生的特点比喻做人的美德，希望子女像花生一样做人，所以用这个题目。）

2.结合"我"的一段话，概括课文的中心思想。

（课文通过收获节上一家人对花生好处的议论，说明要做对别人有用的人，不要做只讲体面而对别人没有好处的人。）

（五）总结写法，课外拓展

1.从种花生到收花生，从吃花生到谈花生，从父亲谈话的教学中，学习详写和略写。

2.花生的果实长在泥土里，桃子、石榴、苹果只是根据各自的生长特点将果实挂在枝头，由此，体会到花生不求虚名、默默奉献、朴实无华的可贵品质。这种借助花生讲明道理的写法叫"借物喻理"，引导学生学习。

（六）小练笔

作者由落花生领悟到做人的道理，结合生活实际，你从身边的人和事物中领悟到了什么？试着选择一种写一写。

（七）板书设计

15.落花生

详略得当

种花生— 收花生—尝花生——谈花生　借物喻人

三、教学实录

教学实录是在对课堂教学进行录音、录像的基础上整理出来的对课堂过程的真实记录。教学实录可以真实地反映课堂教学的推进过程、课堂教学中的师生互动、课堂教学中的动态生成。它是教师教学设计与教学实践相结合的产物，体现了课堂教学预设性与生成性相结合的特点。教学实录是教师教学设计研究的结果，同时为进一步研究课堂教学提供了宝贵的一手资料。教学实录的写作首先需要有完整的录音或录像材料，然后对它们进行整理。虽然名为实录，但并不是什么都不变地加以整理，而要对一些重复、冗余的内容予以删除，也可作适当的补充修正。对于课堂教学气氛，如学生的反应等更是要用括号备注的方式详细记录下来。

从教学实录里，我们不仅可以体会教师的教学设计，体验教学过程，而且可以领略教师的执教艺术，从中受到启发，为自己的教学获取资源与灵感。教学过程是教师教学设计即教学研究实施的成果展现，教学实录是对这一成果展现的真实记录，也是教学研究的重要组成部分。

教学实录示例：

《观潮》教学实录

导入谈话：

师：看看老师跟昨天有什么不同？

生：头发长了。

师：还有什么？

生：老师昨天的头发是盘起来的，今天放下来了。

师：上课。我生长在美丽的海滨城市天津，我常常在海边看潮起潮落。你们想不想看看我们天津渤海潮？

多媒体演示天津渤海潮。

师：这是咱们美丽的渤海。今天我们要一起走入海的故乡，一起去看举世闻名的潮。

多媒体出示课题：观潮。

师：我们现在要学的是站在钱塘江海宁镇观看钱塘江大潮，以小组学习，学得好可以得到一滴水，可以滴水成渊。我们见面后你们预习了吗？谁读课文了？那老师把指导检查的权力交给你们，两个人两个人地读，看哪个小组读得正确，读对的人数最多。

小组读。

师：你在读的时候，同伴都读对的举手。

师：不太多。好，看来这四组读对的比较多，各加一滴水。你们想不想再比个高低，通过预习知道先写什么，再写什么，最后写什么？

生：先写了潮来前，再写潮来时，最后潮过后。

师：你答得非常好，给他们组再加一滴水。课文读对了，我相信文中的词语一定不会难倒你们，看谁抢读得快。

多媒体出示词语，让学生抢读

犹如　霎时　笼罩　薄雾　闷雷　踮着脚　人声鼎沸　浩浩荡荡　山崩地裂　风号

浪吼

师纠正读音。

师：能自己改正读音，真好。请大家齐读。

生齐读。

师：预习的时候，你有没有解决不好的问题？这么多呀，先在小组里解决，其他的问题通过查资料解决，实在解决不了的问题，一会儿提出来大家一块解决。

小组讨论。

师：你们还有什么问题没有解决，谁来说说？

生：为什么农历八月十八日是观潮日，其他日子不行？

师：哪一组还有问题？

生：潮是怎么形成的？

师：噢，潮是怎么形成的，他善于发现问题。

生：什么是潮汐？

师：有相同的问题吗？噢，那个女同学也有。你们打算怎么解决问题。

生：去图书馆。

生：查资料，上网。

生：同学讨论。

师：好办法。现场每一个老师都是你们的学习资源。老师给每一组提供了一些文字资料，你们自己选择，关键看你能不能静下心来通过查询资料自己解决自己的问题。

小组讨论。

师：你们的问题解决了吗？都解决了吗？有没解决的问题吗？

生：有，潮汐。

师：这有电脑，看电脑能不能帮助你。

电脑演示潮汐的形成。

师：看明白了吗？

生：明白。

师：潮是怎么形成的我们明白了。你们想不想看看钱塘江大潮的恢宏气势？

生：想。

多媒体展示大潮画面。

师：恢宏不恢宏？

生：恢宏。

师：我有一个问题，我想问你为什么要在八月十八日观潮？

生：因为八月十八日地球和月亮在同一条线上，月球有吸引力，在这一天潮是最大的。

师：还有东南风，起什么作用？

生：不知道。

师：起到了推波助澜的作用。通过电脑，我们欣赏了祖国的大好河山，通过看录像了解了自然神奇的景观。这能帮助我们把课文读懂，下面每一位学生默读课文。

生默读。

师：读完了，读懂了吗？

生：懂了。

师：看看哪一组能够通顺地把课文读给大家听。可以小组读，两个人对读，还可以自己读，只要能把课文读通顺，小组自己决定读的方式。

小组读。

师：小组选一段读，看看哪组读得最好！

生读。

师：读得很好，那声音如同山崩地裂。读这个词为什么要这么用劲？

生：因为声音很大。

师：噢，因为声音大，你们才读得那么用劲。加一滴水。还有哪个组想挑战？

某小组读。

师：每一个同学都读得那么好，加一滴水。"浪潮越来越近了"，怎么读？

生读。

师：你们读得真好，老师想和你们一起读，可以吗？

师生齐读："那条白线……"

师：读得真好，这就是祖国自然神奇的自然景观。大家想，观潮的"观"是什么意思？天下奇观的"观"呢？

生：不知道。

师：打开字典查一查。

师：很少有人能看到这壮丽的景观，你们想不想把自己了解到的说给大家听？课文中有许多形象的词语，咱们讲的时候会用到，打开书，在写潮来前、潮来时、潮过后用了很多形象的词语，你动笔画一画，然后再找小组读一读。要放弃自己不成熟的想法，听取别人的建议。

生读。

师：中间这部分潮来时的形象词语我们一起来说一说。

生：水天相接。

师：水天相接的地方出现了一条——

生：白线。

师：很好，接着说。

生：横贯江面。

生：风号浪吼。

生：浩浩荡荡。

生：飞奔而来。

师：其他小组有没有补充？

生：那声音如同山崩地裂。

师：你找着了什么词？

生：山崩地裂。

师：刚才同学们找得非常准。下面我们分头准备，你可以根据老师准备的资料说，可以根据自己的感受说，把潮来前、潮来时、潮来后的景象讲一讲，先准备一下，开始。你们组准备好了吗？

师：今天我们只是做了一个导游前的准备，今天回家把潮来前、潮来时、潮过后的景象讲给你的爸妈听，这是今天的作业。你或许还有新的问题，老师为你们提供两篇文章、几个网址、三张钱塘江潮的光盘、一本书，这对你们学习新的内容一定是有帮助的。再见！

结束。

四、教学案例

教学案例是从教育教学实践活动中总结出来的实例。在被描述的具体情境中包含一个或多个引人入胜的问题，同时也包含解决这些问题的方法和技巧，有具体情境的介绍和描述，也有一定的理论思考和对实践活动的反思。教学案例不仅记叙教学行为，还记录伴随行为而产生的思想、情感及灵感，反映教师在教学活动中遇到的问题、矛盾、困惑，以及由此而产生的想法、思路、对策等。它既具有具体的情节、过程、真实感，又从教育理论、教学方法、教学艺术的高度进行归纳、总结，得出其中的育人真谛，予人以启迪。

教学案例能够直接、形象地反映教育教学的具体过程，因而具有很强的可读性和操作性，非常适合于有丰富实践经验的一线教师来写作。

教学案例一般包括案例背景、案例主题、案例过程、案例细节、案例结果与评析等要素。案例背景，是向读者交代清楚故事发生的时间、地点、人物、事情的起因等。案例主题是案例要说明的某个问题，可以是反映对某个新理念的认识、理解和实践，或者说明教师角色如何转变，教的方式、学的方式怎样变化，或是介绍对教材重点、难点的把握和处理。案例写作要特别把关键性细节写清楚，要特别注意揭示人物心理。教学案例不仅要说明教学的思路，描述教学的过程，还要交代教学的结果——某种教学措施的即时效果，包括学生的反应和教师的感受，解决了哪些问题，未解决哪些问题，取得成功的体会，现有成果的遗憾以及今后的打算、设想等。案例描述要以问题为主线，有矛盾、冲突甚至悬念，能引起读者的兴趣和深入思考。案例评析是在记叙基础上的议论，表明对案例所反映的主题和内容的看法和分析，以进一步揭示事件的意义和价值。评析可以是自评，就事论事、有感而发，也可请专家点评、深化分析。评析主要通过对背景、问题、解决问题的方法的描述，反思自身的教育教学行为，总结利弊得失和启示。

教学病历是教学案例的一种，它是教师把教学中出现的失误、错误等加以细致描述、分析其产生原因、提出改进措施的一种教学研究成果的表达方式。教学病历的写作一般包括出现问题的表现（即教学症状）、分析问题产生的原因

（教学诊断）、提出解决问题的措施（教学改进）等方面。教学病历的研究不仅可以使教师本人避免犯同类错误、改进教学过程、提高教学质量，而且可以为其他教师提供避免类似错误的经验。教学病历的写作需要教师具有较强的反思能力，同时也可能需要其他人的指导与帮助。教学病历的写作既可以分析教师自己的教学病历，也可以分析他人的教学病历。

教学案例示例：

从课堂看我们的孩子还缺少什么

也许我们"身生名门"，也许我们听多了掌声与赞誉，因此，我们还没有足够的勇气去直面差异，骨子里镌刻的沾沾自喜，时常雾霭一般升腾，迷蒙眼睛。是时候研讨了——我们的孩子缺什么？是时候反思了——我们的教学缺什么？是时候自省了——我们自身还缺什么？我们必须用我们的智慧、勤奋和行为跟进，去斩除前行路上的荆棘。

现象一　爆笑的男孩

在《普罗米修斯》的教学课堂上，我引领孩子读书。好难受啊！我们的孩子，不论读什么，怎么会都是一个表情！一种节奏！一种语调！当读到"三万年来，普罗米修斯一直被锁在那个高高的悬崖上"时，课堂的一角居然传来忍俊不禁的笑声，我循声望去——一个男孩已经笑得难以自抑了。更可怕的是，这个男孩足足笑了一分多钟。唉，这是公开课啊！幸亏，他坐在舞台的最里侧，我选择了"睁一只眼，闭一只眼"，我只能这样选择。我品尝到了无奈的滋味！我认识到了自己的无能！课后我问他，他说："读书时，我不小心把'三万'读成'三八'了，我忍不住，就笑了。"天哪，如此简单的理由！上帝啊，这是可爱吗？这是自得其乐吗？这是自我欣赏吗？这是自寻开心吗？这是自我调节吗？不能这样啊，孩子们！

［结论］

我们的孩子太幸福，太自由，太没有规矩，从而缺少同情心，缺少入情入境的能力，缺少一种"定力"，缺少会感动的心灵。

［对策］

请语文教师一定要加强朗读训练，尤其是"悲情"色彩的文章的朗读训练，收集一些描写汶川地震的感人文章，好好地读，认真地读，看看有多少孩子会眼眶湿润、泣不成声；请语文老师一定要加强自身的语言修养——除了音乐、画面的渲染，能否凭借自身动情的教学语言，将孩子们引入文本情境，从而与主人公一起开心，一起激动，一起伤悲，一起愤恨……

现象二　回答，只为"博人一笑"

公开课前，我让孩子做"头脑体操"——在茫茫的大沙漠上，有一个人，他已经死了，在他的身边，放着一个包，如果他能早点打开包的话，他就不会死了。请问，他是怎么死的？为什么？我见一个男孩高举起手，身子还前倾着，甚至满脸红光。我的第一感觉是，他一定有精彩答案，于是满怀期待地请他发言。答案果然"精彩"——他是被尿给憋死的。说完，他早有准备似的哈哈大笑，伙伴们也哈哈大笑，在伙伴们的笑声中，他自豪地坐下，仿佛一个英雄——我差点昏倒。

这种现象，我在常规听课时也常有遇见。有些孩子在回答问题时，以"谁的答案最稀奇有趣""谁的答案最好笑""谁的答案最光怪陆离""谁回答之后笑声最响亮"为豪。似乎他们的回答，目的只有一个，那就是"博人一笑"。于是，有些可悲！

［结论］

我们的孩子缺少"正气"，缺少正确的"课堂舆论"。

［对策］

请老师们在课堂中加强引领，要敢于批评指正，营造积极向上的课堂氛围和健康的课堂舆论。教师要处理好教师主导和学生主体之间的关系，对于一些不良的氛围或苗头，要及时制止，及时"拨乱反正"，以免"星星之火，肆意燎原"。

现象三　身在曹营心在汉

在《诺曼底号遇难记》的课堂上，悲情的音乐在流淌。我俯身想看看孩子到底在用笔向英雄船长诉说什么心里话。孰知，那个看似专注的孩子，突然对我说："老师，刚才他放了一个屁，很臭的。"我瞪了他一眼，落荒而逃！我从心底里感谢那个孩子——因为他说得很轻，"润物无声"——但却震撼了我的心灵！

［结论］

我们的孩子，缺少专注，缺少规矩，缺少克制，缺少分明的是非观。

［对策］

无可救药，希望这种现象是极个别！（这是气话。）其实还是有药可救的。救他的

"药"，应当是班级平时的正确舆论导向，良好的班风、学风，让这种"极个别"无处藏身。老师甚至可以教给孩子一些"世故"，什么场合应该说什么，不能说什么，这也是懂事的表现。

现象四　场面像"刚遭了灾"

对于老师的提问，我们的孩子总是不太感兴趣。表现在：反应迟钝；举手者寥寥；双眼黯淡无光；说话声音缺少掷地有声；经常埋着头，场面像刚遭了灾。

［结论］

我们的孩子缺少自信，缺少功底，缺少会奔涌的热血，缺少会澎湃的心灵，缺少激情！

［对策］

用教师的激情去点燃学生的激情。相信，长此以往，总会融化坚冰；用教师的眼光，为孩子寻找精神的食粮，拓展阅读，补充阅读，鼓励孩子博览群书，用扎实的训练和积累为孩子积淀文化功底。

现象五　唱戏与看戏

公开课上，少数孩子唱戏，多数孩子看戏。不是执教者不懂得要给每一个孩子成长的机会，而是，他们在一番热切地等待之后，小手总不能"如林"。因此，无奈之下，只得选择少数"救兵"。

［结论］

我们的孩子缺少参与的积极性，缺少责任感。

［策略］

在常规教学中，教师一定要给每个孩子发言的机会，多引导，多鼓励，多表扬。实在没法，可以考虑抽签发言，"强制执行"——说着说着也就习惯了，练着练着也就"炉火纯青"了。

现象六　我是一只小小小小鸟

某学生被老师指名发言，该生说话语无伦次、翻来覆去，用一句话可以说清楚的意思，该生居然用了几十秒还未说清。而且，该生一直低着头，似乎在默哀！老师无奈，老师的额头有细密的汗珠渗出……该生终于说完，老师摸了摸该生的脑袋说："没关系的，以后记得慢慢说。你一定能说好的。"谁都知道，那是老师在掩饰他的"慌张"和

"心痛"——公开课啊，时间如金啊，如果都像你那样，我咋整啊！

［结论］

我们的孩子缺少言语表达能力，缺少"落落大方"，缺少自信。

［对策］

在常规教学中，要注重引领、鼓励孩子说一番流畅、通顺、完整的话，并做到声音响亮、口齿清楚。千万不要忽视"口语交际""说话训练"课。老师经常要说这样的话："谁的回答声音响亮、语言流畅，我就佩服谁！"试试看吧！

当然，以上这些只是少数现象，但确是不得不关注的"不和谐音"。说白了，那句"古话"还是很有道理的——要给学生一杯水，教师要有一桶水。在我的印象中，×××老师的学生能说会道，思路活跃；×××老师的学生说话时很有气势；×××老师的学生朗读水平很不错……个中原委，不言而喻，肯定跟老师本身的优秀有关！因此，每个老师要"经营"好自己的那桶水——浅了，用学习来补足；浊了，用学习来澄清。

五、教学后记

教学后记，也叫教学反思，是教师在教学之后对教学设计、教学实施情况进行的反思、总结、评价。教完一堂课，并不意味着教学的结束，教师应该认真回忆、梳理、反思课堂教学的每一个环节和细节，进行总结和改进，抓住教学中印象深刻、有启发意义的事件和环节写教学反思。

不断进行教学反思是教师专业发展的必由之路。教学后记是教师走上教学反思之路的有效途径。著名特级教师于永正说："写教学反思实际上是对自己的备课及实施的总结。认真写三年教案的人，不一定成为优秀教师；但认真写三年教学反思的人，必定成为有思想的教师，说不定还能写出一个专家来。"教学后记的写作可以把零散的经验、教训积聚成宝贵的教学经验，有助于教师在感悟与思考中提升专业素养，促进专业发展。因此，教师应重视教学后记的写作，养成坚持写作教学后记的习惯。

教学反思是对整堂课的全面检查，可从多方面进行，如上课的总体感觉如何；原有教学环节的设计是否合适；课前对教学目标的预设在多大程度上已经达成；重点是否突出，难点是否突破；哪些教学环节的实施比较成功，原因是什么；学生在学习中遇到了哪些困难，原因是什么；是否营造了高质量的师生对话；多媒体使用的时机和方式是否恰当；教学时间安排、板书设计是否合理等。这些都可以成为教学后记写作的内容。教学后记的写作需要注意如下几个方面的要求：

1. 形式自由。教学后记的形式不拘一格，可长可短、可详可略；可以写成颇具篇幅的小文，也可以是点滴的记录。教学后记不拘形式，也不能流于形式，记成流水账。

2. 及时写作。课堂上出现的一些情况，会随着时间的延长而淡忘。所以最好是在授课结束后趁热打铁，及时记下教学过程中的灵感，如果时过境迁，再追补记忆，效果就会相差甚远。因为灵感只是一瞬间的，情消意散，灵感就不"灵"了。

3. 内容简明扼要。教学后记是对该课"实况"的反思，要透过表象，找出内在的规律，进行初步归纳和取舍，做到有话则长，无话则短，言简意赅。

4. 突出重点。教学中可总结、可记录的很多，并不是每项内容都要写进教学后记，而是要选择有代表性的，有重点地写。一般而言，教学后记要记录的是教学中的疏漏、失误、发现、感情、亮点、收获、困惑、感悟、精彩片断等。

教学后记示例：

《爱莲说》执教感言：在美文美读中提升学生的语文素养

古人云：十年磨一剑。我的这堂课，虽称不上一把锋利的宝剑，但却凝聚了我多年来古文教学研究的成果，更体现了我对古文教学的理念和思考。《爱莲说》是千古名篇，短短 119 个字，浓缩了哲学大师对于莲花的赞美，对于君子美德的歌颂，对于北宋社会现实的忧虑和批判。语言简洁凝练，文笔生动优美、含义隽永。对于这样一篇美文，只有在多层次、多角度的美读中，才能使学生真正感悟到中国古典文学的语言美、文意美、结构美、手法美和情感美，也只有在这种美文美读的教学过程中，才能切实提高学生的语文素养。下面就执教这节课的教学过程，谈几点思考。

（一）思考教学目标实现程度

一堂成功的语文课，必须有明确而又切合学生实际的三维目标。一名优秀的语文教师一定能够结合教材、学生实际，制定出有效合理的教学目标。而目标的实现程度则是检验教师教学设计和教学过程是否科学合理的最佳方法。因此，每节课后教师必须首先反思的就是教学目标的实现程度。

本节课的教学目标是：（1）朗读翻译课文，积累重要的文言词语，整体感知文章内容。（2）品读课文，感受莲花的外在美和内在美，探究文章的主旨和写法。（3）学习作者洁身自好、不慕名利的生活态度。在课堂教学中，通过范读、齐读和译读三个环节实现目标，通过思读、研读和品读环节实现目标（2）和（3）；在整个教学过程中，教师试图让学生借助各种形式去感悟莲花的美和君子的美德，从而激发对古文的热爱，对周敦颐的赞赏和对君子的向往之情。因此，本课教学目标得到了充分的落实。

（二）思考教学设计和理念

作为一堂课改研究课，必须体现课程改革的新理念；作为一名优秀的语文教师，必须对最新教学理念有着很强的职业敏感。但是，更重要的是真正杰出的语文教师，绝不是将理念直接搬上自己的课堂，而是结合自己的教学经历和感受，将其辩证地消化吸收，自然地融进教学设计中去。那么，我在这节课的教学设计中，也尝试融进了以下几种语文教学的新理念：

（1）坚持整体感知在前、细致分析在后的原则。所以，在课堂设计中，并没有将文言字词教学单独进行，而是只对于特殊用法的词语加以强调，其他部分词语随文解译。对于在书下注解中明确解释的词语，由学生自学完成；而课堂的教学重点放在整体感知课文的思路，品悟莲花的外在美和内在美，体会作者在字里行间流露的真情实感。

（2）文言文教学要唤醒文言文本身的生命力。让学生在反复的诵读中理解内容，品味文言文特有的简约生动、含蓄深刻之美。文言文教学不是古汉语教学，重视基础不等于字字讲解。如果还是按照传统教学那样，先剖析字词，再逐句翻译课文，最后再分析内容，恐怕再美的作品也会变成鸡肋了。所以在教学设计中，我采取了各种读的方式，例如范读、自由读、个别学生朗读、全体齐读、反复品读和思考研读。同时，重点挖掘文言文本身的美，适度淡化了对"言"的关注，增强对"文"的感悟，使学生在学习过程中，获得一种文言美的熏陶和感悟。

（3）语文教学本身要民主而有效。所谓"民主"，就是在课堂中将"话语权、思考权和选择权"真正还给学生，教师和学生都能成为课堂的主体，而教师主要发挥引领作用。"有效"是让学生在知识、学法和情感价值观上均有收获。本节课中"译读"后的质疑、学生表述莲花内在美在哪里、品味语言精妙等环节的设计都体现了民主和有效。同时引导学生关注文本，实现语文课程标准中所推行的"对话"原则。力争在课堂上，努力实现学生与文本对话、学生与学生对话、学生与老师对话的过程，真正还原语文的原汁原味。

（4）关注教学中的"预设和生成"。在本节课的"品读"环节，教师可能预设出了一些结果，但是学生在课堂中，会随时生成老师没有关注的语言，这是学生在教师引导下生成的新知识。另外，本节课中学生在探究写作手法时，教师预设的是托物言志，但是，学生在思考后提出是否有借物喻人，我灵活应变，引导学生分析文本第二段的比喻手法的运用，巧妙地生成了本文的另一种写作手法。关注学生在课堂中的疑惑，常常能够使语文课堂变得灵动而又美丽，精彩而又深刻。

（5）关注学生的学法指导。本节课，整个教学过程就是两种阅读方法的展示：①带着问题阅读文本，写什么（内容）——怎么写（写法）——写怎样（语言）——为何写（主题），这种自我提问式阅读法，会让我们带着问题进入课文，带着收获走出课文。②文言文阅读要"熟读精思"，有了方法的传授，我们的语文课堂才会更加完整。

（三）思考教学过程

本节课的教学过程遵循了由浅入深的原则，符合学生认识事物的规律。教学流程衔接顺畅，学生参与程度较高，思维活跃，较为顺畅地完成了教学任务，取得了较好的教学效果。在问题设计上存在一定的梯度，照顾到了大多数学生的知识水平，关注了学生的差异性发展。同时在教学中，对于学生的质疑，教师基本做到了尊重学生的个性和巧妙引导，合理处置了课堂突发事件；师生交流顺畅和谐，形成了较为和谐的课堂氛围。板书重点突出，"文"和"言"并重，有力地突出了本课的教学重难点。多媒体课件较好地体现了对课堂教学的辅助作用，整体看来，教学过程还是科学合理的。

（四）思考不足之处

课堂教学本身就是一门遗憾的艺术。正因为如此，才使它充满了魅力，吸引无数教师孜孜不倦地追求。本节课存在的一些主要问题是：

（1）整节课的教学设计环节完整清晰，但是，由于面面俱到，难免会使某些环节落实得还不够充分，探究得还不够深刻。例如在品读语言的环节，由于时间关系，只叫了两名同学，对文本重要词语的欣赏还不够。

（2）对于所提的思考问题，留给学生的思考时间不够充足。其实语文课堂中的冷场，沉默并不一定是坏事，至少有许多学生是在独立思考，但是由于课堂时间有限，使学生的思考不够充分。

（3）教师的语言虽然较美，但是不够精练。真正的语文大家在课堂上，语言看似信手拈来、随意自然，其实字字句句都经得起推敲。另外，教师的语速有时稍快，这些都影响了课堂教学的整体效果，应加以注意。

以上是我执教这节课的几点思考，但这绝不是全部。因为，优秀的语文教师终身都在思考，北京四中的特级教师顾德希已退休，但却仍在反思和钻研语文教学中的问题。可见，只有时刻反思自我，才能对得起"教师"这个高尚的名字。在今后的教学道路上，我会一如既往地去努力更新观念，不断创新，积极反思，力争百尺竿头更进一步。路漫漫其修远分，吾将上下而求索！

六、教学总结

教学总结是教师对一段时间内自己教学实践的回顾与评价。教学总结有助于教师进行回顾与反思，有助于提高教师的教学思想认识。教学总结一般包括如下几个方面的写作内容：

1. 过程概述。主要概述一段时期的工作过程，可按时间顺序概述或工作内容概述，字不宜多，简明扼要，点明就行。概述内容可以压缩为一个段落，是工作总结的开头语或导语，起到提示全文的总纲作用。

2. 成绩归纳。这部分为成绩的概括，应该有条理有顺序地摆数据、讲事实、搞对比，把这段时期的主要成绩写出来。写成绩要用直接叙述的表达方法，语言实实在在，少发议论，多用数据，多举事实，让事实说话，没有虚言。这部分的篇幅决定于内容，该长则长，能短则短，以说明成绩为准。

3. 经验提炼。成绩是实在的，看得见、摸得着，有目共睹；而经验则是比较含蓄的，隐蔽在成绩里面，需要经过分析研究，在大量事实的基础上进行升华，才能提炼出来。从某种意义上说，成绩是实践的概括，经验是把成绩上升到理性上认识，经验源于成绩，但又高于成绩，工作总结的过程也是由感性认识上升到理性认识的过程。因此，写经验部分要很好地开动脑筋，把经验的精华高度概括地提炼出来。

4. 问题分析。这部分的内容主要是把问题找准，深刻分析。对问题进行分析，要从主客观两个方面找原因，尤其要从思想上剖析。这部分的文字不宜长，能写深刻便可。

教学总结的基本构成分四个部分，但也可以写两个或三个部分，要根据具体情况而定。教学总结不仅仅是学期末总结或学年总结，也包括对自己某项或某些教学活动、教学实践的总结。

教学总结示例：

个人工作总结

一个学期以来，我能认真地做好自己的本职工作，积极投入新一轮课程改革试验中，将提高教学水平与思想理论水平结合起来，从而不断地完善自己，同时，热爱学生，努力为学生的发展提供契机。在教书育人中，从各方面严格要求自己，使教学工作有计划、有组织、有步骤地开展。现对本学期教学工作进行回顾与思考，以促进今后的工作更上一层楼。

第一，在思想方面，热爱党的教育事业，发扬奉献精神，严格执行教育方针，尽职尽责，教书育人；同时面向全体学生，热爱、尊重、了解和严格要求学生，不歧视、挖苦他们，循循善诱，诲人不倦；要求学生做到的，自己首先做到，以身作则，为人师表。同时处处以《教师职业道德规范》来约束自己的言行，认真参加政治学习，不断提高自身的政治素质。加强学习，不断更新教学理念。作为新课程试验的教师，我深知学习的重要性。所以，在实践中，我努力学习《课程标准》等教学理论。紧紧围绕学习新课程、构建新课程、尝试新教法的目标，不断更新教学观念。注重把学习新课程标准与构建新课程有机地结合起来。将理论联系到实际教学工作中，解放思想，更新观念。确立了"一切为了学生的发展"的教学理念，树立"以人为本，育人为本"的思想。

第二，本人能够严格执行学校的作息时间，不早退、不迟到，做到了早出晚归，按时上下班，从不因为个人问题耽误上课，给学生做了极好的表率。

第三，在教育教学工作中，本人积极认真学习新课标、新教材，将教材、教法、学法尽可能完美结合。积极、认真备好每一个教案，上好每一节课，充分发挥课堂45分钟的作用，尽可能减轻学生的课业负担。同时积极学习钻研名师、专家的教育、教学理论，探索适合班级的教育方法、教育模式。与此同时，向身边有经验的教师学习，积极参加听课、评课活动，努力提高自己的教育理论水平；同时在业务上精益求精，积极探索多媒体、网络教学，拓宽教学新思路；与此同时，采用灵活多变的方法，例如演讲朗诵会、读书活动等，调动学生的学习积极性，提高学生的学习成绩。具体做法如下：

1. 深入钻研教材，备好每一堂课。能根据教材内容及学生的实际，拟定教学方法，创造性地使用教材，编写比较实用的教案，教案中体现学法的指导。

2. 努力改变教学方式，提高教学质量。在课堂上，大胆改革传统的教学方法，把自主学习、合作学习引入课堂，注意调动学生的积极性，加强师生互动，充分体现学生的主动性，让学生学得容易、轻松、愉快。同时，在每一堂课上都充分考虑每一个层次的学生的学习需求和学习能力，让各个层次的学生都得到提高。

3. 精心设计练习，认真批改作业。力求每一次练习都有针对性、层次性。同时对学生的作业批改及时、认真，分析并记录学生的作业情况，将他们在作业过程出现的问题做出分类总结，进行讲评，并针对有关情况及时改进教学方法，做到有的放矢。同时根据教学内容布置实践性的作业，如设计手抄报等。

4. 做好学科培优转差工作，全面提高教学质量。对于学习能力相对好的学生，注重他们在更深层次上的学习和探究；对于学习能力相对困难的学生，从基础知识方面着手对其进行再一次针对性的教育教学，促使他们可以逐渐跟上其他同学的脚步。在课后，为不同层次的学生进行相应的辅导，以满足不同层次的学生的需求，避免了"一刀切"的弊端，同时加大了待优生的辅导力度。通过一学期的不懈努力，本班的优生在探究问题、预习、解决问题等方面有了较大的提高，在数学竞赛中，赵畅、蔡少男等同学获得一等奖；待优生学习积极性也有所提高，能自觉完成作业，考试不及格的人数也逐渐减少。

5. 认真做好教学反思工作，不断提高自身的业务素养。授课后及时记载本课教学的成功和失误，能够比较真实地从教法的选择、教师的备课、教学目标的要求与学生的认知水平及教材的编写等方面加以分析，寻找问题出在哪里，并能提出今后的改革措施，从而不断总结经验，吸取教训，改进教法，提高自身的业务素养。

6. 积极参加教研活动，努力提高自己的理论水平。在备课组教研中积极发言，在教学目标、教材处理、规划教学流程、创设问题情境、化解教学疑问、促进学生心智发展上，善于提出自己的意见与建议。在学校的教研中，敢于提出自己不同的见解和发表自己的意见。

第四，教研方面，自己除了能一如既往地认真学习、深入钻研外，积极参加各种教科研活动，制订教研计划，并按计划进行学习、交流、研讨、反思，积极上好汇报课、公开课，撰写教学反思、教学案例、教学论文，为科研课题收集数据、资料。一句话，用科学的方法、严谨的态度、务实的作风搞好校本教研，搞好教学科研。

第五，在班主任工作方面，一是注重思想政治和道德教育。二是抓好学习方法的转变。三是搞好班级卫生，树良好形象。四是积极稳妥地展开班级竞选活动，将竞争纳入工作轨道，同时借鉴班级的先进经验，对学生进行量化，分组竞争，给个人加减分，期末总评。与此同时，积极开展各类班级文化娱乐活动，活跃班级气氛，融洽师生感情。五是积极会同各学科教师积极研究学生，探讨教育学生的方法，同时积极同家长联系，及时了解、掌握学生情况，共同开展教育活动。

第六，存在的问题和努力的方向

1. 存在的问题

新一轮课程改革带给我们新的挑战，同时也给教师的成长带来了机遇。回顾一学期的工作，我发现也存在一些问题与困惑。如，班级里的学困生还比较多；平时的学习还不够，自身的教学理论还比较缺乏；在教学经验论文的撰写方面比较少动笔；课题的实验上摸不着边；备课有时抓不准关键所在等等问题。还如，课堂上，教师在课堂中如何处理好放与收的关系，如何处理好个性发展与全面提高的关系，如何做到既尊重学生又达到教学优化的问题，教师在课堂教学中如何做到关注三个维度目标、如何有效进行整合等，都有待于在今后的工作中努力改进。

2. 今后的努力方向

（1）树立先进、正确的教育观。要树立现代学生观，学会以发展的眼光看待每一个学生。相信学生的巨大潜能，并努力去探索发掘；在教育教学活动中发扬学生的主体精神，促进学生的主体发展，努力做到因材施教。

（2）加强学习，主动地进行知识的更新和"充电"，自觉拓宽知识领域，了解所教学科的发展动态和各学科之间的相互联系，将最新、最实用的知识和技能传授给学生。同时主动掌握、使用和开发以计算机多媒体为代表的现代教育技术的知识和技能，为使用校园网、发展现代远程职业教育奠定基础。

（3）加强对课堂教学的研究，争取形成自己的教学风格。努力将新课程理念落实到课堂上，以"引导学生学会预习、学会交流、学会合作"课题实验为依托，从转变学生的学习方式为课题入手，不断探索现代课程改革的路子。

（4）善于学习，勤于动笔。每学年学习一本教育教学专著并做好学习体会，平时认真阅读有关教学理论刊物，结合自己的教学研究每学期撰写一篇比较有价值的教育教学论文，从而不断提高自身的教学理论水平和科研能力。

一分耕耘一分收获。然而，成绩代表过去，未来还须努力。在今后的工作与事业中，自己将再接再厉，以饱满的热情、旺盛的精力迎接全新的挑战。

七、教育论文

教育论文是对教育领域的问题进行深入研讨，从而阐述教育科学的思想见解和理论规律的文章体裁。对于中小学教师来说，教育论文是教师在教学研究的基础上，经过分析论证的深化认识过程，把研究成果文字化的结果。教育论文对研究者具有较高的要求，如能够自觉运用规范的科学方法、理性的学术思维和严密的逻辑论证等。教育论文要求既具有一定的理论性，又具有一定的科学性，要能够理性地认识问题、分析问题，能够揭示具有普适性的规律，同时具有创造性。高质量的教育论文，是教学研究智慧的结晶和教学研究高水平的标志。

一篇完整结构的论文一般包括标题、作者、摘要、关键词、正文、注释、参考文献、附录等内容。

标题应能概括文章的主要观点或主要内容，符合文体要求和语法规范，一般不能超过20个字，必要时可加副标题。

摘要即内容提要，由论题、观点、方法、结论等内容组成，以便读者在不读论文全文的情况下，就能获得论文的主要信息，初步判定论文的价值。摘要的位置应放在题目名称和作者署名之下、关键词和正文之前。

　　关键词是最能表达主题内容，具有论文所属的学科的专业性和较高检索价值的主要词汇。一篇论文的关键词以 3～8 个为宜。关键词的位置放在"内容摘要"的下方另起一行排列。

　　正文是论文的主体部分，它包括引言、本论、结语三个部分。引言一般介绍研究的背景、选题的缘由和意义等。本论是论文的核心部分，主要是提出问题、分析问题、解决问题。论文内容不同，其写法也不同，没有统一规定。论文的结构形式常见的有递进式和并列式。递进式结构是分论点之间形成步步深入、层层推进的关系，论证时环环相扣。并列式结构是分论点之间构成平等并列关系，论证时分别进行论证，从而达到证明中心论点的目的。结语不是文中各部分内容小结的重复，重在总结提升，做出展望。

　　文中凡引用、参考了他人著作或文章，应在文末列出有关篇目的作者、著作名、出版社、出版时间等。若文内引用他人文献内容，应在文内注释或编号在章节的末尾归并注释。引用图书要说明著者、书名、出版者、出版时间、版次、页号。引用期刊要注明作者、篇名、报刊名、日期、版次等。这些引文和参考文献注释均有规范的格式要求。

　　附录是指附在论文之后的有关背景材料，如访谈提纲、调查问卷、测试卷等。附录，可以增强研究成果的可信度和参考性。

　　目前，学术团体、学术单位、学术刊物对教育论文格式的要求还不大一致，比如，有的学术性刊物对内容提要、关键词有严格要求，有的则未作要求；有的刊物为了减轻审稿阅稿量，则要求作者写上"内容摘要"。

　　教育论文示例参见本专题"关联拓展阅读之二"《"碎片化"的教育研究及其批判》。

八、课题报告

　　课题报告是论述某一教研课题的研究经过和研究结果的报告，属于教育论文的范畴。一个较为复杂的教育研究课题，不仅要综合运用观摩、调查、实验、经验总结等方法，还可能用到数学的方法和理论的方法。课题研究报告的结构比较统一，一般由如下六部分组成：

1. 课题名称。课题名称即研究报告的题目，一般是对研究对象和研究方法的高度概括。题目下面应该署上课题组或课题研究报告撰写人的姓名。

2. 问题的提出。这一部分要将课题的研究目的、研究背景、价值和意义、国内外研究的主要成果和现状、预计要解决的问题和研究理论框架表述清楚。

3. 课题的实施。这一部分主要写明进行这一课题研究所选用的方法和技术。在撰写过程中，一定要注意把研究的过程写清楚，让别人明白研究是怎样推进的，课题是怎样得出的。

4. 研究的结果。研究的结果是研究报告的主要内容。客观性、真实性是该部分最重要的指标，也就是说，研究结果是对研究的客观叙述，所进行的分析仅仅是对研究材料及数据的提示。

5. 结论与分析。这一部分由结论与讨论两个方面组成，结论部分主要是针对课题提出的问题或课题假设给出答案，要求简明扼要；分析部分主要是通过对有关材料和数据的分析以及相关理论阐释，来说明研究结论与研究结果、结论与措施之间的逻辑关系，要求做到表达严密、自圆其说。在这一部分的最后，研究者还要对研究成果的不足和进一步研究的方向作一简要叙述。

6. 参考文献。在这一部分，研究者应该明确指出研究报告中所引用内容或者提到的资料的来源，以示对他人知识产权的尊重和方便读者查阅。参考资料的排列格式一般是：如果是期刊资料，则要注明作者姓名、文章标题、刊名刊号；如果是书籍资料，则要注明作者姓名、书名、出版社名、出版时间、页码等；如果是网络资料，则要注明作者姓名、网址、发表日期等。

课题方案示例：

小课题研究实施方案

为了适应新课程改革的需要，切实促进我校教育教学工作持续发展和教师专业成长，将我校教育科研向更深层次推进，引导学校教研组的教师积极参与教育研究，把科研与教研、培训有机结合起来，努力实现我校教学工作由"经验型"向"科研型"的战略转变。经学校研究，特制定如下实施方案。

一、指导思想

树立"问题就是课题，反思就是研究"的教育科研理念，从教育教学中的小事情、小现象、小问题入手，以小见大，实实在在，对教师在教学中遇到的问题，通过讨论立为"小课题"，开展实实在在的研究，并通过小课题研究工作，探索总结教研、科研、培训互相促进的校本研究新模式。

二、实施目标

1. 通过小课题研究，切实解决课堂教学中的实际问题，提高教学有效性。

2. 从机制上保证教研活动课题化，形成教研组科研氛围，提高教研成效，促进教研组建设。

3. 通过小课题研究，提高教师将教育科研与日常教学工作进行有机整合的能力，促进教师专业发展。

三、总体思路

以学科组（语文组成员众多，也可以分为两个组）为单位，组织构建研究团队，开展研究，学科组长原则上就是课题负责人。教师个人也可以单独申报进行小课题研究。形成以课题研究引领教学研究和教师培训的研训一体的校本研训机制，引导教师立足自己的教学和管理实际，观察发现教育教学现象中存在的问题，在常规教研活动中通过理论学习和实践研讨解决问题，提炼形成教学策略，指导自己和同伴的教学行为，实现教学质量的提升，从而实现学校教育的发展。

四、实施流程

1. 选题。填写《小课题研究方案》（见附件一）。学科组（教师）根据自己在教学工作中遇到的突出问题，查阅、收集和整理相关资料，认真分析筛选，确定研究课题。选择的研究课题应该具备"针对性强、切口小、研究周期短"的特点，可以是教学过程中的一个环节、一个问题、一种现象、一个案例等。小课题研究周期不要太长，原则上是一个学期或一个学年。

2. 申报立项。参加"小课题研究"的学科组（教师），在规定时间内向学校教科室提交《小学小课题研究方案》，确定研究的主要内容，阐明所解决的问题和预期达成的目标，提出研究的方法、步骤等。学校教导处组织力量对提交的课题进行审核，在一周内公布立项的小课题。不合格的，须重新选题、申报，直至完成立项。

3. 实施研究。课题负责人组织成员按照课题方案，有计划地开展研究工作，积累研究过程资料（同时完成附件二、三），建立小课题研究档案袋。将常规教研与小课题研究相结合，在教学、听课、评课过程中开展实践研究，从而解决问题。教导处将对研究进行督查指导。

4. 结题（中期小结）。每个学期结束，都要开展小课题研究成果总结鉴定汇报会（周期属于一学年的，要开展中期成果鉴定汇报会），学校对研究状况进行评估。

课题成果一般应是一份总结报告（附件四）和相关附件材料（附件包括支持研究课题的论文、案例等以及研究的过程性材料）。结题程序为：（1）课题组及时整理研究过程资料及成果资料，撰写研究报告；（2）将研究报告、过程资料及成果资料交学校教科室；（3）学校教科室组织有关人员听取研究者的报告，对课题进行评审，向研究者宣布评审意见。

5. 成果鉴定与推介。结题后，学校将对开展的小课题研究成果进行鉴定、评奖。对优秀的研究成果进行全校推介，推动成果在学科内及学科间的应用与共享。

五、课题管理

1. 营造良好的小课题研究氛围。学校积极倡导和要求全体教师参与到课题研究中来，并提供理论上和实践操作层面上的具体指导。要进一步强化"问题就是课题，反思就是研究"的教育科研新理念，以"短、小、实、快"为教育科研工作指导方针，促使广大教师破除教育科研"高不可攀"的神秘感，引导课题组选择一些内容具体、切口小、周期短的问题进行科学研究，从而克服传统课题研究"假、大、空"的不良现象。

2. 加强组织领导。成立小课题领导小组，具体负责小课题研究的指导和评审等工作。制定具体可操作的《小学小课题研究实施方案》，加强研究的过程管理，对立项的小课题研究建立电子档案。制定小课题研究的组织、实施、评定、表彰奖励等制度，确保小课题研究扎实有序地开展。

3. 培训小课题研究人员。进行专题培训，介绍与小课题研究有关的教育理论等，指导教师通过多种渠道查阅相关资料，激发教师研究小课题的兴趣和研究欲望，掌握基本的研究方法，从而培养出一些思想前瞻、能力突出、成果丰硕的研究型教师。

4. 深化小课题研究。要把课堂教学作为实施小课题研究的主渠道，积极开展以上课、说课、评课为基本形式的课堂教学活动，深入探究各学科教学的基本策略；研究组成员定期召开专题会议，分析课题研究中存在的问题，共同研讨对策和措施；课题组内部也可以开展教学论文、教学反思、教育案例、教学设计和课堂实录等不同系列的小课题研究成果评比活动，引导教师研教结合，在实践中反思，在反思中提高。

附件一　教师小课题研究方案

学校		负责人		任课及班主任、职称	
课题组成员					
教育教学中遇到的问题或困惑	问题的现状及后果（调研或观察结果）				
确定研究的小课题					
行动研究计划（包括已开展的行动和反思）	这部分为重点，要展开说明课题计划采取措施的对象、内容、方法、步骤等，如研究范围、什么角度切入、计划怎样操作、以什么方式记录、人员分工等				
事件分析					
学校意见	负责人签名：　　　年　月　日				

附件二　小课题研究工作报告（进度）表（记录研究过程中所做的或参与的各项工作）

时间	工作要点	产生的效果及问题简述（有关证明材料附表后）

　　证明材料包括：教学案，听、评课稿，读书笔记，听课笔记，调查问卷及统计分析材料，会议、沙龙、讲座等研讨活动记录（包括文字和图片资料），学生作品等各种能反映研究过程的资料。

附件三　小课题研究成果登记表（具体成果附表后）

序号	成果类型	成果名称	效果及作用简述	是否发表或获奖

　　研究成果包括：1. 研究报告；2. 研究论文，包括教学案、教学实录、教学反思、教育案例、教育故事、教育随笔、课件、教具等；3. 研究课或主题教育活动。

附件四　教师小课题研究报告

课题组长		职　称		学　科		年　级	
课题组成员							
教育教学中的问题与困惑							
产生该问题的原因分析							
采取的措施与行动							
成效	经过研究，在所解决的问题上产生的改进和变化						
反思及后续研究							

九、学术著作

　　学术著作是以公开出版发行的书籍形式出现的研究成果，主要包括教育教学研究的专著、编著、合著、文集等。专著是对某一问题深入研究的成果，是最能代表教师对某项专题研究水平与实力的作品。编著则是在充分吸收、借鉴、引用他人成果的基础上，加上自己的研究与理解所形成的既编又著的作品。有的以编为主，有的以著为主。合著则是两人或两人以上共同完成的研究作品。文集包括个人研究的文集和多人研究成果的结集。个人研究文集是教师个体把自己的研究成果结集出版的作品。教师把诸如教学病历、教学反思、教育叙事、教育随笔等结集，可以产生聚集效应。教师也可以把平时积累的各种病历、反思、随笔等加以归类，整理写成论文，积累多了也可以结集出版。许多教师的著作就是这些日常积累作品的结集。多人研究成果的结集则有的具有相同、相类似的研究主题，有的是以学校或区域等组织而成。教育学术著作集中反映了教师研究的成果，可以较为深入全面地反映研究对象的内容，但它在校本教研成果中所占的比例较小。

　　总之，校本教研成果有多种多样的表现形式，教师可以根据自己的研究情况选择合适的成果形态。最重要的是在实践中思考、在实践中研究，在思考与研究之后拿起笔，把它们写下来。写文章的前提是实践、是研究、是思考，但还必须要写，这样才能形成真正的成果。成果是"做出来"的，也是"写出来"的。

关联拓展阅读之一

全球化：教师具备怎样的观念和能力？

潘　涌

　　"全球化"作为人类历史进程中的一个新阶段，已经成为无可避免的现实生活，并且愈来愈深刻地影响着人们的思想观念和行为方式。

　　全球化催生人类教育将发生一次空前伟大的变革：从适应现在到创造未来、从满足已有到颠覆既成、从退想到重构。简言之，全球化时代的教育将以发展性、前瞻性和生成性为原则，重新赋予每个地球人以未来化、宇宙化和创新化的当代特征。这种全球化与人、与教育变革之间内在的深度逻辑关系，极其深远地规定着教育的未来使命，催生着当代教师教育观念的一系列重大变革。

一、催生教师教育观念的系列变革

第一，知识价值观的变革

　　全球化时代，知识更新周期之短、更新数量之大超过了人类历史上的任何时期，因此，需要策略性地刷新知识"为我所用"，即教师以学习者自身的主体性和目的性而唤醒其对客体知识的选择意识和主宰意识。换言之，从被动的知识驭"我"到主动的"我"

驭知识和"我"用知识，构成了新旧知识价值观的本质区别。知识的价值不在于系统认知、承纳和记忆，而在于建立，在于有所舍弃和有所选取基础上的归类、提炼、运用和创新。在这种知识价值观的指导下，对某些知识的选择性的自觉放弃，同样成为学习者对待知识应然的一种明智态度，并升华为知识学习的最基本内容之一。这就是知识泛滥、更新增速的资讯时代对所有学习者的一种特殊要求，肩负教育使命的教师当要清醒自觉。

第二，教育目的观的变革

教育的真正目的并不是塑造为适应既有社会规范而全盘接受知识或义理的人，而是为化解国家乃至人类未来的风险与挑战，创造历史上未曾出现过的新文明、新社会而持续探索的"未来人"。恰如联合国教科文组织20世纪末早就预见到的："人类教育正愈来愈倾向于为一个尚未存在的社会培育新人。"

在这种崭新教育目的观的引领下，教师将致力于培育具有强烈未来意识、超越性思维品质、可持续创造能力和与之相谐的情意要素的独特"新我"。由此而引发下述教师角色观的蜕变。

第三，教师角色观的变革

教师的职责更为全面、使命更加重要，不仅仅是传统意义上的春蚕或园丁，更是点燃学生持久探索、创新和发展的强大生命能量的播火人。换言之，学习和成长是学生自主的一种精神历程，而帮助学生从中获得自我发现、自我拓展并实现个性化成长，则完全是教师的一项新使命。

二、对教师能力的新要求

全球化不但深刻地改变着教师的诸多教育观念，而且同时也对其思想创生力、课程开发力和语言表达力提出了紧迫的要求。教师基本素养由其上位观念所凝铸的思想力和由其下位能力所支撑的行动力两者深度融合，由此而不断刷新教育风貌、提升教育品质，造就一个国家值得美好期待的深远未来。

第一，可持续的思想创生力

全球化背景下各国教育普遍开展的深刻改革，网络"全时通"条件下信息与知识的即时性生成，必然要求作为独立自主者的教师具有与时俱进、不断刷新的思想产出，而且这种产出的速率要明显快于学生，思想刷新的频度和深度更要远远强于学生。这样，随之而形成的必然是教师可持续的思想创生力，并由此而决定教师视野是否开放、气度是否高迈、观念是否出新，决定教师能否真正为学生从内心深处欢迎和为学生做出思想日新月异之蜕变的时代表率。唯其如此，教师思想创生力才成为引领学生思想创生力生长的关键性标志。这是人类教育史上空前的一种巨变，是全球化时代对教师最深刻、最内在和最具发展性和挑战性的能力新要求。

第二，强劲的课程开发力

教师不能简单满足于忠实无误地执行教学指令或照搬教学计划，不能以置身教室、施行"讲课"为自己唯一的使命。如同人类现实世界和更广大的宇宙世界是动态生成的那样，以学科交集和边界融合形式增生的新课程序列也是动态生成的，不仅仅是数量的扩展，而且是内涵的深层拓新。它们需要教师以不断创生的思想力为依托，持续开发和设置供学生自主选择的多元化、个性化课程体系。

从深远的意义上说，在全球化时代，教师对课程的开发力远远比对课程的执行力更重要、更关键、更具有实质性意义。作为承担着在全球化博弈中夯实国家未来发展根基的教师，尤其需要养成以"全球化课程"理念为内核的对特色课程的开发力，即在全球化的国际大背景下来构建课程目标和课程体系，着眼于为中国培养拥有全球竞争力乃至宇宙开发力的创新人才。"全球化课程"强调分析综合、批判性思考、创新性解决问题的能力，强调跨越各主要学习领域的较高的课程融合标准，强调培养学生面对快速变革的外部世界和多元的价值取向所应具备的包容力和理解力等。

第三，全方位的语言表达力

一方面，人类有史以来从未像今天这样能够借助电讯电子和视频展开大跨度、全方位的深入交流，优质教育更是需要通过精彩的表达而深入开发心灵内宇宙与太空外宇宙的智力资源和物质资源。另一方面，全球化是以多元文化博弈为其基本特征之一的，"昨天""今天"和"明天"这三维历史时空提供给各国民族文化的发展契机，相当程度上取决于其载体即语言表达力。教师个体表达的弱势最终可能导致母语文化趋向"软性消亡"。

由此推论，全球化背景下的学校教育和教学必然使教师的语言表达力凸显出前所未有的重要性。例如，无论是上述思想的创生或课程的开发，都更需要借助语言的新颖表达，尤其是口语的创意表达来充分实现自身的价值。我们可以深信：从远程在线互动到课堂零距离即兴对话及其深化，教师那种以富有活力、新鲜生动、缜密深刻为基本品质的语言表达力，已经上升为推进教学深入的主要动力，上升为引发教与学双边智慧能量爆发的基本手段。而且，全球化背景下语言媒介及表达形式的多样化和全方位之走势（包括键盘点击技巧所带动的网络语言表达），要求教师不但能在教育场域中赋予母语持续发展的生命力，以便能够传承民族文化的精华，更要娴熟驾驭国际强势语种（如"核心英语"）来建构教育思想、享受教学表达的满足，以激发学习者创造力在审美愉悦中的绚丽迸发。

全球化时代的到来，对正处于教育改革和发展中的中国教师而言，是动力和压力并存、契机和挑战兼备的历史新考验。唯有每位教师从历史的责任感和使命意识出发，及时通过思想和行动双重意义上的自觉准备而迎接全球化，这才将是中国教育未来希望之所在！

选自《小学教学研究：理论版》，2013（35）：1—1

关联拓展阅读之二

"碎片化"的教育研究及其批判

王兆璟 王稳东

受社会科学研究整体理念变革的影响，教育研究也呈现出研究重心下移的趋势，即研究者的视野由宏观、理性转向微观、实践。这种倾向的出现是对以往教育研究轻视教育实践情境的一种补充，有其合理性。但作为对以往教育研究范式的一种"反动"，当下的教育研究又走向了过于重视教育细节而忽视教育整体的倾向，即完整统一的教育被人为肢解，教育研究以"碎片化"的形态呈现。这不利于对本真的教育存在进行深层次的意义揭示，也不利于教育研究走向真正完整的自我。

一、"碎片化"的时代呈现

"碎片化"（fragmentation）意即原本统一的整体被肢解为零星的碎片，它的集中表现就是完整统一的认识对象被人为肢解，整体原有的系统性被打破，导致的结果就是各种碎片以杂乱无章的形式呈现。研究者在很大程度上只对客观存在的完整对象进行随心所欲的消极解构，而缺少有理论支撑的积极的建构。[1]20世纪80年代，"碎片化"的研究首先出现于西方社会学研究中，它主要用于描述一个传统社会向现代社会转型过程中的特征，集中表现就是各种社会利益群体的出现及其对各自利益诉求的提出，原有的社会关系、市场结构和社会观念的一致性被打破，致使原先的整体利益、社会关系、社会阶层、社会观念以"碎片化"形式呈现。

在我国，"碎片化"的研究主要集中在历史研究领域尤其是近代史的研究中。近代史研究的"碎片化"现象事实上与"中国中心观"、社会史的区域转向、新社会史和新文化史的兴起等有直接关联。[2]主要表现就是区域史、人物史研究的兴盛，兰克学派的"据实直书"、年鉴学派的"整体叙史"开始受到批判，研究者更多地将精力倾注于对某一具体的历史事件、历史人物的研究，不再注重整体宏大的历史叙事。尤其是在新史学实践的推动下，中国近代史研究更加细微化、零碎化，更多底层的、民间的历史文化和生活活动开始进入研究者的视野。

此外，"碎片化"的研究范式在社会学、文学、法学、传媒学、政治学等人文社会科学领域都有所体现。由于学术理念的进步以及碎片化时代的冲击，群众的、底层的、边缘化的文化成为研究者关注的焦点，使得"碎片化"的研究成为当下社会科学研究的一种范式。底层社会的历史文化、人物事件、被忽视的社会群体等开始进入研究者的视野。通过对文化碎片的研究，那些被隐藏、被忽视的文化重新呈现在世人眼前，这一切都开始慢慢地改变着人们对社会的认知方式以及自身的行为方式。作为人类活动之一的教育也同样受"碎片化"时代的影响，由于教育自身的特殊性，使得"碎片化"的教育研究有其特殊的表征形式。

二、"碎片化"的教育研究及其表征

对个别教育现象、微观层面的教育事实、教育教学当中出现的矛盾等进行研究，通过经验总结、调查等研究方法得到一些零星的教育研究成果，郑金洲教授将这一教育研究称作"碎片化"的教育研究。在他看来，"这种教育研究只见树木不见森林，研究者只关心细小，不关心宏大；只见零乱不见系统，很少有研究者能将凌乱进行整合，整体展现教育面貌；只见个体不见团队，导致'铁肩担道义'的研究者日渐减少，很难形成影响全局的科研成果，教育研究缺少大师或无大师"[3]。在笔者看来，"碎片化"的教育研究还具有以下表征。

（一）研究选题泛化，对于构建整体的教育科学而言，缺少理论支撑

研究选题泛化主要表现在：一方面，研究者过于关注教育细节而忽视教育的整体性；另一方面，研究者缺少将教育碎片进行有机整合的学术意识。虽然教育研究"重心"下移的出现是对以往教育研究注重上层宏观而轻教育细节的一种补充，但"碎片化"的教育研究并没有真正实现研究细小教育问题的初衷，即借助对具体教育问题的研究来深刻反思、建构整体的教育。在"碎片化"的教育研究当中，研究者对教育思想的研究呈现给我们的是教育的理想蓝图，教育社会学是一种教育图景，教育心理学是另一种教育画面，还有教育经济学、教育实践等，各有不同的描绘，但所有这些层面的探究，毕竟不是关于教育的综合图画，而是教育不同层面的系列画，它们只说明了教育的不同方面，而不是完整的教育。比如，在我国外国教育史研究中，研究者关注具体的教育历史事实（如教育改革运动、教育历史事件、教育法案的颁布与实施、民族国家教育政策与教育体制等）与教育人物（如教育家及其教育思想、政治家的教育事功以及哲学家的理论建树），但未能从整体上关注人类教育历史变迁的整体趋势与历史规律，未能潜入人类教育历史潮流的浪底，探索教育历史发展的那些摆脱具体历史时空因素限制的稳定的发展因素与普遍的发展规律。[4]此外，在"碎片化"的教育研究中，研究者缺少将零散的教育碎片进行有机整合的学术意识，这使得"碎片化"的教育研究多见对教育对象的定性描述，缺少对教育碎片进行理论知识的凝练。虽然教育研究"视角的碎片化"使得教育研究的范围有所扩充，但并没有真正实现多元化的教育研究对完整教育科学的积极建构。[5]可以说，"碎片化"的教育研究使得具体研究领域逐步深化，但对于构建整个教育科学而言，缺少知识理论的支撑。

（二）多见对教育属性"单一"的探究，少见对教育本质"复杂性"的思考

在"碎片化"的教育研究中，整体的教育被肢解，研究者以自己心目中应然的教育对完整统一的教育进行阐释，导致对教育认识的片面、孤立甚至相互矛盾。这种教育"悖论"表现在思维方式上，即"碎片化"教育研究只有知性思维的抽象，没有理性思

维的具体。[6] 完成了从表象到抽象的教育认识，揭示了教育的第一层本质（某一特定的属性），但没有从抽象到具体的理性思维，未能揭示出教育更深层的复杂本质，没有更具体、全面地反映本真的教育存在。研究者的思维被局限于反应特定关系下教育的属性，很难反映任何关系下教育的普遍性。表现在教育认识上，即教育认识被局限于反映教育某一方面的规定性，而不能反映教育内部具有的多种规定性和内在联系。可以看出，在"碎片化"的教育研究中，研究者借助知性的思维方式从教育共性中推理出抽象的教育概念，对教育进行单一属性的归属，具有一定的普遍抽象性。但这种对教育的普遍抽象并不等于对整个教育本质的认识。教育的本质是复杂的，研究者对教育目的、教育价值、教学过程和课程等的研究都是对教育复杂本质的一个层面的认识，而这些认识之间又是相互联系、交织错综的，并不是单一的、线性的、排他的。教育的复杂本质不是单一抽象的教育概念的叠加，也不是所有教育碎片的拼凑，缺少对教育本质的复杂性思考，是在"碎片化"的教育研究中，研究者没能揭示教育本质的关键所在。

（三）研究目的过于功利化，"实用主义"研究方式盛行

受市场经济的冲击，我国当下的教育开始转向以适应社会需要为主，教育的根本目的也转向了培养个体对瞬息万变的职业的适应能力，教育研究的重心也随之转移到如何对教育进行改造以适应社会需要为主要目的，对教育自身问题的思考在研究者眼里逐渐变得冷漠，研究目的过于功利化。恰如刘铁芳教授所言："对现实需求的适应使得教育成为技术性训练的工厂，教育的目标自觉不自觉地转向个人在现实生活中的成功，转向个人俗世世界利益的扩展，而不是自我认识的完善。"[7] "碎片化"的教育研究使教育的灵魂处于被遮盖的状态，教育的核心价值变得模糊，教育的工具理性被推崇至最高地位。然而，教育研究不应该导向对现实利益的追求，也不该导向平庸知识本身，而应该通过现存世界的全部文化导向个体灵魂觉醒之本源和根基。[8] 此外，由于"碎片化"教育研究受西方后现代主义思潮的影响，出现了轻视理论研究甚至忽视理论的倾向，研究者对教育内部的规律以及教育的普遍性漠不关心。研究者通过教育现象、教育事实的研究，拍拍脑袋随意提出一些不面向实践的、自己也不在教育内部寻找实践领域的林林总总的"教育口号"[9]。希望通过自下而上的教育研究实现"以简单体现复杂、以部分反映整体"的教育研究目的。将人类的教育视为特定时期内某一地区、某一社会团体自身的特殊活动，认为特殊性是教育的属性，教育研究就是通过特殊性反应具体的教育现象，忽

视了教育的整体性、复杂性，不承认教育本身的内在联系性和普遍性。教育研究被局限于解决具体教育问题的范畴之内，并没有真正实现教育研究的"实用性"。

（四）研究方法无根基，主观意识较浓，逻辑起点单一

研究方法无根基即"碎片化"的教育研究是一种"跟风式"的研究。研究方法的应用不是简单地通过阅读研究方法的书籍随便借鉴的，"读'教育研究方法'的书主要是为了从中了解这种或那种研究方法的性质、规则、程序以及检验研究成果的标准。尤其是从堪称典范的研究成果中体察这种或那种研究方法的运用，而要把关于研究方法的知识、体会转化为自己的研究方法，则是在自己的研究过程中体察某种研究方法的运用"[10]。在碎片化的教育研究中，由于研究者"盲目"跟随其他社会科学的研究方法，而该研究方法的理论基础、时代背景、适用领域、局限性等在碎片化的教育研究中并没有引起他们足够的重视。研究者对某种理论也仅仅是进行简单的逻辑推理使其符合于自己的研究需要，主观意识太浓，出现了对理论的随便解释以宣传自己观点的倾向。[11]关于"碎片化"的教育研究逻辑起点的单一性方面，沈建平教授将其归结为以下几种：标志客观存在的逻辑起点（人本起点、管理起点、知识起点、生活起点），见诸主观的逻辑起点（目的起点、本质起点），标志直接存在的逻辑起点（教师起点、儿童起点、教学起点）。[12]人类教育极其复杂，构成教育的逻辑起点也是多方面的，在"碎片化"的教育研究中，由于研究者忽视教育整体，要么以单一的逻辑演绎整体的教育，要么就是不同的逻辑起点之间缺少内在联系，使得"碎片化"的教育研究呈现出的逻辑是单一的、线性的，而非多样的、螺旋的。

通过以上"碎片化"教育研究的表征分析可以看出，由于研究结果缺乏理论升华，思维方式缺少知性认知，研究目的过于功利性以及其方法无根基、逻辑起点单一等不足，导致"碎片化"的教育研究所呈现出的仅仅是某一教育碎片而不是完整的教育，因此，有必要借助研究范式理论对其进行批判和反思。

三、"碎片化"教育研究范式之批判

"范式"一词由美国著名科学哲学家库恩于1962年从哲学中引入自然科学研究，1963年美国教育家盖奇将其引入教育研究领域，1988年中国教育研究领域开始引进范式理论并逐步开始本土化的探索。"范式理论"指常规科学赖以运作的理论基础和实践规范，是从事某一科学的研究者群体所共同遵从的世界观和行为方式。其包括三方面的内容：共

同的理论、方法和观念，共同的信仰，某种自然观。[13]因此，借助成熟的研究范式对"碎片化"的教育研究进行批判是回归教育研究旨趣的基本途径。

（一）哲学思辨研究范式观照下的"碎片化"教育研究范式之批判

哲学思辨研究范式是以某一哲学观为理论基础，借助逻辑推演和哲学思辨探究事物的核心本质和内部规律。哲学思辨研究范式是一种宏大叙述的研究范式，注重对研究对象进行整体性的描述，认为个别特殊的表象只是组成整体事物的一部分，而把握事物的整体以及本质属性是人类认知的最终目的所在。借助知性思维从繁多的教育现象中把握教育的共性并得出抽象的教育概念以认识教育的本质，是教育认识的初级阶段，通过理性思维从抽象的教育概念上升至具体的教育感念认识教育的本质，是教育认知的落脚点。[14]

在"碎片化"的教育研究中，研究者多采用还原论的思维方式，对教育事实和教育现象进行肢解分析，使自己的研究符合某一哲学观点。通过借助该哲学观探究教育的属性和价值，反映出教育某一特定关系、某一部分、某一阶段的共性的抽象概念，并以此单一的逻辑起点构建出一幅内部不包含任何矛盾的教育局部图，对其他的教育观点进行排斥。然而，教育研究不是封闭的、自我言说的，更不是一种脱离教育真实存在的随意研究。教育的复杂性决定了教育研究的多元性、融合性、开放性，借助某一种哲学观演绎出的教育必然是片面的，而这种教育研究也是缺少意义的。[15]因此，这类教育局部图像对于整个教育来说，只是一幅静止的、缺乏生机的教育图稿，没有实现教育研究反映真实教育存在的目的。

（二）科学实证研究范式观照下的"碎片化"教育研究范式之批判

科学实证取向的研究范式是从自然科学引入社会科学的一种研究范式，其主要特征为主客观二元分离、价值中立、强调实证对教育研究的重要性、通过数学方法和数学工具对教育进行数字化的研究分析、强调描述性。要求对教育进行客观化、标准化的研究，反对研究者对教育进行主观价值导向的研究，力图实现将影响教育的因素客观化、简单化这一目的。[16]

通过学者对科学实证教育研究范式的批判可以看出，这种研究范式由于忽视参与教育活动的人的主体性而存在局限，但在一定程度上促进了"碎片化"的教育研究。原因在于该研究范式主导下的教育研究在选题上细小、随意，重视技术工具的选用，缺乏理论基础，研究易进行、易出"成果"。而这些正是"碎片化"的教育所具有的特征。因此，它吸引着越来越多的研究者涉足其中。[17]由于研究者将鲜活的教育对象客观化，使其置于工具技术之下，将影响教育的因素限制在几个变量当中，用简单的数据描述复杂的教育活动，研究结果很难体现出研究者的主体性和教育活动的人文性，也很难把握教育的深层意义和价值，忽视了教育活动的整体复杂性，研究成果在一定程度上扭曲了本真的教育存在，并没有触及教育的深层本质。然而教育研究应该生发意义，其理念应以生活世界为演绎基础与动力，教育研究范式应体现出主体性与人性化的意义特征。因此，教育研究应该在具体实证的基础上，进行一定程度的抽象"建构"，进行理论提升和逻辑概括，实现"微观实证"和"宏观联系"相结合，多进行综合性研究，避免"碎片化"的研究[18]。

（三）人文主义研究范式观照下的"碎片化"教育研究范式之批判

该研究范式以广泛的人文主义哲学作为基础，认为教育研究应该是从承载或创造教育的主体的角度或立场来把握其精神活动及其产物的过程。研究方法上应注意区别不同主体的教育者和研究主体，有区别地领悟他们的内在精神世界和外在文化世界（包括体验、理解、解释在内的全面领悟）。强调研究者的主体性以及教育研究的人文关怀是人文主义教育研究范式的主要特征。

教育研究就是对教育的整体全面体悟，把握教育现象背后教育的真实本质和规律，实现教育研究客体和主体的互动。教育研究的意旨不在于教育的表象和事实，而在于深入理解教育现象背后的意义，达成客观性理解，构建教育"是什么"的知识理论体系以及"如何更好"进行教育的反思，强调教育的多样性和理解对话的重要性。在"碎片化"的教育研究中，由于研究者对教育缺少整体认知，没有看到诸多教育现象背后的教育实在，忽视教育的文化结构，没有注意到教育和人类文化发展的共构性。研究者站在研究对象之外看教育，没有实现研究主体和客体之间的相互转换和理解对话，研究者的主体性较难体现。此外，研究者未能将教育置于人类的文化环境之下进行考察，没有将教育研究与人类文化发展的历程和现状紧密结合，对人类自身发展及教育主体的情感等关注较少，教育研究中看不见鲜活的"人"的存在，教育的人文性处于被遮掩的状态。研究者对研究结果也较少从教育的内部寻求实践领域，仅仅是通过对他人理论的借鉴或自己的研究结果不自觉地将自己的教育观点赋予所研究的教育对象，没有用一种反思的、去常规化的思维方式理解教育，对教育走出困境也没有另辟蹊径。[19]因此，"碎片化"的教育研究结果多是一堆冰冷的教育术语，并不是充满人情味的教育活动。

（四）复杂系统研究范式观照下的"碎片化"教育研究范式之批判

复杂系统研究范式以复杂系统理论为其哲学基础，是关于研究对象复杂性及其认知方式的理论。首先，该理论承认客观世界的存在，强调客观世界的整体性和复杂性，是一种非线性的在原则上不可预测、开放和动态的研究范式；其次，复杂系统理论在思维方式上强调分析和综合相结合的思维方式，反对零碎的概念封闭，正如埃德加·莫兰所说，"复杂性原则要求我们思维时，永远不要将概念封闭起来，要求在被分割的东西之间重建联系，努力掌握多方面性，考虑到地点、实践、特殊性，又永不忘记其整合作用的总体"，而"全息原则"成为该研究范式的主要原则。

教育本身就是一个极其复杂的系统，进行教育研究需要一种复杂系统的思维方式，而不是将影响教育的各要素分别加以研究，然后将这些要素进行相加，这样并不能得出指导丰富多变的复杂教育实践的原则。因此，教育研究一定要立足于教育的整体，从整体视角下理解教育问题，采用不同的研究方法对其进行分析。在"碎片化"的教育研究中，研究者只看到了单一的教育现象和教育事实，并没有看到某一个教育事实也是包含在部分的整体教育中的一部分，某一个教育问题并不是孤立地出现，而是与整体的教育相联系。由于研究者对教育全息的把握不够，导致教育研究的片面性。另外，在"碎片化"的教育研究中，研究者缺少将教育碎片进行有机整合的学术意识和能力，忽视了这些碎片是相互联系、相互作用的整体教育的碎片，致使形成的教育结果在处理教育问题时，只看到局部而没有注意到整体，对教育实践的解决也只停留在表面。复杂系统研究范式要求用动态、系统的观点研究教育，而"碎片化"教育研究却用单一、线性的思维方式对教育进行局部和孤立的碎片化研究。他们企图寻求普遍的、万能的教育模式的理念只能是一种乌托邦式的遐想，而忽视部分和整体的联系及其部分之间的相互作用是"碎片化"教育研究自身的又一弊端，不利于教育科学理论的发展，也不能很好地指导教育实践。

四、"碎片化"教育研究的学理转向

通过以上分析可以看出，"碎片化"的教育研究是一种零散的、"跟风的"、缺乏理论支撑、无关教育的"生命性"的、自我言说的、"应时"性的、随意性的教育研究形态。

因此，在教育研究的视角上，研究一定要注意到教育研究的对象是一种完整的、非零碎的历史文化范畴的存在，不能够忽视教育的完整性和教育的文化意蕴，避免人为割裂教育的历史脉络的"碎片化"的研究，应体现出教育研究的完整性、人文性。为此，应进行以下转变：

（一）以整体观、人文观作为教育研究的主导价值，借助逻辑辩证思维全面思考教育

教育研究对象既是完整的、非零碎的存在，也是一种历史文化范畴的存在。教育研究对象处于历史之中，具有鲜明的历史性，现存的教育是历史演变的结果，对教育进行研究要避免人为地割裂历史，就如"碎片化"的教育研究那样，看到的只是某一教育历史断片，没有看到人类教育的全局图。教育过程是一种文化传递和文化再生产过程，因此，教育研究一定要关注人类教育的文化意蕴，体现出教育研究的人文性、文化性。逻辑辩证思维是知性思维和理性思维的综合，既包括感性认识阶段的抽象概念，也包括知性认识阶段的具体概念，是进行教育研究的主要思维方式。教育目的、教育价值、课程、教学、师生是构成教育活动的基本要素，教育研究要建立在对这些要素充分认知的基础之上，通过对各要素逻辑辩证的思考，全方位考察教育在不同阶段、不同方面的特殊表现，通过教育特殊性的把握来认识教育的普遍性，寻求通向人类理想教育的幽暗曲径。避免"碎片化"教育研究将整体教育肢解为许多碎片，从而导致对教育认知的片面化、孤立化。

（二）借鉴复杂系统研究范式，对教育研究方法进行跨学科的研究

人类教育是一项极其复杂的系统工程，牵涉其中的教育因素更是千差万别。因此，教育研究要采取复杂系统的研究范式，全面系统地考虑构成整体教育不同的要素对整体教育的影响，通过研究主体间的理解对话和交往，从人类文化发展的角度来解释教育，增进研究主体间的理解和认同。由于教育自身的复杂性，找到一种普适的、万能的教育研究方法不可能也不科学。因此，教育研究方法的研究应该进行跨学科的研究，但要避免简单的借鉴照搬，需深入研究各学科方法论的理论基础，从不同视角建构科学合理的教育研究方法。警惕教育研究的反理性和唯科学主义，处理好哲学思辨、数据分析、解释批判之间的关系。要认识复杂的教育系统的活动，在方法体系上也需要综合，必须克服简单的、抽象的和静止的认识教育问题的思想方法。正如叶澜教授所说："教育研究方法体系的特征就是实现哲学、科学与艺术方法的具体综合。"

（三）从社会科学研究范式的转变中建构教育研究范式的理论基础，形成教育研究自身较为特殊的研究范式

教育研究属于社会科学研究的范畴，因此，从社会研究范式转变当中建构教育研究范式的理论基础也是合理的。社会科学研究范式由于受到科学主义、人文主义、哲学解释学、社会批判理论等的影响，出现了逻辑、语言、知识、主体、历史文化等方面的转向。开始注重科学知识和经验知识之间的关系，将语言活动视为一种社会活动，知识是在相互理解的基础上产生的，研究主体是处于一定历史文化环境中的主体。强调了理解、解释以及人类社会的多元性。社会科学研究范式的这一转向表现在教育研究中，就是研究主体从隐匿走向突显状态，教育研究的逻辑起点应该以生活世界为主，重视人类文化和教育的双重相互作用，通过教育主体与研究主体间平等的交流对话，增进相互间的教育理解，体现出教育研究的真实意义，对人类的教育进行尽可能符合实际的解释和揭示。通过对社会科学研究范式转向的考察和思考，建构适合于教育自身的较为特殊的研究范式是避免教育研究陷入"碎片化"泥沼的主要方法论问题。

总之，"碎片化"的教育研究呈现出无意义的倾向，即以非教育的甚至反教育的方式研究教育。教育研究的本质并不是为了一种知识体系而完成自己、实现自己，有意义的教育研究的基本意义在于使我们对教育文本的理解转化为对教育存在的意义理解。因此，教育研究要警惕"碎片化"，体现出教育自身的历史发展轨迹和教育内部较为稳定的普遍性，凸显出有意义的教育研究对教育实践的指引作用，构建一种属于自己的较为独特的研究范式，避免研究的盲目跟风，不能将完整的教育肢解为许多教育碎片而进行主观的无理论支撑的"碎片化"研究。在当代，重新回归到教育的内在主旨进行有意义的教育研究，重建教育的理想和教育的完整性很有必要。

参考文献：

[1] 章开沅.历史研究：要细节，不要"碎片化"[J].理论周刊·文史，2012（9）.

[2] 行龙.克服碎片化回归总体史[J].近代史研究，2012（4）：18～22.

[3] 郑金洲.警惕教育研究的碎片化[J].中小学校长，2008（6）：51.

[4] 王保星.我国外国教育史研究的"碎片化"与"整合"——再论全球史观的外国教育史学科发展意义[J].河北师范大学学报（教育科学版），2012（9）：9～12.

[5] 阎光才.批判教育研究的学术脉络与时代境遇[J].教育研究，2007（8）.

［6］［12］［14］张巽根.教育是什么［M］.武汉：湖北教育出版社,1998:43,43, 30~33.

［7］刘铁芳.自我认识的回归与教育之哲学本性的重建［J］.大学教育科学,2011 （5）:10~12.

［8］雅斯贝尔斯.教育是什么［M］.北京：生活·读书·新知三联书店,1991:3~5.

［9］吴康宁.有意义的教育思想从何而来［J］.教育研究,2004（95）:19~22.

［10］陈桂生.略论教育研究方法［J］.当代教育论坛,2006（4）:17~19.

［11］王嘉毅,程岭.教育研究方法的内在逻辑［J］.教育研究,2013（12）.

［13］［17］［20］孙振东.教育研究方法论探索［M］.重庆：重庆大学出版社, 2008:223~224,227~230,259.

［15］［21］王兆璟.论有意义的教育研究［J］.教育研究,2008（7）:39~43.

［16］姚计海等.近十年来我国教育研究方法的分析与反思［J］.教育研究,2013 （3）:20~24.

［18］孙妙凝.社会文化史研究不能"碎片化"［J］.中国社会科学报,2014（5）.

［19］赵婧."碎片化"的思维与教育研究——托马斯·波克维茨教授访谈录［J］. 全球教育展望,2014（5）:3~7.

选自《教育理论与实践》2015年第16期

关联拓展阅读之三

叶澜：一个人和她的教育改革

李政涛

与所有的改革者一样，叶澜也有自己的苦痛和无奈。她曾经在一次年度总结会上哽咽失语，流泪不止。在这个世界上，还有什么比改变人更为艰难更为持久的事业？

第一次见到叶澜先生，是在教育研究方法的课上。传说中的叶澜和现实中的叶澜有很多重叠。那种热情中的冷静、理智中的激情，弥漫在教室的每一个角落。她终于让我得以在教育学的课堂上放下小说，安静聆听，把目光聚焦在这个人身上并逐渐发亮。我隐约感受到了一种情怀和温度，它们与性别无关，而是和一个人的灵魂和理想有关。硕士毕业之后，我从上海"逃"向北京，在多种学科之间漂浮游荡，自诩"实现了对教育学的成功逃离"。

再一次见到叶澜先生，是1996年北京的深秋时节，她利用开会的间歇和我聊天，话题慢慢聚拢到"新基础教育"，这是1994年由她发起的以学校整体转型为指向的教育改革。她的话语和表情中，有着发现新世界、找到新道路的激动与欢欣。她准备辞掉华东师大副校长一职，专心从事"新基础教育"研究，同时表达了对我的希望：回到华东师大，加入她的研究团队。

这是一个让我纠结的"希望"。当我离开上海时，已准备从此关闭与教育学相连的通道，我不认同教育学存在的价值，不相信中国的教育问题能够通过某一项改革解决。但显然这又是一个机遇，不是继续读书拿博士学位的机遇，而是重新回到教育学领域，参与中国教育改革的机遇。我抓住了这个机遇，4年后重返华东师大，开始近距离理解这个人和她的教育改革。

一、价值观是一切教育教学改革的起点

已经持续近 20 年的"新基础教育"改革，是从两篇文章开始的。

1994 年 4 月，《教育参考》杂志发表叶澜的《时代精神与新教育理想的构建》。她从对时代精神的解读入手，阐述了以"新人形象"为核心的新的教育理想。这是一篇"新基础教育"改革的宣言书，它展现出叶澜因对时代敏感而生发的一系列问题：如何理解和把握这个时代的基本特征？今天的教育要为时代培养什么样的人？已有的学校教育能否培养出这样的人？要怎么改革才能培养出时代需要的人？对这些问题的回答贯穿于此后"新基础教育"的全部历程。

1997 年 9 月，《教育研究》杂志刊登叶澜的《让课堂焕发生命活力》，影响随之在教育界迅速扩散，题目本身成为一线教师和教育研究者的"时尚话语"，仿佛一夜之间"生命"重新回到了教育的视野。叶澜的名字，因此被更多的人记住。

中国教育改革的起点在哪里？已有的改革方案，或编制新课程新教材，或改变教学策略与方法，或提升学生成绩，或培训新教师、新校长等，并以此作为教育改革的出发点，各种教育改革流派随之而生。

叶澜的观点一透到底：价值观是一切教育教学改革的起点，价值观危机，是中国教育根本的危机，教育转型应从价值观转型开始。中国教育最大的病根，是以"成事"替代了"成人"，在学校里随处可见教师为事务而操劳，对学生考分、评比、获奖等显性成果的关注，忽视、淡漠的恰恰是学生和教师在学校中的生存状态与生命质量的提升。

即使在改革开放已经 30 多年的今天，依然有教师心目中有教书无育人、有知识无生命，不能真正把学生作为一个鲜活的生命个体来看待。这种对个体特殊性以及个体生成方式的忽视，造成叶澜眼中传统课堂的根本缺陷：把丰富复杂、变动不居的课堂教学过程缩减为知识传递的活动，把它从整体的生命活动中抽象、隔离出来，导致课堂教学缺乏生气与乐趣，变得机械、沉闷和程式化，失去对智慧的挑战和好奇心的刺激，师生的生命力在课堂中得不到充分发挥，课堂趋于"沙漠化"。

所谓"钱学森之问"的症结就在于此。中国从来不缺聪明、有潜质、成为尖端人才之人，缺的是把潜质变成现实，进而赋予人新潜质的教育。几十年来，中国教育的历史就是不断缩减的历史：把教育缩减为培训，缩减为考试培训和职业培训，进而把培训的过程缩减为"单向传递—被动接受"的过程，老师讲，学生被动地听和记，既没有提问

的权利或机会，也没有自己的问题，甚至没有提问的欲望。这是最根本的缩减，把本应具有生命能动性的人缩减为被动机械的物，学生如此，教师同样如此，他们的生命共同缩减为服务于知识和分数等外在之物的工具。在种种缩减中，生命失去了活力且失去了灵魂，教育因此成为没有生命、没有灵魂的教育。

二、从沙漠到绿洲，在大时代中培育"生命自觉"

"新基础教育"之新，首先新在"价值观"。叶澜希望为改革中的中国教育奠定新的价值基石，这就是"教育的生命基础"。她主张，生命价值是教育的基础性价值，教育具有提升人的生命价值和创造人的精神生命的意义。对生命潜能的开发和发展需要的满足，教育具有不可替代的重要责任。教育的过程是把人类生命的精神能量，通过教与学的活动，在师生之间、学生之间实现转换和新的精神能量的生成过程。师生主动、积极投入学校各种实践，是学校教育收获成效和人的发展的前提性基础，也是人的生命特征的本真体现。师生的生存基调变为被动受控，是传统教育对生命原生状态的扭曲。"新基础教育"要使原本就因生命存在而充满内在生机的教育，从被传统教育弊端造成的"沙漠状态"重新转回到"绿洲"的本真状态，这是教育的"生态工程"，是教育上的返璞归真。

返璞归真的第一步，在于把培育有"生命自觉"之人作为今日学校的时代任务。人无法选择这个时代，不能脱离这个时代，但可以通过生命自觉的培育，适应、回应并主动地介入时代，按照人的理想而改造这个时代。一个具有生命自觉的人，是能够主动"明自我""明他人"和"明环境"之人，是充分展示自我生命的意义和创造活力，因此拥有生命尊严的人。这是当代中国最稀缺的人格特征。要培育出这样的人，需要在学校教育改革中落实一个"还"字：把课堂还给学生，让课堂焕发出生命活力；把班级还给学生，让班级充满成长气息；把创造还给老师，让教育充满智慧挑战；把精神发展的主动权还给学生，让学校充满勃勃生机。这"四还"是叶澜最经典的教育改革语录之一。

理想总是充满了美好丰富的激情和诗意。读过叶澜的文字，听过她的报告，甚至与她只有寥寥数语交谈过的人，都能感受到她的理想和情怀。叶澜从不掩饰自己的理想主义倾向，她认定教育是一个需要理想打底和理想先行的事业。任何改革者的教育理想总是无法脱离其所处的时代。

作为教育学家的叶澜习惯于在追问中告诫自己和他人：我们身逢的是一个大时代，一切都在转型与变革之中，如何才能不辜负这个时代，做出只有教育者和教育学者才能做出的时代贡献？今日之教育实践和教育学思考，如果没有有重量的精神境界，没有有价值的生命理想，无法实现生命质量上的翻转，就会愧对这个变革的大时代。叶澜的告诫与当年的费孝通颇有暗合之处，离世前的费孝通表达了对一种困境的忧虑：对于自身所处的时代，读不懂，跟不上，对不起。

三、从书桌走向田野的"真专家"

与许多理想主义者不同，叶澜称自己为"现实的理想主义者"。我从她开启教育改革的生命历程中深切地体悟到，这样的理想主义者不时在思考：什么样的理想最切近现实，最能够改变现实？她从不回避现实，而是直面现实，致力于在对现实透彻把握的基础上提出理想，避免提出一些看上去很美却远离现实的虚无缥缈的理想，许多教育改革的失败，或多或少与此有关。

同时，现实的理想主义者又不屈从于现实，不认为现实就是如此和无法改变的，或者停留于对现实的抱怨、愤怒和批判，而是在脚踏实地一点一滴的努力中去改变并不美好的现实。这样的人，相信一个朴素的道理：做 2.0 比做 1.5 要好，做 1.5 比做 0.5 要好，做 0.5 比什么都不做要好。光说不做，永远不会带来真正的改变。面对教育现实，我们不缺各种姿态腔调的"看客"和"批评家"，唯独缺少真正了解教育现实又能改变现实的"建筑家"。

"新基础教育"的目的就是为了实现真实的改变，变人变学校变文化，把旧我变成新我，把近代型学校文化变成现代型学校文化。但没有一个人能够改变一切。叶澜从不指望自下而上、具有典型草根性质的"新基础教育"能够改变全中国的基础教育，她的心愿无非是能改变一个教师，就是一个教师；能改变一所学校，就是一所学校；能改变一个区域，就是一个区域。火种总存在着变为火炬的可能，星星之火，终究会有燎原的一天。

要让"改变"真实地发生，必经的艰难和艰辛往往是那些旁观者无法体会的。我在陪同叶澜到各地试验学校听课评课的过程中，感受最深的就是她的"累"和"苦"。我曾经专门记录和描述过她的日程安排，连续 3 天的时间，除了睡觉、吃饭，几乎没有空隙，一直泡在学校和课堂里。上午连听四节课，下午前半段评课研讨，后半段与学校领导团队和中层干部讨论规划，晚上与当地教育局领导开会总结近期进展。她有一种超出常人的令人惊叹的能力，可以长时间保持注意力的高度集中，以及思维与话语的高度清晰缜密……对于已是古稀之年的老人而言，这是一种难以想象的身心消耗。

课堂教学是活的教育学。上海建平中学选择教育专家的标准，不看这个人是不是博士和教授，写了多少本书，而是看他会不会听课和评课，能不能发现真实的问题之后还能真实地帮助教师解决问题。只有具有这个本事的人，在他们眼里才是真懂教育的人，才是真专家。听过不下 5 000 节课的叶澜，就是一线教师眼中的"真专家"和"真教授"。

凡是聆听过叶澜评课的人，无不为其超强的"现场功"折服。她不仅有对课堂现场围棋高手般的惊人复盘能力，不看笔记就可以完整呈现教学中发生的点滴细节，而且有对在教学现场的整体与局部之间超强穿梭编织整合的能力，不会泛泛而谈地抽象言说，也不会纠缠于细枝末节，只见树木不见森林。她同时还拥有对课堂状态极强的捕捉能力、透析能力和重建能力。这些能力的获得除了来自于多年磨砺锤炼之外，还来自于她对教育实践的态度。

作为被国内教育学界公认的一流学者，叶澜创造过很多纪录，她是改革开放后第一个在《中国社会科学》发表论文的教育学者，其学术影响力已不需赘言。作为高端学术人的叶澜从不因此而轻视实践。叶澜和她"新基础教育"的意义或许就在于此：开启当代中国教育学界走向实践、尊重实践、了解实践和改变实践的新风气，让长久以来处在真空中的教育学变成大地上的教育学，变成学校日常生活中的教育学，使教育的真理、理论和知识从实验室、书本和脑海中走出来，变成教师看得见，摸得着，也用得上的具体行为。

更重要的意义，是她带来了教育学者生存方式的改变，从思辨性书斋式转为"上天入地"式的生存方式，把实践作为教育思想生发的根基。如果说艺术伤于俗、哲学死于浅，教育学则毁于玄和空，耗损了教育学本应有的强大生命力。这种生命力的获得，莫基于实践带来的厚重。如果一种教育学理论从没有在实践者的现实生活或内心里活过，从没有与实践者的真实情感发生对接，从没有活在真实的课堂教学中，衰败和死亡是必然的命运。好的教育学理论，一定是有实践感的理论，因而是有体温、有情感和有呼吸的理论。如果有更多的人像叶澜那样，从"言说理想"的书桌中走出，走向"实践理想"的田野，参与到建造中国教育大厦的工作中去，中国教育就有了真希望、真未来。

四、尊重实践与尊重生命，于细微处散发深沉扎实的教育力量

叶澜对教育实践的尊重与她对生命的尊重一脉相承。她听课喜欢坐在教室前排，这样可以对教室中师生互动对话的过程一览无余。我有很多机会坐在她身边，跟她一样认真做笔记，尽可能捕捉课堂中发生的每一个场景。一次听完课后，她提醒我听课时最好关闭手机，不要被短信干扰和影响师生教学。我心中一惊，在意识到自己缺失的同时，也回味出叶澜的一个细节，进入课堂现场之前，她会把手机关掉，关闭一切对外联络的通道，此时她心中只有课堂，只有学生和教师。

在随后的评课研讨过程中，叶澜的笔总是记个不停，这是她多年以来的习惯，无论何种场合，只要有人发言，她都会做细致的记录。有的年轻校长因此怕与她同坐，一次研讨下来，他的笔记本只有屈指可数的寥寥数行，那个德高望重的专家的笔记本上却密密麻麻，鲜明的对比让他坐立不安。这个具体而微的行为表明了叶澜对每一个发言者的尊重，流露出一种情怀：我在倾听你的发言，在捕捉你呈现的资源和带给我的启发，在与你对话、交流和沟通。

在改革推进过程中，各学校制定发展规划是必备的功课。对于交上来的每一篇规划，叶澜都要反复斟酌、亲自修改，现场面对面地回馈讨论，随后又是一次次反馈退回，再一次次重建完善。这样的修改讨论，同样内含了对实践者的言说与文字的尊重和敬畏，无论它们看起来是多么幼稚和漏洞百出。

叶澜有着对实践中每一件细小之事的认真。她不喜空洞地抒情，而是扎根于那些细小的工作和细微的感受，有了丰富的细小和细微，她的言谈举止就获得了一种深沉扎实的教育力量。这种力量也浸润在叶澜的"新基础教育"团队之中，在她的团队里有退休教师，有博士，有教授，他们每周有固定的时间到教育改革的田野中去，从事最基本最日常也最艰难的转变教师、转变课堂同时也转变自我、提升自我的工作，有的团队成员近20年间听课评课已经超过了一万节。叶澜毫不掩饰对自己这个团队的自豪，称他们是一支特别能战斗特别能吃苦的队伍，特别能体现"新基础教育"的研究精神："知难而上，执着追求，滴水穿石，持之以恒，团队合作，共同创造，实践反思，自我更新"。

五、教育是一项需要耐心、从容和安静的事业，教育改革尤甚

与所有的改革者一样，叶澜也有自己的苦痛和无奈。她曾经在一次年度总结会上哽咽失语，流泪不止。"新基础教育"致力于改变人本身，只有我们这些长年处在教育改革现场中的人，才更能理解，在这个世界上，还有什么比改变人更为艰难更为持久的事业？人的改变之难，难在不仅要改变他的价值观，还要把他的新价值观转化为新的思维习惯和行为习惯。

持续多年的教育改革走到今天，最常见的问题已经变成了教师拥有了新理念之后，怎么把它变成具体的教学行为，形成新的教学习惯。教育改革成功的标准，不是推出了一套新理念、新课程、新方法，而是这些对教师而言的外来之物，是否转化为教师日常教学生活的一部分。把新理念转化为新活法，这是叶澜和她的团队在20年中在做的改革之事，他们共同谱写的教育之诗，既不是单纯的教育理论之诗，也不是纯粹的实践之诗，而是教育思想与实践双向互动之诗，是在两者共振中互动转化的交响乐。

叶澜的苦恼还来自于经常不由自主地陷于教育逻辑与行政逻辑、市场逻辑的矛盾纠结的困境之中，也时常遭到旁观者或明或暗的非议和嘲笑，她的无奈，她的孤独和悲凉，都与此有关。但她从未失去过信心，她早已明白教育是一项需要耐心、从容和安静的事业，教育改革尤其如此。在北京的那次聊天中，她已经意识到"新基础教育"注定是一个极具挑战性的持久事业，在追寻理想的路途中，必定横亘着许多疑问、嘲讽甚至人为的阻碍。她向我描述了一个比喻：教育的理想与境界仿佛是一座高山，在攀登者最初登山的时候，遭遇许多困惑、嘲讽和质疑，声音嘈杂刺耳，且不去管它，只管往上攀登；在攀登的过程中，各种不和谐的声音可能会愈加嘈杂、密集和高亢，但攀登者只管往上走，集聚其全部的生命能量……愈往上走，那些声音就愈听不到了，当攀登者听不到它的时候，此时，他已经登到了山顶。

六、"生命·实践"重新定义教育学

对教育改革的信心和坚韧，与叶澜对作为教育学家的身份和使命的认同有关。在局外人心目中，"教育学"是很少人能懂，但无人不嘲弄的学科。叶澜没有这样的"学科自卑"，相反，她骄傲于自己的教育学家身份。在一次和温家宝同志主持的基础教育改革座谈会上，她在自我介绍中着重强调是"教育学"教授。叶澜不愿意被人称作"教育家"，但很在意能不能做好"教育学家"，生怕辱没了"教育学家"的称号。在批量生产"教育家"成为当今中国教育界的时尚之时，叶澜没有忘记以她一贯冷静的方式提醒，中国不能只有教育家，更需要教育学家，需要有杜威那样的教育学家，中国也不能只跟着杜威跑，中国要有自己的杜威。

教育学家的地位和尊严从何而来？它与教育学的特殊性有关。教育学关注的是生命的主动发展，以教育这一影响人本身的成长与发展为核心的实践活动为主要的研究对象。对教育学特殊性的认识需要置于理论与实践关系的背景之中。在教育学的视野中，二者理想的关系应是积极互动和相互构成的关系。这一点在当代中国教育学的转型式构建中具有特殊重要的意义。

教育学的原点是对"生命的体悟"，这是教育学研究的前提，但不应止于体悟。哲学家、文学家也在以他们的方式体悟生命。教育学家对待生命的态度，不会停留于书斋里的沉思、生命现象的感悟和文字上的把玩品味，既要思考什么是生命，什么样的生命是有价值的理想生命，还要考虑怎样让这样的生命一步步形成和发展起来。

教育学以打通生命和实践的关联为己任，它是唯一以促进生命的主动、健康成长为实践对象和目的的学科。所以，教育学不单是"生命"的学问或"实践"的学问，而是成为以"生命·实践"为"家园"与"基石"的学问。这是叶澜和她的团队正在创建的"生命·实践"教育学的基本宗旨。做教育学的学问，不能只是坐而论道，更要起而行道。"论"是为了更好地"行"，"行"会产生更好的"论"。叶澜的众多代表性著作，都是十几年行走于教育改革实践后的产物。

近几十年来，中国教育学界有过许多不为其他学科知晓的创造和发展，但依然存在简单移植和演绎照搬的惯习。在叶澜看来，所有的阅读与思考都有助于教育学研究，但还不是教育学研究。当下的中国教育学最需要改变的是"依附"心理，太需要有一批具有独立人格、矢志不渝，而且具有大爱心、大智慧和大境界的人。这样的人不能指望在书斋中产生，更多是在教育变革中经历的理论与实践的双向互动转化中生成，这是一条叶澜通过"新基础教育"改革创造的成事成人成学的新道路。它需要踏入其上者有对教育实践及其改革的"置身"和"介入"。以教育学为业的人，需要超越理论符号层面，把自身放入实践之中，把自己的情感和灵魂放在里面，置身于教育现场之中，置身于作为研究对象的教师和学生的生命成长过程之中，与他们的人生直接照面。

通过这样的"置身"，教育学才会显示出创造精神生命的"智慧"的力量。看教育学家是否充满了智慧，是否真正成熟，要看他是否从"言之有物"到"言之有人"，是否让我们真切地以"置身"的方式感受到教育的脉动，感受到人生问题和生命问题。如果没有这种"与人生即会"与"与生命即会"，没有置身其中的实践精神，就难有真正的教育学，教育学也难以实现其独特的价值，获得打动人心的力量。教育学，就是生命之思、实践之学。教育学的伟力不只是在思考中描述、叙说和解释已成教育之事与人，更是以实践的方式创造未成、可成和将成的教育之事与人。

从第一次见到叶澜先生到今天，已经二十年有余，而她的教育生涯也已悄然迈过五十年，这段漫长的岁月，她"一枝一叶总关教育改革情，一波一澜心系生命实践路"。在一次获奖演说中，叶澜展现了与教育和教育学相伴相随 50 年的生命实践的情怀："在我的教育学研究生涯中，最能打动我的两个字是'生命'，最让我感到力量的词是'实践'。教育学是研究造就人生命自觉的教育实践的学问，是一门充满希望、为了希望、创生希望的学问。我愿为研究如何让人间每一朵生命之花绽放出自己独特灿烂的学问而努力终生，并与所有的同行者共享生命成长的尊严与欢乐，共享教育学研究特有的丰富与魅力。"

当我初次看到这段演讲时，瞬间体悟到：叶澜以自己的方式回应了费孝通多年以前的感慨和忧虑，她已经看得懂、跟得上和对得起自身经历的这个伟大的时代。

选自《人民教育》2015 年第 4 期

专题十七

中国教育简史

第一章　原始社会和夏、商、西周时期的教育

第一节　中国教育的起源与古代学校的萌芽

一、原始社会的教育活动

中国是一个历史悠久的国家。大约 200 万年前，远古的人类就开始生活、劳动、繁衍在中国的土地上，由此拉开了中国教育历史的序幕。中国的原始社会一般可以划分为原始人群、母系氏族公社和父系氏族公社三大历史阶段。

古猿进化到猿人后，由于生存条件极其恶劣，他们通常十几人到几十人不等结成原始人群，共同战胜自然灾害和对抗猛兽，共同采集和狩猎。正是这种基于生存需要的集体生活与互相协作使教育成为原始人种群延续的一种重要手段。年长的一代将积累的生活和生产劳动的经验传授给下一代。他们教给后代许多生活与生产的技能，如制造和使用简单的劳动工具、互相团结进行集体的采集和狩猎的生产活动、寻找和保存天然的火种、维系群体部落的团结和安全、遵守群体内部的道德规范和风俗以至习惯等。原始人在生活与生产实践中通过口耳相传的方式培养后代，原始形态的教育由此产生。

母系氏族公社处于原始社会的发展阶段，具有比较典型的形态，以西安半坡遗址为代表。这一时期劳动经验已较为丰富，使用的劳动工具已有显著的改进，在长期保存和传递火种的基础上发明了人工取火；在制造石器的基础上又发明了制造骨器的技术，会用兽皮缝制衣服；已经大量制造不同造型与花纹的

陶器。这些都需要较精细的技术。这些更加丰富、多样、精细的经验不仅需要推广，更需要传授给下一代。这一时期的教育活动有了进一步的发展，内容更为丰富、复杂，形式也更加多样、生动。

父系氏族公社阶段的生活和生产有了新的发展，以龙山文化和齐家文化为代表。农业、畜牧业和手工业有了新的发展，社会分工进一步扩大。手工业分离出来后，石器、陶器更加精致，铜器制作开始萌芽，还发明了纺织技术。生产劳动经验与技能仍然是教育的重要内容。在社会生活方面，人们定居生活，婚姻严格，道德规范和风俗习惯进一步形成。歌谣、谚语、故事、神话、游戏、舞蹈、雕刻等文艺活动形式也产生了。这些原始民俗活动不仅成了教育内容，也成了教育的重要形式。人们更加崇拜祖先、崇拜自然，迷信鬼神世界，占卜等活动广泛流行，出现了脱离生产、专门从事原始宗教活动的巫师。原始社会的教育与原始宗教活动是紧密联系在一起的。这一时期的教育活动目标也更加明确，就是要把下一代培养成为合格的氏族公社成员：他们要能根据社会分工从事一定的生产劳动，要严格遵守氏族内部的道德规范和风俗习惯，要积极参加氏族内部的各种活动，并且要积极参加保卫氏族的对外军事活动。因此，军事教育业也是氏族公社时期重要的教育内容。

二、古代学校萌芽的传说

学校的产生不同于教育的起源。教育是在人类的劳动过程中产生的，是伴随着人类社会同时出现的一种社会现象；学校则是人类社会政治、经济、文化发展到一定阶段的产物，是在原始教育基础上出现的一种专门教育机构。就一般规律而言，学校的产生需要具备一定的历史条件：社会生产力有较大的发展，能为社会提供相当数量的剩余产品，这样才有可能使一部分人脱离生产劳动从事教育与学习活动；文字的出现使得人类的生产生活经验转化为可以便捷传递的间接经验；生产科学文化知识更加丰富，需要有专门的人员负责整理和传递。以上种种使得建立有组织、有计划的专门教育机构不仅有必要而且有可能，学校由此产生。

古籍记载的大量关于学校萌芽的传说，一般认为学校大概产生于原始社会末期或奴隶社会初期。

（一）成均

《周礼》和《礼记》中最早提到"成均"与"成均之法"，汉代学者郑玄在注释中说，成均是五帝时学校的名称，引自董仲舒的《春秋繁露》。宋代王应麟《玉海》也称："《春秋繁露》云：'成均，均为五帝之学。'"关于董氏之说尚待考证，但普遍认为成均以"乐教""声教"为主。在氏族公社时期，凡宗教仪式和公众集会，必有音乐，音乐渗透于社会生活的各个方面。部落显贵重视音乐修养，他们的子弟均受乐教。乐师主管音乐事务，日常演奏歌唱的场所亦为实施乐教之地，这个场所称为成均。成均不是劳动场所，所进行的教育也不同于在生产和生活过程中进行的原始教育，是在生产过程之外进行已经具有了明显的专门化倾向的活动，可被认为是古代学校的萌芽。

（二）庠

庠为有虞氏之学，古籍所记载的虞庠之学就是原始社会末期的学校的名称。庠"从广，羊声"，意为吃羊肉的人所居住的地方。在原始社会里，一般只有氏族长老才有资格享用肉食，因此庠本来是氏族敬老、养老兼藏米的地方。因氏族社会末期已经产生了最初的等级，老人也有国老和庶老之别，因此敬老、养老的场所也有"上庠"和"下庠"的区别。而原始社会里教育新生一代的任务通常由经验丰富且无须外出劳动的老人来承担，因此与老人有关的庠就逐渐演化为学校，且显现出等级性，敬老和孝也成为庠学重要的教育内容。

第二节　夏、商、西周时期的教育

一、夏朝的教育

夏朝是我国历史上第一个奴隶制国家。夏朝已经进入了有文字记载的文明时代，在文明积累的基础上创立了我国最早的学校。夏朝的学校是我国奴隶制学校教育的雏形。夏朝的学校教育在古籍上也有记载。《礼记·明堂位》记载"序，夏后氏之序也"，称序是夏朝统治者创立的学校；《孟子·滕文公上》曰"夏曰校，殷曰序，周曰庠，学则三代共之"等等。根据各种古籍记载互相印证补充，可以认为序、校是夏朝的学校。

《孟子·滕文公上》曰："序者射也。"夏朝统治者特别注重习射，以培养武士。这是由当时的历史条件所决定的。夏朝是我国第一个奴隶制王朝，当时还存在着正在向国家转化的氏族部落。夏朝统治者为了保卫自己的统治，对外征战掠夺、对内镇压反抗，因此重戎、尚武是夏朝教育的主要特点。

校也是夏朝学校的名称，《孟子·滕文公上》曰："校者教也。"夏校设于乡里，《史记·儒林列传》中谈及三代为学之道曰"乡里有教，夏曰校"，朱熹在《四书集注》中也指出庠、序、校皆为乡学。夏校以教化为主要任务，教育内容以人伦纲常为主。

夏朝学校的教育目的主要是把统治阶级及其后代培养成为骁勇善战的武士。其教育内容除了生产劳动教育外，还有以习射为重点的军事训练、人伦道德教育、宗教教育。

二、商朝的教育

商朝的学校除了"庠""序"等名称外，又出现了"瞽宗"。商朝的"庠"

以养老为号召，教化的意义更加突出。"序"发展到商朝，不仅强调军事训练，而且强调品德修养。《射义》记载："故射者，进退周还必中礼……此可观德行矣。"即通过习射达到"明君臣之礼""明长幼之序"的目的。"瞽宗"是商朝出现的又一教育机构。《礼记·明堂位》记载："瞽宗，殷学也。"商朝的宗教地位尤其显赫，占卜在国家生活中有举足轻重的作用，尊神是商朝思想的主要特点。敬神少不了礼乐，"瞽宗"既是祭祀的地方，又是贵族子弟学习礼乐的地方，即所谓"以乐造士"。因此，除了生产劳动教育、军事教育更加活跃外，传授礼乐、占卜之术以及其他宗教知识也是商朝教育的主要特点。另外，商朝的学校已经按照年龄与尊卑进行了大、小学教育阶段的划分。《礼记·王制》曰："殷人养国老于右学，养庶老于左学。"《礼记·明堂位》曰："殷人设右学为大学，左学为小学，而作乐于瞽宗。"

商朝的学校教育较完备，已经出现了学制的萌芽，西周的教育正是在商朝教育的基础上逐渐形成了一定系统的学校制度。

三、西周的教育

西周是我国奴隶制的全盛时期。统治阶级奴隶主在经济上实行井田制以推动生产水平的提高和生产规模的扩大；在政治上实行分封制，并形成严格的尊卑等级；在意识形态上逐渐重人事，以礼为其集中表现。周礼是奴隶主阶级意志和利益的反映，对教育影响非常深刻，形成了以"尊礼"为特点的教育，实行"诗书礼乐以造士"（《礼记·王制》）。西周奴隶主阶级出于统治的需要对教育高度重视并高度垄断，形成"学在官府""官守学业"的局面，政教一体、官师合一，以"明人伦"为教育宗旨，培养统治阶级的治术人才。

（一）西周的学校教育体系

西周的教育在上述经济、政治、文化基础上发展并建成了奴隶制学校教育较完备的体制。其概貌可勾勒为"国学"与"乡学"两种，"国学"又分为"大学"与"小学"两级，"乡学"有庠、序、校、塾。西周各教育机构与行政机构不分开，国学中各施教场所同时也是祭祀、献俘、行典礼的地方；诸侯设立的泮宫同样也是饮酒、献俘之所；庠、序等既是乡学所在，同时也是举行飨饮酒礼、飨射礼和养老尊贤以及议政的地方。"学在官府"是西周教育的重要特点。

1. 国学

国学专为统治阶级的上层贵族子弟而设，按学生的年龄和程度又分为大学和小学，小学设在宫廷附近，大学设在近郊，天子大学与诸侯大学名称各异。《礼记·王制》记载："天子命之教，然后为学。小学在公宫南之左，大学在郊，天子曰辟雍，诸侯曰泮宫。"

周天子的大学，规模较大，分为五学。辟雍居中，环水而建，又称太学，为承师问道、天子自学、举行盛典之所。辟雍四周又分设四学：南学"成均"为学乐之所，北学"上庠"为学书之所，东学"东序"为干戈之所，西学"瞽宗"为演礼之所。五学之中，以辟雍最为尊贵，所以西周天子大学又统称为辟雍。如《大戴礼记·保傅》记载："帝入东学，上亲而贵仁；入西学，上贤而贵德；入南学，上齿而贵信；入北学，上贵而尊爵；入太学，承师而问道。"

诸侯所设的大学，规模比较简单，仅有一学，因半面临水，故称为"泮宫"。这种差别，是西周等级制在教育上的反映。西周的大学只有少数符合资格的人才能享受入学教育。《礼记·王制》记载："王大子、王子、群后之大子，卿大夫元士之嫡子、国之俊选，皆造焉。"可知，能入大学的人，一类是贵族子弟，一类是平民中经过一定程序推荐选拔的优秀分子。

西周国学中还设有小学，分两种：一种是设在宫廷附近的贵胄小学，《礼记·王制》记载"小学在公宫南之左"，进入贵胄小学读书的主要是王太子、公卿太子、大夫元士的嫡子。很显然，设在宫廷附近是为其上学方便。另一种是设在郊区的贵族小学，进入其中学习的是一般的贵族子弟。

2. 乡学

西周除了国学还有乡学。乡学是地方学校，按地方行政区划设立。依据地方区域大小不等而设有家塾、党庠、州序、乡校等不同名称、不同级别的地方学校，如《礼记·学记》记载："古之教者，家有塾，党有庠，术有序，国有学。"《周礼》记载："乡有庠，州有序，党有校，闾有塾。"乡学是为一般奴隶主和部分庶民子弟设立的，规模比较简单，只有小学。奴隶主子弟在塾中学习优异者可以升入乡的庠、序，庠、序中的优异者可以升入国学中的大学。

根据以上情况，西周的学校设置如图所示。

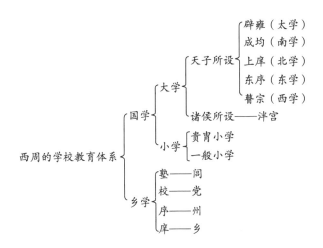

（二）官师不分

所谓官师不分，是指为师者必为官或是退仕，即教师还未成为单独的社会职业，皆由政府职官来兼任。这种教育制度是从原始社会长老制度演变而来的，是"学在官府"的主要表现形式。

宫廷教育中的官师不分首先表现为自商代以来，重臣辅臣都兼有教诲的职责。到了西周，国家的重臣太师、太保、太傅，同时也是帝王之师，他们多由王族的长老或者帝王的岳父担任，这是氏族社会长老制的明显遗制。如《大戴礼记·保傅》记载："昔者，周成王幼。在襁褓之中，召公为太保，周公为太傅，太公为太师。保，保其身体；傅，傅其德义；师，导之教顺，此三公之职也。于是为置三少，皆上大夫也，曰少保、少傅、少师，是与太子宴者也。"

西周国学和乡学的情况基本相同，也是官师一体。国学由大司乐主持，《周礼·春官·宗伯》记载："大司乐掌成均之法，以治建国之学政。"他同时又是国家的礼官，负责宗教祭祀与国家典礼事宜。大司乐下又设有乐师、师氏、保氏、大胥、小胥等人分别负责教育工作。"师氏"指的是高级军官。"师"最初是军官的称号，"大师"是比"师氏"更高级的军官。西周时担任国王警卫队长的师氏、保氏，除了负责警卫、随从、军旅等大事之外，还兼管贵族子弟的教育工作，为统治阶级培养骨干。因此，军事训练就成了教学内容的重要方面，教官也就由师氏来兼任了，久而久之，"师"就转为对教育者的称呼。所以，"教师"的名称实起源于军官，后来担任教育工作的职官也都可以称"师"。各级乡学由民政长官之首大司徒负责，《周礼·地官·司徒》记载："大司徒之职，掌建邦之土地之图，与其人民之数，以佐王安扰邦国……而施十有二教焉。"大司徒负责地方民政事务，兼管地方的教育事务。其下分别设有小司徒、乡师、乡大夫、州长、党正、父师、少师等行政长官监管教育职责。

（三）西周的教育内容

西周国学的教育内容以"明人伦"为核心，包括德、行、艺、仪四个方面，以礼、乐、射、御、书、数六艺为基本内容。其中，礼、乐、射、御是大学的主要教学内容，称为"大艺"；书、数是小学的主要教学内容，称为"小艺"。

"礼"和"乐"等同于政治伦理道德教育。奴隶主贵族的礼和乐是密切配合的，凡是行礼的地方都需要有乐。礼乐贯串整个社会生活，体现着严格的等级秩序，对下一代进行思想政治、道德品行的培养有重大作用。《礼记·文王世子》记载："凡三王教世子，必以礼乐。乐所以修内也，礼所以修外也。礼乐交错于中，发形于外，是故其成也怿，恭敬而温文。"礼乐教育是六艺教育的核心。

"礼"的内容包括了等级世袭制度、伦理道德规范和礼仪。"礼"关系到国家的命运与前途，贵族子弟只有学"礼"才能合乎规范、显示尊严，以便任官和治民。如《左传·隐公十一年》记载："礼，经国家，定社稷，序民人，利后嗣。"大学中所教之"礼"，则为贵族生活中所必需的"五礼"：吉礼、凶礼、宾礼、军礼、嘉礼。《周礼·春官·大宗伯》记载："以吉礼事邦国之鬼神示""以凶礼哀邦国之忧""以宾礼亲邦国""以军礼同邦国""以嘉礼亲万民"。"五礼"共三十六目，皆邦国之重大典礼，贵族子弟要从政必须习知。对行礼时的仪容亦有严格的要求，国学由保氏负责教"六仪"，即祭祀之容、宾客之容、朝廷之容、丧纪之容、军旅之容、车马之容。习礼仪不是单纯讲礼典，而是要实学实习，反复演练。

"乐"的内容包括诗歌、音乐、舞蹈。《诗经·郑风·子衿》郑玄注："古者教以诗乐，诵之，歌之，弦之，舞之。"西周大学由大司乐管理教务，重在主持乐教，"教国子以乐德、乐语、乐舞"。所谓乐德，即：中（言出自心，皆有忠实）、和（不刚不柔，宽猛相济）、祇（以神示则敬）、庸（接事以礼而有常）、孝（善于父母）、友（善于兄弟）。乐语包括兴、道、讽、诵、言、语。乐舞包括云门、大卷、大咸、大磬、大夏、大镬、大武七种乐舞，此外还有小舞。

"射"和"御"是进行军事教育的课程。"射"指射箭的技术，"御"指驾车的技术。"射"在国学、乡学中都是重要的教育内容，都有一定的教练场所。西周贵族子弟到了一定的年龄都要接受射箭的正规训练，不会射箭的人不能称男子之职。射箭的训练十分严格。国学、乡学每年大祭之前都要举行射箭比赛，并饰以礼乐，仪式隆重。贵族子弟达到一定的年龄也要进行驾车技术的训练，并以能御、未能御区别长幼。《礼记·曲礼》记载："问大夫之子，长，曰能御矣；幼，曰未能御也。""御"也有严格的训练标准。

"书"和"数"是教授文化知识的课程。"书"指的是文字，"数"指的是算法。西周小学教育从识字、书写开始。《礼记·内则》曰："九年教之数日""十年学书计"。"数日"即背诵由天干、地支组成的六十甲子；"学书"即书写六十甲子，认识与书写东、南、西、北方之名。这是文字教学的起步。数学知识到西周已经有很丰富的积累。西周时六岁儿童开始学数数，从一至十；九岁儿童学"数日"，学习记日法；十岁儿童学习"书计"，首先要学习十进制的文字计数法。

"六艺"的教育内容经历了夏、商至周三代发生、发展、完备的过程，是西周教育的内容和标志，以培养治术人才为其目的。"六艺"虽是我国奴隶社会的产物，但其文武并重、诸育兼备的教学方式特点对我们今天的教育仍然具有积极的借鉴意义。

第二章　春秋战国时期的教育

第一节　官学衰废与私学兴起

一、官学衰废

春秋战国之前，奴隶主阶级垄断物质与精神文化，学术和教育亦被官府把持，史称"学术官守"，人民没有享受教育的权利。随着春秋时期生产力变革与阶级矛盾的激化，奴隶制下的官学便无法继续下去了。随着经济、政治的逐渐没落，奴隶制官学逐渐崩溃以至荡然无存。据《左传·昭公十七年》记载，当时已是"天子失官，学在四夷"。

造成这种情形的原因归结起来有以下几点：其一，世袭制导致奴隶主阶级轻视教育。因贵族子弟生来便是统治阶层，教育与权位没有联系，他们养尊处优，逐渐丧失了进取精神，对学习不感兴趣。其二，由于社会动乱，王室、诸侯都忙于战争，无暇顾及文化教育事业，即所谓"乱世则学校不修"。其三，周平王东迁后，王权衰落，礼崩乐坏，旧制度逐渐名存实亡，天子的辟雍、诸侯的泮宫、地方的乡校逐渐消失踪迹。《左传·昭公十八年》记载，周大夫认为："可以无学，无学不害"，"不害而不学，则苟而可"。可见，奴隶主贵族阶级在政治逐渐败落的情况下也认为无法用礼乐教化来维护他们的尊严与统治，他们自己也认为不学习也没有什么坏处，学习可有可无。

二、私学兴起

官学的衰废说明其已不适应当时社会发展与阶级斗争的要求了，产生新的教育形式是必然的。据古籍记载，春秋战国时期，我国私人讲学盛行，私学作为一种新出现的办学形式遍布各地。私学始于春秋、盛于战国，但现有历史材料并没有关于究竟是谁在何时首创了私学的记载。目前一般认为，私学的首创者是以孔子为代表的一批教育家。孔子的私学在当时是办得最正规、贡献最大且对后人影响最大的。

私学的出现，除了政治、经济等多方面社会原因外，学术下移与士阶层的出现是最重要的原因。周王室衰微后，"学术官守"的格局逐步被打破，学术开始下移至庶人。专属于官府私藏的典籍逐渐流向民间，更多的人可以看到和读到书了，且私人藏书大增。一些没落的奴隶主贵族流落民间，以自己所掌握的知识来换取生活所需，这也为私学兴起提供了条件。

"士"即脑力劳动者，是用自己的精神产品换取生活资料的人。士阶层的来源多样化：起初由统治阶级内部分裂出来，后由于各诸侯国为了网罗人才而养士成风，庶人之中有才能的人也加入士阶层。士阶层是当时一支重要的力量，他们代表不同的利益，宣扬不同的政治主张，形成了不同的学术派别，各学派都聚徒讲学，学生多至数千人，少则数十、数百人。

私学到战国后期更加繁盛。战国时各诸侯国都在寻求统一中国的良方，各国与各阶层之间矛盾复杂尖锐，各种思想应运而生。各国统治者认识到"得士者昌，失士者亡"的规律，对士非常重视和宽容，允许学术自由。各家各派纷纷著书立说和奔走游说，思想空前活跃。各家观点林立，相互之间进行激烈的斗争，针锋相对的辩论时有发生，历史上有儒墨之争、儒法之争、儒道之争等；即便同一家，内部也存在着不同的派别争论。各家都出于救时之弊，对政治、经济、教育等提出自己的主张，由此形成了"诸子百家"与"百家争鸣"的局面。

各学派主张虽代表不同利益和阶层，但在激烈的论辩中也有着相互吸收和渗透，进一步促进了学术的发展与繁荣。诸子百家都很重视教育问题，各学派

的代表人物几乎都是著名的教育家。百家争鸣促进了教育理论与实践经验的丰
富。

稷下学宫是当时的文化和教育中心，可以说是百家争鸣的中心场所。稷下
学宫是建于齐国都城临淄（今山东省淄博市）稷门的著名学府。虽然是官办机
构，但它实际上是由许多私学组成的，集讲学、著述、育才于一体，兼有议政
的作用，更像一个私学联合体，是当时齐国政府的"智囊团"和"思想库"。
稷下学宫采取的是学术自由、兼容并包、择善从之的政策。齐王鼓励各学派
"不治而议论"，对时政可以批评抨击和发表自己的主张，以资参考。但他并不
偏袒哪一学派，各派都通过发展自己的学术以获得公认，学术由此活跃繁荣。
齐王给予稷下学宫的学者们优厚的待遇，教师的地位非常高，稷下学宫成为当
时人才云集的地方。后来人数增多，齐王便按照学术水平给予人才不同等级的
俸禄。稷下学宫游学自由，学无常师。各地名士可自由来讲学，也可随时离
开。学生听讲学也不限于一个先生，可以自由听其他学派的讲学，打破了学术
流派的局限。在管理上，稷下学宫制定了第一个学生守则《弟子职》，对学生尊
师、修业、起居、仪表等都有严格的规定，如"先生施教，弟子是则"，"出入
恭敬，如见宾客"，"相切相磋，各长其仪"。

三、私学产生的意义

春秋战国时期的私学是我国教育史上的一个创举，对我国教育的发展有重
要的贡献和意义。

第一，打破了"学术官守"的局面。学校从官府中解放出来，教育过程与
政治活动分离。教师不再专门由官吏来担任，只要是有才能的人就可以充任教
师之职，可以随处讲学，具有一定的独立性。

第二，扩大了教育对象。从"礼不下庶人"到"礼下庶人"，教育对象从少
数贵族扩大到了各行各业的普通民众，有条件、有愿望的人都可以自由聆听学
者讲学，没有年龄、地域、身份等各种差别的障碍。

第三，丰富了教育内容。私学的兴盛促成了百家争鸣的学术繁荣局面，各
学派为了扩大自己的影响力，一方面著书立说发展自己的学术理论，另一方面

游学讲学，广招门徒，宣传自己的学派思想和政治主张。

第四，促进了教育理论与实践的发展。私学的发展促成了大批教育家的产生，形成了具有重要影响的教育思潮，在世界教育史上都具有很高的地位。如《论语》《墨子》《孟子》《荀子》《管子》《吕氏春秋》等著作包含了深刻而丰富的教育思想和经验，而且还出现了《大学》《中庸》《弟子职》《学记》等许多教育专著。《学记》是我国第一部自成体系的完整的教育专著。

第二节　儒家的教育思想

一、孔子的教育思想

孔子，名丘，字仲尼，春秋时期鲁国人，生于公元前 551 年，卒于公元前 479 年，中国古代伟大的思想家、教育家，儒家学派的创始人。《论语》是孔子的弟子记录的孔子及其弟子的言行录，是研究孔子教育思想的主要依据。

（一）关于教育的作用

1. 教育对社会发展的作用

孔子的基本政治主张是"为政以德"，他认为不一定直接去做官才算参与政治活动，通过教育工作也可以把政治思想、伦理道德传播到民众之中，这样就会对政治产生重大影响，因此教育工作本身就是一种政治。《论语·为政》记载："孝乎惟孝，友于兄弟，施于有政"，就是说，通过文化教育工作传播孝顺父母、友爱兄弟的风气，这样就会影响政治。

孔子还提出了"庶富教"的治国思想。《论语·子路》记载："子曰：'庶矣哉！'冉有曰：'既庶矣，又何加焉？'曰：'富之。'曰：'既富矣，又何加焉？'曰：'教之。'"孔子认为，要治理好一个国家，首先要有众多的人口，其次要努力发展经济使之富裕，最后还要加强教育，提高文化水平。只有教育搞好了，一个国家才能算治理好了。

孔子认为，通过教育工作使民众有坚定的信念和信心是立国的根本。他把"足食、足兵、民信"作为立国的基本要素，认为在不得已时，食、兵可去，民信不可失。

孔子认为应当通过德治和礼教来治理国家，教育比政令、刑律更加重要和有效。《论语·为政》中说道："道之以政，齐之以刑，民免而无耻；道之以德，齐之以礼，有耻且格。"刑罚虽然可以使百姓不敢做坏事，但并非出自百姓自觉，应当进行道德教育使之耻于做坏事。孔子强调教育的作用和地位具有历史进步性。

2. 教育对个人发展的作用

孔子认为教育在人的成长中起着决定性的作用。《论语·阳货》中说："性相近也，习相远也。"他认为人的本性基本都差不多，由于教育和学习，人和人之间的差别越来越大。可见孔子主张生而平等的人性论，同时也意识到了个体之间的差异，注意到了环境、教育的重要作用。孔子认为：无论何人，只要肯努力求学，就一定能获得成功。《中庸》记载孔子的话说："人一能之，己百之；人十能之，己千之。果能此道矣，虽愚必明，虽柔必强。"

但他并未完全摆脱天命迷信的束缚，他把人分为三类："生而知之"的圣人，"学而知之"和"困而学之"的中人，"困而不学"的下民。《论语·季氏》中说："生而知之者，上也；学而知之者，次也；困而学之，又其次也；困而不学，民斯为下矣。"他还武断地说"唯上智与下愚不移"（《论语·阳货》）。但孔子否认自己是生而知之者，"我非生而知之者，好古，敏以求之者也"（《论语·季氏》），可见他思想与实践的矛盾性。在孔子的教育实践中，特别强调对中人的教育作用。

（二）关于教育目的的论述

孔子从"为政在人"的政治立场出发，认为教育的目的是培养弘道的君子和士，他教育学生"人能弘道，非道弘人"（《论语·卫灵公》）。"朝闻道，夕死可矣"（《论语·里仁》）是孔子的追求，他认为行道要通过办学收徒来扩大道的影响，或者从政做官，以道安邦。子夏所说的"仕而优则学，学而优则仕"

（《论语·子张》）概括了孔子教育目的的主张：把官职与学习紧密联系起来，有官职的人应当是受过教育并不断学习的人，受过教育的人应当得到一定的官职。可见孔子认为教育的终极目的是要培养治国安民的贤能之士。其进步意义在于"举贤才"作为世袭制的对立面被继承下来，对后来的学校教育和唐宋后的科举制产生了深刻的影响。其消极作用是把做官当作求学的唯一目标，把学习当作获取高官厚禄的手段，形成了"万般皆下品，唯有读书高"的思想传统。

（三）关于教育对象和教育内容的主张

孔子所办的私学在教育对象上坚持"有教无类"的办学方针。他认为，无论贵族或平民、华夏或蛮夷，都可以入学。这不仅打破了"礼不下庶人"的等级制度，而且把教育普及到了蛮夷之地。

在教育内容上，孔子继承并发展了西周"六艺"教育的传统。《论语·述而》记载："子以四教：文、行、忠、信。""文"指西周以来的《诗》《书》《礼》《乐》等典籍，"行、忠、信"都是道德教育的要求。他主张："弟子入则孝，出则悌，谨而信。泛爱众，而亲仁。行有余力，则以学文。"可见，孔子的教育内容以德育为重，品行首先要符合道德标准，其次才学习文化知识，学习文化知识是为道德教育服务的。

孔子在教学中精心编撰"六经"作为教材，后被奉为儒家经典。《诗》《书》《礼》《乐》是其主要教材。《论语·泰伯》记载："兴于《诗》，立于《礼》，成于《乐》。"孔子很重视《诗》（即《诗经》）的教育作用，说："不学诗，无以言"（《论语·季氏》）。他认为学《诗》可以学会比喻联想，学会观察风俗习惯，可以让人合群，可以培养针砭时政的才能。可以培养事父、事君的品行，还可以掌握一些自然常识。

总的来说，孔子的教育教学内容具有以下一些特点：第一，重人事，轻宗教。《论语·子路》中记载，子路问事鬼神，孔子曰："未能事人，焉能事鬼？"问死，曰："未知生，焉知死？"由此形成了我国教育重人伦、轻宗教的传统，这在世界教育史上是罕见的。第二，轻视生产劳动。樊迟问农，孔子拒绝回答，还骂他"小人"。第三，重文轻武。

（四）教学思想

孔子在教学活动中积累了丰富的经验，他创造性提出的一系列教学原则和方法不仅对后世儒家学者和学校教育影响极大，而且至今仍具有借鉴意义。

1. 因材施教

孔子是第一个因材施教的实践者，主张针对学生的不同特点进行教育和教学，并认为实行因材施教的关键是对学生要有深刻、全面的了解。孔子十分注意观察、了解学生的特点，回答学生的问题往往难易、繁简各不同。如子路和冉有都问他听到以后是否就要去实践，孔子的回答却截然相反，因为二人个性不同。

2. 学思并重

孔子认为学和思二者都很重要，并精辟地阐述了学与思的辩证关系，主张学思结合、学思并重。孔子说"学而不思则罔，思而不学则殆"（《论语·为政》），意思是：只学习不思考就会困惑不明，只思考不学习就会空乏而不实。孔子常常强调学习的重要性，反对思而不学，说："吾尝终日不食，终夜不寝，以思，无益，不如学也"（《论语·卫灵公》）；同时又强调思考的重要性，说："饱食终日，无所用心，难矣哉"（《论语·阳货》）。

3. 启发教学

为调动学生学习的能动性与发挥教师的主导作用，孔子运用启发诱导的方法协调这一对矛盾，是启发式教学的首创者。孔子曰："不愤不启，不悱不发，举一隅不以三隅反，则不复也"（《论语·述而》），精辟地阐述了启发式教学原则。按照后世的注解就是：只有当学生处于积极思维的状态，教师才适当地引导其思维方向；如果学生尚未处于积极思维状态，就不要勉强施教，以免生成依赖性而阻碍发展。

（五）道德教育思想

孔子的教育目的是培养实施仁政的君子。高尚的道德品质修养是成为君子的必要条件，所以在孔子的私学中，道德教育居首要地位。孔子道德教育的内容以"礼""仁"和"孝"为核心。道德教育要达到的目标是君臣、父子、兄弟、朋友之间要各有其礼、各遵其道。孔子在教育实践中提出了许多有价值的道德教育原则。

1. 立志乐道

孔子强调立志在道德修养中的重要作用，《论语·子罕》中说："三军可夺帅也，匹夫不可夺志也。"孔子认为人生应当有远大的理想和目标，要有艰苦磨炼的精神，不应沉溺于物质享受，即"君子谋道不谋食""君子忧道不忧贫"，他称赞颜渊："一箪食，一瓢饮，在陋巷，人不堪其忧，回也不改其乐。贤哉回也！"

2. 自省自克

孔子主张克己内省、自我节制的道德教育观。孔子强调道德教育要严于责己，以身作则，要"躬自厚而薄责于人"（《论语·卫灵公》）。他强调进行德育要自省，正如他的学生所说："吾日三省吾身"（《论语·学而》）；他还强调外察与自省相结合："见贤思齐焉，见不贤而内自省也"（《论语·里仁》）。

3. 身体力行

孔子认为道德修养必须体现在行动上，要多干实事、少说空话，主张"敏于事而慎于言"（《论语·学而》），"讷于言而敏于行"（《论语·里仁》），反对"言过其行"（《论语·宪问》），要说到做到，"言必信，行必果"（《论语·子路》）。在教育实践中，孔子主张"听其言而观其行"（《论语·公治长》）来判断一个人的道德修养水平。

4. 改过迁善

孔子认为完美的人是少见的，人非圣贤，难免犯错误，关键是对待错误的态度。有的人犯了错误却竭力掩饰，"小人之过也必文"（《论语·子张》），而有良好道德修养的人犯了错误后并不怕别人知道，而是下决心改正，不再重犯，从而获得人们的敬仰，即"君子之过也，如日月之食焉：过也，人皆见之；更也，人皆仰之"（《论语·子张》）。犯了错误不改正才是真正的错误，"过而不改，是谓过矣"（《论语·卫灵公》）。

（六）论教师修养与师生关系

1. 以身作则，言传身教。

2. 学而不厌，诲人不倦。

3. 热爱学生，教学相长。

二、孟子的教育思想

孟子（约公元前 372 年～公元前 289 年），名轲，战国中期鲁国邹人。《孟子》七篇是研究他的教育思想的主要依据。孟子热爱教育工作，把教育看作人生三大乐趣之一，"得天下英才而教育之，三乐也"（《孟子·尽心上》），这是中国教育史上第一次把"教育"二字连用。

（一）关于教育的目的与内容

孟子认为设立学校办教育的目的在于"明人伦"。他说："圣人，人伦之至也"（《孟子·离娄上》），"明人伦"是孟子道德教育所追求的理想人格。"人伦"即"人道"，"人伦"的具体内容是："父子有亲，君臣有义，夫妇有别，长幼有序，朋友有信"（《孟子·滕文公上》），后世称为"五伦"。"五伦"体现了中国古代社会的宗法关系。在"五伦"中，孟子尤其重视父子之孝与兄弟之悌这两种关系，由此决定了教育内容是以孝悌为主体的道德规范体系。

孟子之所以重视孝悌，又尤其重视孝，是因为他希望把国家的统一、政治理想的实现建立在血缘的宗法关系基础上，而孝道就是巩固宗法关系的强有力的纽带。他认为：如果以孝治国，"老吾老以及人之老，幼吾幼以及人之幼"，那么"天下可运于掌"，否则连家也难保；只要人人能够亲其亲、长其长，天下就会太平。

以孝悌为基础的仁、义、礼、智是孟子进行道德教育的主要内容。仁、义、礼、智四德在孔子的思想中已有萌芽，孟子将四者系统化了。孔孟虽然都强调仁德的养成，但孔子的仁是与礼相联系的，注重道德规范准则的把握；孟子将仁与义结合，更强调行为的养成。故曰："孔曰成仁，孟曰取义。"仁，事父母；义，从兄长；礼，孝悌表现在礼节上；智，明白以上的道理并坚持老老实实地去做。"四德"以仁、义为核心。孟子认为：仁是发自内心的思想情感，是内在的精神状态；义是仁的外化，是外在的道德行为；礼是行为的准则；智是辨别是非的智慧。它们都是仁义的形式与判别能力。仁、义、礼、智结合起来，构成了孟子的道德教育的基本内容。

（二）关于教育的原则与方法

孟子十分重视教育，他认为教师教育学生必须有明确的目标和恰当的原则。孟子在继承和发展孔子的道德教育思想的基础上提出了以下原则：

1. 尚志养气

孟子继承和发展了孔子立志的思想，认为修养道德首先应当志存高远。士的最高志向是"居仁由义"（《孟子·告子上》），士不仅应该立大志，而且应该有能为自己的志向牺牲自己生命的精神，他说："生亦我所欲也，义亦我所欲也；二者不可得兼，舍生而取义者也。"（《孟子·公孙丑上》）"尚志"要注意"养气"。意志专一了就会一鼓作气，志气专一了也会使意志更加坚定，所谓"志一则动气，气一则动志"（《孟子·公孙丑上》）。

2. 刻苦锻炼

这里指的是意志锻炼。孟子认为人的道德和才智主要是在逆境中得到磨砺和锻炼的。他说："天将降大任于斯人也，必先苦其心志，劳其筋骨，饿其体肤，空乏其身，行拂乱其所为，所以动心忍性，曾（增）益其所不能。"（《孟子·告子下》）他认为人的聪明才智得之于艰苦的磨炼，环境越是恶劣，对人造就的可能就越大，"生于忧患，死于安乐"（《孟子·告子下》）。

3. 反求诸己

孟子从"性善论"出发，继承与发展了孔子自觉、内省的道德修养方法，认为道德教育的重要原则是"反求诸己"。孟子说："爱人不亲，反其仁；治人不治，反其智；礼人不答，反其敬；行有不得，皆反求诸己。"（《孟子·离娄上》）当你的行动没有得到对方的回应时，就应当首先自问，从自己身上找原因，对自己提出更高的要求，然后对人做得更到位，同时，面对超过自己的人，不应有怨恨，应当同样反躬自问，从自身找原因，时时反省，严于律己。

4. 自求自得

孟子强调在教学中发挥学生的主动精神。他认为知识的学习并非从外而来，必须经过自己主动自觉地努力钻研，才能彻底领悟。既然万事万物的道理都在我心中，那么只有自求自得，才能深入心灵，心有所得，达到运用自如的地步。"自得之，则居之安；居之安，则资之深；资之深，则取之左右逢其原，故君子欲其自得之也。"（《孟子·离娄下》）

第三节　墨家的教育思想

一、墨子生平与墨家学派

墨家学派的创始人是墨子，他是继孔子之后伟大的思想家。墨子，名翟，曾为宋大夫，大约生活在战国初年。墨子出身微贱，常自称"鄙人""贱人"，精于工技，是一个小生产劳动者。从思想倾向看，他代表着"农与工肆之人"的利益。从思想渊源上说，墨子是学过儒的。现存《墨子》53 篇是研究墨子和墨家学派的主要资料。

二、墨家的教育教学思想

在教育作用与教育目的上，墨家和儒家一样都主张教育必须为社会政治服务。墨子认为，天下大乱的根源在于人们"不相爱，交争利"，因而造成了"饥者不得食，寒者不得衣，劳者不得息"（《墨子·尚贤下》）。要消除这些社会弊端，唯有推行"兼爱"，即"有力者疾以助人，有财者勉以分人，有道者劝以教人"（《墨子·尚贤下》）。如果能教天下人都彼此爱护，做到"爱人若爱其身"，天下就太平了。要实现这样的政治理想，教育的目的就是要培养能自觉爱护别人、"兴天下之利，除天下之害"（《墨子·兼爱中》）的"兼士"。

墨家学派的教育内容与儒家不同。墨家反对礼乐教育，重视科技教育，强调劳动的重要性，"教人耕者，其功多"（《墨子·鲁问》）。为了反对非正义的战争，墨家还重视武艺的学习。此外，墨家还注重辩论学、逻辑学。在墨家后学所著的《墨经》中，涉及了几何学、物理学、光学、数学等方面的知识。可见，墨家的教育内容大大突破了儒家"六经"的范围。

墨子重视教育，但更强调环境对人的发展的决定作用，提出了"染丝说"。他以染丝为喻，说明环境对人性形成的影响："染于苍则苍，染于黄则黄，所入者变，其色亦变，五入必（毕）而已，则为五色矣。故染不可不慎也。非独染丝然也，国亦有染……非独国有染也，士亦有染。"（《墨子·所染》）墨子认为人性不是先天的，不过是待染的素丝，如同下什么颜色的染缸就成什么颜色的丝一样，有什么样的环境与教育就能造就什么样的人。

墨家学派的教育教学方法也与儒家有极大的不同。墨子施教，一向坚持积极主动。他不同意儒家的"叩则鸣，不叩则不鸣"的教学态度，提出"虽不叩必鸣者也"。他认为："不强说人，人莫知之。"（《墨子·公孟》）即使学生不来请教，也应主动去教。墨子一生都在"上说下教"，从事各种社会活动，推行自己的主张。墨子批评儒家"述而不作"的保守态度，主张"述而且作"，对古人的文化遗产不仅要继承而且要创新，"古之善者则述之"。墨子在教育中特别强调行动实践，反对说空话不务实际，"口言之，身必行之"（《墨子·公孟》）。墨子还提出了量力性原则，要求施教必须根据学生不同的能力、基础等实际情况进行，"知者必量其力所能至而从事焉"（《墨子·公孟》）。

第四节　《礼记》的教育思想

在战国末期出现了一批集中论述教育问题的著作，这些论著形成了中国古代教育理论发展的一个高峰。《礼记》是儒家学派分化又融合后的产物，其中不少内容与教育有密切关系，还有专门论述教育的篇章，这里简要介绍《礼记》中的《大学》和《学记》两篇。

一、《大学》中的教育思想

《大学》是儒家学者论述"大学之道"的一篇文章，是儒家对于大学教育的目的、任务和步骤提出的一个完整而概括的政治、道德教育的纲领。《大学》提出了教育目的："大学之道，在明明德，在亲民，在止于至善"，即"三纲领"。大学教育的目的首先是"明明德"，使人们先天的善性得到恢复和发扬，以达到修己的目的，修己是为了治人。大学教育的第二个目的是"亲民"，即推行德治与仁政，然后达到"至善"的终极目的："为人君止于仁，为人臣止于敬，为人子止于孝，为人父止于慈，与国人交止于信。"这是对儒家伦理思想的概述，从此统治了中国两千多年的封建教育。

《大学》又提出了实现教育目的的八个步骤：格物、致知、诚意、正心、修身、齐家、治国、平天下，或称"八条目"。"八条目"彼此联系又逐步递进。"格物""致知"实际上就是学习、领悟儒家道德文艺的知识，并加以融会贯通。"诚意""正心""修身"是综合修养个人道德及协调与他人的关系。从"修身"引出"齐家"，齐家是一个施教过程，即通过个人的"修身"来协调家族内部的关系。"齐家"是治国的基础，"一家仁，一国兴仁；一家让，一国兴让"。如果家家户户都做到了孝、悌、慈，则"治国""平天下"的目标也就实现了。因此，"齐家""治国""平天下"是紧密相连、精神一贯的。可见，《大学》中这几个过程是相互联系、转换和发展的，以"修身"为最重要的中心环节，服从于封建伦理道德。

《大学》的基本思想是通过教育使被教育者服从于统治，宋代以后被收入"四书"，成为封建教育最重要的教材。

二、《学记》中的教育思想

《学记》是中国古代教育史上最早系统而全面地阐述教育教学思想的教育学专著，第一次对先秦时期的教育和教学从理论上进行了总结。《学记》全文仅1 200多字，内容涉及教育的作用与目的以及教育制度、教育内容、教学方法、师生关系。

（一）关于教育的作用与目的

《学记》认为教育的作用在于服务政治，目的是"建国君民，教学为先"，认为"君子如欲化民成俗，其必由学乎"，即统治者要想使百姓遵守秩序，必须进行教育，必须把教育放在优先地位。《学记》所主张的教育目的是培养具有"建国君民"能力的统治者和"安分守己"的顺民。可见，《学记》把教育当成了重要的政治手段。

（二）关于教育制度与管理

《学记》按行政建制提出了从中央到地方的学制系统："古之教者，家有塾，党有庠，术有序，国有学。"这种办学思想对后世兴办学校产生了很大的影响。在学校管理方面，《学记》提出了一个完整的教学进程和考查标准："比年入学，中年考校。一年视离经辨志，三年视敬业乐群，五年视博习亲师，七年视论学取友，谓之小成。九年知类通达，强立而不反，谓之大成。"它从知识和品德两方面规定了每个阶段的具体标准且逐步深化提高，体现了德智并重、循序渐进的特点。

（三）关于教育教学原则

《学记》在综合各家学派的基础上，总结了一套教育、教学原则和方法。

第一，教学相长。《学记》曰："学然后知不足，教然后知困。知不足，然后能自反也；知困，然后能自强也。故曰：教学相长也。"这段话说明了教师自身的学习与进行教学是相互依存、相互促进的，揭示了教与学之间的辩证关系："学"因"教"而日进，"教"因"学"而益深。

第二，尊师重道。《学记》明确提出了"师严而道尊"的思想。《学记》高度评价了教师的作用和地位："能为师，然后能为长；能为长，然后能为君。故师也者，所以学为君也。"教师对于君主要免行为臣之礼以示尊师："师严然后道尊，道尊然后民知敬学"，"当其为师，则弗臣也"。《学记》又对教师提出了严格的要求，既要有渊博的知识和崇高的道德修养，又要有丰富的教学方法、技巧，这样才能当教师。如："知至学之难易而知其美恶，然后能博喻，能博喻然后能为师"，"既知教之所由兴，又知教之所由废，然后可以为人师也"。

第三，藏息相辅。《学记》曰："大学之教也，时教必有正业，退息必有居学……故君子之于学也，藏焉修焉，息焉游焉。"就是说正课学习与课外练习必须兼顾，互为补充。课外练习既可以深化课内学习的内容，又可使学习张弛有度，这样学生可以感受到学习的乐趣和教师的亲切、同学的可爱，这一经验也是十分可贵的。

第四，豫、时、孙、摩。"豫"是预防性原则，及时采取预防性教育措施，把不良行为和习惯消灭在萌芽状态；"时"指及时施教原则，要求掌握学习的最佳时机，及时施教，以免"时过而后学，则勤苦而难成"；"孙"指循序渐进原则，教学要按从简到易、由浅入深的规律来进行，如果"杂施而不孙，则坏乱而不修"，其效果将适得其反；"摩"指学习观摩原则，学习中要相互观摩、取长补短，如果"独学而无友，则孤陋而寡闻"。

第五，启发诱导。《学记》指出："君子之教，喻也。道而弗牵，强而弗抑，开而弗达。道而弗牵则和，强而弗抑则易，开而弗达则思。和易以思，可谓善喻矣。"就是说，教学要积极引导，不能牵着走；要督促勉励，不要强迫压抑；要打开学生思路，不能硬塞知识。这样才能调动学生学习和思考的积极性和主动性。

第六，长善救失。《学记》提出："学者有四失，教者必知之。人之学也，或失则多，或失则寡，或失则易，或失则止。此四者，心之莫同也。知其心然后能救其失也。教也者，长善而救其失者也。"这指出了学生学习中存在的贪多、片面、自满自足、畏难不前的缺点。教师要因材施教，因势利导，利用积极因素，克服消极因素，将学生的缺点转化为优点。

此外，《学记》还提出了不少非常有价值的教学方法，如问答法、讲解法、练习法、类比法等。

第三章　秦汉魏晋南北朝时期的教育

第一节　秦朝的教育

公元前 221 年，秦灭六国，建立起我国历史上第一个统一的多民族的封建制国家。为了巩固统治，秦始皇采取了一系列的政治和经济措施以加强中央集权，同时还颁布了一系列有利于巩固统一的重大文教政策。因为秦朝存续时间太短，且政策极端，所以，教育难有作为。

一、"书同文""行同伦"

这是为巩固统一而推行的统一文字、规范社会习俗的重要措施，相对来说具有建设性。"书同文"的目的是消除战国时期"言语异声，文字异形"的现象，以小篆为标准文字形式，进行文字改革与统一，这为秦朝政策法令的顺利推行扫除了障碍，同时也为文化的传播和教育的推广创造了有利的条件。"行同伦"的目的在于"黔首改化，远迩同度"，即在于统一社会伦理规范和行为习惯，这对于促进中华民族共同价值观念的形成起到了积极的作用。

二、禁办私学、焚书坑儒

政治上统一后，秦始皇开始重视文化思想的统一与控制。他采纳了法家代表李斯的建议，颁布"挟书令"，禁止传播儒家思想及有关儒学书籍。当时明确规定，除博士馆的藏书以及医药、卜筮、种树之书外，民间所藏的诗书、百家经典一并焚毁，以消除聚谈诗书、非议朝廷的现象；禁止办私学，以杜绝社会上聚徒讲学、结党营私的现象。一些儒生对秦始皇"焚书"极其不满，议论朝政，被坑杀。焚书坑儒是历史性的文化教育灾难，对我国古代文化典籍造成了严重的破坏，不但没起到统一思想的作用，反而加剧了社会矛盾。

三、以吏为师、以法为教

秦始皇为了巩固统一的中央集权制度，在李斯的建议下，实行集法律、教师、官吏为一体的"吏师制度"，在郡县建立了"学室"，召"吏"的子弟入学为"弟子"，修习律令，实施"以法为教"。这种文教政策仅仅依靠官吏的作用来实现对人们的教化，以法律教育取代学术文化的发展，否定学校教育，是教育发展过程中的一种倒退。

第二节 汉朝的教育

汉朝是秦朝后的王朝，包括西汉和东汉。西汉初，统治者以"无为而治"的"黄老之术"为政治指导思想来恢复经济文化，百家之学得以再度兴起。公元前 140 年汉武帝即位后，为了加强中央集权、统一思想意识，听从董仲舒的建议，"独尊儒术"。

一、独尊儒术的文教政策

汉武帝即位之后，下令要选拔优秀知识分子来充实官吏队伍。通过回答有关经文、政治、经济、文化以及其他各方面的问题来选拔贤良之士，称"对贤良策"或"贤良对策"。汉武帝亲自拟定题目，亲自阅卷。他对董仲舒治理国家的思想主张十分赞同，采纳了董仲舒的建议并推行实施。

汉初为了恢复文化教育采取了宽松政策，各学派借此机会得到了良好发展，但封建统治者认识到各学派之间的相互争雄必将危及政治局面的稳定。董仲舒分析总结："春秋大一统者，天地之常经，古今之通谊也。今师异道，人异论，百家殊方，指意不同，是以上亡以持一统；法制数变，下不知所守。臣愚以为诸不在六艺之科孔子之术者，皆绝其道，勿使并进。邪僻之说灭息，然后统纪可一而法度可明，民知所从矣。"（《汉书·董仲舒传》）汉武帝采取了董仲舒的意见，施行"独尊儒术"的文教政策。

二、汉朝学校教育制度

汉朝统治者在确立了独尊儒术的文教政策的同时，也逐步建立起了从中央到地方的学校体系与相应的教育行政管理体制。汉朝官学分为中央官学和地方官学两种。中央官学由政府直接设置管理，主要有太学、宫邸学和鸿都门学。地方官学按地方行政建制设立，有学、校、庠、序四类。汉朝私学有"蒙学"和"精舍"两类，在官学资源不足的情况下承担了民间的小学教育和大学教育。

（一）太学

根据董仲舒的建议，汉武帝在都城长安设立太学。太学即儒家经典中说的大学。太学的设立标志着我国封建官学制度的确立。太学的学生有京都直接挑选的"正式生"，还有各郡县选送的"特别生"。其中贵族子弟居多，但也有出身贫寒的子弟。太学生在年龄上没有特别要求，所以太学里有十几岁的少年，也有几十岁的老人。太学生可以免除徭役和赋税。在汉武帝创办太学之初，只有50位学生，规模较小，但到西汉末年已达数千人。太学随着社会政治、经济条件的变化以及不同时期的帝王对教育重视程度的不同，时有兴衰。到东汉末年，太学的学生人数已达3万人。太学生人数在不断增多，管理制度却并未健全，供需严重失调。随着政治上的腐败，太学生开始参与政治。东汉末年两次"党锢"使得不少太学生遭到迫害。

汉朝太学的教师由博士担任。博士始于战国；秦朝博士的职责为典文书、备咨询；汉朝博士主要从事太学的教学工作，各专一经进行讲授，但同时也部分保存咨询官吏的职能。众教师中通常推选一位德高望重的博士为首领，称作博士祭酒。博士并不是很高的官品，没有实际权力，但地位优越。随着太学的发展，博士的选拔任用趋向于严格和制度化，人数也有严格的限制。

太学所传授的知识是单一的儒家经典。太学博士专修"五经"，太学所讲授的内容以"五经"为限，但并不要求学生学习所有的"五经"。除了《论语》《孝经》外，太学生一般只是向某位专经博士学习某一经或某一经中的某一学派的学说。汉代经学教育中特别强调守"师法""家法"。"师法"就是师承关系。能自成一家之言的学术造诣就是"家法"。当时太学经师传经需严守"师法""家法"。重"师法""家法"的学风，一方面有助于经学准确无误地传授，并且密切了师生关系；但另一方面也带来了很大的弊端，束缚了学生的创造力，甚至形成门户之见，阻碍了学术的发展。

太学的教学形式先后有变化。太学初建时学生较少，博士采用个别或小组教学。后来学生的数量多以千万计，而博士最多时仅 15 名，于是出现了一种称为"大都授"的集体上课形式，主讲的博士称为"都讲"。此外，次第相传的教学形式也在太学内出现，即以高业生教授低业生。教学形式多样化，解决了教师不足的问题。太学生除了听博士说经外，有充裕的自学时间，同学之间经常相互讨论。

太学里没有严格的教学制度，但十分重视考试，以督促和检查学生的学习成绩。太学的考试基本上采用"设科射策"的形式。所谓"射策"就是抽签口试问答，"设科"是按照试题难易程度分为甲、乙两科。学生根据考试成绩优劣获得相应的官职，未获取官职的学生和考试不合格的学生，可以继续参加考试直至获得官职。太学以此鼓励士人博通儒家的"五经"，很多人"结童入学，白首空归"，为了通过太学考试获取官职而耗尽毕生精力却没有收获，甚至有年过六十还留居太学的。

（二）鸿都门学

公元 178 年，鸿都门学为满足皇帝爱好尺牍、书法、绘画的需要而创建，是一所研究文学和艺术的专门学校，因校址在洛阳的鸿都门附近而得名。它的创建是政治斗争的产物。东汉末年，宦官集团和儒家士大夫集团的斗争异常激烈。"党锢"事件后，士大夫集团遭受迫害，很多有学问、有才华的太学生被杀戮禁锢。宦官集团虽然在政治上得势，但是他们也深感培养一批依附于自己的知识分子很重要。因在经学上无法与太学抗衡，宦官集团便创办了鸿都门学，教授辞赋、小说、尺牍、字画等，学生毕业后待遇远优于太学生。此举显然与儒家传统的价值观念相悖，士大夫们视其技艺为"雕虫小技"，强烈反对。

鸿都门学虽源于政治斗争，但不可否认其在客观上打破了汉代以儒经一统天下的局面，是中国历史上第一所文学艺术专科性质的学校，对于中国教育的发展具有重要的进步意义。

（三）宫邸学

这是一种设于宫廷内的学校，是朝廷专门为外戚贵族及功臣子弟们设立的贵族学校。当时主要是为外戚樊氏、郭氏、阴氏、马氏的子弟们所办，故称为"四姓小侯学"。其教学内容有《孝经》《尚书》等儒家经典。由于贵族特权，这所学校的办学条件和教师水平在当时都是一流的，教学质量比较高。汉安帝时，邓太后主政，深感贵族子弟不学无术的危害，高度重视宫廷教育，又专门办了贵胄学校。这所学校规模较大，学生有七八十人，还有专门的校舍，开展经学教学。宫邸学是汉代唯一由官方举办的小学。这类学校的设立，一方面反映了东汉外戚势力强大，享有教育特权；另一方面也体现了当时加强皇权的需要，试图通过儒学教化使贵族阶级循规蹈矩。

（四）文翁兴学

文翁兴学所办的学校是汉代最早的地方官学。汉代时郡国是最大的地方行政单位。汉景帝时，蜀郡太守文翁深感蜀地偏僻、文化落后，而本地又不具备培养条件，便挑选聪明伶俐的小吏十余人到京师向博士学习，学成以后回到蜀郡，根据学绩情况授予官职。同时，他还在成都办郡学，把下属各县的吏民子弟召集起来进行法令的教学。为了让学生专心学习，文翁给予了他们很好的待遇并且免徭役，学成优秀者可以充任官吏，还可以享受种种优待。这样，很快形成了重教劝学的良好社会风气，儒家思想很快在蜀地发展起来，改变了当地的风俗，促进了经济的发展。这就是"文翁兴学"，其为当地社会发展做出了很大的贡献。"文翁终于蜀，吏民为立祠堂，岁时祭祀不绝。至今巴蜀好文雅，文翁之化也。"(《汉书·循吏传》)汉武帝对文翁兴学一事极为赞赏,下令各郡国都效仿蜀郡设立学校。此后,各地方官纷纷在自己的郡内设立学校。

(五)汉朝私学

汉朝时私学十分发达,因为当时做官必须读书,但官学规模有限,难以满足士人求学者。一些汉代经师大儒得不到官职或任博士的机会便从事私人讲学,很多有官职的名儒也收录弟子。当时的私学有两种:一是相当于小学教育的"蒙学",二是相当于大学教育的"精舍"。

"蒙学"也叫作"书馆",一般士人进入太学前接受的初等教育多依靠"蒙学"。学生在"蒙学"主要学习识字和书法,后期则开始接触儒学的基础内容。所习教材以《急就篇》流传最广,而且一直保存至今的只有《急就篇》。其内容包括姓氏、器物名称以及日常生活等方面的知识,全文押韵,便于记诵,比较适合儿童的心理特点。《急就篇》一直使用到唐代才被新的字书教材取代。书馆教育中,体罚现象比较严重。

"精舍"也叫作"精庐",实际是一些经师大儒聚徒讲学的场所,西汉时已经出现,东汉时更为兴盛,其学生的水平并不逊于太学。精舍中师生关系非常亲密、感情真挚,传为美谈。董仲舒、王充、郑玄等都是两汉著名的私学大师。私学规模越来越大后,弟子众多,无法逐一面授,故私学弟子分作两种:一种是"及门弟子"或称为"授业弟子",多是私学大师的高足,直接从师受教;另一种是"著录弟子"。他们在老师门下留下名字,老师承认他为弟子,不必亲来受业,可在需要的时候来请教。因此,私学中最常使用的教育方法是次相传授,老师只对高业弟子进行直接传授,再由高业弟子转相传授初学弟子。如董仲舒使弟子"次相受业,或莫见其面"(《汉书·董仲舒传》)。又如郑玄在马融门下学习,"三年不得见",至出师时才见了马融一面。

第三节　魏晋南北朝的教育

魏晋南北朝时中国处于王朝更迭频繁、政权分裂的战乱时期，学校教育时兴时废，官学数量减少，但也出现了一些新现象和新特点，不过教育事业的延续主要是依靠私学。在教育思想上，这一时期的儒学受玄学和佛道的影响，进入了一个新的阶段，被称为教育史上"继汉开唐"的新时代。在官学制度上，中央恢复了太学，并进一步完善了其管理制度，增设了国子学，开办了专科学校。私人讲学之风依然兴盛，尤其是宗族教育和家庭教育开始有了一定的发展，一些科技知识与技能也得以传承。

一、国子学与太学并列

汉代太学体现着封建中央集权的权威形象，是以儒学育才的基地。魏国在建国之初便恢复了太学，完善了考试制度和学生管理制度。晋武帝时，统治阶级内部形成了一个门阀贵族阶层，即门阀士族。他们不愿入太学与贫寒子弟为伍，但统治者亦无法将出身贫寒的太学生赶出太学。为了满足门阀士族保持自己的利益和尊贵的愿望，统治者就在太学之外另立国子学以区分士庶，突出士族阶级的教育特权。国子学设置国子祭酒、博士各一人。晋惠帝元康元年（291）明确规定五品及以上官员的子弟可入国子学，六品及以下官员的子弟入太学。

创办国子学用来突出贵族子弟的教育特权这一举措，是魏晋南北朝时期门阀士族与庶族地主之间的政治对立在教育上的反映。

二、专科学校的产生

魏晋南北朝是个社会动荡的时期，同时也是学术思想非常活跃的时期。这时候的教育体制发展冲破了"独尊儒术"的藩篱，先后涌现了史学、文学、律学等专科学校。尽管这些专科教育在形式上、内容上、规模上还尚未完备，时间也不长，但所形成的多学科教育的格局有重要的意义。

三国魏明帝时卫觊奏请置律博士教授刑律，招收律学弟子，后秦姚兴也设置"律学"，梁武帝也增设"律学"，晋武帝时设立书博士，教习书法。南朝宋文帝时设立了儒学、玄学、史学、文学共四个学馆，各聚门徒就业，史称"江左风俗，于斯为美"（《南史·宋文帝纪》），就是说，在文化思想上，研究儒经的"儒学"、研究佛老的"玄学"、研究历史的"史学"、研究辞章的"文学"四科并立。南朝宋文帝又开设了医学，这是我国古代教育分科教授制度的开始。

三、私学与家庭教育的发展

魏晋南北朝时期的官学虽因战乱而显衰颓，但私人讲学之风依然盛行，并且家庭教育也有了进一步发展。当时有许多著名的讲学大师，如三国时期魏国的国渊、邴原等，吴国的虞翻，晋国的范平、杜夷、刘兆，南朝的雷次宗、何胤等，北朝的刘献之、张吾贵等。他们的学生常有数十人甚至数千人。《晋书·儒林传》记载："济南刘兆，博学善诱，著作百余万言，从受业者数千人。"除名儒大家私人讲学兴盛外，玄学家、佛学家也纷纷聚徒讲学，大大丰富了私学的内容，如天文学家郭琦聚集门徒讲授天文、五行。也有妇女进行授徒讲学的，如韦逞的母亲宋氏继承家学《周官》音义，在战乱中仍然不曾中断教学，号宣文君。

宗族教育和家庭教育也有所发展。《晋书·孝友传》记载：王延因天下战乱而专注于农耕养桑，闲暇时间里仍然从容不迫地训导宗族。刘殷有七子，向二子传授《史记》和《汉书》，向其余五子各授一经，一家之内，经史并举。东晋王羲之是书法大家，被称为"书圣"，他的幼子王献之，七八岁时学书，被称为"小圣"。南齐祖冲之一家都擅长天文历算。家族传授学术的形式在当时很普遍，培养了许多儒学家、玄学家、科学家、文学家、艺术家。颜之推的《颜氏家训》是这个时期家庭教育的代表作。

第四节　董仲舒的教育思想

一、生平与著作

董仲舒，西汉最著名的儒家学者，被称为"汉代孔子"。他对《春秋公羊传》与《易经》有特别研究，在汉景帝时担任博士，主要收徒讲学。汉武帝大举天下贤良时，他连对三策被武帝赏识，这三大文教政策是："罢黜百家，独尊儒术"，以统一思想；兴学育士，以培养人才；健全选士制度，以选拔人才。他先后做过江都易王和胶西王的相；晚年去职居家，专心写作与讲学。他平生著述甚多，现仅存有《春秋繁露》和《汉书·董仲舒传》中的《举贤良对策》，是研究其教育思想的主要资料。

二、教育思想

在人性论问题上，董仲舒调和了孟子的"性善论"和荀子的"性恶论"，认为："性者，天质之朴也"，即人性是"天"创造人类时所赋予的一种先验的素质，这种素质具有善的可能性，也具有恶的可能性，教育的作用就是使人性为善。董仲舒提出了"性三品"说，他把人性分为"圣人之性""中民之性"和"斗筲之性"。"圣人之性"是不教而善、天生的"过善"之性，其他人虽经后天努力亦不可及，是上品，如帝王、孔子等少数人；"斗筲之性"根本没有什么"善质"，生来就是恶的，近似于禽兽，教化对他们来说是没有用的，只能用刑罚，是下品；"中民之性"代表万民之性，有善质但还不能称之为善，只有通过教化才能成"善"，但也成不了圣人，是主要的教育对象。

董仲舒很重视教育的社会作用，提出了"王从天命以从事，任德教而不任刑罚"的治国方针，认为通过道德教育能够化民成俗，从而可以有效地预防犯罪。他说："夫万民之从利也，如水之走下，不以教化堤防之，不能止也。是故教化立而奸邪皆止者，其堤防完也；教化废而奸邪并出，刑罚不能胜者，其堤防坏也。古之王者明于此，是故南面而治天下，莫不以教化为大务。立太学以教于国，设庠序以化于邑，渐民以仁，摩民以义，节民以礼。故其刑罚甚轻而禁不犯者，教化行而习俗美也。"董仲舒把一个国家的治乱兴废几乎都归于礼乐教化，政治上最重要的就是道德教育。他主张对人民要加强思想统治，使他们"从义向善，远利止恶"，达到"变民风，化民俗，万民正"的目的。

"三纲五常"是董仲舒伦理道德教育的主要内容。他继承了先秦儒家概括的"五伦"，即君臣、父子、夫妇、兄弟、朋友，又突出强调君臣、父子、夫妇三种主要关系，并用"阳尊阴卑"的理论将其等级化，这就是所谓的"王道三纲"："君为臣纲，父为子纲，夫为妻纲。"从此，臣忠、子孝、妻顺成为封建社会中最重要的道德规范，与"三纲"相配合的是"五常"，即仁、义、礼、智、信。董仲舒特别强调"仁"与"义"。

"三纲"与"五常"结合的道德体系成为中国封建社会道德教育的中心内容。董仲舒认识到伦理道德教育的核心是正确处理人我关系问题，提出了"以仁安人，以义正我"的道德教育原则，这与孔子"宽以待人，严于律己"的思想是一致的。他强调：道德修养不能只停留在认识上，还要体现在行动上，"强勉行道，则德日起而大有功"；此外，道德教育还应当重视道德情感的培养，并且与知识教育结合起来。

第四章　隋唐时期的教育

第一节　隋唐的文教政策

一、重整儒术

魏晋南北朝时，由于社会动乱，佛教和玄学兴盛，儒学曾一度失去了两汉时的独尊地位。在隋朝短暂的统治时间内，为实现统一和中央集权的要求，开始恢复儒家思想的正统地位，重视对儒经的整理修订。唐朝初期，统治者注重吸取各朝经验教训，更加认识到儒学对于巩固和维护政治统一的重要性，实行了重振儒术的文教政策。

（一）尊孔

自汉朝以后，孔子的地位不断提高，汉高祖时开始形成祭孔传统。到唐朝时，孔子的地位更加显赫，唐高祖于武德二年（619）在国子监设立孔子庙，立周公为先圣、孔子为先师，开始祭祀活动；唐太宗时升孔子为先圣、颜回为先师；唐玄宗追封孔子为"文宣王"，庙宇中的孔子塑像都着王服；唐朝各个皇帝经常亲临国子学参观祭祀孔子的典礼。

（二）提高儒生地位

唐朝皇帝都重视儒生，给予儒生非常高的地位，以掌握儒术为用人标准。房玄龄、魏徵等都是当时有名气的大儒，唐太宗即位时召之为学士，共议天下大事。之后又设置了弘文馆，精选天下名儒授予官职，经常与他们讨论经文、政事。唐玄宗时，颁布《求儒学诏》下令举荐有才能的儒生，还在秦始皇焚书坑儒的地方为遇难的儒生立祠。

（三）整理儒经

儒学派别多，汉代时有古、今之争，魏晋后又形成南、北两派。唐太宗于贞观十四年（640）诏令国子祭酒孔颖达等人负责整理"五经"，编撰《五经正义》，共成 170 卷，几经考订，于高宗时颁布天下，被确定为全国官学的统一教材。《五经正义》的编撰与颁布标志着儒家经典的统一，儒学再次居于正统地位。科举取士也以儒经为准，从此教育思想、教育内容又被统一起来。无论科举考试还是学校教育，都以儒经为主要内容。唐代教育的主要特点就是儒家思想控制了学校教育和科举考试，这对后世封建社会的教育也产生了深远的影响。

二、兼容佛道

与两汉的"罢黜百家，独尊儒术"不同，隋唐统治者虽重视儒家思想，但并不限制其他学说的发展，并且对当时的佛教和道教予以支持和鼓励。隋朝时提倡佛教，各地均建有寺庙，由官府保护，毁坏佛像者以恶逆论罪。唐朝时，许多皇帝都信仰佛教，修建寺庙佛像。贞观年间，玄奘取经归来受到了皇帝的亲自接见。武宗时，达到了"十分天下之财，而佛有其七八"的地步。佛教从兴盛直至泛滥，当时儒家一些代表人物表示反对。另外，唐朝国姓为李，与道教创始人老子同姓，于是奉老子为"太上玄元皇帝"。

再加上许多统治者希望得到长生之道，所以道教也得到了尊崇。玄学与道教同宗，也一并得以提倡。但是后来，大肆修建佛教、道教寺庙以及举行烦冗的仪式，浪费了大量的财力、物力，挤占了用于学校教育的资源，并且其思想也造成了麻痹人民的后果。佛道的兴盛也丰富了文化的内容，在文学艺术、建筑雕刻等方面留下了很多珍贵的作品。儒、佛、道三者的地位虽在不同统治者时期有所变动，但从整个隋唐时期来看，是以儒为主体，兼容佛、道，三者都得到了很大的发展，总的来说对当时文化教育进步有一定的积极意义。

第二节 隋唐的学校教育制度

一、隋朝的教育制度

隋唐教育的最大贡献是完备了官学制度。隋朝建立之初，就建立了从中央到地方一系列学校，并设立了国子寺，设祭酒专门负责管理，下面又设有属官主簿、录事各 1 人。这是中国教育史上第一次由中央设立专门的教育行政管理机构和专门的教育管理人员，具有重要意义，标志着中国封建教育已经发展到了独立于其他部门的时代。中央官学包括国子学、太学、四门学、书学和算学。隋朝在地方上也设置了州县学。因为隋文帝的扶持，隋初的教育是非常发达的："讲诵之声，道路不绝。中州儒雅之盛，自汉、魏以来，一时而已。"（《隋书·儒林传序》）但后来因隋文帝重佛教，便下令废除京师和郡县的学校，只留下国子学，改成太学，官学蒙受重大损失。

至隋炀帝时，学校教育得到了恢复和发展，中央和地方的官学在规模上超过了隋文帝时期。隋炀帝大业三年（607），改国子寺为国子监，国子监的名称一直沿用到了清朝。国子监内仍旧设有祭酒、主簿和录事，并且增加了司业 1 人、丞 3 人。国子学有博士和助教各 1 人，学生数目不定；太学有博士和助教各 2 人，学生 500 人。隋炀帝还设立进士科考试以挑选人才，为己所用。但后因其对内横征暴敛、对外穷兵黩武的残暴统治，学校衰落。在隋朝短暂的统治时期，学校教育两次兴衰皆源自统治者的主观好恶。

二、唐朝的教育制度

（一）学校教育体系

1. 中央官学

唐朝的学校教育制度已经相当完备了，在教育史中占有很重要的地位。在中央官学管理机构国子监下设有"六学""二馆"。"六学"包括国子学、太学、四门学、书学、律学、算学，属于直系。国子学、太学、四门学主要是学习儒经，学历层次大致相同，学生的出身不同。唐朝的学制对什么等级的学生进什么样的学校有严格的规定：国子学最高，太学次之，四门学又次之。但根据学生的学习成绩，四门学毕业生可升入太学，太学毕业生可升入国子学，这为庶族子弟向上流动提供了机会。书学、律学、算学主要是专科学校，至此，专科学校已经正式纳入学制当中了。"二馆"属于旁系，东宫设有弘文馆，门下省设有崇文馆。皇族子孙另立小学。

此外，玄学隶属于祠部，类似于大学性质。集贤殿书院隶属于中书省，作用等同于中央图书馆。政府各个部门还开办了各种人才培训的机构，如太医院开办医学，司天台开办天文、历数、漏刻等门类，太仆寺则办有兽医学，校书郎办有校书学等。

2. 地方官学

唐朝规定：府有府学，州有州学，县有县学，按照府、州、县的大小分为大、中、小三等来确定学校的规模，性质类似于中小学。地方官学主要是教授儒家经典，在府、州两级还设有医学。州、县学校的学生一般都是庶族子弟，教师的社会地位和经济待遇较低，教学质量要求也相对低一些，仅能粗通文艺、经学、医学和玄学而已。这些学生如果能通一经便可升入中央四门学，或者可以参加地方政府的"乡贡"，进入仕途。这样一来，中央学制与地方学制得以衔接。

3. 私学

唐朝的私学也很昌盛。当时有很多名师大儒聚徒讲学，传经授业。如以考定"五经"而著名的颜师古，在没有成名以前"以教授为业"。又如孔颖达，曾和颜师古一起编撰《五经正义》，在没有做官以前也"以教授为务"。刘炽曾是国子学有名的儒生，后来回家乡后专门从事著述和教授，孜孜不倦。柳宗元被贬柳州时，许多人"不远数千里皆随宗元师法"。农村也有私学，基本是小学程度的，课本有《急就篇》《千字文》。

（二）教育管理体制

隋唐专门负责教育行政管理的机构是国子监。国子监设祭酒为教育最高长官，祭酒下设司业 2 人，协助祭酒管理并负训导之责；设丞 1 人，管理六学学生的学业成绩；设主簿 1 人，记录学生在学校学习的表现，对不尊重教师、不认真学习、违反纪律的学生予以开除学籍。各级学校教师有博士、助教及直讲等。博士分经教授学生，助教佐助博士分经教授的工作，直讲佐助博士及助教讲授经学。专科学校的博士及助教，用各自的专业教授学生，并负责监督及考试。

（三）教育制度的特点

唐朝建立了从中央到地方相当完备的封建学制体系，中央设国子监总管教育。国子监既是高等学府，又是教育行政管理机构，具有双重性质。弘文馆和崇文馆既是研究机构又是教育机构，除负责整理图书外，还招收学生开展教育。太医院、司天台等行政机构同时也具有研究机构和学校的性质，设有专职人员在进行专业研究的同时传授学生专业知识。行政机构具有教育和研究的功能，教育成为其有机组成部分，这是唐朝教育的一大特色。

地方学校包括州府、县两级，是在全国推行的统一的学制。医学、律学、书学等专科学校逐渐定型。行政管理以及各项制度更加健全，等级性也更加分明，学习内容趋于标准化。除律学、书学及算学外，医学尤被重视。

学校与科举的关系极为密切，学校培养人才以供科举考试选拔。一方面，这把选才和育才结合了起来，促进了教育的发展；另一方面，因为科举几乎是学生唯一的出路，这使得学校教育成为科举的附庸，其发展受到严重的限制。

唐朝的文化教育非常发达，不仅对本国各民族有深刻的影响，而且影响至亚洲各国文化。长安成为当时亚洲各国经济文化交流的中心，亚洲很多国家都曾派学生到长安学习，其中日本是派留学生最多、最频繁的国家。像唐朝这样拥有大规模的留学生，在世界古代史上都是罕见的。

第三节 隋唐的科举制度

科举制度是中国封建王朝采取分科考试的办法来选拔人才和官吏的一种制度。科举考试制度以考试为手段，以选拔人才为目的，存在了 1 300 多年，对中国封建社会的文化教育事业产生过广泛而深远的影响。

一、科举制度的确立

在选士制度上，汉朝实行"察举制"，魏晋南北朝时期实行的是"九品中正制"。隋初，士族地主阶级逐渐失势，庶族地主力量壮大，开始要求参与政治。隋朝统治者为了加强皇权，满足庶族地主参政的要求，以解决地主阶级内部的矛盾，于隋炀帝大业二年（606）设置进士科，创立了科举制度。唐承隋制，进一步发展了科举考试制度，扩大了考试科目，增加了考试内容，完善了考试程序。科举制度于是成为历代统治阶层选拔人才的主要制度。

科举取士由礼部、吏部直至皇帝亲自掌握，这样选士权力就集中于封建最高统治者，有力地限制了士族特权的膨胀，也有利于防止封建割据势力的发生。而且，选士规定了统一的标准和措施，这对于笼络广大的中小地主阶级知识分子是十分成功的。科举考试也确实为当朝统治者选拔了很多优秀的人才，当年唐太宗在端门看见新科进士列队而行，高兴地说："天下英雄，入吾彀中矣。"这都说明了科举制度对巩固封建统治的积极作用。

二、唐朝科举考试的程序

唐朝参加科举考试的考生主要有两个来源：其一是"生徒"，其二是"乡贡"。"生徒"是那些就学于中央官学或地方官学，并且在校内考试合格，由学校送名单到尚书省参加考试的考生。而那些没有在学校学习但仍然学有所成，想要参加科举考试的人，可以先向所在县提出申请，逐级考试合格后，推举至尚书省参加考试，即"乡贡"。"生徒"和"乡贡"都是常科的考生，常科是每年都举行的。

科举考试大约从每年的农历十一月开始报考。具体报考的过程是：从中央官学至地方官学把通过校内考试合格的"生徒"名单上报至尚书省的礼部。中央官学由国子监祭酒负责，地方官学由长史负责。"乡贡"要自己带着所需材料先向所在州县报名，通过考试选拔出合格的学生。长史把考试合格的学生随同贡物一起送到尚书省。到尚书省后，"生徒""乡贡"都要填写姓名、三代履历以及担保人等材料，经过户部审查后将名册送往礼部，由礼部定期举行命题考试。唐朝对报考资格有严格的规定，触犯律法的人、从商者以及衙门的小吏都不准参加科举，如果推举这些人参加科举，则祭酒和长史都要受罚。

"生徒"和"乡贡"到长安后首先要拜先师。在考试那天，考生要自备水、炭、蜡烛和餐具，等考官点名、搜身后才能入场。入场后，考生坐在廊下答题。考试过程中，监考严格，考生稍不慎便会被驱逐出考场。考场外有兵将守卫，考试以一日为限，直到晚上还未完成的考生，允许点三支蜡烛继续答卷，烛尽，便交卷。

参加省试（尚书省的考试）合格的考生在发榜后要参加吏部复试。复试包括"书、判、身、言"。"书"即看其书法是否优美，"判"即要求写别的文体的文章判断其"文理优长"，"身"即考查其相貌是否端正，"言"即判断其口齿是否清晰。只有这四方面都通过了，才可以授予官职。

三、唐朝科举考试的科目和方法

（一）唐朝科举考试的科目

唐朝科举分文科举和武科举两大类。文科举又分常科和制科两种。常科每年定期举行，科目有秀才、明经、俊士、进士、明法、明字、明算、一史、三史、开元礼、道学、童子科等，其中经常举行的有秀才、明经、进士、明法、明字、明算六科。

秀才科选拔注重博识高才，有计谋策略类的题目五道，按照回答的水平评为上上、上中、上下、中上四等的为录取。隋朝时秀才科先后录取人数不过十人。唐朝每次及第的也只有一两人。所以隋唐时此科地位最高，录取也最难。唐高宗时一度废除了秀才科，以后虽然偶然开考过几次，但及第者很少。士大夫追求的只是明经科和进士科。

明经科注重经义的精熟，考试的内容基本上是儒家经典，即大经、中经、小经以及必考内容《论语》和《孝经》。但明经科的考试内容由于统治者取向不同而发生过变化。唐高宗为抬高道家，曾把《道德经》和《孝经》奉为上经。唐玄宗曾减《尚书》和《论语》，加试《老子》，天宝年间又停试《老子》，以《尔雅》代替。明经科考试要先帖经，每经十帖，每帖三言，通六以上为及格；然后口试，问经义十条，通十为上上，通八为上中，通七为上下，通六为中上，皆为及格；最后答时务策三道，通二为及格。三试都通过就是及第。明经科主要考查人们的记忆力，所以较为容易，录取率也相对较高，每年及第者约有百人。

进士科注重诗赋，唐初为时务策，要求论理公允透彻；后增加帖经和杂文。帖经开始是帖一小经和《老子》，唐玄宗时改帖一大经，天宝九年（750）又改《老子》为《尔雅》。杂文即是作诗赋各一篇。经策全通为甲，策通四、帖通四以上为乙，以下为不及第。开元九年（721），唐玄宗认为策试空疏无用，于是诗赋逐渐被人们所重视。天宝年间，帖经不合格的人，若诗赋好也可录取。太和年间，诗赋和策问同等重要。而实际上，进士科考试已偏重于以诗赋取士了。进士科从唐高宗起逐渐被人们所重视，进士科考试比明经科的要求高，考中者的仕途及待遇要优于明经科，所以投考的人特别多。录取最少时只有几人，最多时有 50 人。进士科出身的人，常常官位显赫，还有不少人后来成了著名的学者、诗人等，所以进士科很受重视。

明法科注重律令知识，考查考生对国家组织制度与朝廷律令、刑罚的了解程度。考生主要来自律学的学生和乡贡，录取人数很少。

明字科旨在选拔对书法、文字有专长的人才。考试内容以文字学为主，兼及书法，主要考《说文》《字林》，要求精通训诂，并且熟悉杂体。

明算科考核算术，要求详明术理。考《九章算术》《海岛算经》《孙子算经》《五曹算经》《张邱建算经》《夏侯阳算经》《周髀算经》《五经算术》《数术记遗》《三等数》等，及第后授予的官职较低。

在这六科中，最初秀才科最高，后来此科废除。明法、明字和明算都是专门的科目，不经常举行。实际上经常举行且又为人们所重视的只有明经科和进士科，其考试以儒家的经典为中心内容，以《五经正义》（后扩展为《九经正义》）为标准，可见唐朝的教育中儒家思想仍然占据统治地位。

（二）唐朝科举考试的方法

唐朝科举考试的主要方法有帖经、墨义、口义、策问、诗赋五种。

帖经是科举考试的一种主要方法，各科考试都要用到。具体操作是将教材上的一些字句贴起来，要求考生把所贴去的字句填写出来。

墨义是和口义对经义的考问，要熟读经文和注释才能回答。考生如果用笔试的方法来回答称作"墨义"，如果以口头回答则称作"口义"。

帖经和墨义、口义因为相对简单，所以要答三五十条甚至一百条才算通过。但后来因为考的次数多了，主考人为了难倒考生，专选那些孤章绝句来考。本来帖经和墨义、口义的目的是要考生熟记经书的，但这种专挑生僻词句的考法反而使得考生机械背诵，禁锢了学子的头脑。

策问相对帖经、墨义、口义较难，也较重要。各科考生去留基本在策问环节决定。策问的考法是就人事政治的问题指定题目，由考生做文章。这种方法本来很好，但实施到后来，考生将每年的旧策搜集来熟读烂背，结果使得这种方法也失去了本来的价值。

诗赋是后来鉴于考生多背诵经义和旧策、没有实才而加试的一诗一赋，也称为"帖诗"。后来进士科的考试逐渐偏重诗赋，帖经不及格的考生如果诗赋做得好也可通过。诗赋对格式有严格的要求，后来演变为禁锢思想的形式主义的八股文。

四、科举制度的影响

唐朝实行科举取士制度，收到了一定的加强控制与统一的政治效果。（1）

朝廷直接行使取士权力，加强了全国政权的统一和集中。（2）考试有统一的标准和内容，加强了思想的统一。（3）通过考试授予官职也为各地方的庶族地主、平民打开了入仕的门路，调和了阶级矛盾。这在一定程度上确实加强了中央集权、巩固了封建统治。（4）科举制度以统一考试来获取官职，似乎只要读好书就可以应考做官，这种表面的公平掩饰了官僚政治的阶级本质，使大批知识分子埋头苦读"四书五经"，忠于封建伦理纲常，有利于维护封建统治的稳定。（5）科举制度以考试为主，有一定的客观标准，的确为统治阶级选拔出了不少有用的人才。科举选士制度相比察举制和九品中正制，是符合历史发展要求的一种进步，对当时社会的发展起了一定的积极作用。

科举制度对教育的积极影响有：（1）使选士与育士紧密结合，促进了学校教育的发展。科举制设置一定的考试内容和方法来选士，通过科举可以取得官职。出身低微的人想要取得功名首先要具有一定的知识与文化修养，因此人们都有强烈的学习愿望。这在客观上刺激了学校教育的发展，形成了"五尺童子，耻不言文墨"的社会风气。（2）科举考试的主要内容是儒家经典，人们学习儒家经典的同时也接受了儒家思想潜移默化的影响，结束了思想混乱的局面，统一了教育内容和标准。科举考试形成了一套完备的制度、程序与方法，为确保考试的公正合理建立了一系列防范措施，这比以前任何一种选士制度都更为公正客观，对以后考试制度的发展产生了积极的影响。（3）科举考试科目中还设有明法、明算、武举等，这对封建教育中重文轻武、重经学轻科学的陈规产生了一定的冲击。（4）科举制对世界教育有重要的影响。788年，朝鲜开始仿唐制实行以儒学为标准的科举考试制度，直到1893年才废除。越南从1075年以儒学为标准实行科举考试制度，直到1915年才正式废除。日本在676年实施的考试科目、内容、程序等，均与唐代科举考试制度类似。18世纪末到19世纪在欧洲各国逐步推行的文官考核制度也吸取了科举考试制度的积极因素。

但是科举制在发展过程中也逐渐产生了一些消极作用：（1）科举考试与学校教育的密切关系使得学校完全屈从于科举，成为科举的附庸，科举考什么，学校教育就教什么。而科举考试的内容仅限于儒家的几部经典以及一些字句华丽的诗赋，考试方法死板，以死记硬背为主，这直接导致了学校教育中空疏的学风，重文辞少实学，重背诵而不理解意思，走向形式主义与教条主义。学子们埋头苦读经书与权威注释却不注重研究现实问题，重视书本背诵而轻视实践活动，这导致学校教育失去了创新能力。（2）在科举考试制度下，受"学而优则仕"观念的影响，人们读书的目的不是求知求真，而是求得功名利禄与荣华富贵。这种非常功利的读书观、学习观，严重影响了人们对待读书的态度，"万般皆下品，唯有读书高"以及"两耳不闻窗外事，一心只读圣贤书"等便是当时知识分子学习态度的写照。（3）科举考试是封建知识分子进入官场的唯一阶梯，而名额又很少，竞争十分激烈，最后舍取权仍然把握在权贵手中。一般知识分子如无靠山，很难有被录取的希望。为了出人头地，很多知识分子便不择手段地通关节、贿赂、作弊等，不良风气泛滥，严重地毒害了学校教育。

第四节　韩愈的教育思想

一、生平与著作

韩愈，字退之，又称昌黎先生。唐代著名的文学家、思想家和教育家。韩愈的著作有《韩昌黎集》，著有《师说》《进学解》等教育名篇。

二、教育思想

（一）教师观

韩愈的教育论著《师说》对教师问题做了精辟的论述。韩愈针对当时轻视教师的错误思想，阐明了"从师"和"为师"的重要性。他提出教师的基本任务是"传道、授业、解惑"，"道"是师的灵魂，"业"是传授道的工具，"师"是道的传播者和解惑者，三者紧密联系。该论述在中国教育史上首次完整地概括了教师的任务，强调了教师的主导作用。关于教师的标准，韩愈提出：谁掌握了道，谁就是教师，道是唯一根本的标准。"生乎吾前，其闻道也固先乎吾，吾从而师之；生乎吾后，其闻道也亦先乎吾，吾从而师之。吾师道也，夫庸知其年之先后生于吾乎？是故无贵无贱，无长无少，道之所存，师之所存也。"这一论述冲击了封建师德的权威性，是师德思想的新发展。关于师生关系，韩愈提出辩证地看待师与弟子的关系，"弟子不必不如师，师不必贤于弟子，闻道有先后，术业有专攻，如是而已"，师生间是互相学习、教学相长的关系，这一具有辩证法因素的民主的教育思想也是对历代封建统治者强调教师绝对尊严与权威的一种否定。韩愈进一步主张"人无常师"和"不耻相师"，他以孔子向郯子请教官名、向苌弘请教音乐、向老聃请教礼仪为例，提倡人们要善于学习他人的长处，要随时随地向德行高尚、学有专长的人学习，才能学有所成，成为"圣贤"。

（二）学习观

在学习方法上，韩愈提出了"业精于勤，荒于嬉；行成于思，毁于随"的重要思想，强调个人的努力和勤学。在学习中，他提倡提纲挈领、博约相济的学习方法和原则，即："记事者必提其要，纂言者必钩其玄，贪多务得，细大不捐。"在治学态度上，他要求要有"沉浸浓郁，含英咀华"和"焚膏油以继晷，恒兀兀以穷年"的勤奋精神，要像品尝美味佳肴一样去探索经典著作，学习应孜孜不倦，力作不息。在继承与创新上，他赞成吸收前人的优秀成果，但反对只背诵和模仿古人的陈词滥调，一味模仿等同于剽窃："师古圣贤人"要"师其意不师其辞"，也就是要以古人为师，但不能拘泥于章句，而是要学习其思想、方法，要活学活用。韩愈主张把学习和创作结合起来，"自成一家新语"，鼓励创造性。

（三）人才观

韩愈认为，人才总是有的，关键在于能否加以识别、栽培和培养。他在《杂说四·马说》一文里，用识马的道理形象地比喻了识别人才的重要意义。他说："世有伯乐，然后有千里马。千里马常有，而伯乐不常有。"其意思就是如果没有伯乐那样的鉴定千里马的慧眼，千里马就会被埋没。他讽刺那种不识才的人"策之不以其道，食之不能尽其材"，不按照正确的方法来养马，听到马鸣也不能理解马的意愿，却"执策而临之，曰：天下无马"，这是多么无知而傲慢；世上真的没有千里马吗？只不过是认得千里马的人不常见啊。"其真无马邪？其真不知马也。"韩愈这种爱才、选才、用才的思想，对于我们今天如何转变人才观念、正确对待每一个学生有着深刻的借鉴意义。

第五章　宋元时期的教育

第一节　宋朝的文教政策

宋朝鉴于五代十国之乱，实行重文轻武的政策，政治制度上实行以文制军，军事将领受文官的管制。它的文化教育政策也是为了维护集权统治而制定的，具体表现在尊孔崇儒，同时支持佛、道，使之互相补充，重视文化教育事业的建设。统治者的积极提倡，为"理学"——宋明时期的"新儒学"的产生和发展提供了有利条件。

一、宋朝重文的文教政策

（一）尊孔崇儒

为了加强统治，避免重蹈覆辙，宋太祖采取重用儒臣的方略，称"宰相需用读书人"，任用大批文臣执政。他说："王者虽以武功克定，终须用文德致治"，"进士须通经义，遵周孔之教"。因此，他积极提倡科举，扩大名额选取治国之士，提高儒学的地位。宋真宗于 1008 年祭泰山并亲自到曲阜孔庙行礼，加谥孔子为"玄圣文宣王"，著文《文宣王赞》《崇儒术论》称颂孔子和儒学；命人校定《周礼》《仪礼》等书的"正义"，并编撰《论语正义》《尔雅义疏》《孝经正义》《孟子正义》，与唐人编撰的《九经正义》一起合称"十三经正义"，大量印行，赐给州县学校，作为官方指定教材。宋仁宗重视培养选拔通晓儒经的官吏，所以很重视教育，命令州县都办学校。从中央到地方涌现出一批儒家学者聚徒讲授孔孟典籍，教育在全国兴盛，对维护宋王朝集权统治起了巨大作用。

（二）提倡佛道

宋太祖为了争取南方地主阶级的支持，修废寺、造佛像、刻印大藏经，对佛教采取保护政策，佛教及佛学获得了很大的发展。宋太宗认为佛教有利于政治统治，对佛教更为热心。宋真宗时是北宋佛教最盛时期。宋真宗撰写了《崇儒术论》和《崇释论》，意在把佛学也作为统治工具。直到南宋时期，佛教仍保持支配地位。

道教是宋朝的第二大宗教。宋太宗赐封华山道士陈抟为"希夷先生"，并在各地修建道观。宋真宗热心道教，伪造天书，封老子为"太上老君混元上德皇帝"，又命人搜编道书 4 300 多卷。宋徽宗时直接任用道士参与政治，并给予优厚的待遇。南宋时，道士虽不再直接参与政治，但仍享有特权。

（三）促使理学的形成与发展

宋朝统治者推行儒、佛、道三教融合的政策，对儒学的发展提出了挑战。儒学在不断的改造中向新的方向发展。周敦颐首先提出把佛、道融入儒学所倡导的服从封建伦理纲常，要求人们既要效忠于君王又要清心、寡欲、安贫乐道，这是理学的开端；接着，张载、程颢、程颐为理学奠定了基础；南宋朱熹加以总结概括，形成理学体系，后成为中国封建社会官方哲学。宋宁宗诏赐朱熹遗表恩泽，称"朱文公"；嘉定五年（1212）把《论语集注》《孟子集注》定为官方教科书。宋理宗在宝庆三年（1227）下诏，因朱熹为《大学》《论语》《孟子》《中庸》做注有功，追封为"信国公"，从此确定了朱熹和理学的历史地位。此后，理学一直是元、明、清各代官方统治思想。

二、北宋的三次兴学

宋初虽然采取了"重文"政策，但是由于重科举轻教育，学校教育并不发达，官学最初只有国子监。宋太祖为了复兴教育曾下令增修，并且三幸太学，还曾亲自会见学生进行讲说。后虽有各种努力，但收效甚微，学校教育仍然不景气。因此，宋仁宗以后，以三次兴学来改革科举、振兴学校，对于宋代教育的发展起了重大作用。

（一）庆历兴学和胡瑗"苏湖教法"

北宋第一次兴学，是在仁宗庆历四年（1044）。政治家范仲淹在任地方官吏时便不满当时只重科举不重教育的做法，数次进谏改革意见。他在《上执政书》中，主张"重名器"是国家六件大事之一，就是要慎重对待选举，敦促发展教育。他把只注重考试而不发展教育的科举制度比作"不务耕而求获"，建议"先策论以观其大要，次诗赋以观其全才"，并恢复制科等，但因执政者的反对而没有得到实行。后来范仲淹任宰相，在其革新纲领《上十事札》中第三件事即为"精贡举"，得到多数人的支持。其兴学主要有三项内容：第一，命令州县办学。规定科举考生必须在州县学习三百日才可以应试；曾经考过试的，也需要再学百日。第二，改革科举考试内容。停止考帖经和墨义，着重考策论和经学。第三，改革太学。以湖州胡瑗的"苏湖教法"为太学的改革模式，批判当时形式主义的教学和空疏的学风。但此次兴学随着范仲淹在政治上的不得志而失败，科举全部恢复旧制。庆历兴学虽然失败了，但其对于北宋学术风气产生了深刻的影响。

（二）熙宁、元丰兴学和王安石的教育改革

北宋第二次兴学在宋神宗熙宁、元丰期间，其时王安石两次为相推行变法，实行教育改革。

王安石，字介甫，21 岁中进士，曾任地方官职多年。他目睹了北宋王朝"积贫积弱"，内忧外患，财力衰竭，政治腐败，深为国家担忧，于是立志革新，希望通过变法以图强。嘉祐五年（1060），他在《上仁宗皇帝言事书》中提出了变法的纲领。他认为国家衰弱的原因是"患在不知法度"，人才不足是由于陶冶人才不得其道，并且提出培养人才的方法就是"教之、养之、取之、任之有其道而已"，并详细论述了教、养、取、任的办法，这成为熙宁变法改革教育的主导思想。在论述"教之之道"中，他批评当时的学校教育有名无实、空疏无用，不但不足以使人成才，反而会毁才。他主张要择才而教，教以实用之学，文武兼备。关于"养之之道"，他提出要"饶之以财，约之以礼，裁之以法"。

关于"取之之道"，他批判科举考试仅以死记硬背和文辞诗赋来取士，认为这种办法选取的人多为"不肖者"。关于"任之之道"，他反对重出身与资格而轻德才的用人制度，主张"人尽其才、才尽其用"。宋神宗即位后起用王安石参政进行变法革新，王安石的政治改革主张得以实现，直到熙宁九年（1076）王安石第二次罢相后，改革措施才停滞。王安石推行的教育改革，使宋朝的教育获得了一定发展，但最终因政治变故，各项教育改革措施均废弃，第二次兴学以失败告终，不过它对教育的发展产生了深刻的影响。

（三）崇宁兴学

宋徽宗崇宁元年（1102），蔡京执政时发起北宋第三次兴学，令全国兴学，实行"三舍法"：县学的学生通过考试可升入州学，州学的学生每三年选拔入太学。修建了辟雍，并不断扩充州县的学校及学生。崇宁三年（1104）时，除了太学以外，还设置有算学、书学、画学，学制走向完备。

第二节　宋朝的教育制度与科举制度

宋朝学校教育制度基本沿用唐制，官学各项制度在一次兴学中逐步走向完善。

一、中央官学

宋朝的中央官学有国子监、太学，此外还设有专门学校，由国子监和各职能部门统辖。另有一些设置时间很短的学校，如广文馆、四门学、辟雍等。

国子监：又称国子学，是国家最高学府，同时也是专门的学校教育管理机构，宋初建立。七品以上官员的子弟可入国子学，这比唐朝的等级限制要宽松。景德四年（1007），又设置了西京国子监。国子监设有监事2人，元丰年后改设祭酒 1 人总管国子监。

太学：是宋代中央官学的主要形式，八品以下官员的子弟和庶民中的俊秀者可以入学。宋徽宗崇宁年间规定州学每三年选送太学生一次。南宋高宗时，州学学生学满一年后，通过选拔并且没有不良记录的可送入太学。宋孝宗时从科举落第举人中选合格者送入太学。太学人数时增时减，北宋徽宗崇宁元年（1102）最盛，南宋时锐减。太学设博士十人负责讲经等教育工作，对学生的考核除了平时的学习行为考查外，主要有私试、公试两种。私试每月进行一次，孟月试经义，仲月试论，季月试策，由学官主持；公试一年进行一次，初场考经义，次场考策论。

律学：宋初在国子学中设置律学博士教授法律。熙宁六年（1073）时独立设置，由国子监管理，招收在职官员和举人学习刑书与政府颁布的条令等。

算学：宋徽宗崇宁三年（1104）建立，隶属于太史局，招收在职官员和庶人学习《九章算术》《海岛算经》《孙子算经》《夏侯阳算经》以及天文等。

书学：宋徽宗时建立，隶属于翰林书艺局，学习篆、隶、草三种字体。还要修习《说文》《尔雅》《论语》《孟子》。

画学：宋徽宗时建立，隶属于翰林图画局。学生除了学习绘画外，还要修习《说文》《尔雅》《方言》《释名》。

医学：宋初建立，开始由太常寺管辖，后经数次更改，隶属于太医局，分为方脉科、针科、疡科。

二、地方官学

宋朝地方行政区划为路、州（府、军、监）、县三级，地方官学只有州学和县学两级。宋朝地方官学较前朝在学校管理方面有所改进：其一，设置了主管地方教育的行政长官，以考查教师的优劣及学生的学习情况。其二，实行"三舍法"，宋哲宗元符二年（1099）令全国各学全部采用"三舍法"。其三，给学校置田地以充作经费。宋代地方官学发达还表现在若干地区的少数民族纷纷请建番学，而且高丽亦曾遣士于州学就读，开创了外国人入地方官学的先例。

三、宋朝的科举制度

宋朝建立初期，因为需要通过科举补充大批文武官员，所以对科举特别重视，增加了取士名额，并且在及第后给予优厚待遇。唐朝科举最盛时，每年取士最多不超过 50 人，通常只有一二十人。而宋太祖开宝六年（973）时复试，各科取士增至 96 人。宋仁宗即位之初，进行复试，取士 500 余人，这样的规模是前所未有的。后来，每科取士都有几百人。对于屡试不中的人也给予恩赐。除了取士数量大增以外，宋朝大幅提高科举进士及第的待遇，远超隋唐。只要中了进士便授予非常尊贵显赫的官职，不需要再经过吏部的考试。

（二）科举的科目、内容及方法

宋朝的科举大致上沿用了唐朝旧制，设有常科与制科等。宋初常科有进士、九经、五经、开元礼、三史、三礼、三传、学究、明法九科，其中以进士科最为重要。常科之外还有制科、武举及童科，都是时废时兴。王安石实施新政进行教育改革时，曾取消了明经科，只保存了进士一科。宋徽宗崇宁年间，更是一度彻底停办科举，由学校来进行取士。但改革失败后，又恢复了科举取士。

在考试内容上，宋朝科举制度也是仿照唐制，考诗赋、帖经、墨义。王安石在熙宁变法中为了改变死记硬背、空疏无用的学风曾取消了诗赋，但收效甚微。后来随着变法失败，仍然恢复了旧制。随着政治起伏。又有过取消诗赋、专用经义的举措，但南宋末时又恢复了考经义。

宋朝的科举考试，开始时每年一次，后来到仁宗时改为两年一次，神宗时改为三年举行一次，此后成为定制；考试措施比前朝更加严密，采用糊名誊录的办法以防止门第势力的影响，并且正式确立了殿试制度，由皇帝直接控制对人才的选拔录用，进一步加强了封建集权。

总的来说，由于宋初统治者重视科举取士，因此，宋朝科举制度在各方面都比唐朝有了进一步发展。宋朝科举制度对于控制思想、巩固中央集权确实起了重要作用。但是科举的盛行对教育却产生了十分消极的影响，学校教育成了科举的附庸。朱熹在《学校贡举私议》中讲道："所谓太学者，但为声利之场。而掌其教事者，不过取其善为科举之文，而尝得隽于场屋者耳。士之有志于义理者，既无所求于学，其奔趋辐辏而来者，不过为解额之滥，舍选之私而已。"也就是说，太学成为学子们追名逐利的地方。既然学子只为追逐名利，寄希望于侥幸登上仕途享受荣华富贵，那么其读书的目的就不是为了治理、振兴国家，其对待学习也不求甚解。官学虽设而有名无实，科举考试所取的士，多为没有真才实学的庸人，科举制度不断走向腐朽。

第三节 宋朝的书院

一、书院制度的产生

书院是中国教育史上一种特殊而重要的教育组织形式。自北宋末到清代，书院对各朝代的政治和教育都发挥了重要的作用。"书院"的名称始见于唐朝，书院有官办性质和私办性质两种，官方举办的书院有丽正书院、集贤书院等。这些官办的书院起初是校勘、收藏经籍的地方，后来逐渐成为聚徒讲学的教育组织。私人举办的书院有张九宗书院、李宽中秀才书院等，这些是读书人自己研究学问的地方。虽然最初也有少数书院有一些讲学活动，但规模很小，也并不普遍，尚未形成制度。

到唐末五代十国时期，社会动荡、连年征战、学校荒废、礼义衰败，许多读书士子穷居草野，无由显身，私人书院于是有所发展，涌现出了白鹿洞书院、石鼓书院、嵩阳书院等著名书院。宋朝统一后，社会逐渐稳定，重视科举，于是文风四起，社会上士子们又产生了就学读书的需求，但当时的政府实力不足，无暇顾及教育，无法兴办学校。在这种形势下，民间纷纷举办书院。书院的兴起既满足了读书人的求学要求，又解决了统治者求才的问题，所以政府对之采取支持的态度并给予资助，私人书院一时兴盛起来。朱熹在《衡州石鼓书院记》中说："予惟前代庠序之教不修，士病无所于学，往往择胜地，立精舍，以为群居讲习之所。而为政者，乃成就而褒表之：若此山、若岳麓、若白鹿洞之类是也。"吕祖谦在《鹿洞书院记》中说："儒生往往依山林，即闲旷以讲授，大率多至数十百人。"

书院的学规、教学活动方式等均受到禅林讲学制度的影响。佛教传入中国后，在魏晋隋唐时兴盛，佛教徒经常在山林名胜之地建立禅林，修道讲习，并制定有详细的学习与讲授佛经的规程。

二、宋朝书院的兴衰

宋初书院兴起，白鹿洞书院、石鼓书院、岳麓书院、应天书院、嵩阳书院都是当时著名的书院。

白鹿洞书院位于江西庐山。唐贞元年间，江州刺史李渤在当年与弟弟一同读书的地方修建台榭，取名为白鹿洞。南唐升元年间建白鹿洞国学，命国子监九经教授李善道为洞主，在此教授学生。宋太宗太平兴国二年（977）时白鹿洞学生多达千人。宋真宗时重修白鹿洞，并塑孔子与十大弟子像。南宋孝宗淳熙六年（1179），南康知军朱熹重修白鹿洞，并订立《朱子白鹿洞教条》，从此白鹿洞书院闻名于世。

石鼓书院位于湖南衡阳，唐时李宽在此读书，宋时在该处修建书院。宋仁宗时，给该书院赐匾额和学田以集贤校理。

岳麓书院位于湖南岳麓山下，刘鳌初建。开宝九年（976），潭州太守朱洞修建。咸平二年（999），潭州太守李允则扩充了学生，并请国子监颁赐经书。南宋时，潭州太守朱熹曾在此讲文，于是闻名。

应天书院位于河南商丘县，原来是宋朝名儒戚同文的旧居，后来曹诚在此建学舍，藏书收徒讲习。

嵩阳书院位于河南登封太室山脚下，五代后周时始建，宋时赐名太室书院，景祐二年（1035）更名嵩阳书院。

宋初书院发展兴盛，对地方教育起了重要的作用。北宋三次兴学后，中央官学和地方官学有了一定的发展，对于书院便不再热心。士子们一心想入官学求名利，不愿守山林潜心为学，于是书院逐渐衰落。到南宋，书院却又得到极大发展。南宋时，战事不断，政治腐朽，国力衰微，官学有名无实，于是私人书院又应运而起，几乎取代官学成为当时的主要教育机构。当时有岳麓书院、白鹿洞书院、丽泽书院、象山书院等著名书院。

南宋书院和理学家讲学有密切关系。如白鹿洞书院为朱熹讲学之所，岳麓书院为张栻、朱熹讲学之所，丽泽书院为吕祖谦讲学之所，象山书院为陆九渊讲学之所等。南宋发达的书院不仅培养了大批统治人才，为维护封建制度起了重要作用，而且书院讲学的风气与经验在教育史上也占有重要的地位。

三、书院的教学制度

书院有私办、官办和私办公助等多种形式。书院的负责人既负责管理书院又承担书院的主要教学工作，一般没有专门的管理人员和机构，组织形式较为简单。书院的负责人通常称为"山长"或"洞主"。书院经费来源于政府下拨或私人捐赠的院田。到书院学习的学生，膳食由书院提供，教材由私人捐赠或官方颁发。书院不同于官学，有很多显著的特点：

第一，书院既是学术研究机构又是教学机构。书院的负责人或创建者多是当时著名的学者，每个书院往往就是某一派学术研究和教学的中心，教学活动与学术研究紧密结合。

第二，书院允许不同学派学者莅院讲学，特别是南宋以后书院盛行"讲会"制度。朱熹和陆九渊代表两个观点对立的学派，淳熙八年（1181），朱熹邀请陆九渊赴白鹿洞书院讲学，首开书院"讲会"之风。

第三，书院对学子自由开放。著名学者讲学时，如有其他书院的师生前来听讲，书院都热情接待。

第四，学生学习以个人读书钻研为主。书院教学多采用问难辩论式，启发学生思维，提高学生能力。

第五，书院内师生关系融洽，师生间的感情相当深厚。

第六，学规是书院教学的总方针。书院教学的目标、方法和程序，多见于书院所制定的"学规"或"教约"。

第四节 元朝的教育

一、元朝尊用汉法的文教政策

元朝是蒙古族建立的全国统一政权。元朝建国后，为了加强、控制、巩固政权，一方面采取武力政策来镇压汉人，另一方面采取"遵用汉法"的文化教育政策以笼络汉族地主阶级及知识分子。

为了笼络汉族，元朝统治者任用了一些儒生，并且积极收罗儒、道、释、医、卜士；被俘人员中有一技之长的都下令释放，由此发现了大儒赵夏等。忽必烈为亲王时，请儒生教授经书，并且征用一些大儒给他讲"经国安民"之道。

这些儒生提出的一套儒家治国思想对其后来实施兴学校、立科举、尊孔子等措施起了很大的作用。公元 1234 年，元太宗将全国的枢密院改为宣圣庙（孔子庙），后命令各地皆立孔子庙，元武宗时加封孔子为"大成至圣文宣王"。

在大儒的建议下，元朝统治者非常尊崇理学，理学成为元代统治者的"治国安民"之道。太宗十年（1238），为纪念理学鼻祖周敦颐，专门建立了"周子祠"，还令一些蒙古国子生学习程朱理学。于是，各级学校增加读朱熹提倡的"四书"，使之与"五经"并列；科举考试从"四书""五经"中出题，"四书"以朱注为准。从此，理学成为元朝以及我国封建社会后期的官方统治思想。

二、教育机构

国子学：创立于元世祖至元六年（1269），至元二十八年（1291）改称国子监。国子监设祭酒 1 人、司业 2 人、博士 2 人、助教 4 人，另有正录、伴读，分别管理教务和杂务。学生最初限额 80 人，后增至 400 人，另设陪堂生 20 人。宿卫大臣的子孙、卫士世家的子弟及七品以上朝官的子孙有资格入学，不分种族；平民中的俊秀者，由三品以上官员保举，可以做陪堂生。

蒙古国子学：创设于至元八年（1271），蒙汉官员子弟中的俊秀者可入学。教材用蒙文教授《通鉴节要》，考试成绩优秀者根据等级授予官职。

回回国子学：创设于至元二十六年（1289），以波斯文进行教学，以培养诸官衙译史人才为目的，公卿大夫及富民子弟可入学。

规定在路、府、州、县均建立学校。路学创设于至元九年（1272），设有教授、学正、学录等各 1 名，府学及州学各设教授 1 名。至元二十八年（1291），命江南各个路学及县学设立相应的小学。在名儒读经的地方建立具有地方官学性质的书院。元代的地方官学除设以上学校外．还设有具有民族特点的蒙古字学、相医学、阴阳学。

书院：元朝统治者为缓和民族矛盾、加强统治，对书院采取提倡、扶植和加强控制的政策，使书院逐渐官学化。太宗八年（1236）设立第一所书院，即太极书院。后来许多不愿在元朝政府任官的儒家学者便自行修建书院，元代统治者积极扶植、控制，委派山长并授予官衔，发给官俸；书院的教授等的任命、提升都由政府批准。学生经地方官员推荐、考核，可分配做学官等，就这样，书院逐渐官学化。

三、元朝的选士制度

不同于唐宋主要以科举制为选士的途径，元朝的选士主要有怯薛入仕和官吏出职，科举制虽然没有被完全废弃，但遭到长期停废，即便偶有恢复，也并未得到重视。

怯薛入仕：怯薛组织中有蒙古子弟，也有汉官子弟，是一个贵族组织，享有特权。怯薛的任官只需要怯薛长向皇帝推荐即可。因此，在怯薛当差是入仕的捷径。当然，入仕的官阶也因出身门第而有所不同。

官吏出职：在中国封建社会中，官是拥有权职的，而吏是供人差使、没有品级、社会地位较低的。但元朝打破了官吏界限，提高了吏的社会地位，吏也可以任官职。元朝吏员名目繁多，并且建立了详密的吏员选用办法，规定儒生可以充任官吏，给各类学校的学生由吏入官的机会。

元朝建立后，科举制一度停废四十多年。仁宗即位后奉行儒学治国，于延祐二年（1315）恢复科举取士，规定每三年开科考试一次。元朝科举基本效仿宋制，考试制度异常详细，带有鲜明的民族歧视和民族压迫的特点。元朝科举结束了以辞赋取士，确立了以经义取士，开始规定以程朱理学作为科举取士的程式。

第五节　朱熹的教育思想

一、生平与教育活动

朱熹，字元晦，后改为仲晦，号晦庵。他出身于地主官僚家庭，他的父亲也是学者。朱熹 18 岁中举，19 岁登进士科，曾先后在京做官五任，又任泉州同安主簿、南康知军、浙东常平提举等，一生总计做官 10 年左右，其余时间大部分从事私人讲学与著述。朱熹在 24 岁时，拜程颐的三传弟子李侗为师，继承并极大地发展了程颐的客观唯心主义哲学思想，成为宋朝理学思想的集大成者。

朱熹是著名的教育家，一生从事教育活动 40 余年，在他从政的 10 年中，每到一处，除处理政务以外，他还时常提倡设立书院和州县学校，并亲自讲学。他任南康知军时，重修了白鹿洞书院，亲自任山长，制定了著名的《朱子白鹿洞教条》，该学规成为以后各代书院学规的楷模。他在白鹿洞书院讲学授徒，形成了自己的学派，培养了大批学生。岳麓书院也是朱熹聚徒讲学、传授理学的地方。他的弟子很多，每到一处都有弟子相从学习。黎靖德编纂的《朱子语类》140 卷，是朱熹一生从事教育活动、研究学术的记录。朱熹很重视整理编著教材，其中影响最大的是《四书章句集注》，在元、明、清各代都被列为官学的必读教科书。

二、关于教育目的、作用的主张

朱熹的教育思想建立在他的"理"——一元论的客观唯心主义哲学体系基础之上。朱熹继承了儒家学者的一贯主张，认为教育的目的、作用就在于"明人伦"。他说："父子有亲，君臣有义，夫妇有别，长幼有序，朋友有信。此人之大伦也。庠、序、学、校皆以明此而已。"《朱子白鹿洞教条》里，把这"五伦"列为五教之目。然而，朱熹在阐述理学的基本理论时，却把"存天理、去人欲"的"复性"之说，与"明人伦"的教育目的、作用等同起来，把儒家传统的教育观点用理学作了新解释。

朱熹认为宇宙的本源是"理"或"天理"，天理"挂搭"在人身上，叫作"性"。他说："性即理也"，他将具有"天理"的人性叫作"天命之性"，"理"和"气"相杂的人性叫作"气质之性"。"理"是最完美的；"气"有清浊、昏明之别，所以气质之性有善有不善；清明至善者为"天理"，昏浊不善者为"人欲"。既然"气质之性"中理和气、善与不善杂然并存，就要通过教育把"气"与"不善"清除干净。这个清除过程，就是"存天理，去人欲"。

朱熹认为不同人拥有"天理"和"人欲"的多寡不同，应有不同的教育目标。"圣人"生来就是由"清明之气"形成的，因此不需要教育。"贤人"要次于"圣人"，必须通过教育才能达到"亦无异于圣人"的地步。教育对于"中人"，则起着重要的作用，他认为，"中人"由于"气质"之偏、"物欲"之蔽，而介于"君子"与"小人"之间，要对其进行教育以"存天理，去人欲"，可使其成为"君子"；如果不加以教育，也可使"中人"变为"恶人"。

朱熹以理学思想为基础论述教育的目的与作用，把"三纲五常"为核心的封建伦理道德说成是"天理"必须遵守，违背或反抗封建道德的言行则是必须根除的"人欲"。朱熹关于教育的目的与作用的论述，是为强化封建伦理纲常服务的，是为封建统治的合理性服务的。

三、朱子读书法

朱熹重视读书，强调读书穷理："为学之道，莫先于穷理；穷理之要，必在于读书；读书之法，莫贵于循序而致精；而致精之本，则又在于居敬而持志，此不易之理也。"他提出过读书的一些重要原则和方法，经他的弟子归纳为"朱子读书法"。

（1）循序渐进：强调读书要按顺序进行，"以二书言之，则通一书而后及一书。以一书言之，篇、章、文、句，首尾次第，亦各有序而不可乱也"。

（2）熟读精思：对所读之书，要多读、背诵，理解精深。"遍数已足，而未成诵，必欲成诵。遍数未足，虽已成诵，必满遍数"，要"记得注解，成诵精熟"。

（3）虚心涵泳："读书须是虚心，方得。圣贤说一字是一字。"读书时必须有虚心的态度，千万不可穿凿附会。

（4）切己体察："学者读书，须要将圣贤言语，体之于身。"也就是说读书时必须融入道理中去体会其中的含义。

（5）着紧用力：读书要有废寝忘食的精神。"为学要刚毅果决，悠悠不济事。"读书时要"抖擞精神，如救火治病然，如撑上水船，一篙不可放缓"。

（6）居敬持志："应事时，敬于应事；读书时，敬于读书。便自然该贯动静，心无不在。"强调读书做事都要专心致志。

研究学习"朱子读书法"，要注意两点：（1）他所说的"书"主要是宣扬封建道德纲常、维护封建统治的"圣贤之书"。（2）他的读书法没有忽略实践，但忽略了书本知识和实际的联系。不过，"朱子读书法"是我国古代学者论述读书最充分、最系统的经验总结，至今仍有研究参考的价值。

第六章　明清（鸦片战争前）的教育

第一节　明清的文教政策

朱元璋带领起义军推翻了元朝，于 1368 年建立了明朝。1636 年，后金政权率军入关，改国号为大清。顺治元年（1644），世祖迁都北京建立了清朝。道光二十年（1840），鸦片战争爆发，资本主义国家用枪炮敲开了中国的大门，从此中国进入了半殖民地半封建的近代社会。明、清两代的文化教育仍然继承了前朝培养忠君的"顺民"的总方针，文教政策均围绕此方针制定。

一、尊经崇儒，以程朱理学为指导思想

朱元璋在征战中经常请儒士为他讲解经书历史，每攻占一处必定访求当地儒士，网罗为自己的参谋。明朝建立后，更加重视人才选拔与文化教育事业，把尊经崇儒作为国家政策。明太祖朱元璋数次下诏在全国访求贤才与招纳儒士，并赐予高官厚禄。有诏书曰："贤才，国之宝也。古圣王劳于求贤……人君之能致治者，为其有贤人而为之辅也。山林之士，德行文艺可称者，有司采举，备礼遣送至京，朕将任用之，以图至治。"当时"由布衣而登大僚者不可胜数"（《明史》卷七十一）。

明朝的尊经崇儒，特别推崇程朱理学。明政权建立后，尊崇程朱理学为正学，曾数次表彰程朱后裔及其门人。为清除佛、道的思想，朝廷下令各级学校

讲读程朱理学，重申封建纲常道德。明太祖《御制大诰》中说："申明我中国先王之旧章，务必父子有亲，君臣有义，夫妇有别，长幼有序，朋友有信。"而"今后若有犯先王之教，罪不容诛"，他把纲常道德作为统一思想的武器和进行教育的"圣经宝典"，要求全民学习他的《御制大诰》，而纲常之"道载于经"，因此必须把"纲常"道德教育渗透到经史的教学中去。

明朝中期以后，程朱之道已日趋保守而僵化衰败，代之而起的是陆王心学。王守仁继承发展了理学中的主观唯心主义，创"致良知"说，流传百年，但终未战胜朱学。明朝后期朱学又兴。同时，因明朝中期以后资本主义萌芽，反理学的实学思潮亦兴起，但程朱理学还是起着主导作用。

清朝建立以后，仍然推崇程朱理学，将其定为官方哲学，作为支配人们思想和行动的最高权威指导，为巩固封建统治的精神支柱。为了表示尊崇程朱理学，顺治十二年（1655），诏以朱熹十五世孙朱煌承袭翰林院五经博士，在籍奉祀；清圣祖玄烨于康熙五年（1666）又诏以朱熹十六代孙朱坤承袭翰林院五经博士，在籍奉祀。康熙二十二年（1683），御书"万世师表"匾额，悬于孔庙大成殿。康熙五十一年（1712），皇帝特下圣旨把朱熹列为十哲之一，并命人编辑《朱子全书》六十六卷，亲自为书作序。其在序中说："朕读其书，察其理，非此不能知天人相与之奥……非此不能仁心仁政施于天下，非此不能外内为一家。"可见，康熙十分推崇程朱理学，把它作为施教开蒙的理论基础和指导思想。清王朝后期，既提倡理学又提倡汉学，推行所谓"崇宋学之性道，而以汉儒实之"的文教政策，其目的是控制思想，使臣民愚忠，"不犯上作乱"。

二、文化专制，禁锢思想

明清两王朝，为了维护其君主专制的中央集权统治，都采取了种种文化专制的政策措施以禁锢思想。

明朝建立后，朱元璋广为搜罗和培养儒生来充实各级官僚机构，服务新王朝。朱元璋一方面重视儒生，给予官职；另一方面又猜忌他们，对不同意见者进行镇压，大兴文字狱，很多知识分子被扣上莫须有的罪名加以迫害，这种妄加抹杀的行为是明代君主专制主义的具体表现。明中后期，皇帝的专制独裁空前加强，政治腐败，宦官专政，陷害忠良，鱼肉人民，社会矛盾日趋激烈，明朝走向衰败。

清朝统治者为了禁锢思想、钳制舆论，多次大兴文字狱，屠杀知识分子，令人发指。康熙、雍正、乾隆三朝文字狱案有案可查的共有一百多起，而实际上远远超过此数。这可以说是有史以来文教上的最大浩劫，是文化教育界知识分子的大灾难。此外，清朝统治者一边搜集明朝遗老们的著作进行销毁以达到消灭异说的目的，一边诏令当时学者参与编书以便进行控制。自康熙二十四年（1685）开始，即大肆搜集国内藏书，删减篡改对他们不利的字句，禁绝不利于其统治的书籍。

明清之际大动荡的时代，产生了一批启蒙思想家和教育家。他们提出了初期的民主思想，全面批判了为封建专制和封建特权服务的整个宋明理学及八股取士制度。在反理学中产生了实学思想，这一思潮反映在教育方面，形成了一代教育改革的思潮，如反对空谈心性，提倡"务实"致用的学风，教育思想和教育制度的民主化，教育内容注重科学和实用，并不同程度地反对封建道德，谋求人的个性解放等。

第二节　明朝的教育制度

一、中央官学

（一）国子监

明太祖建都南京，建国学于鸡鸣山下，改名为国子监。明成祖迁都北京后，在北京建京师国子监，于是明代国学有南北两监之分。南京国子监规模宏大，校内建筑除射圃、仓库、疗养所、储藏室外，教室、藏书楼、学生宿舍、食堂就有两千余间。教学和管理设有五厅（绳衍厅、博士厅、典籍厅、典簿厅和掌馔厅）以及六堂（率性堂、修道堂、诚心堂、正义堂、崇志堂、广业堂）。永乐二十年（1422），其学生达 9 900 多人。但是这种兴盛时间并不长久，至景泰、弘治之际，学生"奸惰"，不安于学习；教师"失职"，不勤于教学。后来形成了"南北国学皆空虚"、有名无实的局面。

明朝国子监的入学资格比前朝大大放宽了。国子监的学生统称为监生，主要有四类：一为"举监"，即会试下第入监肄业者；二为"贡监"，即地方学校生员中选贡到国子监学习者；三为"荫监"，即三品以上官员子弟或勋戚子弟；四为"例监"，庶民捐资于官府者，其子弟可入监读书。可见，当时中小地主和有钱的工商业者也要求接受教育。国子监的学生一方面有优厚的待遇，如监生的膳食、衣帽、被褥等全由政府提供，每逢节假日还有赏钱，此外，国家还负责供养诸生的妻儿；另一方面，他们的思想也被前所未有地控制着。

国子监的学习内容以"四书五经"为主，兼读《性理大全》《说苑》《御制大诰》《大明律令》等，此外还有习字、习射等。国子监六堂分为三个等级，正义、崇志、广业三堂为初级，修道、诚心二堂为中级，率性一堂为高级，学生按照考试成绩决定入学。仅通"四书"者，在初级三堂学习；学习一年半以上，考核合格者升入中级二堂学习；再学习一年半以上，经史兼通、文理全优者升入率性堂学习；进入率性堂后实行考试积分，积满八分就授予官职。

明朝国子监还实行"监生历事制"，以培养学生处理政事的实际能力。监生学习到一定年限，分拨到中央政府各部门或地方州、县机关实习吏事，时间长短不一，期满经考核，分为上、中、下三等，上等授官，中、下等者仍历事一年再考，考后中等不拘品级，随才任用，下等回监读书。

（二）宗学、武学

宗学是专为皇亲国戚等贵族子弟而设立的贵族学校，规定世子、长子、众子、未及冠的将军和中尉以及 10 岁以上宗室子弟可入学就读，统称"宗生"，主要学习《皇明祖训》《孝顺事实》《为善阴骘》，兼习"四书五经"等。宗学每年组织考试，后改为参加科举考试。

武学是一种军事学校，学生是都司、卫所应袭子弟年满 10 岁以上者，由提学官选送入学，主要学习《武经七书》、《百将传》、"四书五经"等。崇祯十年

（1637）令府、州、县学皆设武学生员，武学又成为地方官学的一种。

二、地方官学

明朝的地方官学主要有儒学和社学两类：儒学有按行政区设立的府学、州学、县学，还有在行政机构所在地设立的都司儒学、行都司儒学、卫儒学。在行省一级设置儒学提举司，负责管理所辖各级地方儒学。后又建立了提督学校官制度，在两京（北京、南京）和各行省设置提学官，负责监督各级学校教育情况。学生分为廪膳生、增广生和附学生三类。初入学享有廪膳者为"廪膳生"，随入学人数增加，附于廪膳生后的是"增广生"，再增加名额附于末的名"附学生"。廪膳生、增广生的名额有定制，附学生则无定额。学习内容初为专习一经，以礼、乐、射、御、书、数设科分教，后又改为分礼、射、书、数四科。但实际上，由于学校已成为科举的附庸，官学只教习八股范文而已。

地方官学通过考试流通，考试分为月考、岁考和科考。月考由教官主持，每月举行一次。岁考和科考则由提学官主持，其在任三年内，两试诸生，第一次为岁考，成绩分为六等，考至一等前列可补廪膳生，其次补增广生，四等以下给予处分；第二次为科考，取岁考时一、二等生，加以复试，上等者可获应乡试资格。

社学是设在城镇和乡村以民间子弟为教育对象的一种地方官学。它招收 8 岁以上、15 岁以下儿童入学。洪武初年（1368），朱元璋令天下设立社学，于是全国各地纷纷设立社学，并挑选地方上有学问的长者任教师，教授识字、写字，所用教材主要是《三字经》《百家姓》《千字文》等，教授经、史、历、算等知识，兼读《御制大诰》《大明律令》，还讲习冠、婚、丧、祭诸礼。

明朝的地方官学除上述学校外，还设有医学、阴阳学、武学等专门学校。

三、书院

明朝初期，统治者极为重视发展学校教育，强化学校的育才和选才功能，书院几乎沉寂，到成化年间才逐渐发展起来，到世宗嘉靖年间达到鼎盛。明代书院多达 1 200 余所。王守仁、湛若水等理学大师的讲学活动对明代书院的盛衰产生了重大影响。王守仁既是朝廷重要命官又是知名学者，他积极提倡书院，所到之处均设立书院进行讲学。

明朝后期，一方面，书院和科举的关系更加密切，书院官学化程度更深；另一方面，科举腐败，学校教育空疏，一批士大夫便纷纷兴复或创建书院，倡导讲学之风。官方对于官学化的学院采取保护政策，对于不能纳入官学轨道的书院就加以禁毁。在嘉靖、万历、天启年间，曾先后发生了多起禁毁书院的事件，阻碍了书院的发展。江苏无锡的东林书院，万历年间顾宪成与好友在此讲学，经常"讽议朝政，裁量人物"，抨击当权者，得到许多士大夫的呼应，形成了一股反对当权者的势力。以魏忠贤为首的阉党，逮捕、屠杀了一批东林党人，禁毁了东林书院。

第三节　清朝的教育制度

一、中央官学

清朝中央官学以国子监为主干，以宗学、觉罗学、八旗官学、算学、俄罗斯文馆等为旁枝。

（一）国子监

清朝的国子监沿袭了明朝的旧制。顺治元年（1644），世祖修葺北京国子监为太学，亦设祭酒1人，其他人员则兼顾满、汉两族，如：司业，满、汉各1人，总理监务；监丞，满、汉各1人；博士，满、汉各1人。不过六堂士子肄业有内外班之分，其中内班住宿，外班走读，每逢上课的时候就到校。

国子监学生按其资格分为监生和贡生。监生包括恩监、荫监、优监和例监。贡生包括岁贡、恩贡、拔贡、优贡、副贡和例贡。此外，国子监还有来自琉球、俄罗斯等国的留学生。国子监学生分别编在率性、修道、诚心、正义、崇志、广业六堂学习，分内外两班，学生最多时共计 300 名。国子监学生学习"四书五经"、《性理大全》等。国子监学生的待遇除了发给"膏火"外，还有免役的权利。

清朝国子监的教学制度一方面继续沿用明制，实行监生历事制和积分法；另一方面是仿照北宋胡瑗的苏湖教法，实行分斋教学制度。乾隆年间，仿宋儒胡瑗的做法，经义与治事分斋而教学，反对大学只教经文不讲有用之学，一度出现过师徒济济、奋发求学的新气象。但由于政治日益腐败，士子科举只为名利，太学教育日趋没落和形式化。

二、宗学、觉罗学、八旗官学

这些是为皇亲国戚、八旗贵族子弟专门设立的贵族学校。宗学是专为清宗室子弟设立的学校。觉罗学是专为觉罗氏子弟设立的学校。八旗官学是专为八旗子弟设立的学校，隶属于国子监。

（三）算学和俄罗斯文馆

康熙九年（1670）即选满洲官学生 6 名、汉军官学生 4 名学习算学。康熙五十二年（1713）正式设算学馆于畅春园，选八旗子弟入学学习算法。乾隆四年（1739）因算学馆隶属国子监而定名为国子监算学，学生 12 名。

俄罗斯文馆创办于乾隆二十二年（1757），是清政府为培养俄语人才而设立的一所俄文学校，聘请驻京俄人充任教师教授八旗子弟，学生学习期满后经考试来授予官职。

清朝的地方官学主要有在府、州、县办的府学、州学、县学，统称儒学。在军队驻地设立的卫学、为孤儿以及少数民族优秀者设立的义学、设在边疆的井学，都带有儒学性质。

清随明制，在全国各地建立起府、州、县学。府学设教授，州学设学正，县学设教谕训导学生。此外，设有提督学政总管地方教育事宜。府、州、县学的学生通称生员，俗称"秀才"，明制也分为廪膳、增广、附学三种。学校内部的管理较明代更加细密，生员等级不再固定，根据学业成绩可在等级之间升降。

儒学的教学内容主要包括"四书五经"及《性理大全》《资治通鉴纲目》

《大学衍义》《历代名臣奏议》《圣谕十六条》《卧碑文》《大清律》等，不外乎儒家经典和宋明理学著作以及应付科举考试的"时文"之类，超出规定的书籍不允许诵读。

清朝书院的发展情况受当时文教政策所限制。清初统治者害怕书院传播反清思想，所以除了保存修复了白鹿洞书院、岳麓书院、石鼓书院等历史悠久的书院外，严禁创设书院，对书院采取抑制的政策。因此，在清初的 90 年间书院一直处于沉寂状态。但是，书院制度流传经宋、元、明三代，在士大夫阶层的一些知识分子中间仍然影响深刻。因此，清政府虽限制书院，但民间仍然有人创立书院讲学，只不过为数不多。

直到雍正十一年（1733），待明末清初的一些大学者相继去世后，朝廷开始逐步改变对书院的政策，由消极抑制转为积极兴办，并加强控制。清政府拨给经费命各省省城设立书院，由各省的教育长官学政聘请书院的主持者及教师，地方官员考核选择成绩优秀的学生入学。地方政府或私人创办的书院必须经官厅审核，必须教授程朱理学。在这种钳制政策下，书院已经完全失去了其早期的生气而逐渐演变成官学。

第四节　明清的私学

一、明清私学的发展

明清时期的私学有了进一步的发展，就层次而言，划分为蒙学和经馆两级。蒙学相当于小学教育，以识字和学习基本知识为主；经馆是在蒙学的基础上，学习儒家经典、理学著作，为参加科举考试做准备，相当于大学。两类私学的阶段划分并不明显，多统一于一校之内。在此，对蒙学做主要介绍。

明清时期的蒙学教育机构主要有：私人设立的私塾、乡学、村学，宗族设立的义学，富庶人家设立的家馆和政府拨款的社学。明清时期的蒙学教育开办形式多样、种类较为齐全、设置区域广泛，以义学和社学较具代表性。

义学又称义塾，是由官方或社会捐献而设立的一种免费的蒙学教育机构。早在宋代就已出现了义学，但明清时期的义学得到了政府的支持和鼓励，有了更大的发展。清朝康熙、雍正年间，政府多次下令在贵州、云南、广西等地区设立义学，到乾隆年间，义学已遍布全国。

社学是一种得到国家政策鼓励、由乡村利用冬闲时期举办的私学。社学起源于元朝而盛于明、清。明朝曾令各府、州、县建立社学，以教民间子弟。清初沿用明制，康熙九年（1670）令各府、州、县每乡设置社学一所。凡在社学中学业成绩优异者，经考试可升入府、州、县学；成绩考核不合格则被遣回社学。社学与府、州、县学在学制上相互联系。

二、明清私学的教材

明清时期蒙学教材种类多、数量大，获得了很大的发展。蒙学教材分类编写更为普遍，同时还出现了专供儿童使用的工具书，如《字汇》《初学检韵》《家塾蒙求》等，一些辅助教材也大量出现。

第五节　明清的科举制度

明朝统治者对于科举取士非常重视。一方面注意总结历代经验教训，将制度建设得更加严密、烦琐，另一方面通过科举进行文化专制的统治更甚。相比前朝，明朝科举制度的变化主要有：

一、将三级考试改为童生试、乡试、会试、殿试四级考试

童生试包括院试、岁试和科试。院试由负责一省地方教育与考试的长官主持，考试合格者为"秀才"。通过科试选取前三等的学生参加接下来的乡试。乡试在北京、南京或各省省城举行，三年一考，因其在秋季举行，又称"秋闱"。朝廷规定乡试的录取名额，考试合格后称"举人"，第一名称"解元"。乡试第二年在京城由礼部举行会试，因考期在春季，故又称"春闱"。会试通过被录取者称为"贡士"，第一名称作"会元"。会试取中后不久即参加殿试，不过殿试仅为名次排序。名次分为三甲：一甲赐进士及第，只取三名，即状元、榜眼、探花；二甲赐进士出身；三甲赐同进士出身。一、二、三甲统称"进士"

二、精简了科目，只设有进士科

三、考试方式主要有经书义和策论

经书义考试是以经书中的文句作为题目，要求考生作文阐明其中的"义理"。为使考卷评审公正客观，将八股文（又称时文、制艺）定为考试的标准规定文体。八股文注重格式、讲究对偶排比，且题目主要限于"四书"，所论述内容也要以朱熹的《四书章句集注》为标准，不许自由发挥，字数也有规定。

可见，八股文形式呆板，内容空洞贫乏。这实际上是文化专制主义在科举考试中的反映。策论，指针对经义或政事提出问题，令考生对答，格式较灵活。

四、考试规则更加严密

考生报名须填写家状，内容包括本人姓名、年龄、籍贯、三代、户主、父母年龄等情况。

清朝科举制度沿袭了明朝，变化不大，只是在考试科目中增加了一门小楷。清末科举更加腐败、空疏无用、残害知识分子，不断遭到有识之士的谴责。1905 年，实行了 1 300 余年的科举制度被彻底废除。

第六节　王守仁的教育思想

一、生平与著作

王守仁，字伯安，明朝中期著名的主观唯心主义思想家、教育家。因为他曾在阳明洞读书、讲学，自称阳明子，别号阳明，人称"阳明先生"。其死后谥号为"文成公"，后人亦称他为"王文成公"。王守仁从政的同时热心于教育，从事兴学、讲学共 23 年。他从 34 岁开始收徒讲学，曾创立龙冈书院，在文明书院主讲，修建濂溪书院、阳明书院，集门人于白鹿洞书院讲学，在浙江设立稽山书院。稽山书院、龙泉寺中天阁讲学，盛极一时。他的主要思想反映在《王文成公全书》和《传习录》中，这两部著作是研究他的教育思想的主要资料。

二、教育思想

（一）关于教育作用和目的的主张

王守仁哲学思想的核心是"心即理"。王守仁"心即理"的主观唯心主义观点来自南宋陆九渊提出的"宇宙便是吾心，吾心即是宇宙"。王守仁将其继承发挥，认为宇宙万物都靠心的认识而存在。他说："你未看此花时，此花与汝心同归于寂；你来看此花时，则此花颜色一时明白起来，便知此花不在你的心外。"他反对朱熹"即物穷理"的思想，不承认有客观存在之理，认为"心外无事，心外无理，故心外无学"，"君子之学，以明其心"，因此，教育的作用就是明心、存心、求得其心，即去人欲、去习染，也就是"存天理，去人欲"。

王守仁认为教育的目的是"明人伦"。他所谓的"人伦"就是三纲五常的封建道德观念，他说："所谓父子有亲、君臣有义、夫妇有别、长幼有序、朋友有信五者而已，唐虞三代之世，教育唯以此为教，而学者唯以此为学。"他认为人人都有"不待学而有，不待虑而得"的"良知"，即"天理"。圣人天理纯全，良知常在，所以为圣。一般人的良知常被私欲所蒙蔽，有如明镜染尘埃，要想去掉私欲，恢复本心，必须要有存善去恶"致良知"的功夫。因此，"致良知"就是"存天理，去人欲"，以实现"明人伦"的教育目的。其本质就是要求教育培养具有封建道德观念的"顺民"，以维护和巩固封建伦常的社会秩序。

（二）关于教育内容的主张

王守仁认为凡是有助于"求其心"的都可作为教育内容，读经、习礼、写字、弹琴、习射，各自有不同的作用，都可以学习。王守仁关于读经的看法不同于朱熹。朱熹认为，圣人的教训都在经书，为学必须穷理，穷理必须读书。而王守仁认为，经书是"常道"，即永恒而普遍的道理，然其根源仍在本心。他认为"六经"不过是"本心"的账簿而已："《书》也者，志吾心之纪纲政事者也；《诗》也者，志吾心之歌咏性情者也；《礼》也者，志吾心之条理节文者也；《乐》也者，志吾心之欣喜和平者也；《春秋》也者，志吾心之诚伪邪正者也。"所以读经是为复明本心之"常道"。因此，他主张读书必须与自己的"心"相结合，并认为写字、弹琴、习射也对陶冶本心很有价值。

根据这种主张，王守仁提出了著名的"训蒙教约"。规定道德训练的标准为孝、悌、忠、信、礼、义、廉、耻八目，所设科目为歌诗、习礼、读书三项。歌诗可以"精神宣畅""心气和平"，习礼可以"礼貌习熟""德性坚定"，读书可以"义礼浃洽""聪明日开"。每日课程，先考德，次背书、诵书，次习礼或作课仿，次复诵书讲书，次歌诗。"凡习礼歌诗之类，皆所以常存童子之心，使其乐习不倦，而无暇及于邪僻。"

（三）关于教学原则和方法

除了继承前人的教学原则和方法外，王守仁还提出了不少具有个人思想特色的教学原则和方法。

1. 知行合一

在知行关系上，王守仁主张知行合一。"知之真切笃实处即是行，行之明觉精察处即是知。""知是行之始，行是知之成。若会得时，只说一个知，已自有行在；只说一个行，已自有知在。"他的"知行合一"以"致良知"为标准，知行合一是为了"致良知"，要想"致良知"就要知行合一。"知"是知天理，"行"也是要行天理，人只要切实地去掉"人欲"、保存"天理"，就自然达到"知行合一"。但针对程朱理学知而不行的"空疏谬妄"，他提出了"真知即所以为行，不行不谓之知"的观点，他的主张更倾向于行，"尽天下之学，无有不行而可以言学者"，他强调只有行动才能"学"，反对"着空"。尽管其理论体系是主观唯心主义的，但重视行动的知行观对学习来说具有一定的积极意义。

2. 自求自得

孔子曾曰"当仁不让于师"，孟子亦说"尽信《书》，则不如无《书》"，但在统治者实行文化专制的文教政策下，独立思考是被压制的，考试的唯一标准是儒家经典和宋明理学。而王守仁认为"是非之心，人皆有之"，提倡独立思考，强调自求自得，认为应当不同于圣人之见、经书之说，这在当时是非常先进的思想。

王守仁主张，学习贵于自得，教师要引导学生"各得其心"。他引用孟子的话表达自己的观点："君子深造之以道，欲其自得之也。自得之……则取之左右逢其原（源）。"他说："学问也要点化，但不如自家解化者，自一了百当。不然，亦点化许多不得。"他自己在教学中很少长篇大论，多数情况下是三言两语地指导与启发，鼓励学生独立思考得出结论。因此，他提倡学术公有，认为人人都有独立思考和发表意见的权利。他说："夫道，天下之公道也。学，天下之公学也。非朱子可得而私也，非孔子可得而私也，天下之公也，公言之而已矣。"

3. 顺应儿童天性的教学方法

王守仁批判当时人们进行儿童教育的方式，反对以粗暴的手段对待儿童。他认为当时学校里教师对待儿童是"鞭挞绳缚，若待拘囚"，致使儿童"视学舍如囹狱而不肯入，视教师如寇仇而不欲见，窥避掩覆以遂其嬉游，设诈饰诡以肆其顽鄙，偷薄庸劣，日趋下流"。

王守仁认为教育儿童应当顺应儿童天性，采取诱、导、讽的教学方法。他从良知说出发，认为乐是心中本体，好玩是儿童的天性，教学应从积极方面入手，通过各种措施引起儿童的乐学情绪。他说："大抵童子之情，乐嬉游而惮拘检，如草木之始萌芽，舒畅之则条达，摧挠之则衰痿。今教童子，必使其趋向鼓舞，中心喜悦，则其进自不能已。"针对这种认识，王守仁提出，以诱之歌诗、导之习礼、讽之读书，来"训导其志意，调理其性情，潜消其鄙吝，默化其粗顽"，从而达到"日使之渐于礼义而不苦其难，入于中和而不知其故"的效果。可见，王守仁主张对儿童进行教育应当如春风化雨般启发诱导，使儿童在潜移默化中得以成长。

总之，王守仁关于儿童教育的思想是符合儿童生理与心理发展特点的，不仅具有进步的历史意义，而且具有积极的现实意义。

第七节　颜元的教育思想

明末清初，资本主义萌芽，封建社会的经济基础开始瓦解，西方文化开始传入中国，文化教育领域也出现了启蒙主义的教育思潮。启蒙主义教育思潮主张教育要培养经世致用的实用人才，反对理学家仅仅注重内省自修的教育方法，主张践行、习行，重视"行"的作用，在教育内容上也提倡有实际内容的实学。他们揭露科举考试的弊端，要求重视对自然科学知识、军事知识技能等的学习，培养"实才实德之士"。其代表人物有黄宗羲、顾炎武、王夫之、颜元等。

一、生平与思想

颜元，字易直，又字浑然，号习斋，清初著名的启蒙主义思想家。颜元反对理学，在批判理学的过程中形成了自己的学术与思想理论体系，有著作《存学编》《存性编》《四书正误》《朱子语类评》以及门人整理的《习斋言行录》等，是研究其教育思想的主要材料。

二、论教育的作用

颜元是从两个方面来论述教育的作用的：一是教育的社会政治作用，二是教育对人性发展的作用。

颜元认为教育培养人才是治国安邦的基础。颜元批判传统教育："普天昏梦，不归程朱，则归陆王，而敢别出一派与之抗衡翻案乎？"尤其反对程朱理学，认为其"全以章句误乾坤"。他还抨击八股取士制度："天下尽八股，中何用乎！故八股行而天下无学术，无学术则无政事，无政事则无治功，无治功则无升平矣。故八股之害，甚于焚坑。"他认为八股最终将导致政治腐败、世风日下。由此，颜元提出教育的目的是要培养"肯做工夫庸人"的"圣人"，要想"致富强"，出现"列之朝廷者皆经济臣"的良好局面，就必须使"天下之学校皆实才实德之士"，培养经世致用的人才。

在人性问题上，颜元不同意理学把人性分为义理之性和气质之性。他认为人性是善的，之所以为恶，是由于"引蔽习染"，所以教育的作用在于预防和去掉恶习，使人性向善。这是必要而且可能的。即便是为恶的，对其进行教育也可以教好。颜元强调通过教育可以改造沾染的恶习，重视环境对人的影响作用，具有一定的积极意义。

三、关于教育的目的和内容

颜元主张教育要培养出"经世致用"的人才。他指出"学所以明伦耳"，他要求所培养的人不仅要有仁、义、礼、智等德行，而且应当掌握一定的专业技能，这样有实才实德的人才是能够利济苍生的圣贤。颜元关于教育目的的主张沿用了儒家传统圣贤的观点，但赋予了新的内容。

颜元认为要达到培养这种"有学术""有治功"的学用一致的济世人才的目的，教育内容必须反对空疏无用的书本和空谈，要以"实文""实行""实体"和"实用"为原则。因而，他提倡文武兼备，反对重文轻武；提倡劳动教育，反对不劳而食。

颜元晚年主持漳南书院的工作，是他教育思想的实践。漳南书院设文事斋、武备斋、经史斋、艺能斋、理学斋和帖括斋。文事斋教授礼、乐、书、数、天文、地理等科；武备斋教授黄帝、姜太公以及孙子兵法，陆水战法、射御技击等科；经史斋教授十三经、历代史、诸文等科；艺能斋教授水学、火学、工学、象学等科；理学斋教授静坐、程朱陆王之学；帖括斋教授八股文。

理学斋与帖括斋的设立是为了"应时制"，其他四斋是颜元"实学"的具体教育内容，只有学习这些内容才能实现"垦荒、均田、兴水利"以富天下，实现"人皆兵，官皆将"以强天下，最终实现"举人才、正大经、兴礼乐"以安定社会秩序。颜元的教育思想代表了当时启蒙思想家的一致认识。

四、关于教学方法

在教学方法上，颜元反对理学的"主静"观点，强调"主动""习行"的教学方法，认为这两种方法是势不两立、不可调和的。他提出"觉思不如学，而学必以习"，人们要想获得真正有用的知识，就必须"习行"，把知识和实践联系起来，这关系到人才的培养和国家的强弱。颜元强调"习行"并非是排斥书本知识，事实上他也主张通过读书获得知识，但是认为读书、讲授都必须与"习行"相结合才能获得良好的效果；要在实际活动中进行教学，要通过具体的事去传授知识。颜元还重视劳动在人才培养中的积极作用。

主动、习行的主要方法是"格物致知"。他认为"物"就是客观世界中实际的事和物，"格物"就是亲自去接触、去感受这些客观的事物，只有亲身接触了才能获取到知识，即"致知"。就比如礼节讲几十次、思考几十遍，仍然不能算是知道了，除非亲身体验如何行礼的过程，才能算是知道了。可见，颜元十分重视直接经验。

颜元的教育思想受时代的局限，基本立场仍是维护封建统治的，但敢于冲破封建束缚，提出了与理学唯心主义相对立的唯物主义教育理论，是中国古代教育史上的重大突破。

第七章　晚清时期的教育

第一节　清末的教育

一、清教育的衰落

鸦片战争时期，中国逐步沦为半殖民地半封建社会，在西方文化冲击下，封建文化日益瓦解，封建教育在急剧的社会变革中走向衰落，近代教育开始萌芽和起步。

（一）科举制度的腐败

清末科举制度已经是穷途末路，士子参加科举是为了升官发财。科举的内容和方法是僵化的八股文，考官多出偏题、怪题以增加难度。同时，清末科举营私舞弊成风，花钱买监生或者举人的屡见不鲜。科举制的日益腐败，严重束缚了知识分子的头脑，阻碍了文化思想的发展，败坏了学风，败坏了人才，使整个社会文化毫无生机。

（二）教育制度名存实亡

清末教育制度设置较完备，官学有中央官学和地方官学，中央官学设有国子监、宗学、旗学等，地方官学设有府学、州学、县学。此外，民间设有义学和社学等私学。但除了私学真正是学子读书的地方外，官学大多徒具学校之名、形同虚设。因为官学与科举的紧密关系，所以官学基本都是科举的预备学校。学生入监并非为了读书求知，不过是为求得一个进身做官的资格。官学管理制度混乱，教育内容空疏。如国子监，已无管理制度，因取消了"坐监"制度，座位空闲，书声无闻，学生个个游手好闲、不学无术。

（三）教育思想专制

清朝政治上继承了数千年的封建君主政体，统治政权严密而专制，教育不过是统治者维护封建统一的政治工具。学校教育的目标、内容、课程、教材都是为此服务的。在这种专制主义和文化高压政策下，知识分子只允许考据经典，读圣人言，将宋明理学定为正统思想，其他都为异端。清政府制定了各种教条，甚至多次大兴文字狱以钳制知识分子的思想。在这种高压专制政策下，清末教育更加机械、教条、脱离实际、空疏无用，加剧了清末政治、经济、文化的黑暗和腐朽。

二、教会学校的开端

（一）夺取在中国办教育的特权

鸦片战争开始后，资本主义的侵略使中国政治、经济的主权不断丧失。随着侵略的加剧，列强通过不平等条约夺取在中国办教育的特权。

1842 年，中英《南京条约》中规定："开放五口通商口岸，准许英国及其他国家的人，在其中居住、经商和建立教堂传教。"1844 年，美国逼迫清政府签订中美《望厦条约》，规定："合众国民人在五港口贸易，或久居，或暂住，均准其租赁民房，或租地自行建楼，并设立医馆、礼拜堂及殡葬之处……"1844 年，中法《黄埔条约》中规定："佛兰西人亦一体可以建造礼拜堂、医人院、周急院、学房……倘有中国人将……毁坏……地方官照例严拘重惩。"在这一系列不平等条约中，帝国主义列强获得了在中国开展文化教育活动的特权，并且还受到清政府的保护。

（二）开办教会学校

早在鸦片战争前，各国传教士已经在中国开始创办学校了。如 1839 年，美国传教士布朗夫妇在澳门设立了马礼逊学校。鸦片战争后，外国人在各地设立的学校逐渐多起来，先是在香港和五个通商口岸等东南沿海一带，接着深入到京、津、长江沿岸和内地。如 1844 年，英国东方女子教育协进会在宁波设立女塾；1845年，美国长老会在宁波设立义塾，为后来之江大学前身；1849年，法国天主教耶稣会在上海设立徐家汇公学；1851年，美国圣公会在上海创立女塾，后为玛利亚女校前身。后来外国传教士在中国办学日益增多。据统计，从1842年到1877年期间，基督教在中国创办学校达350所，天主教创办的学校更多。

教会学校一般规模较小，学生也少，主要以初等教育为主。它们在教学内容与形式等多方面都不同于中国传统学校教育，如课程设置上开设了数学、天文、地理等，有的还开设了外语。早期教会学校还保留了中国传统教育的一些内容，如《三字经》等。多数教会学校免收学费和膳宿费，有些还供给衣服、路费等。教会学校重视女子教育也是不同于中国传统教育的一大特点，一开始就创办了女学。因为教会学校是受不平等条约保护出现的结果，是基督教传播基督福音和培养教徒、西方列强进行文化侵略的工具，所以教会学校在当时并不受中国人的欢迎。

（三）出版刊物

外国传教士还在中国设立出版机构和报馆，作为侵华的舆论工具。他们刊印报纸、图书、杂志、教科书等，介绍科学常识与西洋文化。如1843年英国传教士在上海创办的墨海书馆、1845年美国长老会在宁波创办的美华书馆、1878年成立的圣教书会等，翻译、编著和出版了许多自然科学、政治、宗教和其他方面的书籍。1868年基督教在上海创刊《教会新报》，刊登中外史地、科学常识以及中国教育等，这是外国在中国创办的对教育影响较大的刊物。此外，外国传教士还在中国开办了医院、孤儿院、育婴堂等机构。

外国传教士在中国进行文化教育活动，是带有文化侵略目的的。他们办学校主要是为了传播西方宗教，扩大西方教会的影响，培养宗教信徒。但也不可否认，教会学校将西方现代学校的办学模式带到了中国，从课程、方法乃至规章制度方面，都对中国社会及其教育界产生了深刻的影响。

第二节　洋务运动时期的教育

一、洋务教育产生的背景

两次鸦片战争失败之后，帝国主义加紧了对中围的侵略和分割，再加上农民革命运动的冲击，清政府在如何维持摇摇欲坠的统治问题上逐渐形成了两大派，即顽固派和洋务派。顽固派拒绝改革，反对向西方学习，极端守旧，仍然坚持以封建伦理纲常来达到维护清政府封建专制统治的目的，他们多是清末大地主阶级的卫道者。洋务派主张通过改革、学习西方先进技术来维护清末统治。洋务派在同西方列强交往中逐渐认识到必须学习资本主义国家的先进科学技术才能使国家富强。其代表人物有奕䜣、曾国藩、左宗棠、李鸿章，后期有张之洞等。洋务派在 19 世纪 60 年代到 90 年代，举办了一系列"自强""求富"的事业，史称"洋务运动"。洋务教育是洋务运动的一个重要组成部分。

为了培养买办、翻译、工艺人员和陆海军军官等洋务人才，洋务派提出了"中学为体，西学为用"的办学指导方针。就是说，学校教育首先以传授经史之学为主，这是做其他学问的基础，然后再学习西方科学技术知识。

二、洋务运动时期的教育活动

（一）创办新式学堂

洋务教育是帝国主义利益与清朝统治者需求下的产物。外国列强在华所办的教育一直不被接纳，于是便开始扶植洋务派的官办新式学校，并吸引留学生。清政府成立了"总理各国事务衙门"来处理繁杂的外交事务，急需外交事务人员和翻译人员。咸丰十年（1860），洋务派人物恭亲王奕䜣上奏表明由于语言不通给处理外交事件带来诸多不便。1862 年，他又上奏开设外国语学校来培养所需人才。同年，清政府在北京设立第一所洋务学堂——京师同文馆。此后，新式学堂不断开设。

新式学堂大致可以分为三类：方言学堂，也就是外国语学堂；军事学堂；技术学堂。

方言学堂主要培养翻译人员，以学习外国语为主，主要有以下几所：1862年在北京开设的京师同文馆，1863年在上海设立的广方言馆，1864年设立的广州同文馆，1893年设立的湖北自强学堂等。京师同文馆是我国最早的官办新式学校，创立之初专修外国语，选满族亲贵子弟中十三四岁的少年入学。其最初只有英文馆，学生10人；1863年增设法文馆和俄文馆；1866年增设天文馆、算学馆，此后变为综合性学校；1872年设德文馆；1896年设东文馆；1900年，八国联军攻占北京时停办；1902年并入京师大学堂。京师同文馆以教授外语为主，规定学生必须学好了外语，才可以学习别的技术、技能，后来逐渐开设算学、化学、万国公法、医学、生理、天文、物理等课程。并且汉文经学始终贯穿所有课程，特别重视对学生进行封建道德伦理纲常的教育，馆内有包含三千条礼仪的书供学生学习。京师同文馆向学生讲授万国公法等课程，宣传强国欺凌弱国的强盗逻辑，灌输殖民主义思想。清朝政府原本规定馆内不许宣传基督教，但在西方列强的强势压迫下，该规定逐渐形同虚设。外国传教士随时自由地向学生传输宗教，兜售他们的"基督文明"，以麻痹学生的思想。京师同文馆的管理也被列强控制。京师同文馆的办学经费来自海关拨款，而海关则由英国人赫德把持，所以京师同文馆从办学经费到聘请校长教员都由赫德一手操纵。京师同文馆的教员多为洋人。1884年，清廷任命美国传教士为总教务长，以后各届总教务长均为洋人。比如算学馆，除了算学教员是中国人，其余都是洋人。京师同文馆及其以后出现的一批洋务学堂是清政府和外国资本主义勾结的产物，是我国半殖民地半封建教育的开端。随着新式学堂增设一系列自然科学课程，科学教育正式列入中国教育制度之中。

军事学校主要培养能使用洋枪、洋炮的士兵和军官。1866年设立福州船政学堂，1881年创办北洋水师学堂，1886年设立天津武备学堂，1887年设立广东水师学堂，1890年南京设立江南水师学堂，1893年天津设立军医学堂，1895年湖北设立武备学堂等。

技术学堂是培养会使用和维修洋机器的人员和一些通讯人员等。1865 年，上海江南制造局设立机械学堂；1880 年，天津设立电报学堂；1883 年，上海设立电报学堂；1892 年，湖北省矿务局设立采矿工程学堂等。

（二）留学教育

洋务派除了创办新式学校以外，还倡导留学教育，派留学生到英、法、美、日等国学习先进的科学与技术，开了我国公费留学的先河。1872 年，派一批幼童留美；1875 年，派福建船政学堂学生 5 人前往法国学习船政；1877 年，派福建船厂学生 14 名、制造艺徒 4 名前往法国学习制造，派 12 名学生前往英国学习驾驶；1876 年，派学生 7 名前往德国学兵技；1881 年，派船政学堂 10 名学生分别赴美、德学习。

在洋务派的留学活动中，最著名的是容闳率领 120 名幼童留美。容闳，广东人，1841 年入澳门马礼逊学校学习，1847 年随校长赴美留学，1854 年结业，成为第一位美国一流大学毕业的中国人。回国后，立志将美国先进文化教育输进中国。1867 年，他向曾国藩建议派留学生赴美，得到赞同，但未能实行。1871 年，曾国藩与李鸿章联名"奏选派幼童赴美肄业办理章程折"，获清廷批准，决定派遣 120 人，由陈兰彬、容闳任正、副监督，筹办出国事宜。1872 年，容闳带领 30 名幼童赴美，这是我国官派留学之始。此后，1873 年、1874 年、1875 年分别派 30 名学生赴美学习。这些学生，最大的 16 岁，最小的 10 岁，多为十二三岁。计划每届学生留学 15 年后依次回国 20 名。我国著名工程师詹天佑就出自这批留学生。

留美学生学习西学外仍兼习中学，以防丢了中国的传统。他们在国外除了要学习军政、船政、制造以外，还要学习《孝经》《小学》及"五经"等。每逢节日，学生要被召集起来聆听《圣谕广训》，每逢初一、十五要对着清朝皇宫所在的方向行跪拜礼，瞻拜孔子神像。

1881 年 6 月，任驻美国公使的陈兰彬上奏，转述留美事务所总办吴子登的意见："外洋风俗，流弊多端，各学生腹少儒书，德性未坚，尚未究彼技能，先已沾其恶习，即使竭力整顿，亦觉防范难周。"此外，容闳向美国提出选派程度较高的学生入海陆军学校学习也遭到拒绝。1881 年 7 月，清政府解散留美事务所，留学生分三批回国。留学教育半途而废。

洋务派办留学教育是为维护其半殖民地半封建的统治，培养洋务人才。但事实上，中国外受列强打压歧视，内有顽固守旧势力阻挠，举办留学教育学习科学技术是难以实现国家富强的。不过清政府的这些努力还是有一些成果的，一批青年学习了近代自然科学和生产技术知识，成为优秀的爱国知识分子，是中国第一代科学技术人才，如技术人才詹天佑，海军人才林曾泰、刘步蟾，外交人才梁敦彦，哲学、政治学人才严复以及一些企业管理人才等，这是一批优秀的爱国知识分子。

洋务教育是中国半殖民地半封建教育的开端，学习西方办新式学校，派留学生学习科学技术，丝毫没有改变封建教育的本质。但洋务教育也有进步的一方面：办了中国第一批新式学校，科学技术知识正式成为教育内容，培养了一批优秀的新式知识分子等。

第三节　维新运动时期的教育改革

鸦片战争后，中国封建经济加速解体，民族资本主义在本国封建势力和外国帝国主义的双重压迫下缓慢地发展着。19 世纪 70 年代开始，出现了早期资产阶级改良主义者。1895 年中日甲午战争失败以后，早期资产阶级改良主义思潮开始转变为救亡爱国运动，康有为、梁启超、谭嗣同、严复等主导的维新变法运动要求改变封建专制政体、实行君主立宪、兴办新式工业、发展资本主义经济、改变取士制度、学习西方文化等。变法始于 1898 年 6 月 11 日，至 9 月 21 日慈禧发动政变结束，共 103 天，史称"百日维新"。

一、维新派和顽固派、洋务派在教育问题上的分歧

在思想意识上，资产阶级维新派反对以三纲五常为中心的封建伦理道德，要求参与政权，实现君主立宪。维新派以西方资产阶级"天赋人权"的思想反对三纲五常。他们推崇西方民主政治制度，以西方资产阶级的民主观念来反对封建专制思想，特别是君权思想。如严复在《辟韩》一文中指出：君臣本无别，君原为民所共举、为民办事而已。实际上，资产阶级维新派所谓的民权是有限度的，不过是要求在保留君主的情况下允许资产阶级参政。他们中的多数人也并不敢直接攻击封建纲常伦理，往往还附会古代经籍。而封建势力代表张之洞反驳维新派对三纲五常的批判，说"君为臣纲、父为子纲、夫为妻纲"是上天定的不变的道理，如果抛弃则势必天下大乱。

在教育内容上，维新派主张学习西学，学习西方资产阶级的社会政治学说和自然科学。他们批评"宋学义理""汉学考据"，认为学习这些没有实际用途，只能培养俗儒、鄙夫。顽固派坚持中学、排斥西学，认为西学是"邪说"，是"奇技淫巧"，提倡西学者便是"乱臣贼子""离经叛道"。洋务派主张"中学为体，西学为用"，本质上与顽固派并无差异。他们所讲的"西学"是西文与西艺，对西方的政治学说是反对的。

维新派认为欲救中国必须开民智，培养人才就必须废除八股、兴学校、建立资本主义的教育体系。顽固派坚持八股取士制度，反对兴办新式学校的主张，认为"名为培才，实则丧才"，是败人心、坏风俗、违背正道的。洋务派虽然主张办新式学校，但其目的是培养体用兼备的"通儒"，对于资产阶级维新派要培养新政人才是坚决反对的。

二、兴办学堂

兴办学校是维新派宣传主张、培养变法人才的重要途径。资产阶级维新派办的重要学堂有万木草堂、时务学堂、通艺学堂、浏阳算学馆、时敏学堂、务本女塾、经正女学等，影响最大的是万木草堂和时务学堂。

（一）万木草堂

万木草堂由康有为于 1891 年到 1895 年在广州设立，开始只有 20 多人，后来达 100 多人。康有为在该学堂讲学 4 年，宣传变法思想，培养变法人才。

万木草堂的课程包括中学、西学，既有中国经史、诸子之学，也有包括了自然科学与社会科学在内的西学，德、智、体、美兼而有之。这些教育内容又分为内课和外课。内课有：（1）义理之学，包括孔学、佛学、周秦诸子学、宋明学、泰西哲学等。（2）考据之学，包括中国经史学、万国史学、地理学、数学、格致学。（3）经世之学，包括政治原理学、中国政治沿革得失、万国政治沿革得失、政治经济学。（4）文字之学，包括中国辞章学、外国语言文字学。外课学科分校中、校外，校中有演说、札记，校外有体操、游历。除此之外，还有音乐和体育。在组织管理方面，康有为自己担任总教授、总监督，并选出 2～6 人学生作为学长协助教学。图书、仪器也由学生自己管理。学生除课堂教学外，每天记"札记"，每月交一次，由康有为亲自批阅。万木草堂在培养变法思想、训练变法骨干上起了重要作用。

（二）时务学堂

时务学堂由熊希龄、陈宝箴、黄遵宪、梁启超、谭嗣同于 1897 年 10 月在湖南长沙创办，目的是通过教育使学生有变法思想，有广博的知识。梁启超担任中文总教习，谭嗣同、唐才常任分教习。

总教习梁启超亲自制定了《湖南时务学堂学约》，规定学纲十条：立志、养志、治身、读书、穷理、学文、乐群、摄生、经世、传教。前八条是学堂教学每日的功课，后两条是知识的运用。经世就是用所学的知识来分析时政，比如从各报所记载的事件中选择一二，让学生来发表看法。传教就是把学到的主张宣扬传播出去。学堂的课程分普通学和专门学。普通学要学习诸子学、经学、公理学和中外史治及格算诸学，属于比较基础粗浅的层次。专门学分：公法学、掌故学、格算学。学生要先学习六个月普通学，从第七个月开始，在继续学习普通学的同时增加专门学。

万木草堂、时务学堂等资产阶级维新派办的学校，在教育目的、教育内容和方法上都不同于封建主义的旧教育。这些学校培养出了一批变法人才，如万木草堂的高才生有梁启超、陈千秋、徐勤，蔡锷、范源濂则出自时务学堂。但这些学堂仍然残存着一些封建主义因素，在课程内容与道德训练的方法上很多出自宋明理学家的教育主张。

三、维新运动中的教育改革

"百日维新"中，资产阶级维新派通过光绪皇帝颁布了大批维新变法诏令。其中关于文化教育方面的改革措施有：

（一）废除八股，改革科举制度

首先，会试、省级的乡试及府县的童生岁科的考试，由原来所考的八股文一律改为策论。乡试、会试仍定为三场：第一场试中国历史、国朝政治论五道；第二场考时务策五道，内容为五洲各国政治、专门之艺；第三场试四书义两篇、五经义一篇。童生（秀才）考试也依照该法，先试古经一场，专取史论时务策命题，正场试以四书义、五经义各一篇。规定以后一切考试要以讲求实学、实政为主来取士。此外，还开设经济特科（法律、财政、外交、物理学），来选拔新政人才。维新运动失败后，八股取士曾一度恢复。

（二）设立京师大学堂

"百日维新"前就有有识之士不断建议开京师大学堂以解决人才的匮乏问题，得到光绪帝的赞成，但因顽固派阻挠而未落实。1898 年，变法运动进入高潮，康有为再次提出在京师设立京师大学堂以及在各省、府、县建立学校的建议。在多人奏请下，光绪帝数次下诏着手开办京师大学堂事宜。1898 年 7 月 3 日发布设立京师大学堂，将原设的官书局和译书局并入大学堂，利用官书局原址创办。

按光绪帝的指令，"京师大学堂为各行省之倡，必须规模宏远，始足以隆观听而育人才"。办学要"参用泰西学规""中西并用"。"为广育人才，讲求实务"，要求教员"认真训迪，日起有功，用副朝廷振兴实学"。光绪帝命军机大臣与总理衙门议奏大学堂章程，由梁启超参考日本和西方学制，起草了《京师大学堂章程》。

《京师大学堂章程》共八章五十二条。大学宗旨为为国家培养有用人才。课程分为普通学和专门学。普通学为必修科，有经学、理学、中外掌故学、诸子学、初级算学、初级格致学、初级政治学、初级地理学、文学、体操十种，此外要在英、法、俄、德、日五种外国语中选习一种，与普通学同时学习。专门学每人各修一门，分为高等算学、高等格致学、高等地理学、农学、矿学、工程学、商学、兵学、卫生学等十种。清廷派管学大臣管理大学堂事务。京师大学堂不仅要管理好自身，还要成为各省学堂的表率，而且还有统辖各省学堂的大权。

1898 年 9 月政变后新政停止，虽没有封闭京师大学堂，但此后大学堂逐渐有名无实。慈禧恢复了八股取士后，大学堂的学生纷纷请假赶考。1900 年，八国联军入京，京师大学堂停办。1902 年清政府被迫实施"新政"，恢复了京师大学堂，成立了师范馆，此后逐渐开始向近代大学转变。1912 年，京师大学堂改名为北京大学。

（三）筹办各级各类学校

"百日维新"中提倡举办各级各类学校，提倡西学。在光绪帝下令后，各地旧有的大小书院一律改为兼习中学和西学的学堂，省会的书院改为高等学堂，府城的书院改为中等学堂，州、县的书院改为小学堂；地方捐办的义学、社学也令中西兼学；鼓励支持官绅、富豪、商贾等一切可能的力量参与兴办学校，包括初等、中等、高等学校以及铁路、矿务、农务、医学等专门学校。

（四）派人出国游学

维新变法期间，光绪帝多次下诏，由各省督抚从学堂中挑选优秀、聪明的学生出国游学深造。

（五）建立译书局和编译学堂，编译外国教科书及其他书籍

为学习西方先进知识，1898 年 8 月 16 日成立了译书局，后又成立了编译学堂以培养编译人才；改《时务报》为官报，令康有为督办；鼓励自由设立报馆、著书、发明创造等。

维新派的这些关于教育的改革措施极大地冲击了封建主义的传统教育，富有资本主义色彩，体现了资产阶级维新派发展资本主义的愿望，其部分教育主张得到了一些实现，预示着近代学制的产生。但是，在他们的各项改革措施中，

无论对科举制度的改革，还是京师大学堂的开办，多处都保留了一定的封建性的内容，这是由资产阶级维新派的局限性所决定的。

第四节　"新政"时期的教育改革

1900 年义和团反帝爱国运动爆发，与此同时，八国联军侵华。1901 年，清王朝宣布"新政"，企图通过变法以维持朝政。"新政"改革中兴办了新式学堂，并形成了新的教育体制，改革和废除科举制度。

一、"壬寅·癸卯学制"的颁布

清末"新政"实施"新教育"的一个重要方面就是建立新的学校教育制度。1902 年，由当时的管学大臣张百熙拟定有关学校教育体系的《钦定学堂章程》，因 1902 年为壬寅年，所以又称"壬寅学制"，是我国教育史上第一个系统的学制。壬寅学制虽然正式公布了，但没有实施。1903 年又由张百熙、张之洞、荣庆重新拟订了《奏定学堂章程》，于 1904 年 1 月颁布执行。这是中国第一个比较完整的、经法令正式公布并在全国实行的学校教育体系，称"癸卯学制"。癸卯学制对学校系统、课程设置、学校管理等都做了具体规定。

癸卯学制纵向分为 3 段 7 级（详见下图）。第一阶段为初等教育，其中蒙养院 4 年、初等小学堂 5 年、高等小学堂 4 年，共 3 级 13 年。蒙养院即幼儿启蒙教育，学习内容有游戏、歌谣、说话和手技，主要以发展身体、启发心智、学习规范为主。初等小学堂由府、厅、州、县、镇及私人设立。儿童 7 岁入初等小学堂，"以启其人生应有之知识，立其明伦理爱国家之根基，并调护儿童身体，令其发育为宗旨"，学习课程有修身、读经讲经、中国文学、算术、历史、地理、格致、体操 8 门完全科目，另有图画、手工 2 门随意科目。高等小学堂由州县设立，大的城镇也可设立。高等小学堂以"培养国民之善性，扩充国民之知识，强壮国民之气质为宗旨"，学习课程有修身、读经讲经、中国文学、算

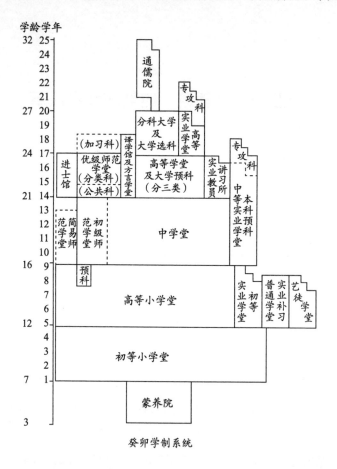

癸卯学制系统

术、历史、地理、格致、图画、体操 9 门，另外设有手工、农业、商业等随意科目。第二阶段为中等教育，设 5 年制中学堂 1 级，以"施较深之普通教育，俾毕业后不仕者从事于各项实业，进取者升入高等专门学堂均有根柢"为宗旨。中等教育开设有修身、读经讲经、中国文学、外国语（英语、德语、法语、俄语）、历史、地理、算学、博物、物理及化学、法制及理财、图画、体操 12 门。各府必须设 1 所中学堂，有条件的州县也可设立。第三阶段为高等教育，包括高等学堂 3 年、大学堂 3～4 年、通儒院 5 年，共 3 段 3 级。高等学堂是为升入大学的预备教育，学习课程除了人伦道德、经学大义、中国文学、外国语、

体操 5 门公共课程外，另外还开设 3 类课程：第一类为进入大学后学习经学科、法学科、文学科、商学科的学生开设；第二类为进入大学后学习格致科、工科、农科的学生开设；第三类为进入大学后学习医科的学生开设。各省城设置 1 所高等学堂。高等学堂或大学堂预科毕业生可升入大学堂。大学堂"以谨遵谕旨，端正趋向，造就通才为宗旨"，设置有经学科、政治科、文学科、医科、格致科、农科、工科、商科。大学堂学生毕业后入通儒院学习，"以中国学术日有进步，能发明新理以著成书，能制造新器以利民用为成效"。通儒院属研究院性质，教学制度灵活。

癸卯学制横向分普通教育、师范教育和实业教育。师范教育有初级师范学堂和优级师范学堂。初级师范学堂招收高等小学堂的毕业生，为初等、高等小学堂培养教员，每州、县必须设 1 所。学生入学学习不需要缴纳任何费用，学习普通学科和教育科目。普通学科课程有修身、读经讲经、外国语、历史、地理等；教育科目有教育史、教育原理、教育法令等。优级师范学堂在京师及各省城各设 1 所，招收初级师范学堂及普通中学堂毕业生，为初级师范学堂与中学堂培养教师及管理员，免费入学，学习三年：一年公共科、二年分类科、一年加习科。分类科即专业课程，加习科即专业课程深究提高的教育类课程。实业教育以"振兴农工商各项实业，为富国裕民之本计"为培养目标，在程度上分为初等实业学堂、中等实业学堂、高等实业学堂三级，分别相当于高等小学堂、普通中学堂、普通高等学堂的程度；在类别上分为实业师范学堂、农业学堂、工业学堂、商业学堂、商船学堂。

癸卯学制标志着我国现代学制的初步建立，具有很大的先进性。首先，它纵向上将初、中、高 3 级 7 段衔接起来，横向上将普、实、师三类并列，促进了我国传统教育向现代教育的转变。其次，它正式将实业教育纳入到学制中，适应并促进了当时社会经济发展的需要。再次，重视师范教育。最后，教育内容安排上增加了大量近代西学，具有很大的进步性，新学制的颁行推动了清末学校教育的迅速发展。

二、清教育行政机构的建立

清政府在对原有教育行政机构进行改造的基础上，建立了从中央到地方统一完整的近代教育行政机构。1905 年清政府设立学部，作为最高教育行政机构，统辖全国的教育工作，后来将国子监并入学部。学部最高长官为尚书，下设有左右侍郎等诸多事务官辅助其具体工作。学部设有五司十二科。总务司有机要、案牍、审定三科；专门司有专门政务、专门庶务两科；普通司有师范教育、中等教育、小学教育三科；实业司有实业教务、实业庶务两科；会计司有度支、建筑两科。另外，学部还设有编译图书、京师学务、学制调查三局。

1906 年清政府在各省设置提学使司总管各省教育行政，提学使为行政长官；下设学务公所，分为总务课、专门课、普通课、实业课、会计课、图书课。同年，在府、厅、州、县分别设置劝学所作为各地的教育行政机关，长官为劝学长或总董；劝学所下设若干学区，每区设劝学员管理具体事务。

三、科举制度的改革与废除

晚清科举制度遭到了改良派以及统治阶层内部人士的强烈批判，废除科举势在必行。科举制度的废除经历了从改革科举内容到减少名额再到完全废止三个阶段，标志着中国封建时代的教育制度在形式上寿终正寝。

（一）改革科举内容

鸦片战争后，八股取士制度便不断遭到批评。早在 1875 年，就有奏请开算学一科，于乡试、会试时取算学人才。洋务运动时，李鸿章等洋务派人士就对八股取士进行了批判与改良。中日甲午战争后，资产阶级维新派对八股取士进行了更猛烈的抨击。康有为等人"公车上书"，要求立即"停止八股试帖，推行经济六科"。1897 年，严修奏请设经济特科，包括政治、外交、算学、法律、机器制造、工程设计六项。维新运动时期，清政府命令所有考试废除八股，一律改策试。政变后，八股取士又曾一度恢复。1901 年，清廷被迫实行"新政"时再次明令废除八股，改试策论。

（二）递减科举取士名额

1901 年，张之洞在《筹议变通政治人才为先折》中提出了递减科举取士名额、以学堂生员补充的建议。1904 年，张百熙、张之洞等在《奏请递减科举注重学堂折》中提议，"从下届丙午起，每年递减中额的三分之一"，将这些名额转为学堂取士之额。

（三）废止科举制度

1905 年，直隶总督袁世凯、两湖总督张之洞、两江总督周馥等清廷重臣联合奏请停止科举，兴办新式学堂。他们认为科举旧制度是兴建新式学堂的障碍，不停科举则学堂不兴；认为"欲补救时艰，必自推广学校始。而欲推广学校，必自先停科举始"。清廷迫于形势，于 1905 年 8 月下令："自丙午科为始，所有乡、会试一律停止，各省岁科考试亦即停止。"至此，自隋朝以来实行了 1 300 余年的科举制度被完全废止，中国教育开始进入一个新的发展阶段。

第五节　张之洞的教育思想

一、生平与教育活动

张之洞，字孝达，号香涛，晚清著名的政治家、教育家、实业家，是洋务派的主要代表人物；同治二年（1863）中进士，任翰林院编修，此后一直是清朝重臣，并管理文化教育事务；先后任浙江乡试副考官、湖北学政、四川学政、山西巡抚、两广总督、湖广总督、两江总督、军机大臣兼管学部等要职，并在各地开办了诸多书院和学堂。张之洞忠于清王朝，但他积极改革落后的旧教育，大力支持倡导发展新式教育。他派遣留学生学习西方先进知识，派遣官员出国考察教育，和袁世凯联合奏请递减科举名额，并参与拟订"癸卯学制"。李鸿章曾评论张之洞："香涛做官数十载，犹是书生"。

二、中学为体、西学为用的教育思想

张之洞的基本教育思想是"中学为体，西学为用"，集中反映在其代表作《劝学篇》中。他说："新旧兼学："四书"、"五经"、中国史事、政书、地图为旧学，西政、西艺、西史为新学。旧学为体，新学为用，不使偏废。"这是洋务教育的中心指导思想，也是中国半殖民地半封建教育制度的总纲领。

"中学为体，西学为用"的基本思想是：教育要以教授中国传统的经史之学为首要，这是做其他任何一切学问的基础。"必先通经以明我中国先圣先师立教之旨，考史以识我中国历代之治乱、九州之风土；涉猎子集以通我中国之学术文章，然后择西学之可以补吾阙者用之，西政之可以起吾疾者取之，斯有其益而无其害。"也就是说，首先要打好了中学的基础，然后才可以学习西学中有用的知识以补中学的不足。学习中学就是为了不忘忠孝之根本，端正思想态度，"固其根柢，端其识趣"。他把中学的内容概括为经、史、子、集。针对维新派提倡民权，反对君权，主张男女平权等思想，他突出强调"明纲"。他认为，君为臣纲、父为子纲、夫为妻纲，此三纲是"五伦之要，百行之原，相传数千年更无异义，圣人所以为圣人，中国所以为中国，实在于此"。

三、关于教育改革

（一）广设学堂

张之洞在《劝学篇·设学第三》中提出了自己的主张："各省各道各府各州县皆宜有学，京师省会为大学堂，道府为中学堂，州县为小学堂……府县有人文盛物力充者，府能设大学，县能设中学，尤善。"他还提倡充分利用各地书院、祠堂、庙宇等场所举办新学堂，鼓励地方官绅、商贾等捐资办学；仿照西方各国学校，举办专门学校和公共学校。张之洞先后主持开办了武昌经心书院、成都尊经书院、山西会德堂、广州广雅书院、湖北两湖书院、存古学堂、湖北方言学堂、江南铁路学堂、湖北自强学堂、矿业学堂、农务学堂、武备学堂、陆军小学堂、师范学堂、师范传习所、女学堂、江南陆军学堂、两湖总师范学堂、湖南育婴学堂、广东水陆师学堂、黄埔水雷学堂、南京三江师范学堂、江西高安蚕桑学堂等。

(二)留学教育

张之洞认为,把学生送到国外去学习西方的先进知识能收到事半功倍的效果。留学教育是其洋务教育的重要部分,是培养各种专门人才、富民强国的重要途径。1897 年,他曾奏请朝廷派遣留学生去西方各国学习科技、军事、商业等先进知识。选派留学生为当时培养了一批有用人才。但他强调留学生要不忘君、不忘亲、不忘圣,不得沾染新思想。奏请下,清廷才完全废止了科举制度。

1903 年,张之洞奉旨与张百熙、荣庆一起主持制定了《奏定学堂章程》。癸卯学制是中国第一个近代学制,是对中国教育近代化的一大贡献。癸卯学制以张之洞主张的"中体西用"作为教育总纲领,将普通教育分为初等、中等、高等三级,另外还有师范教育和实业教育两系统,并制定了各级各类学校的具体章程。张之洞在办学实践中非常重视师范教育,他认为"学堂必须有师"。癸卯学制中,三级师范自成体系。1907 年,张之洞掌管学部后奏准颁发了《女子师范学堂章程》和《女子小学堂章程》,这是我国女子师范教育及女子教育正式列入学制的开端。癸卯学制中的另一个特点是重视实业教育。张之洞主持制定的《学务纲要》中,规定各项实业学堂"使全国人民具有各种谋生之才智技艺,以为富国强民之本","以学成后各得治生之计"为目标。

第六节　康有为、梁启超的教育思想

一、生平与思想

康有为，字广厦，号长素，出身官宦家庭，自幼接受严格的儒家思想教育；目睹清政府腐败，痛感中国社会危机，立志改革；曾创办广州万木草堂，培养的学生中有后来著名学者梁启超等人；与梁启超等人一起进行"公车上书"，提出拒和、迁都、变法的主张。"公车上书"后不久，康有为考中进士，被授予工部主事，得以有机会和条件发起和领导了戊戌变法运动，实施其变法主张。

梁启超，字卓如，号任公，别号饮冰室主人；17岁中举人，18岁进入万木草堂学习，成为康有为的学生，开始接触西学；1895年，参加会试时与康有为一起组织"公车上书"；曾担任时务学堂的总教习；辛亥革命后，任北洋政府司法总长、财政总长；1920年后，曾执教于北京大学、南开大学、清华大学。

康有为、梁启超是我国近代著名思想家和教育家，历史上通常以"康梁"并称。

二、关于教育的作用与目的

康有为和梁启超都把教育当作改良政治、救亡图存和振兴国家的重要途径。康有为认为："欲任天下之事，开中国之新世界，莫亟于教育。"梁启超也说："世界之运，由乱而进于平，胜败之原，由力而趋于智，故言自强于今日，以开民智为第一义。"康有为认为：为了实现当时中国由君主专制制度向资本主义性质的君主立宪制转变，应当实行变法，变法的关键是教育，通过教育启迪民智、培养人才，这样才可以强国。他曾开办万木草堂培养维新变法人才。

梁启超撰文提出，教育的目标是"养成一种特色之国民"或"新民"，团结一致"以自立竞存于列国之间，不徒为一人之才与智也"；新民应当具有"公德""国家思想""权利义务""自由""自治""自尊""合群""尚武"等道德品质。很显然，梁启超所主张的"新民"是反对封建道德束缚的，含有人权的新观念，但其在很大程度上提倡的是资产阶级个人至上主义，应当辩证地看待。

三、论废八股、变科举、兴学校

康梁二人都公开抨击八股考试的科举制度，主张改革科举，废除八股，建立新式学校。康有为于 1898 年 6 月在《请废八股试帖楷法试士改用策论折》中强烈批评了科举考试的危害，八股文束缚了士子的头脑，培养不出真才实学的人才，请求光绪皇帝"废八股""罢试帖""改试策论"，并且进一步提出废科举、兴学校，主张效仿德国、日本的学制建立系统的学校体系。他提出的具体操作是乡立小学、县立中学、省府立高等学堂、京师立大学，并分设海、陆、医、律、师范等专门学科。梁启超亦公开批评以八股文为中心的科举考试制度，他说科举是愚民之举，主张创办资产阶级性质的学校。

梁启超认为要强国就必须变法。要兴办学校、培养人才就首先要废八股、变科举。他极力向光绪帝建议"停止八股""变通科举"。他还提出了变科举的具体策略：上策是取消科举，"合科举于学校"；中策是"多设诸科"，增加明经、明算、明医、兵法等科；下策是科举取士稍作改变，加试实学。他极力主张建立新的学校体制来取代科举制度。主张学习国外经验，将教育按照学生的年龄分作四个阶段，分别接受不同程度的学校教育。

四、关于新式学校教育制度

康有为在 1884 年所撰写的《大同书》中阐述了关于学校教育制度的设想：怀孕妇女进入人本院，进行胎教；婴儿出生后在人本院待 6 个月后进入育婴院，任务是"养儿体，乐儿魂，开儿知识"，直到 5～6 岁；然后进入小学院，学习期限为 6～10 岁，主要"以育德为先"，"以养体为主，而开智次之"；11～15 岁进入中学院，除养体、开智外又以育德为重；16～20 岁进入大学院接受专门教育。该设想的学校教育制度体系完整、衔接紧密，并且重视早期教育、学前教育，主张男女平等，实行德、智、体、美全方位发展的教育，反映了资产阶级改良主义者的美好愿望。

梁启超在借鉴国外经验的基础上也提出了关于新学制的设想，他主张按学生年龄把教育分成四个阶段：5 岁以下受家庭教育或幼稚园教育，6～13 岁接受小学教育，14～21 岁接受中学教育或程度相当的师范教育和实业教育，22～25岁接受大学教育。从这个设想的学制系统中可以看出，梁启超重视儿童教育与女子教育。他还主张实行义务教育，认为政府应当强制儿童入学，"子弟及岁不遣就学，则罚其父母"，但又主张征收学费以实行义务教育，这显然是不切实际的。

五、论儿童教育和女子教育

康有为、梁启超都非常重视儿童教育和女子教育，二者在其所设想的新教育制度中都强调了儿童教育和女子教育的重要地位。梁启超还专门写了《论幼学》和《论女学》，对儿童教育和女子教育做了更为详细具体的论述。

梁启超特别重视儿童教育的作用，他说："人生百年，立于幼学。"他主张应当学习西方的儿童教育，创办新式学校；儿童的学习要循序渐进，按照规律进行，先识字，次辨训，次造句，次成文；教育内容的设置要合乎儿童年龄特征；教学方法要活泼灵活，让学生在乐趣中学习知识；此外，还要教算学、歌谣、声乐、体操等。梁启超还主张应当专门为儿童编辑蒙学书籍，包括七种书：识字书、文法书、歌诀书、问答书、说明书、门径书、名物书，并且针对不同的书指出了丰富多样的教学方法。他是我国近代最早提倡各科教材教法的教育家。他还为儿童设计了作息时间表安排一天的活动，认为儿童一天学习应不超过 3 小时，以避免太劳累而挫伤学习的积极性。

梁启超通过《论女学》一文专门论述了女子教育的问题。"吾推极天下积弱之本，则必自妇人不学始"，认为国家贫弱的原因之一是女子没有接受教育，所以为了使国强民富，必须提倡女学。妇女接受教育，有了知识，不仅可以养活自己，还可以促进家庭和睦，教育好子女，使国家得以保种。因此，要尽快推行女子教育。梁启超还认为，在学习内容上，男女并无分别。"农商医律格致制造等事，国人无男无女，皆可各执一业以自养，而无或能或不能之别。故女学与男学必相合。"在梁启超草拟的《女学堂试办略章》中，主张招收 8～15 岁女子 40 名，兼学中文、西文，设算学、医学、法学三种学科，三科之外另设师范；学生可自选一门，学成后，发给文凭，即可充任医师、律师、教师。

第八章　新中国成立前的教育

第一节　南京临时政府的教育改革

一、改革旧教育

中华民国成立后，南京临时政府颁布了一系列的政策、法令，对政治、经济、文化教育等各方面进行了改革。1912 年 1 月 9 日，民国临时政府正式设立教育部，任命蔡元培为教育总长。1912 年 1 月 19 日，教育部发布《普通教育暂行办法通令》和《普通教育暂行课程之标准》，对旧教育的办学宗旨、学制、课程等多方面进行了重大改革。

《普通教育暂行办法通令》共 14 条，其主要内容有：学堂的名称改作学校，监督等名称改作校长；初等小学可以男女同校；各种教科书必须符合共和国宗旨，禁止使用清学部颁行的教科书；小学读经科一律废止；注重小学手工科；初等小学算术科从第三年开始兼学珠算；中学为普通教育，不进行文、实分科；废止清末给毕业生奖励出身的制度等。

《普通教育暂行课程之标准》具体规定了初小、高小、中学和师范学校的学习科目、每周授课时间等。如：初等小学的学习课程有修身、国文、算术、游戏、体操，可以兼学图画、手工、唱歌一科或数科，女子加设裁缝；高等小学学习课程为修身、国文、算术、历史、地理、博物、理化、国画、手工、体操，可以兼学唱歌、外国语、农工商一科或数科，女子加设裁缝，中学学习课程为修身、国文、外国语、历史、地理、数学、博物、理化、图画、手工、音乐、体操，女子加设裁缝、家政；师范学校学习课程有修身、教育、国文、外国语、历史、地理、博物、理化、法制、经济、习字、图画、手工、音乐、体操，可以兼学农、工、商之一科，女子加设裁缝。学习课程中外语一科可以是英、法、德、俄中之一种。

《普通教育暂行办法通令》和《普通教育暂行课程之标准》从具体的课程设置和日常教学方面对清末旧教育进行了改造。1912 年 7 月 10 日，蔡元培主持召开了中央教育会议，对封建主义旧教育进行了全面的改造。

二、颁布新的教育方针

1912 年 2 月，蔡元培根据资产阶级民主共和国的要求，对旧教育宗旨进行了批判，提出应确立新的教育宗旨。他先后发表了《对于新教育之意见》和《对于教育方针之意见》两篇文章，系统阐述了关于教育宗旨的新主张。文章批判清末"忠君、尊孔、尚公、尚武、尚实"的教育宗旨违背民主共和精神，并首次提出了军国民教育、实利主义教育、公民道德教育、世界观教育和美感教育"五育"并举的教育宗旨。

1912 年 7 月，教育部召开"临时教育会议"，讨论教育的方针、宗旨和学制法令等。会议以蔡元培提出的教育方针为基础，讨论通过了民国的新教育宗旨："注重道德教育，以实利教育、军国民教育辅之，更以美感教育完成其道德。"同年 9 月 2 日，教育部正式予以公布。这项宗旨以道德教育为核心，首次明确了美感教育的地位，要求德、智、体、美四育共同发展，反映了资产阶级的自由、平等、博爱的新教育观念，有积极的进步意义。以此为宗旨，临时政府又相继颁布了一系列教育改革法令。

此次开展的教育改革是一次较全面系统的近代资产阶级民主主义性质的教育改革，体现的是近代资产阶级的教育思想、教育理论、教育制度，是辛亥革命以后中国社会经济、政治和思想文化在教育上的反映和要求。从此以后，资产阶级新教育取代传统教育而立足于中国。这次改革虽有种种不足，但标志着中国教育近代化已迈入一个新的时期，具有重要的意义。

三、制定"壬子·癸丑学制"

教育部成立后重要工作之一就是拟定新学制。1912 年 7 月 10 日，全国 23 个省及华侨代表 82 人在北京召开中央临时教育会议，就学校体系、各级学校规程与细则、教育行政等 90 多项提案展开详细讨论，最终形成了《学制系统案》。1912 年 9 月 3 日，教育部颁布了《学校系统令》，又称为"壬子学制"（因 1912 年是农历壬子年）。至 1913 年，教育部又陆续颁布了《小学校令》《中学校令》《师范教育令》等各种规程，对壬子学制进行充实和修改。这一系列的规程形成了一个完备的学制系统——"壬子·癸丑学制"（因 1913 年为农历癸丑年）。后在社会政治动荡不稳的情况下，进行过一些局部的调整，但在整体框架上基本没有变化。

"壬子·癸丑学制"规定：儿童 6 岁入学，23 岁或 24 岁大学毕业，教育年限为 17 年或 18 年，分 3 段 4 级。初等教育 2 级，为义务教育。初小 4 年，男女同校；高小 3 年，男女分校。中等教育 1 级，中学校 4 年。高等教育 1 级，大学校 6~7 年。小学之前有蒙养院，大学校之上有大学院，不限年限。从横向来说，学制分 3 个系统，除普通教育外，还有师范教育和实业教育两个系统。师范教育有师范学校和高等师范学校两级，分别相当于中等教育和高等教育的程度。实业教育有乙种实业学校和甲种实业学校，分别相当于高小和中等教育程度；另有专门学校相当于大学程度。

壬子·癸丑学制仍然以日本的学制为蓝本。相比癸卯学制，壬子·癸丑学制有以下特点：第一，在年限上比癸卯学制缩短了 3 年，这在特殊的社会环境下更有利于教育的普及，符合普通百姓的受教育要求；第二，学制规定初小男女同校，并且有专门设立的女子中学、女子师范学校和女子职业学校等，男女平等地享有受教育的权利；第三，改学堂名称为学校，其他管理机构与管理人员名称也一律做了更改，取消了贵族学校，废止了对学堂毕业生奖励出身制度，学校取消设置经科等，这些措施有助于清除学校系统建设中的封建性；第四，将学前教育纳入了公共教育体系，并且有专门培养蒙养院教师的教育机构；第五，重视师范教育和实业教育，相对提升了这两类学校的地位。

"壬子·癸丑学制"各阶段详细规定如下：

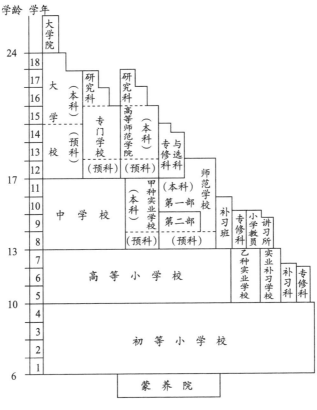

壬子·癸丑学制

第二节　北洋政府时期的教育

一、北洋政府的复古主义教育

由于资产阶级的软弱性，没有彻底完成反帝反封建的任务，辛亥革命的成果被袁世凯篡夺。1912 年 4 月，孙中山正式自行解除临时大总统职务，临时政府迁到北京。袁世凯夺取了政权，建立了北洋军阀政府，在文化教育领域掀起了一股恢复封建教育的逆流，民主主义者与之展开了一场反复古主义教育的斗争。为复辟帝制，袁世凯先在文教上造势。1912 年 9 月，袁世凯下令"尊崇伦常"，竭力鼓吹孔孟之道。1913 年炮制的《宪法草案》里规定："国民教育以孔子之道为修身之大本"，为在学校恢复尊孔读经提供了法律依据。同年 6 月，袁世凯发布《注重德育整饬学风令》，指责学校假借自由平等之说，侮慢师长，蔑视学规，败坏学风，要求各地方教育行政机关整饬学风，对学生严加管教。当时的教育总长汤化龙在《上大总统言教育书》中提出了两项措施来整顿：一是"令中、小学校课读全经，俾圣贤之微言大义，浸渍渐深，少成若性"；二是"以孔子为国教，一切均以宗教仪式行之，俾国民居于教徒之列，守孔子之言行如守教诫"。这种复古的建议很得袁世凯的赏识，他马上令全国重新编纂教科书，经训皆以孔学为标准。1914 年袁世凯发布《祭孔令》："孔子之道，亘古常新，与天无极。"宣扬孔孟的仁义道德主张；下令恢复学校祭祀孔子典礼，大搞祭祀孔子的朝圣活动，要求以忠孝节义为国民的根基。保皇党更是吹捧孔子之道，鼓吹"有孔教乃有中国"，恢复"小学读经"。

二、新文化运动时期的教育改革和教育思潮

（一）新文化运动推动下的教育改革

始于 1915 年的新文化运动是辛亥革命后所进行的教育改革的继续和发展，推动了我国近代末期的教育改革。初期新文化运动把革命失败的原因归结为国民思想上的不觉悟，因此，要建立名副其实的共和国，就必须从根本上对国民性加以改造。新文化运动以进化论和个性解放为主要思想武器，猛烈抨击以孔子为代表的圣贤。提倡新道德、反对旧道德，提倡新文学、反对旧文学，向封建礼教提出了全面挑战。到 1919 年，由于马克思主义的传播与实践，知识分子开始用马克思主义理论作武器，使反对封建文化的运动更加彻底。新文化运动对教育的影响是巨大的，全面地推进了新教育的发展，表现在下述方面。

1. 废除读经，提出新的教育宗旨

1916 年，袁世凯复辟帝制失败后，北洋政府撤销了 1915 年颁布的《特定教育纲要》，并将《国民学校令施行细则》和《高等小学校令施行细则》中关于读经的有关规定与内容全部删除。1917 年宪法审议会撤销了"国民教育以孔子之道为修身大本"的条文。

1919 年，教育部组织的由范源濂、蔡元培、陈宝泉、蒋梦麟等人参加的教育调查会，确定新教育宗旨为"养成健全人格，发展共和精神"，并且具体说明了"健全人格"和"共和精神"。"健全人格"为：（1）私德为立身之本，公德为服役社会国家之本；（2）人生所必需之知识、技能；（3）强健活泼之体格；（4）优美和乐之感情。"共和精神"为：（1）发挥平民主义，俾人人知民治为立国根本；（2）养成公民自治习惯，俾人人能负国家社会之责任。

2. 学校教学采用国语和白话文

国语运动始于清末。1917 年，全国教育会联合会决议"请教育部速定国语标准，并设法将注音字母推行各省区，以为将来小学改国语之预备"。1918 年，教育部正式公布注音字母；随着新文化运动的推进，1920 年 1 月教育部下令全国学校将一、二年级的国文改为语体文，4 月下令从 1922 年以后小学教材一律改为语体文。从此，文言文教材逐渐被淘汰，这是教育上的一项重大改革。

3. 男女平等受教育权的确立

壬子·癸丑学制中只有初等教育中男女同校，男女在受教育权上仍然不平等。新文化运动中，争取男女平等受教育权的呼声很高。1917 年，全国教育会联合会向教育部提出推广女子教育的提案。1920 年，北京大学首次招收女学生；紧接着，南京高师也开始招收女学生。于是，各大学也陆续开始招收女学生，一些中学开始男女同校甚至同班。1922 年，新学制取消了男女中学之间的差别，男女平等的受教育权从教育制度上得以确定。这在中国教育史上具有划时代的意义，从此改变了 3 000 多年学校教育中妇女不平等的受教育地位。

4. 学术团体与大学改革

五四时期教育界思想与实践十分活跃，全国建立起不少教育团体积极开展教育实验与改革，比如 1914 年的"中国科学社"、1915 年的"全国教育会联合会"、1917 年的"中华职业教育社"、1921 年的"中华教育改进社"、1923 年的"中华平民教育促进会"。这些教育团体都是当时教育界的一些著名人士自发组织的，着力从事教育改革运动。

蔡元培主持下的北京大学的改革开启了中国现代大学改革风气之先。1917年，蔡元培任北京大学校长后，借鉴西方办学理念与模式，将北京大学从封建旧式大学转变为现代意义上的大学，对全国大学教育的改革和发展都是良好的示范。

（二）新文化运动时期的教育思潮

五四时期是中国现代文化思想十分活跃的时期，新旧思想互相斗争、中外文化互相冲突。一大批接受新式教育的青年知识分子积极传播西方各种文化教育思想，形成一股股新的教育思潮。这些教育思潮都非常重视教育的社会功能，把教育视为改造社会的工具。

1. 平民教育思潮

平民教育思潮形成于新文化运动期间。提倡平民教育思潮和参与平民教育运动的人成分多样，有资产阶级知识分子、小资产阶级知识分子和早期具有共产主义思想的知识分子，尽管在关于平民教育目的、内容、手段上有诸多分歧，但他们的主张是一样的，即：社会上的每个人，不分阶级、贫富、性别，都应该享有平等的受教育权利。

1919 年，教育调查会提出以"养成健全人格，发展共和精神"作为教育宗旨，"共和精神"的主要内容是"发挥平民主义，俾人人知民治为立国根本"，这是正式提出"平民主义"的教育思想。杜威来华讲学，对平民主义教育思潮的形成与扩大起了很大的促进作用。他在演讲中说："我们须把教育事业为全体人民着想，为组织社会各个分子着想，使得它成为便利平民的教育，不成为贵族阶级或有特殊势力的人的教育。"胡适称杜威的教育学说为"平民主义的教育"。五四运动期间，北京高等师范学院师生联合组织成立平民教育社，主张通过普及教育来改造社会和救国图强，并创办了《平民教育》杂志。北京大学学生发起组织了北京大学平民教育讲演团。早期共产主义者如陈独秀、李大钊、萧楚女等对平民教育思想的发展也起了重要的作用。20 世纪 20 年代，著名教育家晏阳初、陶行知、朱其慧等人发起成立了中华平民教育促进会。

2. 国家主义教育思潮

国家主义教育思潮是国家主义的组成部分。国家主义产生于 18 世纪末 19 世纪初的欧洲，是一种资产阶级民族主义的社会思潮。国家主义思潮最初是在反抗外族侵略的背景下产生的，但最终走向反面成了帝国主义侵略其他民族的工具。

中国在列强侵略、主权不断丧失、反帝爱国运动不断高涨的情况下，一些爱国主义者开始提倡国家主义以培养国民团结爱国的精神。国家主义思潮是作为平民主义思潮的对立面出现的。一些国家主义者认为教育中出现的一些重个性自治以及忽视群体性、纪律性是实行平民教育思想的结果，因此中国的国情决定了必须用国家主义来发展教育。国家主义者又称为醒狮派。

国家主义者主张"外争国权、内惩国贼"，反对帝国主义的文化侵略，宣传教会教育和殖民地教育的危害，提出"收回教育权"，规定任何教育活动都不允许灌输宗教思想；主张教育要培养自尊精神以确立国格，发展国华以阐扬国光，陶铸国魂以确定国基，拥护国权以维护国脉。他们提倡"国家至上"的教育政策，重视蒙藏教育、侨民教育、军事教育等。

国家主义教育思潮的主要代表人物有余家菊、李璜、陈启天、曾琦等人。

他们把国家主义教育视为唯一的救国办法，有十分浓厚的爱国主义色彩，是一种典型的"教育救国"论。

3. 工读主义教育思潮

工读主义又称为工学主义、半工半读主义、勤工俭学主义。1915 年蔡元培等人在法国发起勤工俭学会，提倡"勤于工作，俭于求学，以进劳动者之智识"，随即在国内形成勤工俭学运动。在五四运动时期，工读主义思想形成，其基本内涵是尚俭乐学、勤工俭学、工学并进、消灭体脑差别等。北京高等师范学校的学生成立社团提倡工学主义，少年中国学会重要成员王光祈发起成立北京工读互助团。各地相继都有类似的组织成立，进行工读主义实验。

工读主义虽然只是昙花一现，但具有重要的历史进步意义。工读主义批判中国数千年来读书人不生产、生产者不读书的旧教育，具有鲜明的反封建民主精神；主张工学合一、手脑并用，在中国教育史上首次提出了教育与生活劳动相结合的思想，并为此后知识分子与工农相结合奠定了基础。

4. 职业教育思潮

职业教育思潮由清末民初的实利主义、早期实用主义等教育思想演变而来，在新文化运动后得到广泛传播，盛行于 20 世纪二三十年代。其产生背景是：第一次世界大战期间，列强忙于战争，中国民族资本主义工商业在空隙中得到一定发展，需要一批实用技术人才，但清末民初以来普通教育与职业教育比例失调。教育发展脱离经济社会发展的需求，大批中小学毕业生成为失业者，于是一批教育家、思想家呼吁大力发展职业教育。

职业教育思潮的内容主要有沟通教育与实际生活、学校与社会，强调学校教育应当教给学生从事某种职业的知识、技能与职业道德，这样既可以解决个人生计问题，又可以发展经济、促进国家富强。职业教育思潮对中国现代教育产生了重要影响。

职业教育思潮的主要倡导者有陆费逵、庄俞、蔡元培、黄炎培等教育家、思想家，黄炎培是主要代表人物。1917 年 5 月 6 日，黄炎培在上海发起了推行职业教育的全国性机构——中华职业教育社，为中国职业教育做出了重要贡献。

三、1922 年的"新学制"

新文化运动时期中国教育界出现了一股学习西方的热潮，西方教育理论、教育方法、教育制度等被大量引进中国。在各种教育理论与教育思潮影响下，各社团纷纷研究学制改革。1921 年，全国教育联合会召开，以学制为主要议题。大会认真讨论审查了十一省提出的学制改革案，最后形成"学制系统草案"。1922 年（壬戌年）9 月，教育部在北京召开全国学制会议，对全国教育联合会提出的"学制系统草案"加以审订、修改，通过了《学制系统改革案》，北洋政府于 11 月 1 日以大总统名义颁布施行。这个学制一般称"壬戌学制"或"新学制"，由于其采用的是美国的六三三分段法，又称为"六三三学制"。

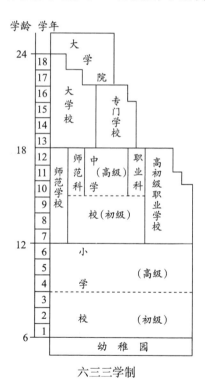

六三三学制

"新学制"的制定，以适应社会进化之需要、发扬平民教育精神、谋个性之发展、注意国民经济力、注意生活教育、使教育易于普及、多留各地方伸缩余地七项标准为指导思想，体现了新文化运动所提倡的"民主"和"科学"的时代精神。

该学制分为 3 段 5 级。初等教育阶段年限 6 年，分为初级小学 4 年，为义务教育；高级小学 2 年。初等教育的入学年龄由各省区根据地方情形确定，升级采用弹性制。中等教育设有普通中学校、师范学校和职业学校。普通中学校修业 6 年，分初、高两级各 3 年。普通中学教育与职业教育相结合培养，实行分科制和选科制。初级中学由各地区根据情况兼设各种职业科；高级中学设有普通科和职业科，职业科有农、工、商、师范、家事等一科或数科。师范学校学习 6 年，分为初、中两级，各 3 年。中等师范学校实行分组选科制。各地区根据情况确定职业学校修业年限及程度，并设有中等程度职业补习学校。高等教育阶段设有大学校和专门学校。大学校的修业年限为 4~6 年：师范大学 4 年，医科和法科大学至少 5 年。专门学校修业年限至少 3 年。在初小之下设幼稚园，在大学校之上设大学院。此外，学制设置还关注天才教育和特殊教育。

为配套学制，全国教育联合会组织起草并于 1923 年公布了《中小学课程标准纲要》，其主要内容为：

（1）小学设国语、算术、卫生、公民、地理、历史、自然、园艺、公用艺术、形象艺术、音乐、体育 12 科；其中初小将卫生、公民、地理、历史合一起称做社会科，将自然、园艺合一起称作自然科，共设 8 科；初小前两年每周至少 1 080 分钟、后两年每周至少 1 260 分钟，高小每周至少 1 440 分钟。小学高年级可增设职业预备的课程。（2）初中设有社会科（含公民、历史、地理）、语文科（含国语、外国语）、算学科、自然科、艺术科（含图画、手工、音乐）、体育科（含生理卫生、体育）6 科；普通高中设有文学、社科和数理三类。职业科设有农、工、商、船四类。所有课程分公共必修、分科专修和纯粹选修三类，每一类有若干门课程。（3）中学采用学分制，初中修满 180 学分、高中修满 150 学分才可以毕业。

"新学制"反映了新文化运动后中国资产阶级新教育的基本要求，具有时代的进步性。其具体表现在：第一，缩短了小学年限，并且初中可单设，有利于普及初等教育，也考虑到了发达地区可以向初中教育普及。第二，初中、高中的分段具有灵活性，增设高中一级有利于提高整个中等教育的水平，满足社会对中等教育程度人才的需要。第三，中小学加强了文理科课程，并废除了男校和女校的区别。第四，设置单科大学，有利于提高科技教育和师范教育的水平。此学制除中学选科制、学分制和综合中学制等方面在 1928 年后有所变更外，一直沿用至中华人民共和国成立。

四、新民主主义教育的产生

（一）马克思主义教育思想在中国的传播

十月革命以后，马克思主义作为革命的指导思想传入中国。早期的马克思主义者也开始用马克思主义观点重新考虑中国的教育问题。在教育与政治、经济的关系问题上，早期的马克思主义者否决了以教育为手段的社会改良论和形形色色的教育救国论，正确地提出只有掌握了政权才可以取得教育权。对于新民主主义教育的性质与任务，明确区分了工人阶级的新民主主义教育和资产阶级鼓吹的平民教育之间的差异。李大钊针对当时资产阶级宣扬的"平民教育"指出，工人之所以没有受教育的机会是由于资本主义的剥削，不同的阶级所要求的民主平等是不同的，工人阶级在教育上要求的民主主义是和他们在政治、经济上的斗争联系在一起的，是为了提高觉悟和能力向资产阶级宣战，打破有产阶级的垄断。在关于知识分子与劳动人民的关系上，李大钊指出："要想把现代的新文明，从根底输到社会里面，非把知识阶级与劳工阶级打成一气不可。"他还赞成"工读"思想，走知识分子与工农相结合的道路。早期马克思主义者还通过报刊介绍当时苏联的教育，如《新青年》杂志专门开辟了"俄罗斯研究"专栏，刊登了介绍当时苏联的教育状况的一系列文章，报道苏联"十月革命"后的工农教育。中国教育思想由于马克思主义思想的传播与发展开始发生质的变化。

（二）早期马克思主义者的教育活动

1. 留法勤工俭学运动

1912 年，李石曾、吴玉章等人发起组织"留法俭学会"。1916 年，为了学习西方的科学知识与技术来使中国富强，在巴黎和中国都成立了"华法教育会"，组织留法勤工俭学，并设立留法预备学校和预备班。这仍然属于旧民主主义文化教育活动。五四运动以后，一批早期共产主义者的参加使勤工俭学运动发生了很大的变化：一方面，规模扩大了；另一方面，早期共产主义者是抱着学习马克思主义与工人阶级相结合的思想赴法留学的，他们不仅半工半读，而且考察了资本主义社会的状况。陈毅说，通过对法国工人生活的直接了解，"我才知欧洲资本界是罪恶的渊薮"，"觉社会革命是极合道理的事"。不少勤工俭学学生归国后积极参加革命活动，如周恩来、邓小平、陈毅等，成为中国老一辈著名的革命家。

2. 参与平民教育运动，举办工人教育

1919 年到 1923 年，以邓中夏为首发起组织的北京大学平民教育讲演团是当时的共产主义知识分子进行工农教育活动的阵地。1920 年，北京共产主义小组在京汉铁路长辛店铁路工场办补习学校探索马克思主义和中国工人运动相结合，这是中国教育史上第一所工人阶级自己的学校。劳动补习学校分日、夜两班，日班教工人的子弟知识，夜班教工人知识。夜班的学习课程有国文、法文、科学常识、社会常识、铁路知识等；教员是以北大学生会名义派去的，自编教材，不收学费；主要向工人讲授"劳工神圣"的道理、什么是剥削、什么是帝国主义侵略、工人的团结和工人阶级自己的组织——工会等。它为早期北方铁路工人运动培养了第一批骨干。后来，共产主义小组在各省相继成立后，都开办过工人夜校或者工人补习学校。

此外，五四时期早期共产主义者为把自己改造成为工人阶级的先进战士，还组织了马克思主义研究会、新民学会、创办文化书社等学习马克思列宁主义。这些活动为中国共产党的成立准备了条件。

（三）中国共产党成立之初的教育

1921 年 7 月，中国共产党成立。1922 年 7 月，中国共产党的第二次代表大会规定了党的最高纲领和最低纲领。在提出目前奋斗的 7 条具体目标中有关教育的为："保护童工和女工"，"废除一切束缚女子的法律，女子在政治上、经济上、社会上、教育上一律享受平等权利"，"改良教育制度，实行教育普及"。这个教育纲领为中国共产党领导的工农革命教育奠定了思想基础。

中国共产党成立后，为了学习和传播马克思主义、培养党团干部、开展工农运动，先后开办了一些培养革命干部的学校，有湖南自修大学、湘江学校、平民女学等；另外，集中力量领导工农运动，工农教育运动也得到迅速发展。工农教育运动的发展过程大致是：先举办工农教育，通过教育提高工农群众的觉悟，然后组织起来开展斗争，在斗争胜利的基础上继续发展教育。如1922年毛泽东和刘少奇在安源组织路矿工人补习学校，办校4个多月就把工人组织起来成立了"安源路矿工人俱乐部"；9月进行一次大罢工并取得胜利，然后将补习学校从一校扩大到三校，还举办了三个国民学校免费教育工人俱乐部成员的子女。1922年到1923年间，彭湃组织举办农民教育。诸如此类，在党的领导下，随着革命形势的高涨，形成了中国教育史上从未有过的工农教育运动。

第三节　南京国民政府时期的教育

一、南京国民政府的教育宗旨

1927年，国民党叛变革命，9月"宁汉合流"以后，成立南京国民政府。南京国民政府时期的教育宗旨经历了"党化教育"到"三民主义教育"的转变。

1924年1月，在中国国民党"一大"上，孙中山要求政治上一切措施包括教育都以党纲为依据。1926年7月，教育行政委员会召开中央教育行政大会，提出"党化教育"的口号，要求公、私立学校师生须集体加入国民党。1927年4月，南京国民政府成立。蒋介石在南京"五四运动纪念大会"上提出正式实行党化教育，并要求各省成立"党化教育委员会"，拟定"党化教育大纲"，规定"使学生受本党之指挥而指挥民众"。同年8月，国民政府教育行政委员会颁行《学校施行党化教育办法草案》，指出："所谓党化教育就是在国民党指导之下，把教育变成革命化和民众化。"于是，党化教育开始在各地学校逐渐推行。党化教育的方针本质上是国民党的一党专政，强化国民党对学校的专制统治，是要把全体国民的教育演变为一党的教育。党化教育方针受到了一些进步人士的抨击，甚至国民党内部也有不少人认为"党化"含义空泛、概念不清，因此国民政府决定以三民主义的教育宗旨取而代之。1929 年 4 月 26 日，国民政府公布《中华民国教育宗旨及其实施方针》，规定了教育宗旨："中华民国之教育，根据三民主义，以充实人民生活，扶植社会生存，发展国民生计，延续民族生命为目的；务期民族独立，民权普遍，民生发展，以促进世界大同。"令各大学区、各省市教育厅（局）、直辖大学施行。1931 年 9 月，国民党中央执行委员会通过了《三民主义教育实施原则》，分别就初等教育、中等教育、高等教育、师范教育、社会教育、蒙藏教育、华侨教育、留学教育 8 个方面，规定了具体的"目标"和"实施纲要"（含课程、训育、设备 3 个细目）。初等教育的目标是"使儿童整个的身心，融育于三民主义教育中"，并"具有适合于实际生活之初步的知能"；中等教育的目标应"确定青年三民主义信仰，并切实陶冶其忠孝仁爱信义和平之国民道德"，"养成其从事职业所必具之知能"；高等教育的目标是要使学生"切实理解三民主义的真谛，并具有实用科学的知能，俾克实现三民主义之使命"。

尽管国民政府提出了"三民主义"的教育宗旨，在形式上继承了孙中山的"三民主义"，但实质上背离了孙中山的新三民主义和联俄、联共、扶助农工的精神；其本质上进行的仍然是"党化教育"，贯彻的是蒋介石"以党治国"的思想。

二、南京国民政府的教育改革

（一）大学院制的试行与废止

1927 年 6 月，南京国民政府采纳蔡元培等人的提案，决定以大学院制取代教育部制；决定撤销广州国民政府时设立的教育行政委员会，在中央成立中华民国大学院，在地方试行大学区制。接着，国民政府陆续公布了《中华民国大学院组织法》和《大学区组织条例》（1928 年 5 月又公布了《修改大学区组织条例》）。1927 年 10 月，大学院正式成立，蔡元培就任院长，总理全院事务，并为国民政府委员。大学院下设秘书处、教育行政处、中央研究院、国立学术机关、各种专门委员会等，并设立了大学委员会作为有权推荐大学院院长及评议学术、教育上一切问题的最高机构。全国分作若干大学区。每个大学区设立一所大学与一位校长，校长负责大学区内一切学术以及教育行政事务，下设高等教育处、普通教育处、社会教育处、秘书处、研究院等，其中研究院是大学区最高学术机构，另外有评议会是解决本学区各种教育问题的立法机关。大学院制通过试点试行后在全国推行。

大学院制原本是借鉴法国教育行政制度，但在中国的国情下很难行得通，再加上学术和行政二者难以兼顾，于是在实行中弊端百出。在质疑与反对声中，蔡元培于 1928 年 8 月辞去大学院院长之职。同年 10 月，国民政府改组，废止大学院制：改大学院为教育部，直属于行政院；改中央研究院为单独的学术研究机构，直属行政院领导；省、县则分别设置教育厅、局或科。同年 12 月，国民政府颁布《教育部组织法》，规定教育部下设总务司、高等教育司、普通教育司、社会教育司以及大学委员会和编审处等机构。后在不断修正中，教育组织机构逐渐充实和完备。

（二）各级各类学校的改革与发展

1927 年 4 月，南京国民政府建立后，开始整顿和规范各级各类学校管理制度。这一时期陆续颁布了各级各类学校法令和规程，使学校建设趋于法制化、规范化，我国学校教育各项制度也趋于完备。这一时期的教育发展与改革取得了比较明显的成就。

1. 学前教育

1922 年新学制将学龄前教育正式列入学制系统。1932 年教育部公布《幼稚园课程标准》，并于 1936 年又进行了修订。该课程标准规定的幼稚教育总目标为：增进幼稚儿童身心的健康；力谋幼稚儿童应有的快乐和幸福；培养人生基本的优良习惯（包括身体、行为等各方面习惯）；协助家庭教养幼稚儿童，并谋家庭教育的改造。这一总目标体现了适应儿童身心发展的规律和用现代教育思想改进家庭教育的特点。

2. 初等教育

1922 年新学制规定了初等教育分为初小和高小。1928 年第一次全国教育会议决定厉行义务教育。小学教育的总目标规定为："小学应根据三民主义，遵照中华民国教育宗旨及其实施方针，发展儿童身心，培养国民道德基础及生活所必需之基本知识和技能，以养成知礼知义爱国爱群的国民。"1932年10月教育部公布《小学课程标准总纲》，同年12月国民政府公布《小学法》，次年2月教育部公布《小学公民训练标准》，3月公布《小学规程》，该规程在1936年7月进行了修正。以后陆续公布了一系列关于国民教育和义务教育的行政法规。教育部还规定各地设立简易小学和短期小学这样的变通方法来推行义务教育。抗日战争时期，国民政府在推行新学制时，把义务教育与民众教育合并实施国民教育制度，在乡镇的学校常设"小学部"和"民教部"。

3. 中等教育

1932年教育部废除综合中学制，采用欧式单科中学制，公布《中学法》《师范学校法》和《职业学校法》，确定三类中等学校分别设立。此后教育部又陆续公布了《中学规程》《师范学校规程》和《职业学校规程》。《中学法》规定中学的目标是："中学应遵照中华民国教育宗旨及其实施方针，继续小学之基础训练，以发展青少年身心，培养健全国民，并为研究高深学术及从事各种职业之预备。"《师范学校法》规定："师范学校应遵照中华民国教育宗旨及其实施方针，以严格之身心训练，养成小学之健全师资。"1934年公布的《师范学校学生毕业会考规程》对各类师范毕业会考的科目作了具体的规定。1944年颁布了《全国师范学校学生公费待遇实施办法》，规定对师范生免收学杂费，学校供给膳食、制服以及实习经费，新生到校及毕业生报到的旅费也由学校补助。1937年公布《师范学校毕业生服务规程》，规定师范毕业生服务年限一律为三年。《职业学校法》规定："职业学校应遵照中华民国教育宗旨及其实施方针，以培养青年之知识与生产之技能。"

4. 高等教育

1929年公布《大学组织法》《专科学校组织法》和《大学规程》，1931年公布《专科学校规程》。这些文件规定了大学应遵照中华民国教育宗旨及其实施方针，为研究高深学术养成专门人才。专科学校以教授应用科学、养成技术人才为培养目标。根据规定，高等教育机关分作大学、独立学院、专科学校，大学分文、理、法、教育、农、工、商、医 8 个学院；凡具备 3 个学院以上的（理、农、工、医必须有一）才可以称之为大学，否则称独立学院。专科学校分工、农、商、医、艺术、音乐、体育等类。这一时期，教育部还颁发了一系列文件明确规定大学教师的待遇、教师编制等问题。

国民政府于 1929 年 8 月公布了《私立学校规程》，1933 年 10 月又公布了《修正私立学校规程》，规定不管是中国人所办或外国人所办的私立学校，都必须遵照一定程序进行申请，经主管教育行政机关对办学条件进行审查核准后才可以办学。

三、20 世纪二三十年代的乡村教育运动

在整个民主革命时期，由于帝国主义和封建主义的压榨，中国农村十分落后。一些爱国主义教育家主张改良主义，通过乡村教育来进行乡村建设，改善农村状况。从 1925 年始，乡村教育实验区纷纷建立。到 1935 年，全国的乡村教育实验区有 193 处。其中最有影响的试验区有黄炎培组织的中华职业教育社的农村改进实验区、陶行知创办的晓庄学校和山海工学团、晏阳初组织的中华平民教育促进会、江苏省立教育学院的乡村民众教育实验、梁漱溟组织的山东邹平等地的乡村建设实验。

（一）中华职业教育社的农村改进实验

中华职业教育社最先关注到农村教育，是最早提出划区试验乡村教育的教育团体。1917 年 5 月 6 日，梁启超、蔡元培、范源濂、黄炎培等人发起成立中华职业教育社。五四运动后，黄炎培等人逐渐意识到农村问题的重要性。1925 年 8 月，黄炎培在山西考察时拟定了《山西划区试办乡村职业教育计划》，详细描述了实施乡村职业教育计划的具体操作措施等。随后中华职业教育社明确提出进行农村改进试验的目的是"期以教育之力，改进农村一般生活，以立全社会革新之基"。他们列举了包括农事、工艺、义务教育、平民教育、职业训练、卫生、自卫、消防、自治、改良社会风气等 21 项改进农村的试验项目。首先在江苏昆山徐工桥开展乡村实验，随后在其他地方也开办乡村改进实验区。中华职业教育社的农村改进实验的特点是把发展教育、发展农村经济、改进实验三

者结合起来，采取"富政教合一"的方针，这为随后中国乡村教育和改造活动起了促进和示范作用。

（二）晓庄学校和山海工学团的乡村教育实验

陶行知在探索乡村教育的过程中认为师范教育是改造社会环境的一个重要方法，于是进行了乡村生活教育实验。晓庄学校和山海工学团是陶行知的乡村教育实验园地。1927年，陶行知筹集经费购买田园荒山作为校址和试验农场，正式创办了晓庄中心小学，后在晓庄创办试验乡村师范学校，后改名晓庄学校。晓庄学校是以陶行知的生活教育思想为指导开办的，培养目标是乡村教师，教学内容以农村的生产和生活为主。1913年4月，国民党政府借口晓庄学校学生参加南京工人罢工斗争强行封闭该校。但晓庄学校的影响是深远的。此后陶行知继续探索乡村教育，在其教育小说《古庙敲钟录》中描绘了以学校为中心改造农村的教育理想，后提出了工学团教育思想，要使工场、学校、社会打成一片。1932年9月，陶行知在上海与宝山之间筹办了山海工学团，这是陶行知探索乡村教育道路的又一个新的尝试。1939年后，由于日本侵略战争，山海工学团的试验活动被迫停止。

（三）中华平民教育促进会的平民教育实验

1923年8月26日，中华平民教育促进会成立，朱其慧、陶行知、张伯苓、晏阳初等人被选为执行董事，晏阳初担任总干事。晏阳初认识到中国是一个贫穷落后的农业国家，平民的绝大多数是农民，没有考虑到农民的平民教育不能算是整个平民教育。他认为中国的大患是人民有"四大病"，即贫、愚、弱、私，要通过办平民学校对农民进行教育来救治。1926年，中华平民教育促进会在河北定县成立乡村平民教育实验中心，主要进行生计、文艺、卫生和公民"四大教育"，通过学校式、社会式、家庭式"三大方式"实现。

（四）江苏省立教育学院的乡村民众教育实验

江苏省立教育学院创立于1930年。该院的主要研究工作一直是乡村民众教育。江苏省立教育学院创设的实验区有农村教育实验区和城市教育实验区，前者属于乡村教育实验范畴，后者则是早期平民教育实验的延续。该院在多处都创立了农村教育实验区，通过乡村社会调查和长期的乡村教育实验提出并逐步完善了自己的乡村民众教育主张，并做了大量的实验工作。"乡村教育和城市教育合一，社会教育与学校教育合流"是该学院民众教育实验的鲜明特点，把民众教育实验从"学校社会化"推进到了"社会学校化"的阶段。该院的实验工作，对改良农村教育起了积极的推动作用。

（五）梁漱溟的乡村建设实验

梁漱溟在山东邹平创立了乡村建设实验。梁漱溟是中国现代学者、教育家、乡村建设运动的倡导者。他认为中国的命运取决于乡村建设。中国自古以来就是一个伦理本位的社会，而乡村是伦理情谊社会的基础。要整治社会，必从乡村着手，恢复伦理本位，进行乡村建设。他认为"中国近百年史即一部乡村破坏史"，是由于西洋入侵而造成的"极严重的文化失调"。他说："教育即乡村建设。"因此，他主张应当由乡村运动者以政教统一的方式通过乡村学校对农民进行精神陶冶、自卫训练、生产知识等教育，以推动社会，组织农村。梁漱溟的乡村教育理论和实验的突出特点是其扎根于中国传统文化，是一种整体化的社会教育，但他把乡村教育当作挽救中国的唯一途径是错误的认识。

第四节 蔡元培教育思想

一、哲学思想

蔡元培将世界分为现象世界和实体世界两方面。现象世界是指有形的、相对的、有生灭变化的现实世界，而实体世界是指一切有形世界背后的、无形的、绝对的、永恒的世界本体。在《对于新教育之意见》一文中，他指出："故实体世界者，不可名言者也。然而既以是为观念之一种矣，则不得不强为之名，是以或谓之道，或谓之太极，或谓之神，或谓之黑暗之意识，或谓之无识之意志。"可见，他所说的世界本体或实体世界，是一种客观精神或意志，在世界观、本体论上奉行的是客观唯心主义的思想路线。

二、"五育"并重的教育方针

蔡元培在 1912 年任教育总长时，提出教育应以养成共和健全之人格为目标。为了实现对国民进行完全人格的教育，实现人的全面和谐发展，他提出了军国民教育、实利主义教育、公民道德教育、世界观教育、美感教育并重的教育方针。《对于新教育之意见》一文对"五育"进行了详尽的论述。

军国民教育，就是体育，包括军事训练和体育锻炼。当时的革命形势要求必须实行军国民教育。另外，完全人格的养成也需要健全的体魄。

实利主义教育，即智育，内容包括物理、化学、历史、地理等科学文化知识。他认为当今世界的竞争，不仅在武力，而尤在财力；而要使国家富强，必须重视实利主义教育。他重视中小学，力主教育要打好牢固的基础，还重视科学的教学方式方法。

公民道德教育，即德育，他认为就算有健全的体魄、发达的智力，若没有道德约束，则只能助其为恶。德育的内容是自由、平等、博爱，体现了他的资产阶级道德观念。

蔡元培认为军国民教育、实利主义教育和公民道德教育是为追求现世的幸福，是现象世界的教育；要达到这理想的实体世界，更应当注重的是世界观教育和美感教育，并认为这是两种超乎于政治和现世幸福之求的教育，是到达理想的实体世界的桥梁。

世界观教育，一方面可以使人们以不厌弃、不迷恋的心态对待现象世界；另一方面，可以使人们了解作为理想境界的实体世界，并将其作为渴望追慕的目标，直到最终领悟，达到思想自由，不受偏见制约，这样才能很好地处理世间之事。

美感教育，介乎现象世界与实体世界之间，是现象世界进入实体世界的桥梁。他认为美感教育可以陶冶人的情感，使之高尚纯洁。通过美感教育，可以使人超脱世俗，从而提升人的精神境界。

1928 年 5 月，蔡元培在全国教育会议上又提出了"使教育科学化、劳动化、艺术化"的教育方针，这样就形成了德、智、体、美、劳五育并重的资产阶级民主主义教育方针。这在教育上是一个重大的进步，符合人的全面发展的教育规律，有许多可供我们借鉴的地方。只不过各方面的要求不同，它体现的是资产阶级的教育要求。

三、"尚自然""展个性"的教育原则

"尚自然""展个性"是蔡元培针对封建教育忽视学生的特点、违反自然规律、束缚人的个性而提出的教育主张，体现了其资产阶级自由主义的立场。他认为封建旧教育以成人自己的想法强加于儿童，忽略儿童自身的发展规律与特点，是阻碍儿童个性自由发展的教育。新教育应当以儿童为本位，按照儿童的兴趣和特点来进行组织教学，使儿童得以自由发展。在《新教育与旧教育之歧点》的演说中，他提出教育"与其守成法，毋宁尚自然；与其求划一，毋宁展个性"。

依照其"尚自然""展个性"的教育原则，他说教书"并不像注水入瓶一样，注满就算完事"，而应当根据学生的特点，引发学生的兴趣，因材施教。教师还应注意发挥学生的学习主动性、积极性。在教育实践中，蔡元培也始终坚持这一"尚自然""展个性"的教育原则。

四、"思想自由、兼容并包"的办学思想

蔡元培一贯主张学术自由、思想自由。他担任北大校长时说："大学者，研究高深学问者也"，认为大学应当"囊括大典，网罗众家"。他总结办学经验时说：做学问应当"循思想自由原则，取兼容并包主义，无论为何种学派，苟其言之有理，持之有故，尚不达自由淘汰之命运者，虽彼此相反，而悉听其自由发展"。他在北大办教育的实践也证明了这一点。当时的北大汇集了不同思想、不同学派的学者，既有信仰马克思主义的李大钊、陈独秀，也有奉行实用主义的胡适；既有新派教员，也有像辜鸿铭、刘师培这样的宣扬国故、反对革新的复古主义者。蔡元培认为应当允许这些不同学术观点的学者同时在北大任教，这体现了他的"思想自由、兼容并包"之办学思想。

五、教育独立的主张

1922 年，蔡元培发表《教育独立议》《非宗教运动》，阐述他的教育独立思想。他认为教育事业应当完全交给教育家来主持，这样才可以使教育保有独立的资格，不受各派政党和各派教会的影响。蔡元培任第一届教育总长，到 1916 年，由于军阀混战、政权不稳、执政者更迭，教育总长就换了十几个。他对此十分反感。他认为，若把教育权交给政党，那么在政党斗争更迭的时候，教育方针变来变去是无法收到成效的；若把教育权交给教会，因宗教是保守的，宗教教义和规定就会限制科学的发展。因此，他主张教育应独立于党派和教会之外。

为了实现教育独立的理想，蔡元培在 1927 年任南京国民政府教育行政委员会委员后，随即提议组织中华民国大学院。1927 年 10 月 1 日，大学院正式成立，蔡元培出任院长。大学院设立大学委员会，成员由大学院正、副院长及各国立大学校长、大学院教育行政处主任及专家学者组成，是最高学术机构。且有权推荐大学院的院长以及参与决策教育上的重大问题。地方采取大学区制，即将全国分为若干大学区，每个大学区设大学一所、校长一人。大学院相对于中央政府，大学区相对于地方政府，均具有相对独立性。此外，学校不设神学科，不许传教士任教。蔡元培关于教育独立的思想是一种历史唯心主义的观点，但他主张教育脱离政治政党、脱离宗教以及反对军阀分子控制教育反映的只是希望按照教育规律办教育的愿望。

第五节 陶行知的教育实践与思想

一、生平与教育实践

陶行知,原名文濬,1910 年因信仰王守仁"知行之成",改名"知行";1934 年后主张"行是知之始,知是行之成",改名"行知"。1914 年,赴美国留学,获政治硕士学位,1917 年归国,先后在南京高等师范学校、东南大学任职;曾任《新教育》杂志的主编;1922 年在中华教育改进社任主任干事;后来与朱其慧、晏阳初等人在北京组织成立中华平民教育促进会,推广平民教育。1927 年 3 月,陶行知在南京晓庄创办乡村师范学校,后改名晓庄学校,开展乡村教育运动,提出生活教育理论,希望从乡村教育入手寻找改造中国教育和社会的途径。1932 年,陶行知在上海市创办山海工学团,主张"工以养生,学以明生,团以保生",推行"即知即传"的"小先生制",开展普及教育运动。抗战爆发以后,他将生活教育的理念与民族、民主革命斗争相结合,组织国难教育社,从教育救国的道路走上了民族、民主革命的道路。抗战胜利后,陶行知投身民主运动,提出民主教育的主张,创办《民主教育》。1946 年 7 月 25 日,因劳累过度,患脑溢血逝世,毛泽东为陶行知题悼词:"痛悼伟大的人民教育家"。

二、教育思想

陶行知针对中国传统教育的弊病,学习和借鉴美国进步教育运动代表人物杜威的教育思想,提出了与旧教育相对立的生活教育理论,内容主要包括三个方面:生活即教育,社会即学校,教学做合一。

"生活即教育"就是要求教育与实际生活联系。陶行知认为:"生活教育是生活所原有,生活所自营,生活所必要的教育","自有人类以来,社会即是学校,生活即是教育"，"过什么生活便是受什么教育"。"生活教育与生俱来，与生同去。出世便是破蒙，进棺材才算毕业。在社会的伟大学校里，人人可以做我们的先生，人人可以做我们的同学，人人可以做我们的学生。随手抓来都是活书，都是学问，都是本领。""从大众的立场上看，社会是大众唯一的学校，生活是大众唯一的教育。"

"社会即学校"来源于但又不同于杜威"学校即社会"的理论。陶行知认为杜威"学校即社会"的观念不彻底，仍是一种封闭的教育。将社会生活搬进学校并没有扩大学校的空间。陶行知主张，凡是生活的场所都是教育的场所，校门外的农村、店铺、庙宇、监牢等可以都视为学校、成为课堂，把社会和学校打成一片，就是"社会即学校"。

"教学做合一"是对杜威的"从做中学"理念的继承与发展。陶行知反对传统的"教授法"，提出了"教学法"的范畴，强调教学过程包括教与学两个不可偏废的因素；后又提出"教学做合一"，"教学做是一件事"。他强调"做"的重要地位，主张"做"是一切教育活动进行的中心。这反映了陶行知对那种以书本为中心，死读书、读死书的做法所持的反对态度。

陶行知生活教育理论是特定历史条件下的产物，不免存在局限性，比如他的理论有忽视系统理论知识、忽视书本、忽视教师主导作用的倾向，并且过于强调"活动"、强调"做"，实际上是把教学过程与认识过程等同起来，忽略了教学过程的特殊性。但从根本上讲，生活教育理论是在反对封建的旧教育、探索中国教育发展出路的过程中形成的，在克服传统教育的弊端方面发挥了积极的作用，并且理论本身仍然不乏我们汲取的宝贵经验。

第六节　苏区与延安时期的教育

一、苏区的教育方针政策

1933 年 4 月，中华苏维埃共和国临时中央政府教育人民委员部发布训令《目前的教育任务》，提出："苏区当前文化教育的任务，是要用教育与学习的方法，启发群众的阶级觉悟，提高群众的文化水平与政治水平，打破旧社会思想习惯的传统，以深入思想斗争，使能更有力地动员起来，加入战争，深入阶级斗争和参加苏维埃各方面的建设。"1934 年 1 月，毛泽东在全国苏维埃第二次代表大会上正式提出了苏维埃教育总方针："在于以共产主义的精神来教育广大的劳苦民众，在于使文化教育为革命战争与阶级斗争服务，在于使教育与劳动联系起来，在于使广大中国民众都成为享受文明幸福的人。"苏维埃文教建设的中心任务是："厉行全部的义务教育，发展广泛的社会教育，努力扫除文盲，创造大批领导斗争的高级干部。"

二、延安时期抗日民主根据地的文教方针政策

以延安为中心的抗日根据地建立后，各项文教方针政策的制定都以夺取抗战胜利和夺取全国政权为总目标。1940 年毛泽东在《新民主主义论》一文中指出：新民主主义的文化是"无产阶级领导的人民大众的反帝反封建的文化"，是"民族的、科学的、大众的文化"。"民族的"，是指新民主主义的文化是反对帝国主义的压迫，维护中华民族的尊严和独立的，具有中华民族特性，并且与其他民族的进步文化相互吸收与发展，共同形成世界的新文化；"科学的"，是指新民主主义的文化反对一切封建迷信，"主张实事求是，主张客观真理，主张理论与实践的统一"，特别强调必须尊重自己的历史文化，要"剔除其封建性的

糟粕，吸收其民主性的精华"；"大众的"，是指新民主主义的文化"应为全民族中百分之九十以上的工农劳苦民众服务，并逐渐成为他们的文化"。

抗日根据地在上述指导思想下，制定了具体的文教政策：（1）坚持统一战线，动员一切力量，投入抗日民族统一战线，夺取全国政权；（2）干部教育第一，国民教育第二，要首先大力培养干部、提高干部水平使之成为群众的先锋；（3）注重生产劳动教育，使教育同根据地的生产建设相联系，自己动手、丰衣足食；（4）国民教育实行民办公助，在政府的指导和帮助下，鼓励群众自己办教育，逐渐达到自中心小学以下均为民办，学制和教育内容都应尊重群众意见等。

三、各级各类教育

（一）干部教育

为了培养急需的各种干部，苏区先后开办了干部学校和干部培训班。在抗日民主根据地的教育中，占有重要地位的是大量的干部学校。

干部教育包括在职干部教育和新干部培养两种类型。培养途径之一是大量干部的在岗短期培训，之二是部分干部的离岗系统教育以及部分新干部的岗前系统培训。其教育机构可分四类：（1）培训时间短、内容集中、分层次的干部短训班；（2）军政学校，如瑞金时期的红军学校、苏维埃大学、马克思主义大学，延安时期的抗日军政大学、陕北公学、中共中央党校、延安大学等；（3）技术应用学校，如瑞金时期的中央农业学校、红色医务学校，延安时期的自然科学院、医科大学、铁路学院等；（4）文化艺术学校，如瑞金时期的高尔基戏剧学校，延安时期的鲁迅艺术学院、俄文学院等。

红军学校：从1931年创办到1933年共办了6期，校长是叶剑英，举办的目的是培养一批工农分子的军事政治干部。1933年11月，与苏维埃大学军事政治部合并成中国工农红军大学，为苏区最高军事学校，由何长工任校长。刘伯承、王稼祥、邓小平等曾担任红军大学教员。1934年10月，红军大学改名"干部团"，随军长征；1936年6月1日到达陕北后改名为中国抗日红军大学；1937年1月更名为中国人民抗日军政大学（简称抗大）。其校长先后为林彪、罗瑞卿（代）、徐向前。中国人民抗日军政大学的教育目标是："坚定不移的政治方向，艰苦奋斗的工作作风，机动灵活的战略战术"，"训练抗日救国军政领导人才"。校训是："团结、紧张、严肃、活泼"。教育内容以马列主义和军事技术为主。在八年抗战中，中国人民抗日军政大学总校共办了 8 期，并在晋东南、晋察冀、华中、苏北等根据地办了 12 所分校，先后培养了 20 多万名军政干部。

苏维埃大学：1933 年 8 月，中央人民委员会创办于瑞金的综合性大学，毛泽东、瞿秋白先后任校长。学员主要是保送的干部，是在党政机关、群众团体工作半年以上并有突出表现的人。教学分为普通班和特别班两个班进行。普通班为预科性质，以文化补习为主，学习期限不定；特别班设有土地、国民经济、财政、工农检察、教育、内务、劳动、司法、外交、粮食 10 个专业班，学制半年以上。长征开始后停办。

延安大学：1941 年 9 月由陕北公学、中国女子大学、泽东青年干部学校合并成立，后来鲁迅艺术学院、自然科学院、民族学院、新文字干部学校及行政学院等相继并入，吴玉章、周扬等先后任校长。延安大学是当时根据地规模较大、有较正规学制的一所综合性大学。

（二）普通初、中等教育

瑞金苏维埃政权大力普及小学，有公办和民办两种。初小课程有国语、算术、游艺，高小增加社会常识和科学常识。学制最初为 6 年，初小 3 年、高小 3 年，或者初小 4 年、高小 2 年。后改为 5 年制，初小 3 年、高小 2 年。分全日制和半日制两种。到抗日战争时期，延安以及各抗日根据地的小学已经相当普遍。小学学制规定为 5 年，初小 3 年、高小 2 年。办学体制分公办和民办公助两种。初小数目较多且几乎全为民办公助。初小开设的课程有国语、算术、常识、美术、劳作、音乐、体育，高小增设了政治课，常识课改为自然、历史、地理；其中劳作课以生产劳动为主，体育课以军事训练为主。

各抗日根据地的普通中等教育发展不平衡。在华中、山东等文教基础比较好的地区，有一定数量的普通中学，如：苏中地区在 1944 年有 54 所中学，山东抗日根据地有 13 所中学；在文教基础较差的地区，如陕甘宁根据地，中等教育则主要是少数培养小学师资的师范学校。抗日根据地中学教育的特点是：为各根据地培养或培训提高干部，而不是为高校做准备。

此外还设有少数中等职业学校，如医药专门学校、边区职业学校、妇女职业学校等。解放战争期间，随着根据地不断巩固、扩大，初、中等教育也迅速发展。

（三）社会教育

当时 90％以上的农民是文盲，因而根据地社会教育的重要任务是开展全民识字运动，教会工农民众写、看。识字运动首先从军队开始，文化水平较高的首长为总教员，利用作战间隙进行教学。其他行业效仿推广组织识字教学。其形式包括建立成人夜校、识字班组、冬学、民众学校等。社会教育还把识字教学与推广科技知识结合起来，向民众宣传科技常识，以适应战争和发展生产的需要。开办妇女冬学，既提高妇女的识字能力又宣传接生、养育的新知识；设置民教馆，开办职业补习学校，组织民众识字又传授生产知识，把学文化和学手艺结合起来。

第九章　新中国成立以后的教育

第一节　社会主义改造期间的教育

一、教育概况

新中国成立之初，经济处于恢复时期，党和政府十分重视并且立即着手对旧中国教育展开改造。第一次全国教育工作会议提出对旧教育要坚决改造，稳步前进，明确了新教育建设要吸收旧教育中某些有用的经验，特别是借助苏联教育建设的先进经验；对高等学校的院系进行了全面调整，对普通教育进行了全面规划。这期间，教育布局全面展开，首先表现为学生人数迅速增长，并且形成了系统完备的教育体系，成功地准备了人才，提高了人民的科学文化水平，为以后几个五年计划的实施奠定了基础。这个阶段，中国教育的发展途径主要是学习苏联的模式。一方面，工业化进程中引进苏联技术装备的企业需要骨干人才，于是重点加速和发展了高等教育，特别是工科教育来较好地适应这一形势；另一方面，将有一定基础的综合性大学调整为文理科，当时由于"左"的影响，政法、财经、管理及其他应用文科未能得到很好的发展。中小学教育一味地模仿苏联当时采用的十年制，未能发挥我国原有的十二年制的特点，不适当地降低了教学要求，再加上中小学的师资条件不足，不但影响了中小学的培养质量，也影响了高等教育。

二、教育举措

新中国成立初期，从"学校应由国家办理"的原则出发，对中华人民共和国成立以前的公立学校全部接管，对私立学校和外资津贴的学校进行了接收、接管。外资津贴的学校几乎都是教会学校，中央人民政府要求教会学校到人民政府登记、立案，遵守人民政府的法令法规。私立学校在新中国成立前的各级各类学校中占很大比重，大多集中在城镇。农村地区还存在大量的私塾。这些私立学校大多存在经费困难、师资不足、设备简陋、内容不适应社会等诸多问题。教育部召开全国中小学教育行政会议后决定，从1952年开始至1954年由政府将全国私立中小学全部接管。此外，全部私立高等学校也由政府接办，改为公立高等学校。至此，在中国教育史上延续了数千年的私学制度从此暂时中断，形成了国家办学的单一教育体制。

第一次全国教育工作会议指出，教育必须为工农服务。为了使广大工农接受教育，政府创办了数量巨大的工农业余学校，农村展开冬学运动，教育部还编写了《农民识字课本》作为扫盲读本。工农干部也迫切需要学习文化，各级政府为此创办了大批脱产或半脱产的工农干部文化补习学校。创办工农速成中学也是开展工农教育的重要举措，直到1958年该类学校完成历史使命后才自行终止。另外，国家还创办了中国人民大学这样的新型大学，培养工农知识分子和各类人才。

新中国成立初期曾暂时沿用了原有的学制。政务院九十七次会议通过了《关于学制改革的决定》，并于1951年10月1日公布实施新学制。此外，教育部还指定和颁布了各级各类学校规程，详细规定了不同类型教育的宗旨、目标、任务、原则、内容、方法以及行政管理等，由此构建起了中华人民共和国系统完整的学校教育制度。在教育部统一领导和部署下，在全国范围内对原来学校的课程教材进行了改革，借鉴苏联的经验并结合中国教育传统，编订出各级各类学校的新课程和教科书。

新中国成立初期的教育发展与苏联的教育密切相关。1952年起，在全国范围内掀起了学习苏联教育经验的热潮。随之开展了一系列的举措，翻译出版了大量苏联教育论著，大量介绍苏联的教育经验，聘请苏联专家来中国讲学，向苏联派遣留学人员，学校教育展开学习俄文的运动等。在当时的历史条件下，借鉴苏联的方针是正确的，取得了积极的成效。但后来在学习苏联教育经验的过程中出现了盲目照搬苏联经验的现象，给中国的教育工作造成了不少失误，其中的经验教训值得反思。

第二节　1956～1976年的教育

一、独立探索社会主义教育发展道路

1955 年底，新中国顺利完成旧教育改造后，确立了新教育的方针是"为人民服务，为社会主义经济建设服务"。1957 年 2 月，毛泽东在最高国务会议上的讲话《关于正确处理人民内部矛盾的问题》中提出，"我们的教育方针，应该使受教育者在德育、智育、体育几方面都得到发展，成为有社会主义觉悟的有文化的劳动者"，强调要贯彻"百花齐放，百家争鸣"的方针。

1957 年 6 月开始的"反右派"斗争，使教育领域受到巨大损失。1958 年"教育大跃进"运动中，国务院发布了《关于教育工作的指示》，提出党的教育方针是"教育为无产阶级政治服务，教育与生产劳动相结合"。这时期的教育方针保证了教育的社会主义本质的政治方向。但是，"教育大跃进"运动中大批师生用大量的时间参加生产劳动，对教育自身规律考虑不足，打乱了许多学校的正常教学秩序，给教育工作带来了较严重的干扰。

1961 年开始贯彻"调整、巩固、充实、提高"的"八字方针"，在肯定了一些积极成果的同时，对当时各种"左"的表现进行了纠正，教育又获得了稳定的发展。总的来看，尽管存在不少问题，新中国成立后 17 年教育的成就仍是巨大的。其间造就了大批又红又专的人才，奠定了我国教育事业发展的基础。

二、"文化大革命"时期的教育

1966 年 8 月 8 日，中国共产党八届十一中全会通过了《关于无产阶级文化大革命的决定》，提出"改革旧的教育制度，改革旧的教学方针和方法"。

"文化大革命"的前期是发动全国师生停课闹革命。1966 年 8 月，以清华大学附属中学为首，以"造反有理"为口号，以"红卫兵"为组织名义贴出大字报《革命的造反精神万岁》。这一行动得到了毛泽东的支持，并接见了红卫兵。于是红卫兵组织在全国迅速蔓延开来，并开始在全国范围"大串联"。8 月20 日起，由北京红卫兵带头，多个城市的红卫兵开始"破四旧"活动，很多学者、专家、教师、干部等都遭受了折磨，全国各地的学校处于混乱中。至 1967年，红卫兵运动走向极端，各地形成了对立的派别群众组织，从"文斗"发展到"武斗"。

"文化大革命"期间，实行通过"干部教师下放劳动"和"知识青年上山下乡"来对知识分子实行"再教育"的政策，大批干部教师被迫离开学校教学、科研岗位，长期荒废专业。高等学校和中等专业学校管理下放，许多学校迁往贫困边远的农村和山区，教育教学工作未能依照教育规律来切实进行。"文革"10 年间，共有 1 640 万名知识青年"上山下乡"，他们的年龄都在十六七岁到二十多岁。知识青年"上山下乡"造成了轻视知识、不尊重教师的风气，在整个社会引发了"读书无用论"。在大多数国家的教育正从传统的教育向适应其经济技术发展而迅速变革的时候，我国的教育不但没能发展，反而遭到了严重的破坏。

第三节　改革开放以来的教育

一、教育领域的拨乱反正

1976 年 10 月，"文化大革命"终结。1978 年 12 月，中共十一届三中全会确定了"解放思想，实事求是"的思想路线，做出了把全党工作重点转移到社会主义现代化建设上来的战略决策。从此，我国各项事业，包括教育事业，开始沿着正确的方向前进。

在教育领域进行了拨乱反正，大批被诬陷、受迫害的干部、教师得到平反和解放。

"文化大革命"期间的高等学校招生实行"群众推荐"。"文革"结束后，邓小平希望尽快恢复高校招生工作，以便为经济建设培养人才。1977 年 6 月开始，教育部多次召开会议讨论高校招生工作；9 月，在邓小平亲自指示修改下制定出《关于 1977 年高等学校招生工作的意见》；10 月 12 日，国务院正式批转。从此明确废除了"群众推荐"，进行文化考试，恢复了高考制度。高中毕业生可以直接报考，实行德、智、体全面考查，择优录取。这一重大壮举标志着中国教育事业由为阶级斗争服务转向为建设现代化社会主义强国服务的轨道。《关于 1977 年高等学校招生工作的意见》中还提出了关于高校招收研究生的意见，并就招收研究生的学科、专业、研究方向做了具体规定。1977 年 11 月 3 日，教育部、中国科学院发布了《关于 1977 年招收研究生的通知》，对研究生招生做了详细规定，并明确了研究生教育的培养目标、学习年限、毕业考核、授予学位等。至此，中断了 12 年之久的研究生教育开始得到恢复。1978 年 5 月，高校招收研究生的考试正式开始。报考者主要包括 1964 年和 1965 年的大学毕业生以及 1975 年和 1976 年的工农兵学员等一批"文革"中被耽搁的中青年。1980 年

2 月 12 日，中华人民共和国第五届全国人民代表大会常务委员会第十二次会议
通过了《中华人民共和国学位条例》，并于 1981 年 1 月 1 日正式施行。该条例
规定了我国学位分学士、硕士、博士三级。国务院设立学位委员会负责全国学
位授予工作。1981 年 5 月，国务院批准了《中华人民共和国学位条例暂行实施
办法》。这两个文件的颁发，标志着我国学位制度的正式建立。

此外，党和政府从根本上改变了把知识分子和教师视为改造对象的"左
倾"政策，充分肯定了知识分子的价值和社会地位。邓小平关于尊重知识、尊
重人才、重视教育、尊敬教师的论述给予了广大教师和知识分子极大的鼓舞，
社会逐渐重新恢复尊师重教的优良风气。党和政府也采取了诸多措施来提高知
识分子和教师的地位，设立了各种荣誉称号表彰和奖励为科研教育事业做出贡
献的人才，恢复和完善了技术职务评聘制度。1981 年，高校全部恢复教授、副
教授、讲师、助教制度；中小学也开始实行教师职务制度；设立了各类科学研
究基金和项目资助制度，为教师和科研人员的进修交流提高创造良好的条件；
对优秀成果和杰出贡献者设立各种奖项。

二、探索中国特色社会主义教育

1982 年，党的十二次代表大会确立了教育优先发展的战略目标。党和政府
做了很多的工作和努力来落实这一战略思想：对教育经费的投入有了较大幅度
的增长；实施"211"和"985"工程、836 计划，重点建设一批一流大学；开始
逐步全面实现免费义务教育。1983 年提出"教育要面向现代化，面向世界，面
向未来"的建设中国特色社会主义教育的指导方针。

随着政治、经济改革的不断深入，教育改革也提上日程。1985 年，通过了
《中共中央关于教育体制改革的决定》(以下简称《决定》)，总结了新中国成立
以及十一届三中全会以来教育改革的经验，系统阐述了教育体制改革的指导思
想、目标、任务，明确提出必须改革现有教育体制弊端。《决定》是全面进行教
育改革的纲领性文件，包括：体制改革的根本目的是提高民族素质，多出人才，
出好人才；关于基础教育，由地方来承担责任，有步骤地实行九年义务教育；
调整中等教育结构，大力发展职业技术教育；改革高校的招生和分配制度，扩

大高校办学自主权等。

关于义务教育，《决定》明确提出要动用全党、全社会和全民族的力量，用最大的努力有步骤地予以实施。1986 年，全国人大通过了《中华人民共和国义务教育法》，决定从 7 月 1 日起在我国正式施行九年义务教育。该法规定，凡年满 6 岁的儿童，不分性别、民族、种族，都应当入学接受规定年限的义务教育，条件不具备的地区可以推迟到 7 周岁入学；义务教育可以分为初等教育和初级中等教育两个阶段，允许各地根据实际情况在一定时期内可以有高有低、有快有慢地推进义务教育，允许灵活的办学形式，允许几种学制并存，允许普及标准有所差异。

关于教学改革，各级各类学校均开展了教育教学改革，教育质量逐步得到提高。中小学教育教学改革中，考试制度的改革始终是重点和难点。从 20 世纪80 年代中期至 90 年代初，中小学考试制度改革主要进行了初中招生考试制度和普通高中毕业会考制度。高校的教育教学改革主要集中在改革教学管理制度、修订高校专业目录、改革招生分配制度和高校科研工作等方面。如：学分制可以将培养目标的统一性和灵活性、学生的全面发展和教师的因材施教结合起来，所以全国多所高校都实行了各种形式的学分制。此外，自学考试制度的建立也是教育教学改革中的创举。自学考试制度从高等教育自学起步，是将个人自学、社会助学和国家考试相结合的一种新的教育形式，具有开放性、灵活性和社会投入少、收益高的特点，是对我国教育制度的辅助和补充。

教育国际交流与合作方面，在邓小平大力提倡、积极推动下重新走上正确的道路。早在 1977 年，邓小平在科学和教育工作座谈会中就提到"接受华裔学者回国是我们发展科学技术的一项具体措施，派人出国留学也是一项具体措施。我们还要请外国著名学者来我国讲学"。《决定》再次强调了教育的国际交流与合作的重要性和迫切性。公派出国留学人员迅速扩大，其他方式的留学生也开始增加。从 1978 年到 1998 年，中国各类出国留学人员总数达 309 000人。根据联合国教科文组织统计，这 20 年间，中国是世界上出国留学生人数最多的国家。与此同时，外国来华留学生教育有了新的发展，实现了名副其实的双向国际交流与合作。

三、建设中国特色社会主义教育的深化

20 世纪 90 年代，党和政府结合中国实际与时代发展的特征，提出了"科教兴国"的战略，即"重点依靠科技和教育推动经济发展和社会进步"。1995年 5 月，中共中央国务院在《关于加速科学技术进步的决定》中明确提出"科教兴国"的战略。1993 年 3 月，朱镕基在全国人大九届二次会议上宣布：实施科教兴国战略是实现经济振兴和国家现代化的根本大计。"科教兴国"战略的确立与实施，为建设中国特色社会主义教育和教育现代化指明了正确的道路。

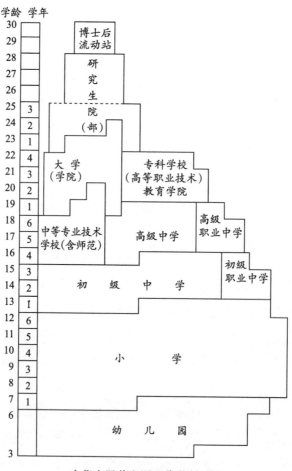

中华人民共和国现代学制系统

（一）关于学校教育制度

1995 年 3 月 18 日第八届全国人大三次会议通过的《中华人民共和国教育法》提出："国家实行学前教育、初等教育、中等教育、高等教育的学校教育制度"，"国家建立科学的学制系统"，"国家实行九年制义务教育制度"，"国家实行职业教育制度和成人教育制度"，"建立和完善终身教育体系"。这样就从法律上明确规定了我国的学制及其系统构成。我国现行学制的主要特点：一是体现了"教育必须为社会主义现代化建设服务"和"三个面向"的指导思想和要求；二是灵活多样，富有弹性，适应我国城市和农村以及各地区发展水平不同的特点；三是体系完备，各级各类教育在学制系统中都占据了一定位置，存在的问题是修业年限过长，不利于早出、快出人才。

（二）关于幼儿教育

中共十一届三中全会以来，幼儿教育获得了巨大发展。第一，积极恢复和健全了各级幼教领导机构。1979 年 7 月，全国托幼工作会议确定恢复、发展、整顿、提高各级托幼组织。第二，制定了《城市幼儿园工作条例（试行草案）》（1979 年）、《幼儿园教育纲要（试行草案）》（1981 年）、《幼儿园工作规程（试行）》（1989 年）、《幼儿园管理条例》（1989 年），对幼儿园的性质、目标、办园方针、保教原则、保教内容与课程设置、组织、编制、机构及队伍建设以及管理等方面作了明确规定。第三，编写出版了幼儿园教材，包括体育、游戏、常识、音乐、语言、计算、美术等。第四，恢复并发展了各级幼教师资培养机构。第五，幼儿教育科研获得很大发展。第六，农村幼儿教育特别是学前一年教育发展迅速。

（三）关于义务教育

十一届三中全会以来，政府相继制定了《关于普及小学教育若干问题的决定》（1980 年）、《关于教育体制改革的决定》（1985 年）、《中华人民共和国义务教育法》（1986 年）、《中国教育改革和发展纲要》（1993 年）、《中华人民共和国教育法》（1995 年），提出了实行基础教育地方负责、分级管理体制，实施普及九年义务教育的目标和分区规划分类指导、分步推进分阶段实施的措施，使普及义务教育走上了有法可依的轨道。2006 年，修订了《中华人民共和国义务教育法》。2009 年，中国义务教育基本实现普及。至 2010 年，全国小学普及程度继续保持高位，小学学龄儿童净入学率达 99.7%。其中，男童小学净入学率为 99.68%，女童小学净入学率为 99.73%。全国初中普及程度继续提高，全国初中阶段毛入学率达 100%。

（四）关于中等教育

1980 年教育部会议通过的《关于办好中等师范教育的意见》《中等师范学校规程（试行草案）》《中等师范学校教学计划（试行草案）》，使中等师范学校的教育教学和管理走上了正轨，教育质量有了很大提高。1985 年《中共中央关于教育体制改革的决定》提出要发展职业技术教育，要以中等职业技术教育为重点。1986 年发布《普通中等专业学校设置暂行办法》等促进了中等专业教育的发展。1996 年发布《中华人民共和国职业教育法》，职业教育走上了依法治教的轨道。十一届三中全会后，高中阶段教育持续稳步发展，通过加强劳动技术课、开设职业选修课和职业指导课来进行改革，承担为高校输送合格学生和为社会输送合格劳动力的双重任务。至 2010 年，高中阶段教育总体规模平稳增长，结构进一步优化，中职招生比例超过普通高中，普及水平继续提高，办学条件有所改善。

（五）关于高等教育

1977 年恢复全国统一招生考试制度以来，逐步恢复并新建了大批高等学校，改革和完善了高等教育办学和管理体制，恢复了研究生教育制度，专科教育得到迅速发展，调整了科类与专业结构，进行了招生、培养与就业制度改革，我国高等学校的数量、规模、层次、类型、专业以及教育教学和管理体制等方面都发生了显著变化。至 2010 年，全国有普通高校 2 358 所（含独立学院 323 所），其中本科院校 1 112 所、高职（专科）院校 1 246 所、成人高校 365 所；研究生招生 53.8 万人（其中博士生 6.4 万人、硕士生 47.4 万人），普通本科、高职（专科）招生 661.8 万人，本科和专科招生之比由 51∶49 调整为 53.1∶46.9，成人本、专科招生 208.4 万人。

第十章　港、澳、台地区的教育发展

第一节　香港地区的教育发展概况

　　香港地区的教育情况，从宋代起才有确切的史料记载。英国接管香港之初，香港政府并不热心发展教育；教育政策只着重培养殖民地官员，以及宣扬英国威信。第二次世界大战后，香港人口飙升，教育需求随之增加。在各方压力下，殖民地政府才首次聘请国际顾问进行教育研究，促成了义务教育的推行。1997年主权移交以后，特区政府着手推行教育改革，却引起连串争议。

一、古代至殖民地时期前

　　香港最早有历史记载的教育机构是位于锦田的由北宋进士邓符协建于1075年设置的力瀛书院，其比今日广东省内有规模的同类书院更早成立。清初时，香港地区属广州府新安县的管辖范围。区内的屏 、锦田、上水、龙跃头等地的氏族非常重视子弟的教育，并鼓励族人参加科举，晋身仕途，为村民增光。他们在区内大设书室、学舍，而各氏族的宗祠、书室和家塾，悬挂子弟的功名牌匾，足见当年子弟在科举的成就。

　　香港的书院、书室是跟随中国古代的教育制度建立的，属于私学的一部分。这类私学按办学者可以分为三类：一是富有人家聘请教师在家中教导子弟，称为家塾；二是教师在自己的家门教导学生，称为塾馆或教馆；三是地方氏族开办的学塾，称为私塾或义塾。而讲授的内容则分为高、初两级。初级是启蒙教育，主要教导儿童读书写字，课本包括《三字经》《百家姓》《千字文》等；高级的课本则是"四书""五经"，另外还得学习八股文以应付科举。随着时代转变，这些书院和私塾都逐渐转变为乡村学校或者公立学校。

二、殖民地时期初期

1841 年，香港成为英国殖民地。占领初期，英国并没有在香港建立正式的教育制度，只是鼓励私人和教会办学。最早到港办学的外国教育团体是马礼逊教育协会（Morrison Education Society）。该会于 1839 年在澳门创立马礼逊书塾，并于 1842 年 11 月把书塾迁至香港，改名为马礼逊书院，为香港第一间英文书院。1841 年至 1858 年间，先后来港办学的西方宗教团体共有 6 间，分别为马礼逊教育协会、美国浸信会、伦敦传道会、美国公理会、英国圣公会和罗马天主教会。由于得到香港政府支持，教会学校在香港的发展相当迅速，旨在传教和培养牧师。

1860 年，教育委员会改组为教育局。同年 7 月推行《理雅各教育革新计划》，停办维多利亚城内所有的皇家书馆，并把全部的学生集中到一间中央书院，由一位欧籍人士任校长，采用英语为教学语言。这所中央书院（当时称为国家大书院）于 1862 年正式成立，为香港第一所官立中学。该校校长在教育局的统筹下，还须负责视察、监督港岛各村落的书馆。这两项政策的推行，说明了殖民地政府相当重视教育行政的主导权，期望通过官立学校加强对青少年的影响。

1863 年，港府为善用社会资源，将乡村书馆以免租方式移交当地居民办理。这类书馆规模较大的为东华医院于 1880 年兴办的文武庙义学，义学经费来自文武庙庙产，而管理权则交由东华医院负责。至 1890 年时，香港共有义学 6 所。

香港专上教育的发展则始于 1880 年。时任港督轩尼诗下令成立委员会，研究将中央书院改为大学专科学校，但委员会认为计划过于庞大，而且香港需要的是商业人才，不予以考虑。7 年后的 10 月，何启博士于其捐资兴建的雅丽氏医院内创办香港西医书院，学制为 5 年，为香港第一所专上学院。香港西医书院于 1912 年香港大学创办时，与其合并成香港大学医学院。

英语教学政策也于此时期确立，支配香港社会选校取向达 150 年之久。1858 年，教育委员会鼓励普及英语教学，目的为减少华人与英人沟通时不必要的误会，以利于英国人管理华人。当时的英文书院全以英语为教学语言，采用英文课本；中文书院须把英语列为必修科。港督轩尼诗于 1877 年就任时就明确指出了英语教学的重要性："基于政治和商业上的需要，所有政府学校必须实施英语教学。"

三、20 世纪初期

20 世纪初，在辛亥革命和中华民国成立的影响下，大批知识分子和清朝遗老迁港从事教育事业，促使了不少中文学校的出现。中文学校以中文为教学语言，传授中国文化；五四运动使新思潮传播炽热，英国政府对香港教育的情况极为关注，因此于 1935 年 5 月派出皇家视学官宾尼（E.Burney）来港视察，后向英国国会提交了报告书。当中指出，政府不应只为少数上流社会人士的儿女提供教育，而更应重视占香港人口大多数的华人。报告同时建议加强中文教育和关注小学教育。港府原则上接纳了意见，但核心的英文教学和精英教育政策仍未有重大的改变。此外，为抗衡逐渐膨胀的民族主义，香港政府亦在 20 世纪初期开始推行一连串的教育本地化政策。

香港政府的教育本地化政策主要为建立汉文学校，推广汉文教育。1912 年 9 月，教育局成立汉文教育组，负责汉文教育的发展以及征集资金补助学校。但该组于翌年就被废除，教育司伊荣（Edward Alexander Irving）委任卡华利（Cavalier）为汉文视学官代替。而香港政府亦于 1920 年成立汉文师范学堂以培养本地教师，是为 1881 年开办的官立师范学校后大型的师范学校。汉文师范学堂初期为男校，女校随后于 1925 年在庇理罗士女子中学开办。1926 年为普及新界教育，又创办了专门培训新界小学教师的官立大埔汉文师范学堂；同年 3 月 1 日成立官立汉文中学，并与官立男子汉文师范学堂合并。这三间师范学堂均以中文授课、培训汉文教师，再加上香港科技专科学校于 1913 年在皇仁书院开设的汉文师资班，四间统称"汉文师范"。但这四间师范学堂的资源普遍不足，难以培训更多的教师。

除了汉文师范学校外，普通私人汉文中学的数目也在 20 世纪初期不断上升。其中著名的有犹太裔印度侨商埃利士·嘉道理（Ellis Kadoorie）和绅商刘铸伯兴办的育才书院、西南中学、民生书院等。大量汉文学校的出现，使香港出现了两种中学学制。1922 年，中华民国政府教育部颁布新"六三三"学制，传统的学塾制度被废除。1928 年，香港所有的汉文学校跟随中国政府学制，改行"六三三"，以便学生返回内地升学；而英文学校则采用英国制度，由第八班至第一班预科课程。私立中文学校在 1931 年开始更可报考广东省教育厅的高、初中会考，地位特殊。这个双重学制的情况到 1965 年统一香港中学会考才终止。

与此同时，香港人口快速增长。为了培养治港人才，同时加强对中国内地的影响，港督卢押曾在 1908 年圣士提反书院的颁奖礼上表示希望创立一所大学。1912 年，香港大学正式成立，为香港第一所大学。开办之初，只有医学院和工学院，后来才增设文学院和教育学系等。

1937 年，七七事变爆发，日本发动全面侵华战争。香港学生积极投入抗日援助工作，成立香港学生赈济会，共有三百多间中、英文学校参与。

四、日治时期

1941 年 12 月，日本发动太平洋战争，并进攻香港。同年 12 月 25 日，港督杨慕琦宣布投降，开始了三年零八个月的艰苦岁月。日治初期，香港由临时军政府统治，教育全面停顿，大量教师流失。1942 年 2 月，日本正式设立香港占领地政府。由于处于太平洋战争时期，港日政府无力顾及教育的发展，加上缺乏教师，使得香港教育停滞不前。

虽然如此，港日政府仍着意恢复香港的教育。其教育政策主要有三大目标：一是透过学校要求教师配合宣传"东亚共荣圈精神"；二是透过大力推动日语教育、减弱中英文的影响力，从而确立日本文化作为宗主的地位；三是设立短期专科学校以暂时舒缓人才短缺的问题。

日治期间，绝大部分停办的学校并无恢复，全港学生人数由沦陷前约 12 万锐减至约 7 000 人。港日政府成立后，恩威并施，努力拉拢留港的教育界人士。1942 年 5 月，政府宣布 20 所学校复课，包括光华、西南、知行、信修、港侨、湘父、钥智、丽泽、华仁、圣保禄、培正、九龙塘、德贞、德明、圣保罗女校、圣玛利、圣类斯工艺院、香港仔儿童工艺院和中国儿童书院。1943 年学校数目增至 34 所，但某些学校被政府怀疑"不忠"被迫再度停课。政府规定所有教师必须学习日语，学校每周必须教授日语 4 小时以上，并禁止教授英语。但许多家长宁愿子女失学，也不愿接受日本的奴化教育。为了进一步管理文化教育事务，港日政府于 1943 年在民治部下成立文教课，首任课长为长尾正道，并制订了"私立学校规则"和"日语讲习所规程"。

日治时期的专上教育亦可谓完全停顿。战前的两所专上院校——香港大学和罗富国师范学院一直停办至 1946 年。于是，港日政府于 1943 年 5 月成立东亚学院，校址设于水城区（今西营盘）列提顿道圣士提反女校。学院以为各政府机关、银行、学校和商业机构培养人才为目的，设普通科，招收高小毕业生修业一年；高等科则招收高中毕业生修业两年。同年 9 月又为日本子弟开办国民学校。东亚学院和国民学校均受政府资助，其余学校一律自负盈亏，因此当时就有华人组织华民慈善会，为穷苦学生提供 1 000 个免费的平民学额。

1945 年 3 月，港日政府改组文教课为第一课，课长为福简定朝，但改组不足半年，至 8 月日本无条件投降，香港恢复由英国统治。

五、第二次世界大战以后

1945 年后，香港重建教育事业面临种种困难，包括校舍被毁、实验室被破坏、图书馆书籍散失、桌椅校具不敷应用等问题。中国大陆又迅速爆发内战，大量居民涌入香港，令学校数目和学额远远供不应求，香港出现严重的失学问题。港英政府恢复对学校的管理控制后，随即在 1947 年公布了多项《学校应守规则》以加强对学校的管理。政府更于 1950 年拟定了"十年建校计划"，希望在 10 年内提供足够的学位收容适龄的小学儿童和希望升读中学的学生。但这项计划因种种原因而无法适应。

　　除了港府的措施，民间团体也有相应行动。战后，很多民间慈善团体、宗教团体、工会、同乡会都相继在旧式楼宇开办了不少义学和识字班。这些班都是免费或只征收极低廉的学费的，帮助解决了不少青少年失学的问题。同一时期，私立学校和亲北京的左派学校也纷纷创办。至 20 世纪 60 年代初，港英政府忙于消除左派学校的影响，采取各种措施打压，如递解香岛中学校长出境和收回旺角劳工子弟学校及渔民学校的直接管理权等；至后期才转为满足社会的需求。

　　20 世纪 50 年代开始，香港人口再有急速的增长。为应付这股压力，政府迫于无奈，邀请不同的国际专家为香港教育作详细的报告，以计划扩展中小学。1970 年 10 月，港督戴麟趾于《施政报告》宣布翌年起实施强迫小学义务教育，并制定《入学令》，规定对不送子女上学的家长之刑罚。麦理浩随后上任，更致力把普及教育推广至初中。1973 年 8 月，教育委员会发表《教育委员会对香港未来十年内中等教育扩展计划报告书》，目标在 1981 年能让 80% 的少年获得资助初中学位。但麦理浩对报告书提出的步伐不甚满意，于是在立法局成立专责小组，最后于 1974 年 10 月完成了《香港未来十年之中学教育》报告书，目标是于 1979 年推行九年免费教育，以及建议取消中学入学试、推行浮动班制和买位制等。其后，麦理浩突然于 1977 年 10 月 5 日宣布将九年免费教育提前到 1978 年施行。据研究发现，当时香港法定最低劳工年龄（14 岁）比国际惯例（15 岁）要低，这是港督为挽回当时面对的"国际信用危机"而仓促决定的。这项政策使得每一个小学毕业生都能升读初中接受教育。

　　这一时期更发展了香港历史上首次的师范和职业教育。香港政府于 1951 年 9 月成立葛量洪师范专科学校，用以培养初中和小学的文凭教师。至 1960 年，由于学额扩展，师资培训也要做出相对的配套，成立柏立基师范专科学校。而随着香港工业化，职业教育也相对获得重视。政府于 1957 年 12 月将早于 1937 年成立的香港工业专门学院从湾仔活道"红砖屋"迁往红磡新校舍，培养技术员和技工；学校于 1972 年 3 月 24 日改组为香港理工学院。

六、香港回归前

面临香港主权移交，中英两国领导人一致同意透过外交途径解决香港问题。1984 年，两国签署《中英联合声明》，确认中华人民共和国从 1997 年 7 月 1 日起恢复对香港行使主权。自此，香港进入主权移交的过渡期，教育发展亦不例外。这个时期，在各方环境因素的配合下，香港的教育得到迅速的发展，尤其在专上教育和教育行政方面。

1981 年 6 月，港府发表《香港教育制度全面检讨》报告书，为来港的国际顾问团提供参考资料。至 1982 年 11 月，国际顾问团完成考察，发表《香港教育透视》报告书；虽然没有新意，但因为对香港的教育政策做出了可观的评估而获得教育界的好评，并为港府所接纳。在 70 年代末实行九年免费教育后，人们对教育的需求也相对增加，高中的入学率不断提高。公立学校的学位在数字上仍然维持着 1978 年发表的白皮书的 60%，但很多学生在中三后都转到私立学校继续升学，1980 年时的毛入学率就已经超过 90%。

可是，随着高中普及教育的推行，预科和大学入学之间就形成了严重的瓶颈。1981 年，大学学位就只能满足 2% 的适龄青年。1993 年，香港理工学院、城市理工学院和香港浸会学院更获升格为大学。这样的政策就造成了供过于求的现象，也为香港带来了大学质素和毕业生出路等问题，是 90 年代至今也要面对的主要问题。

值得注意的是，职业教育在 80 年代也有相当显著的发展。1982 年 2 月，香港训练局改组为职业训练局，并在其下成立一个由劳工处中的训练部门（主要负责职业训练中心和学徒训练计划）和教育署中的工业教育部门（主要负责工业学院）合并而成的工业教育及训练署。职训局随后在原有的 5 间工业学院的基础下，再成立了 3 间工业学院，分别是 1986 年创办的屯门工业学院和沙田工业学院，以及 1988 年建立的柴湾工业学院。除此以外，港府更成立了一所继香港理工学院后的第二所专上理工学府。香港城市理工学院于 1984 年 10 月 22 日正式开幕，开设会计、商业和管理、语言、社工、电脑和数理等六个学系。而为了培养艺术人才，港府亦于同年创立香港演艺学院，设舞蹈学院、戏剧学院、音乐学院和科艺学院。

在教育决策方面，经国际顾问团的建议而成立的教育统筹委员会纾解了一些 70 年代末以来教育界的反政府情绪。1986 年立法局改组，首次出现由选举产生的代表，教协主席司徒华因此代表教育界进入了政府架构，港府后来更委任他进入教统会。至 90 年代，政党的影响力越来越大，扭转了政府一直以来对教育的主导性。政党可以左右立法局的讨论，并利用财政问题改变教育政策的方向，1991 年否决津贴中学参加"直接资助计划"就是个好例子。同时，政党也可以透过立法局获得大量的政府政策资讯，在拥有权利和资讯的优势下，政党对教育政策的影响就非常大。

七、香港回归后

1997 年 7 月 1 日，香港主权正式移交，根据《基本法》实行港人治港、高度自治，同时保障实行原来的教育制度，并由特区政府在原有的教育制度下发展教育。行政长官董建华在其每年的《施政报告》中都用大量篇幅解释教育政策和措施，并着手推行教育改革。

为了回应董建华的教育改革措施，教育统筹委员会于 1998 年开始进行教育检讨，并于 1999 年开始分阶段发表咨询文件。教统会首先在 1999 年 1 月 22 日发表《21 世纪教育蓝图——教育制度检讨：教育目标》咨询文件，提出了 21 世纪香港的整体教育目标和各个学习阶段目标的建议。这是特区政府首份大型教育咨询文件，教育界和社会都有热烈的反应，并普遍支持改革。同年 9 月 22 日，教统会把咨询文件的意见收集整理后，修订教育目标，发表了第二阶段的咨询文件《教育制度检讨：教育改革建议——终身学习 自强不息》。这份文件主要建议实施九年一贯"大直路"普及基础教育、合并会考和高考、取消文理分科、取消学能测验、大学互通学分等。至 2000 年 5 月 8 日，教统会继续发表第三阶段的咨询文件《教育制度检讨：改革方案——创造空间 追求卓越》，明确提出了改革学制架构、课程、评核方法和学习阶段衔接的建议，进一步推进教育改革。经过三个阶段的咨询，教统会于同年 9 月 28 日发表《香港教育制度改革建议——终身学习　全人发展》报告书，以基础教育为核心提出九个重点改革项目，包括小一和中一入学机制，以及高中和大学学制改革。

　　而其中最有争议的就是学校课堂语言的问题了。港府在主权移交初期便强调母语教学，要在 1998 年全面落实，但准许一些学校向教学语言指引评审委员会申请豁免，100 间中学达到要求可以继续运用英文作为教学语言。而同时也有 24 间中学落败，其中 20 间上诉，期间批评审议不公平，缺乏透明度，并提出抗议。1998 年 3 月 13 日，20 间上诉中学的其中 14 间胜诉，特许使用英文为教学语言的中学数目增至 114 间，其余 300 多间中学则必须使用母语教学，并承诺 3 年后检讨。可是，3 年期满后港府却宣布延迟 3 年再进行检讨，至 2003 年检讨仍未开始，最终才落实在 2009 年进行检讨。母语教学的政策带来不少问题，其中最为显著的是标签效应，获批准使用英文作为教学语言的中学在这一政策中仿佛成了名校，家长普遍追捧这类中学，以子女入读英文中学为荣。此外，教育界普遍也对母语教学的成效意见不一，有些认为母语教学能加强学生学习的能力，有些则担心该政策下香港学生的英文水平会有所下降。2007 年高考放榜，英语运用科及格率跌至 12 年新低，只达 73.9%，较 2004 年母语教学前的高考下跌了 5.5%。津贴中学议会和英文中学联会均认为英文水平下跌是无可避免的；近年会考英文科成绩有进步，只是因为不少学生都报考较浅的课程甲，因此母语教学的影响至高考才见明显，并激发社会大规模对母语教学未能提升英文水平的讨论。2008 年，教育局终决定微调教学语言政策，但具体措施仍在研究当中。

　　此外，香港教师语文能力评核（俗称基准试）的推行也引起轩然大波。教育统筹局在 2000 年 5 月根据教统会于 1995 年 12 月发表的第六号报告书中提出的"为所有教师订定基本语文水准"政策拟定具体做法，教师工会发起教师联署抗议和罢考，并组织游行集会。教统局局长在听取教师和多个教育团体的意见后，检讨修订有关政策和措施，并延至 2001 年 3 月正式举行基准试。其后的基准试，特别是英文科，合格率普遍偏低，而未达标的教师则必须在 2005～2006 年度达标，否则就会面临调职甚至失业。这项考试被教师们抗议为针对年长的语文教师而设，增添了教师的压力；而社会人士和教育界人士也批评考试透明度低，对中小学的语文教师"一刀切"。

在学制方面，港府亦计划实行亚洲大部分主要的国家所采用的"三三四"学制，即初中三年、高中三年、大学四年；因应学制改革，多个新高中科目也会同时推出。但教育界担心改制后的新课程由于未必能与海外中学毕业证书接轨，而国际也尚未有一个普遍通行的预科文凭标准，使将来学生到海外升学时可能会有认受性的问题。2007 年，特首曾荫权更在其《施政报告》中落实于 2008～2009 学年起提供全面免费教育，即小一至中六（或中七；旧制下 13 年，新制下 12 年）。港府又鼓励各大学增办副学士课程。特首董建华于 2000 年的《施政报告》指出要在 2010 年或之前让六成高中学生接受大专教育，副学士应运而生。根据 2001 年的统计，8 间高等院校的副学士课程、高级文凭课程和其他非学位课程的学生总人数多达 13 213 人。但现时的学士学位只有 800 多个可供副学士毕业生报读，也令教育界担心副学士学生升学所遇到的瓶颈问题。

除以上争议外，小班教学、教师工作量、大学合并、大学资源与独立自主问题、优质教育基金的审批等均是激烈的讨论议题。自 2000 年教育改革推出后，已有十多名教师轻生；香港中文大学香港健康情绪中心的一项调查亦指出教师不少压力是来自教育改革，反映了教改进程对教师的庞大影响。

第二节　澳门地区教育发展概况

一、澳门教育的历史回望

开埠 450 多年来，随着中外移民人口的增加、陆海商贸经济的发展和城市化社区社会的发展，澳门教育经历了一个从无到有，从教堂、私塾式中西传统教育到现代学校正规教育，从仅有普通初等、中等教育到初等、中等和高等三级教育体系兼备，在澳门社会变革、进步发展中的作用不断加强的历史发展过程。

澳门教育发展大体上可划分为三个阶段。1560年天主教传教士建立第一批西洋风格小教堂到19世纪中叶基督教传教士开办以华人子弟为对象的男女分校近代学塾，是第一个阶段，其以西方式宗教教育和中国传统式乡里礼俗教育并行为主要特征。19世纪中叶至20世纪80年代是第二个阶段，以官立、私立近现代学校教育逐渐发展暨形成多元化办学，初等、中等教育体制为主要特征。20世纪80年代至今是第三个阶段，以出现普通高等教育，官立、私立从初等到高等的现代教育体系形成并逐渐发展完善为主要特征。

（一）19世纪中叶以前的澳门教育

1565年，方济各会士培莱思等人至广州申请入大陆不果，返至开埠已近10年的澳门，当时那里的葡华居民已近5 000人，其中葡人七八百人，他们获准在岛上修建一座小屋并附设一小教堂，作为居住和传教场所，是为澳门有教育的开始。1567年，罗马教廷以卡内罗为主教成立负责中、日、越等远东地区传教事业的澳门教区后，1578年，教廷巡视员范礼安到澳巡视教务，认为要打开对华传教局面，传教士须有较高的文化素养，并首先要学习汉语、汉文化礼俗。此后传教士入华，都要先在澳门进行初步的汉语汉文化学习，老师一般是移居来从事商贩、手工艺、家内服务业或种植活动的粤闽沿海华人，澳门成为当时中国港口城市中一个主要的中西文化交流教育活动、学习场所。约在16世纪八九十年代，有了在澳华人移民入教修习的记录。钟鸣仁和黄明沙两位最早的华人耶稣会士，1589年随利玛窦往韶州传教前，便都先在澳门的耶稣会教堂接受教育。1634年，传教士又在澳门建立一所教堂，后俗称唐人庙，专对华人开放，用汉语传教。入教者按葡人习俗生活，为来自广东沿海各县的商贩、仆役和雇工等。圣保禄教堂是当时澳门最主要的传教教育机构，该堂自16世纪90年代开始筹建，至1637年，前后用数十年时间才完全修成。在此期间内，随着主体建筑的落成，该堂很早已开始发挥其宗教教育文化中心的作用了。1594年，经在澳巡视员范礼安建议，该堂附设的一个小学规格的圣保禄公学升格，扩建为圣保禄学院，以后经正式注册，该院成为当时远东第一所西式高等院校。学员实行寄宿制，盛时有包括葡人和少量日、越和华人在内的学员200余人，教职人员近 60 人。

17 世纪 30 年代，澳门人口已达 25 000 人左右，其中华人和葡人约 15 000 人，其他欧洲人、马来西亚人、柬埔寨人、越南人、日本人及黑人等约万余人。这一时期澳门教育的主流是语言和宗教学习。神学、拉丁语是中、日、越等青年的重点学习科目，汉语和中国礼俗文化则是西方传教士们的重点学习科目。一批较早由传教士们用西语或汉语编写的介绍传播中西文化的历史、语言、宗教辞典书籍已于此时在澳门社会流传，更有大批西方文字宗教及文化书籍通过澳门这条当时唯一的中西交流渠道进入明朝内地。

依据澳门的社会文化发展状况，总的看来，开埠至明末的澳门教育，基本上是有浓厚宗教意味的教育，是为在澳欧洲居民培养社会精英的教育，教育目标定在培养传播西方文明的传教人才上。面向全社会、旨在个人的生活能力个性发展，诸如基本生活技艺、知识的培养、世俗交往品行养成的教育，则还未发展。甚至一些属于澳门社会上层圈子中人的当局市议会成员，基础性的文化水平也不高。

(二) 20 世纪中叶以前的澳门教育

进入清代以后，澳门的教育随着清朝国势的政治经济盛衰、中西政治经济文化竞争的力量对比变化、清廷沿海贸易外交政策的变化而起伏不定。18、19 世纪，西方近代工业革命、科学技术、思想文化进步及资本主义全球化推进的进程加快，早期殖民国家葡、西、荷等国的世界地位为英、法、德、俄、美等国逐渐取代，天主教在华的传教优势也渐让位于基督教新教。受此影响，澳门的教育在内容上、形式上都发生了变化，现代的新式教育逐渐发展起来。18 世纪后期、19 世纪初，清廷重新调整沿海贸易外交政策，澳门重新成为唯一允许欧洲国家贸易公司船队过冬的泊口及内地传教士的居地，各西方国家商贸公司纷纷在澳门设办事机构，澳门人口大增，城市景象生动，教育亦呈活跃局面。

1728~1800 年，澳门出现了官办性质兼顾传教与社会教育事业的教师培训进修学校，这就是今天圣若瑟师范学校的前身王家圣若瑟修院，当时亦称布道团修院或澳门王家学院。该院首要目的是向本澳及内地提供热心传教事业的教师，主要向在澳葡人上层子女开放，招收一些有一定经济条件的华人、马来人、马尼拉人子女。当局提供经费,学生父母也负担一部分学费。设葡文、英文、法文、拉丁文、修辞、哲学、神学、算术等课程。

这一时期澳门华人的传统私塾社学教育也有一定发展。来自福建漳、泉的移民,据记载曾在澳门妈祖阁内开办过"漳泉义学",作为子弟接受教育的场所。18 世纪末、19 世纪初,沙梨头的土地庙一带相传设有"更馆义学"。1777~1801 年,时属香山县的望厦村甚至先后出了赵氏父子两位举人,一时传为佳话。

1807 年,入澳居住的英人新教传教士马礼逊对澳门教育发展很有贡献。在澳期间,他做了不少有益于推动教育发展的事。如曾在澳独力将圣经《新约全书》译成汉文,与人合作将《旧约全书》译成汉文,形成第一部完整的新旧约全书中译本。更为重要的是,1817~1823 年间,他经多年辛勤收集资料,编撰出了 6 册本、4 595 页、词条达 4 万条之多的大型汉文英文对照词典——《汉英词典》,这是历史上首部比较完整的汉英字典,以后在中国与英语世界国家文化交流中作用甚大。

1834~1835 年,在马礼逊教育会帮助下,德籍传教士郭实腊、温施娣夫妇在澳门创立了一所女塾和一所男塾,招收澳门及大陆香山等地县村华人子女入学,实施近代小学教育。温施娣创立的女塾,还以近代中国历史上第一所普通教育女子小学而载入史册。1837 年,美国传教士布朗在已关闭的温施娣男女私塾底子上建起了马礼逊学堂,此即澳门历史上第一所近代西方教育模式的正规学校,曾是容闳、黄宽等人早年上学的地方。从马礼逊入澳到马礼逊学堂建立,可以看出,19 世纪头 30 年里,澳门教育中英语国家的影响渐增,这与西方世界新老资本主义国家之间力量对比变化是密切相关的。

鸦片战争后清廷的"特许贸易"体制解体,中西贸易重心转移,香港、上海发展起来,澳门随着原驻各国公司机构的纷纷迁出,渐不复有往昔中西贸易交流中介中心地位。此后至 20 世纪 40 年代,百余年时间里,澳门在香港的遮掩下发展,以葡人管制的中国沿海一座普通商贸城市的身份,步入现代资本主义化的历史进程。

民国初年,澳门教育又有所发展。一些热心教育的人士办起了新式幼儿园、小学和中学，同时一些原有的私塾也陆续改建成为新式学校。会计、英语等职业专科学校，也在澳门出现了。有些新办学校规模不小，如 1914 年兴办的"孔教学校"，在校生达 400 多人。还出现了专向贫家子弟提供初级教育的平民义学。萧友梅、冼星海等著名音乐家，早年即在此类义学接受最初的教育。三四十年代，抗日战争时期，中立的澳门一度出现人口激增、商贸及文化畸形繁荣的局面，教育也有相似的发展。如 1939 年的数字表明，人口有 24.5 万人的澳门，仅小学校就达到 140 余所，在校生达 4 万多人，中学、专科学校也有 30 多所，在校生近万人。不少人甚至以为，此一时期，是 20 世纪 80 年代以前澳门教育最为发展的一个黄金时期。

（三）20 世纪 40～70 年代的澳门教育

这 30 多年澳门社会经济发展的总趋势是人口由减到增：由 50 年代初减至 18.7 万人至 70 年代末增至近 25 万；经济由衰退到回升：至 70 年代末、80 年代初，由旅游博彩业及一度发展的半导体电子等新工业带动的澳门本地生产总值已达 84.2 亿美元。教育也经历了一个由维持到逐渐恢复发展的过程。总的来说，澳葡政府此时对澳门教育关心不够，表现一是政府财政开支中，教育经费所占比例很小。至 70 年代，预算文化教育经费开支仅 4 000 多万元，其中教育经费又仅占全部文化教育经费的 1/30，整个文化教育经费仅是政府预算总支出的 6%。表现二是政府只管官立学校教育，占澳门学校教育主体的私立教育基本处于放任自办状况。到 80 年代以前，政府管教育主要管理的是官设几所中小学校，所拨教育经费，除用于政府教育行政事务开支，主要用在了这几所中小学上。至 70 年代，澳葡政府对私立教育有所注意。1974 年葡国内政变后，澳葡当局加强了对私立教育的经费调控管理，成立了私立教育辅导处，进行了私立学校津贴资助调查。1977～1978 年，澳门立法会先后通过了 11/77/M 号和 33/78/M 号法令，对私立学校予以资金支持。当时根据各私立学校原有收费标准，分其中的非牟利学校为 A、B、C 三等，按等级对这类学校中的约 10% 的经济困难学生给予津贴资助。此后教育经费中支用私立教育部分有了一个比例，但较之官立学校，这类资助所占比例很小。

由于政府不够重视，80 年代以前，澳门教育不但体制上不健全，缺乏从初等到高等的层次结构，而且官、私各学校教学质量也是参差不齐，整个教育发展水平尚不能很好地适应和满足澳门居民的教育需求。澳门当局 1970 年曾就全澳居民文化构成有过一个调查，调查表明，澳门居民文化构成不高。当时劳动人口中有高中文化程度的仅有 5 000 人，占总人口比例不到 2%（据 1981 年普查材料，前一年澳门总人口 26.18 万人，其中劳动人口 12.73 万人）。

二、澳门教育发展现状

进入 80 年代，以 1981 年澳门私立东亚大学的建立为标志，澳门教育进入新的发展时期。特点是初步形成了层次结构较为齐全的、较符合澳门实际的教育体系，同时，在回归祖国的过渡期中，围绕回归后澳门的经济社会发展定位问题，教育的适应性改革调整有一定发展。至 1984 年，全澳共有各类学校 156 所，其中注册的中、小学校有 63 所，包括官立 5 所，官制 2 所，私立 56 所。注册的高等专科学校 3 所，包括东亚大学以及从东亚大学分出的两所专科学院，90 所幼儿园及 1 所特殊教育学校。各类学校共有教师 2 190 人，总教育规模达到在校生 6.12 万人。其中私立学校在校生为 5.79 万人，占学生总数的 94.6%。

办学体制方面，沿袭以前，是一种官私并举、多元办学体制。大致上有三种性质的学校，即官立、官制和私立。官立学校由澳门政府开办并管理，实行官立教学计划，办学条件比较好。官制学校由社会团体举办，政府予以财政经费支持，也实行官立学校的教学计划。1981 年至 1991 年，这两类学校的数目有所增长，反映出政府重视发展官立教育的程度有所加强。1981 年，有包括幼儿园在内的官立学校 11 所，1991 年增至 25 所。但官制学校数目有下降，1981 年 8 所，1991 年减至 2 所。私立学校由社会团体及个人开办，办学经费主要是自行筹集，教学计划自行制定。1981 年，各类注册及未注册的私立学校有 147 所。举办私立学校的社会团体大致上是宗教性团体和社会性团体及个人两大类。80 年代中期，澳门有 56 所学校属于天主教社团，其中中学 14 所、小学 22 所、幼儿园 20 所，教育规模相对较大，学生数和教师数分别占到总数的 46% 和 41%。基督教社团办有 11 所学校，其中中学 3 所、小学 8 所。教师及学生分别为总数的 9.6% 和 9%。拥有近 3 000 人的培正中学，是基督教社团办的较大的学校之一。其他社会团体所办学校有 42 所，其中大学 1 所、中学 6 所、小学 20 所、幼儿园 15 所，教师及学生分别为总数的 29.7% 和 40%。这一类学校，除初期的东亚大学收费较高，大多数收费相对较低，为一般家庭所欢迎。

90 年代以来，澳门教育机构设置上又有变化。1993 年，学校总数增加到 180 多所，其中高等院校增至 4 所，即澳门大学 (1991 年东亚大学改名，并由政府与澳门基金会收购为官办性质)、澳门理工学院 (前身为东亚大学理工学院)、高等警官学校 (1989 年设立) 和亚洲 (澳门) 国际公开大学 (1992 年由澳门大学公开学院与葡萄牙国内公开大学联合成立)。中学 35 所，包括官立学校 2 所、葡文学校 1 所、小学 73 所，包括官立 8 所、葡文 2 所；幼儿园 65 所，包括官立 7 所、葡文 1 所。特殊教育学校 9 所，其中 6 所政府监管，2 所属慈善机构，1 所属澳门教区。学生总数上升至 82 611 人，教师总数上升到 3 097 人。到 1998 年，澳门教育的总体规模已达到在各级各类形式学校学习的学生总数有近 10 万人左右，约占澳门总人口比例的四分之一。其中初等、中等教育在 100 所以中文教学的私立学校中学习的学生有近 9 万人，葡萄牙语学校千余人，其余为英文教学的私立学校。高等教育中，澳门大学有学生 3 000 余人，澳门理工学院千余位学位学生、千余位职业进修生，亚洲 (澳门) 国际公开大学 3 000 余成人培训及文凭课程学生，澳门旅游培训学院 200 余名正式学生及千余名培训课程学生，即至 1998 年，澳门高等教育的规模达到普通高等教育在校生 4 000 多人、成人高等教育 5 000 多人的水平。教学活动方面是一种多种学制、多种教学计划、内容方法手段并行、各自发展的局面。

学制上，目前澳门教育存在着三种教学体系、四种学制。三种体系即汉语、葡语和英语教学体系，四种学制是大陆、葡国、港英和台湾学制。汉语体系的学校占优势，学校和学生分别占总数的 76% 和 86%，授课用汉语，课程教材受大陆、台湾影响都比较大。葡语体系的学校基本以在澳葡人子弟为招收对象，用葡语教材，以葡语授课。这类学校的培养目标虽然是着眼于澳葡管理队伍的充实，但由于仅有中小学，澳葡当局所用高级管理人才仍多从葡国内选任，学校的培养目标与提高土生葡人文化水平及谋生就业能力的需要之间是有差距的。英语体系的学校占总数的 5 %，学生占 6 %，全为私立，英语教材，英语授课，招收华人子弟，港英学制对这类学校影响较大。此外还有少量的官办中葡文学校，约占总数的 7%，汉语授课，但葡文学习为指定修习科目，招收华人子弟，也有"马交仔"（土生葡人子弟）就学。葡语体系的学校实行葡国学制，小学 6 年，前四年基本是知识教育，后两年为中学预备教育，学生 6 岁入学。中学 5～6 年，分初中、高中两个阶段，高中 3 年，第三年为大学预科教育。教学上，各类学制的学校各自为政，都有自己的教学计划，用各自的教材授课。港英制学校的教科书多选用香港的课本，几乎没有涉及澳门自身的题材，学生所掌握的知识，关于本澳的不多，关于香港的倒不少。由于长期教育层次结构不完整，缺少高等教育一级，澳门的多数学校，培养目标也是长期定在学生的中等教育后即就业和澳外升学上，与本澳社会经济发展提出的人才文化结构升级需求方面有差距。高中第三年大学预科教育，很大程度上是为大陆、香港及英、美等处大学培养生源。

教育管理体制方面，20 世纪 80 年代以前，澳葡当局对教育重视不够，有关教育的政策法规不完备。管理教育的部门，官方有澳门总督辖下的行政教育暨文化政务司，社会团体性组织有成立于 20 世纪初的澳门中华教育会，成立于 1950 年的澳门中华学生联合会以及澳门天主教学校联合会等。从 1982 年于教育暨文化政务司内增设私立教育辅导处起，澳门政府加强了对教育的宏观管理。80 年代中期，改教育暨文化政务司为教育暨青年事务政务司，负责构思、指导、协调、管理和评核非高等教育的各类教育，以及辅导青少年有关团体，下设教育厅、青年厅、学校管理暨行政厅和教育研究资源厅等厅、处。高等教育则由行政教育暨青年事务政务司的高等教育办公室管理。教育发展规划上，设计提出了涉及全澳的教育发展设想，其中之一是准备在澳门实行九年制义务教育。总的发展方针是，"实行统一管理，力图全面发展，改变落后面貌，适应新的需要"。有关教育的社会团体组织也有发展，澳门教育委员会、澳门学校综合体管理委员会、澳门学历认可委员会、澳门教育资源中心等先后成立。其中，1986 年成立的澳门大专教育基金会通过升学贷助和发放加入教育管理，显示出澳门教育管理体制的新发展。如当来自香港的创办人初创东亚大学时，由于澳门本地生源不足，东亚大学最初实际上是以澳门为基地而向东南亚各国尤其是香港、大陆、马来西亚和新加坡等地区而办的。初期的学生多数为本澳以外学生。如 1986～1987 年度，各类学生 6 789 人中，香港一地即占 3/4，达 5 071 人，本澳学生才 1/4。学费也高，为澳门居民所畏。为改变局面，澳门政府采取了发放贷学金、助学宝减轻学费负担，以鼓励本澳学生升学就读东亚大学的措施。效果很快就显示出来了。1989～1990 年，东亚大学注册生 1 648 人中，本澳生已有 1 281 人，占总人数比例达 74%（当时学费仍高达 40 000 澳元 / 年，但本地学生通过贷助金等可得四成的学费津贴资助）。

1991 年 8 月，澳门颁布本澳历史上第一部教育法——《澳门教育制度法律》，澳门教育走上了依法办学的轨道。1991 年 2 月通过、9 月修订颁行的澳门高等教育法令，以及 1992 年颁行的澳门大学章程训令，进一步推动了澳门教育的全面发展。此外，90 年代中期以来，澳门政府又开始有步骤地从支持私立教育入手建立公共教育网络。1995 年 6 月，颁布了关于倾向免费教育之普及之规定的法令，开始在澳门实施有条件地支持私立学校推行七年制免费教育（条件为与政府签署承诺书后，签约私校加入公共学校网络，政府据约提供津贴资助）。至 1998 年，享受政府资助的私立学校及学生数已达 54 所学校，5 万余人。进入了免费教育的公共教育网络，成人教育也有进展。1990～1991 年，有成人职业学校 98 间，成人学生 38 399 人。1995 年，政府教育暨青年司推出了小学水平回归教育行动计划，目的是向在学龄期未完成小学水平教育的成年人提供再次受教育的机会。对象是 15～53 岁的劳动人口。

第三节 台湾地区教育发展概况

台湾地区的教育史相对于台湾开发史而言，启蒙相当早。如果不包含没有文字记载的平埔族及台湾南岛少数民族等的史前教育方式，可溯源自 1627 年的荷兰统治时期。之后历经明郑清朝的孔庙太学、日治时期的公学校制度，直到当前的九年义务教育。

一、荷兰统治时期

1625 年，统治台湾的荷兰行政长官宋克（Maarten Sonck）要求荷兰方面派遣 2 至 3 个能读经且可教化原住民的宣教师来台，使此地的原住民能改信基督信仰。然而，第一批派遣来的是无权行使洗礼的探访传道士。一直到 1627 年 6 月，第一个正规的教区牧师干治士（Georgius Candidius）抵台后，才正式开始荷兰人在台湾的传教事业。首先开始的传教地区——新港社，也在 1630 年集体表示接受基督教信仰。

1636 年，荷兰人在新港开办了第一所学校，这个学校不仅将宗教教育制度化，而且也导入西方的读写识字能力训练。由于荷兰的教派主张以方言或口语来传教，因此以新港语作为学校的教学语言。除了用拉丁字母将口语书写下来以外，同时也编辑了教义问答、祈祷文等作为教材。宣教师尤罗伯（Robertus Junius）于 1643 年的教育报告中记载，新港学校已有 80 名学生，其中有 24 名学生在学习书写，大约有 8 到 10 个人能整齐地书写，在邻近的目加留湾学校中，全部的 90 个学生中也有 8 个能够书写。

这些派驻在台湾的宣教师除了传教外，也编辑各种的字典、教义书，如新港语的"马太福音""华武士龙（Favorlang）语汇"等，成为后来学者研究原住民语言的依据。当然，在这些留存下来的历史文件中，最著名的就是原住民与汉人因土地关系而订定的契约文书，俗称为"番仔契"，也就是我们所谓的"新港文书"。

二、明郑与清朝

真正普遍在台湾实施教育的是郑成功建立于台湾的明郑政权。1661年郑成功击退荷兰东印度公司后，虽然隔年去世，不过继承者郑经与明郑主要官员陈永华积极从事台湾教育工作。1666年，陈永华于当时台湾首都承天府建造全台湾第一座孔庙，并在孔庙左厢内设置太学，即今该地全台首学由来，这也是全台湾的第一所由官方出资兴办的求学场所，名字称为官学，又因为设于孔庙内而称儒学。

1683年清朝统治台湾。清朝靖海侯施琅在台湾设立第一所名为"西定坊书院"的教育场所，为免费入学的义学。1704年，清朝政府于台设立真正具有汉人传统的书院——台南崇文书院。1683~1895年，清朝于台湾设立了数十所书院，这些书院多是官办或官民合办。这一情形与当时中国大陆学院全由私办的情形不太相同。

当时台湾除了儒学、义学、书院之外，还有小型的由私人筹办的小型书房。这些以八股文为主的教育体系，与现代的教育体系尚有一段距离。

值得一提的是，清治时期负责台湾教育体系的台湾府儒学教授与台湾府儒学训导隶属于台湾道与台湾府，为台湾清治时期的最高教育体系地方官员，该官职主要从事台湾府境内的教育行政部分，该两职品等虽不高，但是地位崇高。也因为是从事教育方面，因此该官职通常为闽籍，语言可与台湾人互作沟通，事实上，教学上也以闽语为主，官话为辅。

三、日据时期

1895年乙未战争后，台湾日治时期正式开始。1895年7月14日，台湾总督府第一任学务部长伊泽修二执掌台湾教育事务。他在设置台湾公学校意见一文中，建议台湾总督府于台湾实施当时日本尚未实施的儿童义务教育。1895年，台湾总督府于台北市芝山岩设置第一所西式教育场所，也是台湾第一所小学。（今台北市士林小学）随后虽发生六氏先生事件，台湾总督府仍于 1896 年设置国语传习所，设置更多义务小学。之后，1898 年国语传习所升格至公学校，1941 年再改为"国民"学校。1943 年，全台湾小学共 1 099 所，小学生 932 525 人。台湾人民的义务教育普及率为 71%，在全亚洲只低于日本。

另外值得一提的是，日据时期的初等教育除了公学校、小学校、国民学校等制度外，还有专门为台湾少数民族设置的番童教育所与番人公学校。

中等教育方面，为提供普及教育需要的大量师资，日人采用公费制的师范学校制度，重要的有台北师范学校与台南师范学校等。除师范教育外，经济考量的职业学校也是日治时期中等教育的重点，农、工、商、渔等业都广设职业学校。

中等以上教育，日据时期并不普遍。很多高等学校都是限制日人就读。台人高等学校，仅有台中中学校等。至于等同大学的高等教育，1928 年设立的台北帝国大学几乎是为日人所设立。也因此，日据时期，台湾人到日本留学的风气相当盛行，1945 年统计，曾留过学的台人，共计 20 万左右。

四、当前的教育发展

台湾教育的现况成形于台湾当局于 1968 年开始实施九年义务教育后，在此之前，教育资源与体制承袭日治时期后期与新中国成立前的综合体制。直至今日，六年学制的小学和三年学制的初级中等学校教育对于台湾的所有及龄儿童都是属于义务的。而大约 95% 以上的初等中学毕业生会选择进入三年学制的高级中等学校或高级职业学校继续升学。而高中、大学、研究所等的各级学校遴选，现今大都依旧有名称不同的考试遴选方式。

台湾现行的教育制度分为正规教育和技术职业教育两大体系。其中正规教育分为小学和初级中等学校教育、高级中等教育和高等教育三个阶段；技术职业教育包括中等技术职业教育和高等技术职业教育两个阶段。台湾现行学制与大陆基本一样，实行"六三三四"制。在经济较为困难的情况下，1968 年台湾就毅然实施了 9 年义务教育，并通过提高税收来增加教育经费，这被称为"台湾20世纪最重要的教育改革"。70年代末，台湾开始实施初中第十年技艺教育（即延教班），这是以职业教育为主的"义务教育"。80年代，台湾提出不完全的12年义务教育，即在"不强制、不选择、不免费"的前提下，提供充分就学机会。进入90年代初期，台湾当局修改相关教育法规，正式实施九年义务教育。

所谓的"义务教育"，就是由台湾当局财政拨款，对6~14岁儿童实施的九年义务教育。其中包括小学6年、初级中学3年。适龄儿童必须入学，凡不送子女入学的家庭，将受到罚款和处罚。

高级中等教育学生的在学年龄以15~17岁为范围，分为高级中学（简称高中）3年和高级职业学校3年两种。

高等教育分为专科学校、独立学院、大学以及院校研究所。专科学校修业年限依入学资格不同，分为招收初级中学毕业生5年制专科（五专）、招收高中毕业生3年制专科以及招收高职毕业生两年制专科不等；所设专业除了高级职校已有的工、农、商、医、海事、家事6类外，还有师范、管理、艺术、体育、新闻等。技术学院则以培养高级实用专业技术人才（技师）为主，主要招收工业职校或工业专科学校的毕业生。高等院校主要招收高中毕业生或具有同等学历经入学考试合格者。大学院校分文、理、法、医、农、工、商及其他学院。凡设有3个学院以上的学校称大学，不符合以上条件的称独立学院。大学或独立学院的各院系，管理完善、成绩优良的，可开设研究所，招收硕士研究生或博士研究生。正规高等院校的学制一般为4年，但师范院校、法律、建筑专业等多为5年，医学专业为6至7年。硕士学位研究所修业2~3年，博士学位研究所修业3~4年。

台湾除了正规教育和技职教育之外，还有多种形式的业余教育，如夜校、函授以及补习教育等。

台湾教育行政单位依照性质不同可分为：各级教育行政机关和社会教育机构（各级图书馆、艺术馆、博物馆等）。

在台湾的许多公共场所都可看到这样一条标语："教育决定台湾的未来，你我决定台湾的教育。"这则标语体现了台湾当局对教育重要性的认识以及调动民众参与教育的积极性。台湾的小学、初中以公立为主，私立学校不足1%；高级中学、职业学校的公立、私立学校数平分秋色；大学则是私立学校占到65%。

1950年，台湾共有在校学生103万余人，各级各类学校3132所，其中大专院校只有7所。而目前台湾地区在学人数约530万余人，各级各类学校总数达8071所，其中大专院校已发展到约150所。以1990年至2000年为例，10年之间共计增加1328所学校，增幅为19.7%，教师则增加26.2%。其中大专院校增加25所，在校生数达99.4万人，增长45.9万人，增幅达85.8%；博士生、硕士生分别增长2.2倍和2.5倍。10年来大专毕业人数累计183万人，已受高等教育人数显著增加，并向高等教育普及化发展。

关联拓展阅读之一

当前我国教育改革的三个理论问题

张海波　戴　勇　周国斌

20世纪末以来，随着素质教育改革和基础教育课程改革的逐步深入，教育均衡、教育公平等理念日渐深入人心。对于教育应否改革，社会是有共识的，教育改革应坚持均衡与公平的取向亦无人否认其合理性。但问题是，诸如素质教育、新课程改革等大家都赞成，都说好的事情，在教育实际的操作中为何却困难重重？几十年来，教育理论界提出了那么多丰富深刻的鼓舞人心的教育主张，思想的盛宴为何未带来实践的勃兴？教育改革中的诸多问题需要我们回答：我们的教育如何实现真正意义上的"科学发展"？

一、教育改革的前提：基于什么教育问题

思考当前的教育改革问题时，首先需要回答为什么改革。"教育的发展过程则是不断协调人与社会的关系的过程，人在其社会生产生活中也可以发展，但他不可能达到其应该达到的发展水平，只有通过教育，人才能获得充分的发展。"[1] 对教育改革前提的分析，可以从教育与社会及人的关系问题入手。

（一）"社会适应性"：教育"不适应社会发展"了吗

教育发展目前在许多方面确实滞后于社会发展，教育所培养出来的人不适应社会发展的要求，所以教育的"社会适应性"问题是当前教育的突出问题，关乎教育的生存。从提升教育社会适应性的角度来讨论教育改革，有合理的一面。

但对于"教育不适应社会发展"这一判断，需要进一步追问的是：教育不适应社会发展的"什么"？教育一方面要适应社会的发展，另一方面也要促进社会的发展。教育要适应社会变化中的好的方面、好的倾向，更要改变社会发展中不好的方面、不好的倾向。前者表现为社会发展对教育发展的制约，后者表现为教育发展对社会发展的促进。

尤其在当前这一历史时期，教育面对的是一个剧烈变化的处于转型期的社会，教育更应发挥对社会的批判和引领功能，无原则的适应是教育的媚俗和堕落。鲁洁老师就曾批评说："当今的教育是一种病态性适应的教育，它背离了超越性的期待，把学生紧紧捆绑在应试等不合理教育体制之中。面对这种病态的教育，我们每个当事者都不能违避道德上的拷问。"[2]"教育以寻求人对客观世界的超越为归宿。"[3]教育发展改革不能只基于社会适应性这一个维度，要在适应与改造相统一的更高的维度上来讨论。

教育是有用的，但不是万能的。学校只负责培养人，如何使用人才，这是社会层面的问题，非学校所能左右。诸如将人才外流仅归咎于学校德育不力的观点，显然是比较肤浅的过于简单的归因。

（二）教育对人："促进"还是"决定"

教育应该促进人的发展，现实的教育却常常由于忽视人的身心发展规律及年龄特点，不仅没有促进人的发展，反而在许多方面阻碍和延缓了人的发展，并造成人的发展的片面化。基础教育改革就是要改变多年来片面追求升学率的应试倾向，将其转向全面发展的素质教育轨道上来。但即便教育已经是"素质教育"了，是否就能够满足公众的教育诉求？

这又回到了教育的基本问题上来。"教育与人的发展"这一关系包含两方面内涵：一是教育要适应人的发展，即教育受人的发展规律的制约，教育要遵循它；二是教育要在遵循规律的基础上，能动地促进人的发展，使人的发展比在自然状态下更好。教育改革要在这两个方面下功夫。需要强调的是，教育对人发展的作用是"促进"而非"决定"，真正决定人的发展的只能是人自身的社会实践活动。教育无法为个人的发展负决定性责任，教育不能决定人的幸福、实现人的自由解放。教育只是影响人发展的诸多因素之一，这是一个基本的教育常识。但这个常识被人们有意无意忽略了。人们赋予教育更多的使命，有限的教育承担了无限的责任。如果公众对教育的期望超出了教育所能承载的极限，教育不管如何发展，也无法让人民"满意"。

（三）教育改革的问题意识

教育改革要找对教育问题。广义来讲，凡关涉教育的问题，凡在教育领域（尤其是学校）中发生的问题，都属于教育问题。但仍要做一下区分：哪些属于教育自身的问题，哪些属于社会层面的普遍性问题。属于教育问题的，教育自身要努力解决，在解决这些问题中得以发展；属于社会层面的教育相关问题的，教育也要关注，在自身发展的同时逐步推动这些问题的解决。此外，对教育不合实际的高期望（教育万能论）会带来事实上的低评价（教育无用论），不能通过夸大教育作用的方式来让国家重视教育。抱着试图变革社会与决定人生的宏愿来进行教育改革，会把教育发展引入歧途。合理发展必须建立在对教育作用有限性的理性认识的基础之上。

教育改革总要基于一定的教育问题。教育、社会与人三者之间的关系出了问题，并不必然就是教育的问题。如果社会发展的好的方面教育没有适应，人的发展规律没有遵循，那么这确乎是一个教育问题，教育必须在此方面做有针对性的改革，此种改革便是促成教育合理发展；而如果教育没有适应社会和人的发展中的不好的方面，则这恰恰说明教育没有问题，适应了才是问题，这便涉及教育对社会和人的改造的维度。我们永远是在一个不完善的社会中对不完善的个体进行教育，适应健康的方面，改造不好的方面，这种教育发展才是合理的。如果问题找错了，那么教育改革就失去了其合理性前提。

二、教育改革的目标方案："理想的"还是"可能的"

教育改革总基于一定的教育问题，但问题能否解决，能够解决到什么程度，在多长时间内解决，本身也是个问题。发现问题是一回事，解决问题是另一回事。教育发展的目标方案既应是"理想的"，更应是"可能的"。所谓可能，即是可以实现。立足现实才能改造现实，哪些方面是教育能够做好但没有做好的，哪些方面是教育想要做好但缺乏条件的，前者是教育的"有所为"，后者是教育的"有所不为"。

（一）教育发展的两种倾向

教育活动从来都是人类社会实践活动的一部分，它与政治活动、经济活动、文化活动等在不同层面以不同方式起作用，共同构成了整体的社会活动。一方面，社会发展的总体水平制约着教育的发展，教育改革不能脱离整个社会的发展"单兵独进"；另一方面，整体发展建立在部分发展的基础之上，教育发展也对社会发展起能动促进作用。目前，有两种倾向值得关注。

1. "就教育论教育"

把教育发展与社会发展割裂开来，没有把教育放在一定社会发展的背景下来考虑，这是一种非辩证法的形而上学的思路。其结果就是脱离了社会发展的实际制定教育发展目标，从而常常只是在观念上构建了一个"看上去很美"的教育乌托邦。教育发展目标是教育的"应然"状态，教育实践活动就是把观念层面的"应然"的教育转化为现实层面的"实然"的教育，能够实现的教育目标才是有价值有意义的，只有当"实然"是"应然"的"必然"时，这一目标才是合理的。这就需要我们接受"不完美"的教育发展目标方案。社会和教育现实总是有缺陷的，人们总是期望于制定一个完美的没有缺陷的目标，用它来改造教育现实，而此种目标的一个致命问题，就是缺乏可操作性。许多教育改革之所以流于形式，避免不了偃旗息鼓、悄然落幕的命运，皆源于此。

2."脱离教育论教育"

教育之所以能够对政治、经济、文化等发展起作用，从而促进社会的发展，是基于其育人的功能。教育通过实现"个体社会化和社会个性化"[4]的方式，彰显其自身价值。教育不是政治的附庸和经济的应声虫，教育就是教育。不是因为社会发展需要教育发展，教育才发展，而是教育发展本就是社会发展的应有之义。所以，需要反对教育发展中的"教育工具论"倾向。社会改革必然会产生出新的问题，原有问题也会在某一阶段集中表现出来，这就需要坚定不移地深化改革。与教育发展相比，社会政治、经济领域的发展更具有根本性和决定性，但如果就此将教育改革发展作为政治经济改革的缓冲带、突破口甚至替罪羊，则是不恰当的，教育不能承载太多的社会责任。那种忽视教育和儿童自身发展规律，将教育视为缓解社会问题的"消防车"的做法，是对教育的不尊重。这种教育发展是没有"教育"的发展，也是无法实现的发展。

(二) 教育发展的社会支持

教育首先要把自己能够干好而还没干好的事情干好，然后才有资格做外部博弈。而"教育改革能否顺利前行并获成功，既需教育领域自身不懈努力，也需外部社会必要支持"[5]。合理的教育发展目标需要保持教育发展与社会发展之间的张力。

1.制度支持问题

教育并非个人私事，而是社会公器。当制度化教育——学校出现后，教育首先是社会和国家事务，这在中国尤其典型。如何办教育，不能脱离一定社会的制度框架，例如，异地高考、流动人口子弟的教育、中心城市中小学教师的聘用等问题，便遭遇人员编制、户籍制度等的瓶颈。教育首先要在社会制度框架内寻求发展，将既有政策用好用足，到教育发展已经顶到了社会制度的"天棚"，再与社会其他活动相协调，寻求对社会制度的合理突破，以推动体制的发展。例如，"城乡教育均衡发展"受制于二元社会发展模式，我们是否要坐等二元体制消弭之时，再推进城乡教育均衡发展？可行的办法是先推进一定区域内的均衡发展，通过教育发展"倒逼"社会整体制度设计的变革，促使整体均衡发展的时机尽快到来。由于各种原因，许多社会制度设计不尽合理，我们不能奢望这些问题能够立刻解决，社会治理是一个系统工程，对此应有充分的思想准备。教育发展的目标要警惕"理想化"，关注"可行性"。

2. 文化支持问题

文化与教育具有天然紧密的关系，就其结果而言，文化是教育的内容及目标；就其过程而言，文化就是"以文化之"，这本身就是教育了。一定社会的教育总存在于一定社会的文化之中，文化之于人的精神，正如空气之于人的身体一样，须臾不可分离。教育也是一种文化，脱离文化传统支持的教育发展，是温室中的花朵，看似绚烂，实则孱弱，缺乏真正的生命力。百年以来，中国教育理论与实践对西方的学习与对传统的拒斥都相当自觉，带来的问题也十分突出。基于欧美哲学与教育思潮的教育改革设计，为何难以获得公众尤其是一线教师的支持，难以真正走进中国的教育实践？文化的疏离与排斥是很重要的原因。闭关锁国，一味拒斥西方文化并斥之为"奇技淫巧"，自然是错误的，但近代以来，从"中体西用"，再到"全盘西化"（及全盘苏化），开放的结果也并未带来期待中的强盛。"由于急切想寻找自己'落后'的原因，发展中国家往往放弃对别国教育理论的文化反思和对本土教育理论的合理继承。"[6]简单移植过来的教育改革发展目标与模式，必然面临水土不服的问题。"邯郸学步"的故事深刻地揭示出这一道理，所谓"殷鉴不远"，其经验与教训需要反思总结。这说明，如何对待中国传统文化是一个绕不开的问题。

与此相应，理论界始终未放弃寻求传统文化的自新之路。一个值得关注的观点是"马魂、中体、西用"[7]。教育改革自然要借鉴发达国家的经验，但要运用马克思主义的立场观点方法，立足于中国教育传统和现实问题对其进行改造与转换，这就需要对扎根于人民群众文化心理中的教育范畴与命题进行梳理、归纳和总结，以确立中国教育思想的"接受主体"，做到了"中体"，"西用"才是可能的。例如，"规训"（discipline）、"惯习"（habitus）等理论话语尽管被教育学术界一些人士所推崇，大众层面却常常不知所云，不得要领。学术精英固然可以利用话语权优势批评中小学老师理论素养不高，但平心而论，居庙堂之高的学术精英们也应对传统文化和普罗大众保持起码的尊重。

3. 社会心理支持问题

教育活动关涉每个儿童、每个家庭。教育改革发展目标的制定，需要获得公众的认可。对于公众而言，不能仅仅满足于让他们"知道"，更重要的是要让他们"认同"。"探索教育发展的道路，制定教育改革的政策，应该深入到更深层次的社会心理中去，把社会心理因素与政治、经济、科技和文化等因素联系起来综合考虑。研究支撑教育改革的社会心理条件，分析教育改革的心理动力和心理阻力，才能拓宽视野，避免片面性与简单化，使改革的理论与政策具有科学性和可行性。"[8]广大师生、家长是教育改革的主体，他们也应该是教育发展的最大受益者。教育改革需要获得学生、教师和家长的支持和认可，这才是教育能否发展的关键。但恰恰在这个问题上存在突出问题。教育改革关涉的问题十分复杂，制定发展目标与方案需要较强的专业性，但这不意味着教育决策就应局限在小众和精英层面。教育决策在多大程度上做到民主和透明，就能在多大程度上得到公众的理解与支持。

三、教育改革的切入点："教育体制"还是"教师观念"

教育活动是一项十分复杂的社会活动，为促进教育发展，需要制度创新。但制度毕竟是人设计的，也需要人来施行，更新观念便显得十分重要。由此我们完全可以不偏不倚地说：教育改革发展一方面要变革制度，一方面也要更新观念。这就陷入了"鸡生蛋、蛋生鸡"的陷阱。就当前的教育改革而言，观念与制度所形成的链条从哪个环节打破，这是一个需要深入分析的问题。

1. 教师教育观念的制度制约

转变观念无疑是重要的。只有在正确的教育观的引领下，才能有真正的"有效教学"。但人的观念不是独立的存在物，人们之所以坚持某一种价值观念，并以此判定一件事情好还是不好、对还是不对，不仅因为其"有理"，更因为其"有利"。素质教育与新课程改革的理念无疑是好的、合理的，每一位中小学老师都不会否认，谁不愿意让自己的学生健康、快乐、自由地成长？难道老师们都以摧残学生为乐吗？

谈及新课程改革，许多老师都有这样的苦恼：他们从心底赞同新课程改革的理念，也都有努力提升自身素质，积极适应课程改革的需要和意愿，但任何改变都需要成本，教师需要更新教学内容和教学方式方法，改变多年来形成的相对熟悉甚至根深蒂固的教育教学习惯，而这种改变给教师带来了什么？更多的辛苦，以及更多的压力。这种压力不仅来自社会、家长，也来自教育自身。在目前的教育评价体制下，任何教育教学改革，如果导致学生分数的下降，都将是不可接受的。但改革总是要打破旧有平衡，并建立新的平衡，改革过程中会出现一个失效期。鱼和熊掌不可得兼，难在如何取舍。当我们要求教师转变教育观念时，社会需要有足够的心理承受能力，并为教师提供足够的社会制度支持。问题在于教育观念与教育体制改革的错位。教育观念更新喊得红红火火，教育体制改革却总是姗姗来迟，慢那么半拍。

2. 更新谁的教育观念

论及素质教育改革和新课程改革，较多的提法是更新"教师"观念。学校教育是整个教育体系的主体，教师又是学校教育的主体，一所学校教育教学质量的高低，教师确实是决定因素，所以"教育事业发展的关键在教师"[9]。教师地位作用无论怎样强调都不为过。但这并不意味着如果教育出了问题，便都是教师的责任。之所以要探讨这个问题，是因为在当前的素质教育改革与新课程改革进程中，大凡论及教育问题的原因，公众、教育理论界以及教育行政部门，基本上都将板子打到了一线教师的身上，中小学一线教师一次次被推到社会舆论的风口浪尖上。

教师的观念当然需要更新，决策者的观念也需要更新。一线教师更多的时候并非教育改革发展的设计者与决策者，而只是执行者。以高考制度为核心的教育评价体系，其影响力已经延伸到小学甚至幼儿园，当家长们喊着"不能输在起跑线上"的悲壮口号把孩子送进学校，教师除了千方百计提高学生分数，还能干些什么？当教师们转变观念之后，才发现更大的阻力来自于教育体制本身。"深化教育体制改革，关键是更新教育观念"[9]，制度的设计者与决策者们是否应反躬自问，自己的观念转变了没有？

3. 让教师在更新观念中获益

任何人都接受过教育，也都会形成自己的教育观。从社会治理角度来看，好的、合理的制度，在于将"理"（科学与道德）和"利"（利益）统一起来。一个人坚持某种观念，本质上是在维护观念背后的利益（物质的或精神层面的）。而利益总是依靠制度来保障和维持。"教育观念之所以难以变革，是因为观念通过制度与人的利益连接起来，构成一个'观念—利益'链条，如果遵从某种教育观念会带来利益，那么一般情况下，个体会逐渐认同这种观念。制度改革的必要性在于必须斩断原有的'观念—利益'链条，如果接受新的观念可以比坚持原有的观念带来更多的利益与好处，那么还有谁会拒绝接受新观念呢？"[10]

对大多数人而言，当维护一种观念反而受损而改变才能获益时，观念更新将会是自然而然的事情。改革也是利益的再分配过程，观念冲突的背后也是利益的博弈。是让大多数人受益，还是让少数人受益，这反而是对教育制度的制定者及决策者的道德考验。在这一博弈中，教育决策者居于天然有利的地位，这既容易形成教育决策者与执行者之间的对立，这种对立很容易形成恶性循环，导致教育改革停滞甚至失败，所以，使广大教师成为教育改革的主体，而不只是教育改革的对象和执行者，教育改革才是可能的。

参考文献：

[1] 杨兆山，张海波.基于人性论的教育学学科体系建构 [J].教育研究，2010（4）：12~16.

[2] 鲁洁.超越性的存在——兼析病态适应的教育 [J].华东师范大学学报：教育科学版，2007（4）：6~11，29.

[3] 高鹏，杨兆山.教育：合人性地展开——论人学视野中的教育理想 [J].东北师大学报：哲学社会科学版，2014（1）：136~140.

[4] 十二院校全国十二所重点师范大学联合编写.教育学基础 [M].北京：教育科学出版社，2002：1.

[5] 吴康宁.教育领域综合改革需要怎样的社会支持 [J].教育研究与实验，2013（6）：1~5.

[6] 于伟，秦玉友.本土问题意识与教育理论本土化 [J].教育研究，2009（6）：27~31.

[7] 方克立."马魂、中体、西用"：中国文化发展的现实道路 [J].北京大学学报：哲学社会科学版，2010（4）：16~19.

[8] 林金辉.社会心理：教育改革过程中不可忽视的制约因素 [J].教育研究，2009（8）：20~23.

[9] 胡锦涛.在全国教育工作会议上的讲话.2010.

[10] 张海波，杨兆山.学校教育制度：践行"尊重的教育"理念不可或缺的一环 [J].东北师大学报：哲学社会科学版，2009（3）：15~19.

选自《东北师大学报（哲学社会科学版）》2015年第6期

关联拓展阅读之二

基础教育改革深化之路怎么走

叶 澜

一、"路标"的启示

两天的会议，我们看了清华附小的"主题教学"，听了北京实验二小"爱的教育"、杭州白马湖学校的动漫课程等成果，其中的启示是什么？我的认识是：

第一，改革的出发点是对现实的反思。从昨天的活动到今天的报告，我们可以看到每一个改革都开始于对教育状态的一种反思。反思就是发现不足，在过去已经有的经验和现在社会发展需要、儿童成长需要的落差中寻找改革的起点。比如清华附小的主题教学主要基于对现有语文教学不足的思考；北京实验二小发现学生的问题是具备足够多的知识，但是缺乏爱，等等。因此改革首先是对"需要"的唤醒。

第二，改革实践是一个阶段式的不断推进、突破的过程。我们以前往往会比较着急，一项改革最好一出来就见效，一个学期就效果鲜明，然后就马上总结见报。我认为，现在大家的心慢慢地开始沉得住了，认识到基础教育改革是一个艰难的过程，知道了这样的一个庞大的、系统的改革，不可能一蹴而就。在这两天会议的发言中，我们看到报告者清晰地表达了改革中每个阶段的推进和突破。这意味着我们对基础教育改革的艰难性、长期性和复杂性有了认识，所以这些改革进行得踏实。

这种阶段性改革是有积淀、有历史的改革，我们要尊重和在乎改革在阶段性发展中所积淀的经验，它的价值在于为我们继续发展提供可能。要做好中国的基础教育改革，不能忘掉文化的根，不能丢弃我们已有的好的教育传统，同时在改革中还会形成改革的新传统。我认为这是今后基础教育的改革有没有定力的重要体现，没有积淀的改革是没有定力的改革。做基础教育的人也必须有定力，而不是整天想着变花样，什么口号轰动我就做什么。

第三，任何改革都需经常回到原始的核心问题去思考。我认为教育的核心问题有两个：一个是为谁而教，一个是怎么教。"为谁而教"是教育的目标和价值取向问题。你是为自己成功而教，是为学校出名而教，还是在为孩子的成长而教？从事基础教育工作的人，天天面对着孩子的成长，促进孩子的成长是教育的直接目的。老师是对孩子生命发展尽最大的努力负责的人。谁不把孩子的成长放在心上，在一定意义上可以说他就缺乏当老师的基本资格。

另外还需要思考，到底怎么教才是有利于学生的身心健康和成长发展的教，这是策略、方法和艺术的问题。两个核心问题密切相关，如果你忘了自己为谁而教，那么你就不会去思考怎么教的问题。最惯常的做法可能就是按照书本或教参去教，或者开一个所谓的公开课，写一些文章。这时候的"教"往往会被外在的东西所迷惑，仅仅是"教"而缺乏研究。

"怎么教"需要结合对学生、对课程、对学科、对教材、对生活等多方面的研究并做出整合，这样才能越来越明晰作为某一个学科的老师、班主任、校长，应该如何在学校中生活，如何和孩子打交道，如何教自己承担的课程。

二、区分前沿和方向，改革者和学习者都要保持清醒

"路标"的意义在于告诉我们改革走到了哪里，留下了什么，其价值更在于提示我们思考怎么继续往前走。"路标"本身不是重点，它是某种意义上的纪念碑，更是继续前进的起点。

当前教育改革的成果可以说已经多到乱花迷眼的程度，我们必须思考自己怎么走。是追，是赶，是跟，还是学？我认为基础教育发展到今天，是每一个校长独立思考、独立判断、做出自己发展选择的时候了。

首先要区分前沿和方向。400多项成果代表了改革的前沿，我们应该对教育的前沿和发展动态保持敏感，还要保持清醒。

不是所有的前沿都适合每一个学校的，不是所有的前沿都是正确的。前沿是一种探索，是一种突破，是一种创造，在这个意义上有价值，但是往往就因为它是一种探索，所以可能许多的理论问题还没有完全解答。当然我们不能要求所有的前沿都要突破创造，都要在理论准备完善以后进行，但是我觉得站在前沿的人要冷静、要思考：我这样做的

根据是什么，我的问题在哪儿，未来应该如何发展等。

学习前沿的人也要保持清醒，学习的目的不是搬现成经验到自己的学校做，而是要思考：他们为什么这么做，他们成功的经验是什么，这个经验是否适合我的学校。

关于前沿和方向的关系，我认为，前沿是不断在突破发现的新领域，意味着改革之路还在往前，而改革方向是对教育本真的无限接近。二者有可能是相同的，也有可能是完全不同的。对于教师和校长而言，要关注前沿，更要把握好改革的方向，提升自己对教育的理解、对教育的感悟和对儿童的认识，这样才能在反思已有经验的基础上，找到适合自己发展的方向。

三、过一种充满研究的教育生活

让教师的生活充满研究，不是指要给教师研究的项目和发表论文的地方。比如，我们提到做儿童研究、教育研究的时候，好像必须有专门的实验或者课题之类才行。实际上，我的感受是教师可以时时刻刻进行研究，课堂内外孩子的表现就是在不断向你发出信号，教师借此可以及时捕捉到他们的学习和心理状态，开展相关的教育研究。

教育生活应该是成为一种有研究的生活，教师之所以产生职业倦怠往往是因为缺乏一种有研究的生活。如果研究渗透到教师的工作和生活之中，那么他的教育生活会时时被自己的发现、被问题所激发，探索着怎么往前走，忙得来不及"倦怠"。如果教师只是重复着"推磨式"的生活，久而久之必生倦怠，没有发展就倦怠。所以教师发展首先需要对教师角色的再认识，这是教育在今天能不能更好地朝前发展的人的问题。

那么今天，教师要成为研究者，过一种研究生活，重要的是什么呢？我认为思维方式要发生变化。

思维方式是跟生存方式联系在一起的，我们长期把教师比喻成园丁，这是农业社会对教师的理解，教师的角色是给孩子施肥、除草、捉虫，孩子是农作物，教师要做辛勤的园丁，像农民一样耕作。

第二个阶段我们还把教师比喻为工程师。有一句非常赞誉教师的名言说，"教师是人类灵魂的工程师"，这个说法反映的是工业社会的思维模式。其特点是首先有清晰的目标，有预设，在制造产品的时候要先想好这个产品是什么样子；其次在过程中强调程序和规范操作；第三是结果一致，产品批量化，评价以效率和效益为重。至今，在一些教育研究报告中，我们经常能看到"程序""高效""操作"等字眼，从这个角度讲，教师在"设计"学生的人生。

时代发展到今天，我们应该怎么来理解、描述教育呢？如果要我说，我认为要用生态的思维方式理解和研究教育。

生态式的教育是什么样子呢？简言之，第一，构成生态系统的都是有机体，每个个体是活体，是不断变化生成的；第二，生态系统的各个组成部分相互作用；第三，生态系统有内外的循环，与外环境密切沟通、交互作用。因此教育的过程可以有预设，但过程中有更多的生成和涌现，生成和涌现体现于教与学的交互作用。

我不太赞成把教育的目的"为了学生"简单等同于"教育以学生为中心"。因为在教育的过程中，教与学的关系性质不是谁中心谁边缘的性质，而是构成教学的多种因素交互作用、动态生成、有机生长的过程。在这样的课堂上，不仅教师、学生，连课本身也在"长"，是有生命力的课堂，此时的教学才进入到生态式状态。

这时候，教师不只是园丁，也不只是工程师，他跟学生同生共长，也是带领自己和学生一起走向更高发展水平的重要参与者、引领者、互动者。在这种生态中，学校中的教师和学生就会过上一种有生命气息的生活。这是一种因为有精神的成长而感觉到教育幸福的生活。

选自《人民教育》2015 年第 6 期

334 | 走向卓越
中小学教师专业发展理论读本

关联拓展阅读之三

当代教育的五大使命

袁振国

经常听到一些教师、校长甚至局长、市长感叹：有些事情想做但没法做，比如素质教育，有些事情不想做但不得不做，比如应试教育。

这是一个问题。牵扯教育的因素很多，但是作为一名教师、一名校长，该做什么，不该做什么，应该坚持什么，反对什么，必须心知肚明，方能有教育的"定力"。我国有 1 400 多万名教师，有近 100 万名校长，如果我们的教师、校长都能够坚持正确的教育观念，具有教育的定力，就将形成巨大的精神力量，教育的生态就会得到很大的改进，教育的发展就会更加健康和谐。

教育的定力来自于对教育功能、价值、使命的正确、深刻的理解。教育的功能在于育人，教育的价值在于促进人的发展、促进所有人的发展、促进人的全面发展、促进人的个性发展、促进人的主动发展、促进人的终身发展是教育的当代使命。

使命一：促进所有人的发展，点燃每个人心中的火焰，使每个人充满成功的希望

早在 2500 年前孔夫子就说"有教无类"，在当时那只是一种美好的愿望。工业革命之后，所有人接受教育才成为历史的可能。2007 年我国真正实现了全国城乡免费九年义务教育，所有人接受教育不仅做到了，而且成为一种强制性的要求。但是，同在蓝天下，是不是就一定能同享教育阳光呢？

这仍然是一个问题，当然是不同层次的问题。关注一部分学生，忽视一部分学生，甚至只关注少部分学生，忽视大部分学生的现象依然存在。只关注一部分学生，只关注成绩优秀的学生，而忽视成绩后进的学生，有人称为"厚待前 10 名现象"。同在一个学校里，同在一个课堂上，不同学生的学习机会和发展机会大相径庭。由于升学竞争的压力，由于人性自身的弱点，聪明伶俐的、长得漂亮的、家庭背景好的学生很容易受到更多关注，被寄予更大期望，相反，那些不那么"讨喜"的学生就经常会受到冷遇甚至嘲讽。早在20世纪80年代笔者就做过关于农村学生辍学的调查，发现辍学的学生80%以上并不是因为经济原因，而是因为在班上经常受到忽视、批评甚至嘲讽。上学对他们来说没有丝毫的快乐，而是经受煎熬，因此他们宁可逃离学校。根据期望效应的心理学研究表明，被寄予更高期望的学生会得到更多雨露阳光，性格会更加活泼可爱，学习成绩也会明显比其他同学提高得更快。优秀的学生、讨喜的学生通常会得到更多的教育资源，比如会得到更多的提问，会得到更多的鼓励，作业会得到更认真的批改，做错了事也会得到更多的原谅。有时候，课堂上的不公平可能比硬件实施上的不公平更严重，对学生成长的影响也更大。怎么把保障每个公民平等接受教育的权利这样一个现代教育的基本理念落到实处，怎样确保平等对待每个学生，保障每个学生得到平等的学习机会和发展机会，仍然有很长的路要走。

面向所有人的教育，对教师来说是一种境界，是一种道德，是一种教育能力；对学校来说，是一种管理理念和管理水平，需要从有利于所有人发展的角度改革课程设置和编排，进行教学制度和教学模式的创新；对教育行政部门来说，是一种评价要求，是第一质量观。

有一个城市在评价学校质量的时候重点关注后百分之三十学生的学业成绩，有效促进了全市教育质量的提高，就很值得提倡。

使命二：促进人的全面发展，使学生的所有潜能都得到尽可能的发掘，在学习中快乐成长

人与生俱来是一个丰富的生命体，具有各方面的才能和禀赋，教育有责任让这些禀赋像破土的嫩芽笑迎东风，苗壮成长，而不是让它们削足适履，萎靡凋谢。严酷的现实是，重智育轻德育、重知识轻能力、重学科学习轻社会接触的情况始终没有得到明显改变。我们经常会听到一位家长问另一位家长："你家孩子排多少名？"另一位家长不假思索地回答"78名"或"65名"云云。这种没有对话背景、没有上下文的问答，双方如此配合默契，所有人都见怪不怪，问者问的是什么，闻者很清楚；答者答的什么，问者很明白——这不值得我们深思吗？学业成绩、学生在年级中考试成绩的排序成了评价学生

的全部内容，成了家长和学校关心的全部内容。由于考试成绩占据了家长和学校的兴奋中心，甚至成为全部的兴奋点，学生其他活动的时间剩下得越来越少了，为此，学生为自己的发展付出了沉重的代价。

比如身体素质，这最容易检测：某市《2008年全市中小学校各年级视力汇总表》中，小学二年级学生近视率为23%，到了小学三年级达到32%，小学四年级为47%，小学五年级已经高达52%。到了小学高年级，有一半以上的学生存在程度不一的近视，其中戴眼镜的学生高达80%左右。至于高中，学生到毕业的时候近视率大都在90%以上。一个全民近视的民族能行吗？可是根据国内外的研究表明，近视是完全可以控制的，学生每天增加一节课的户外活动时间，近视率就可下降20%～30%，增加两节课的户外活动时间，近视率就可降低50%～60%，增加三节课的户外活动时间，近视率就可下降90%。高近视率主要是由于缺少户外运动导致的。

其二，学生深陷学科学习负担之中，没有了同龄人的正常的必要的交往，社会活动能力、社会适应能力、社会化程度得不到正常发展机会，所以学习优秀、考试优秀与工作优秀、事业成功严重脱节，这怎么能不引起我们的高度警惕呢？

其三，由于长期埋头于书本，埋头于习题，两耳不闻窗外事，社会视野狭窄，社会责任感淡薄，终身学习动力下降。

这些与全面发展的价值显然是背道而驰的。满足人的全面发展的要求，为人的全面发展创设情境、创造条件，是教育改革的基本取向。

使命三：促进人的个性发展，为每个人提供适合的教育机会，为每个人的成长成才创造条件

天下没有两片相同的绿叶，更没有两个相同的人。生物的多样性是生命发展的基础和保证，个人的个性化发展是社会创造性的根本源泉。个性的消失意味着社会的死亡。

如果要说到中国古代教育思想的贡献，在笔者看来，最朴素也是最深刻、最中国也是最世界的就是——因材施教，笔者相信这四个字是中国古代教育思想最伟大的遗产，也是在互联网时代会不断焕发新生的教育真谛。工业化进程之后，教育走上了标准化的轨道，效率高了，但沉重的代价是个性的丧失。卓别林的《摩登时代》生动揭示了标准化、流程化生产对人的戕害，其实标准化教育丝毫不亚于标准化流水线的后果。现代教育以来，各国都在不断探索个别化、选择性、富有弹性的教育制度和方法，努力为学生的个性发展创造条件，使不同的学生在教育过程中变得更加不同，而不是把不同的学生变成相同的人。

教育的个性化是一个重大、复杂、不断深化的课题。在一个特定的时间里，我们曾把个性化当作资产阶级自由化来批判，把统一规范上升到意识形态高度。现在我们当然不会这么幼稚、这么浅薄了，但是现在对个性化的深刻意义的认识恐怕还是不彻底。我们并没有足够认识到人的个性、独特性和不可替代性是人的根本特征，是人的生命价值的本质体现。多样性的教育不仅是要造就丰富多样的、适应社会发展需要的各种各样的人才，而且是对人的生命价值的尊重，是对生命意义的提升。因此多样化的教育，因材施教，不仅是教育的技巧，是教育的经验，而且是教育的使命，是教育的境界。

教育的考试、选拔制度基本上是一个把人纳入标准体系排序的制度。所以如何兼顾标准化和个性化才是考试选拔制度改革的重点。现在我们非常强调制定各级各类教育质量标准，这反映了从有学上到上好学转变后的客观要求。制定标准是需要的，对保证教育质量的要求和正确的探索方法具有重要意义，但标准化是危险的，制定标准的目的是应该提供更多的选择，而绝不能导向千篇一律。

使命四：促进人的主动发展，引导学生生动地学习、自由地成长

说到教育，在人们的头脑里马上会呈现出这样一幅画面：一排排排列整齐的桌子，坐着一排排端庄的孩子，认真地或心不在焉地听着老师讲课，老师站在讲台上日复一日地、不厌其烦地传道、授业、解惑。老师讲、学生听，是千古不变的基本教学模式。

"教是为了不教"，叶圣陶先生的这句至理名言今天又有了新的更丰富的内涵。当年叶圣陶先生讲这句话，意思是要注重对学习方法的培养，授人以鱼，不如授人以渔。学生自己可以掌握学习方法，自学，靠自己学。今天我们理解这句话显然有了更深刻的内涵：学生不是被动教学的接受者，不是固定知识的存贮者，不是教师人格的复制者，而是师生互动、课程、教学的共同创造者。从心理学的角度说，学习过程是主观建构的过程，没有主观的积极参与，就没有高质量的学习，更没有创造性的发挥。按照行为主义的理解，人的学习过程是被动反应的过程，有什么刺激就有什么反应，所以行为主义的教育改革关注的是呈现方式和技巧的改进；但人的大脑并不是简单的反应器，人脑是加工器、是过滤器，是在互动过程中形成独一无二的认知结构的复合体。被动学习不仅是心智的障碍，而且是人格的障碍；从社会学的角度说，今天的学习者是明天的建设者，是社会的主人，人类文明的发生发展历史，是江山辈有人才出的历史，有自主发展的学生，才有自主发展的民族性格和民族精神。用这样的观念看问题，学生的自主学习不仅是提高学习效率和学习质量的要求，而且是铸造自主民族性格的要求。

说到这里，我们对教师的意义有必要重新认识，对教师的角色要重新定义。我们已经习惯于把教师定位于传道、授业、解惑者，按照这样的定位，教师是先知者，是真理拥有者，是万能之人。特别是师严乃道尊的传统把教师祭上了神坛，师生之间失去了人和人的基本的平等关系和对话机制，学生的思想自由和想象空间受到了无形的抑制。按照促进学生自主发展的要求，教师的角色则应该从演员转变为导演，教师不是自己表演，而是帮助、协助、欣赏学生表演；学生应该从观众、听众席上走向教学舞台的中心，成为表演者，在表演的过程中增长知识，增强自信，实现人格的独立。

使命五：促进人的终身发展，着眼于学生健康成长和终生幸福

"活到老，学到老"，表达的是一种生命不息、学习不止的情怀，也是一种人生的生活态度，但是到了现代社会，这已经成为一种客观要求，成为教育的基本特征之一。据信息学家的分析，互联网时代以来，人类的信息量迅速膨胀，现在一年产生的信息等于人类文明 5 000 年产生的信息量的总和。信息爆炸的同时是知识陈旧速度的加快，信息科学领域大学一年级学到的东西到毕业时已经有 50% 的内容被更新了。其他学科更新的速度虽然没有这么快，但也是呈现加速发展的趋势，一个人一生中应用的知识 80%~90% 是离开学校后在工作过程中学得的。与此同时，老的职业、工种、岗位不断消退，新的职业、工种、岗位不断出新，终身学习成为每个人的基本需要。

适应这种变化，20 世纪 60 年代出现了终身教育理论，70 年代发达国家开始建立终身教育体系，并不断向发展中国家蔓延。进入新的世纪后，终身教育逐渐被终身学习的概念所取代。这种概念的转换反映了社会对教育方式和学习方式变革的新要求。终身教育虽然把教育生涯拓展到了正规的学校毕业之后，并试图建立学校教育与继续教育相互联通的体系，但跟不上现代信息技术特别是互联网的普及带来的新变化。互联网背景下的在线学习使得传统教育的基本特征——在固定的时间、固定的地点学习固定的内容变成了可以在任何时间、任何地点学习任何内容，突破了时空限制，老师讲、学生听的基本模式也随之抛弃。运用互联网的学习能力，成为一个人更新知识、掌握新的技术和社会文明成果的广阔渠道。在这样的情况下，培养学生终身学习的意识、态度和能力，促进学生的终身发展，就成为教育的新使命。而且可以想象，这一功能将越来越强大，也越来越挑战现有的教育模式。《国家中长期教育改革和发展规划纲要》提出，到 2020 年要基本实现教育现代化，基本形成学习型社会，无疑是对这种趋势和要求的敏锐把握。

反思一下现在的教育，有一个特别令人不安的现象：大学生普遍厌学，缺乏学习热情和动力。中美学者曾经有多个研究，比较中美高中生和大学生的学习成绩和后劲。研究表明，在初中和高中早期，中国学生的学习成绩普遍高于美国学生，随着学习层次的提高，中国学生的学习优势逐渐下降，美国学生的学习优势逐渐上升，到大学三年级普遍发生逆转。基于兴趣的学习，基于学生自主的学习，才能保持持久的学习热情和动力。

学习输在起跑线上并不要紧，要紧的是输在中线。

选自《基础教育论坛》2015 年第 23 期

关联拓展阅读之四

台湾教改二十年的得与失

吴亚明　任成琦

台湾的教育改革推动了近 20 年，但是结果却是"四不一没有"，也就是说，当局不负责，老师不支持，家长不放心，学生不快乐，外加学生毕业后没有出路。不过，尽管争议不断、评价不一，但大家还是不愿意重走老路。

每年 5 月的 15、16 两日，对于全台湾的初中生来说，又是非常重要的两天，因为一年一度的初中会考就在这两天举行。虽然涉及语文、数学、英语、社会、自然 5 个科目的会考成绩只占大约 30% 的权重比例，但是会考成绩还是会影响他能够上什么样的高中。因此，接下来的一段时间，围绕填报志愿、各种等第、录取学校，又将有一番争议，最后，行之有年的教育改革又将被当成舆论评议的"箭靶"。

一、师生互动更紧密：实践"小班小校"精神

20世纪80年代末，台湾社会开始发生剧烈而深刻的变化，民间要求教育改革的呼声也随之而起。1994年4月10号，台湾200多个民间团体、3万多民众走向街头，表达教育改革的诉求。他们提出了四项目标：落实小班小校，广设高中大学，推动教育现代化，制定教育基本法。就在这一年，台湾当局成立"教育改革审议委员会"（简称"教改会"），着手推动教育改革。不过到了1996年，才正式确定教育松绑、带好每位学生、畅通升学管道、提升教育品质、建立终身学习社会等5大方向，并将中小学教科书由"一纲一本"改为"一纲多本"。

由此开始，台湾社会教育改革的大幕开启。此后近20年中，台湾当局又推出了一系列教改措施，涉及法令、师资、课程、教学、教科书、财政等方面。虽然，台湾社会各界对于教改颇多微词，但持平而论，教改至少功过半。

首先是小班小校已经落实。从2007年开始，台湾要求小学、初中每班学生人数不能超过35人。就拿人口数全台第二的台北市来说，2004年全市小学生总人数不到19万人，全市共有151所公私立小学，平均每校43班，每个年级约7.2班，平均每班仅29人。教育局主任秘书陈顺和认为，降低班级人数只是一种策略、过程与手段，并非教育目的。所以，在降低班级人数的同时，台北市十分注重发挥小班教学精神及功能。

其次是广设高中大学目标也已经达成。1994年，全台有177所高中，50多所大专院校，大学生人数有25万多人。呼应教改要求，台湾教育主管部门广设公立高中与大学，并放宽专科学校、技术学院升格改制的限制，如今全台有300多所高中，160多所大专院校，大学生人数为100多万，可以说，要考不上大学也难。

其三是高校去行政化。曾几何时，台湾公立大学的校长也一直都采官派、委任制，随着社会风气逐渐开放，教育改革风起云涌，台湾高校去行政化逐步推进，并已经成为常态。1993年，台湾修订"大学法"，大学校长的自主遴选取得法理基础。按照"大学法"的新规定，台湾各大学校长，由各校组成的遴选委员会产生。校长遴选委员会包括教师代表、行政人员代表、校友代表及社会公正人士，其中教师代表不得少于总数的1/2。经过20多年的发展，台湾高校的校长遴选机制可以说已经趋于成熟稳定。

其四是家长全面参与教育。1999年颁布的台湾《教育基本法》中，就明定家长有参与子女学校教育事务的权利。如今的台湾，所有的学校都有家长会，有的学校甚至有家长会办公室。家长全面参与学校教育，学校也借力使力，让办学更加开放多元。

二、补习班如雨后春笋："一纲多本"惹的祸

黄昏时分，台北的南阳街显得格外热闹，骑楼下、马路边，多是穿各学校制服、背各式书包的学生，他们来自这个城市的各个角落，脚步匆匆，正赶往各个补习班。台湾教改 20 多年，台湾的补习班如雨后春笋，数字不断刷新。有关统计显示，截至 2013 年 1 月，台湾立案的补习班共有 18 956 家，升学文理补习班则有 10 626 家。其中，八成的招生对象为中、小学生。

"补习班之所以有那么多，主要原因在于所谓的'一纲多本'。"台湾师范大学的黄老师这样认为。黄老师说，以前台湾的教科书都是由教育主管部门下的编译馆统一编写。1996 年以后，作为教改运动的一部分，台湾开放各出版商自行编写教科书，并将选择教科书的权力交给各中小学，台湾教育主管部门只负责设定课程大纲，以及审查出版商出版的教科书内容。虽然各个版本的教科书只有 5% 的差异，但是考题却由教育部门统一负责。家长为了这 5% 的差异，只好让孩子同时看其他好几个版本。

一文理补习班主任张丽颜说，"一纲多本"使得各出版商不仅会出自己版本的补充教材，连其他出版商的版本也不放过，可能单科单版就有 5 种补充教材，学生读不完只好上补习班，让补习班先将所有版本消化成一整本讲义，学生再直接吃"大补丸"。有一项统计显示，台北市参加校外补习的小学生的比例是 74%，初中生的补习率是 63%。在补习的科目方面，最多的是数学，其次是英语，再就是自然。学生每周的补习时间长达 9 个小时。

除了"一纲多本"反而加重学生负担而遭人訾议，教改中最新推行的所谓免试入学，也衍生不少问题。就拿初中升高中来说，以往是全凭学科成绩，如今是用会考成绩、学生志愿、就近入学、多元学习等方法来录取学生，其中会考成绩占 30%，平时成绩占 30%，奖惩记录（德育）占 16 分，均衡学习（体育、美育）占 15 分，服务学习占 9 分（群育）。民进党台北市议员梁文杰表示，如此一来，可想而知，家长会帮孩子弄好体育、美育的成绩，并送孩子去学绘画、学乐器。家长甚至会频频找民意代表，千方百计影响德育和群育的成绩。当孩子旷课或会被记过的时候，就会去向校长或训导主任拜托。

三、反思"快乐学习"：走出教改困局

虽然从一开始，台湾的教改就秉承"快乐学习"的理想，但是近20年的实践表明，台湾的教育一直在"快乐学习"与"追求竞争力"之间摆荡。台湾教改要如何走出困境，知识界认为，有三个途径：1.快乐学习，不等于没有挑战，关键在引发学生的学习动机。2.摒弃加法式教改，聚焦于核心。3.建立高质量教育智库，进行长期规划与质量监控。

台大心理系教授连韵文认为，现在教育有两派理论，一派认为小孩要有严格的教育，一派相信要快乐学习，我觉得他们都只各对了一半。他说，真正的重点，不在于该不该考试，而在于激发孩子的内在学习动机。台师大的宋曜廷老师表示，就算没有升学考试，不表示平常就不需要评量，但老师应该去发展高层次思考的评量方法，才能真正测试出学生多元能力，引导学生深层次思考，而这正是台湾的老师急需培养的能力。

台湾暨南大学前校长李家同说，他感到非常遗憾的是，教改人士没有抓到重点，他们以为减轻学生负担就可以使孩子们快乐学习。事实上，教改从来没有减轻过学生的负担，对于想进明星学校的同学来讲，不论如何改，他都要拼命，所以他们也不见得会很快乐，这是无法避免的事。可是对于功课不好的小孩，教改对他没有任何帮助，因为对他来讲，这些功课都是他完全不能了解的，他上课一样不快乐。

对于"快乐学习"的争议，舆论认为，过去台湾许多优秀人才会愿意奋力苦读，并到海外留学进一步钻研，最终获致卓越成就，但现在的年轻人世代闻苦色变，只要有沾点苦味的事情就不想靠近，去海外也选择轻松无压的游学方式，殊不知无论在职场生涯或产业竞争中，唯有吃苦受挫付出心血努力，才能让自己成长并取得优势。而一个地区竞争力的能源，就来自这些优秀人才的集体拼搏。

选自《人民日报》（2015-5-14）

专题十八

外国教育简史

第一章 古希腊与古罗马的教育

第一节 古希腊教育

古希腊是现代西方文明的摇篮，同时也是现代西方教育的发源地。古希腊文化和教育的发展过程通常划分为四个阶段：（1）荷马时代（公元前 1100 年～公元前 800 年）；（2）古风时代（公元前 800 年～公元前 500 年）；（3）古典时代（公元前 500 年～公元前 330 年）；（4）希腊化时代（公元前 330 年～公元前 30 年）。

一、荷马时代的教育

公元前 1100 年到公元前 800 年之所以被称为荷马时代，是因为关于这个时期的资料主要来自《荷马史诗》。《荷马史诗》相传为生活在公元前 9 世纪的盲诗人荷马所作，包括《伊利亚特》和《奥德赛》两个部分。史诗主要叙述了希腊人攻打小亚细亚的特洛伊城的前后经过，歌颂了阿喀琉斯、奥德修斯等希腊英雄的业绩。

根据《荷马史诗》的记载，荷马时代尚未出现学校这种专门的教育机构，儿童和青少年主要是在参与成年人的各种活动的实际生活过程中逐渐获得了社会所需要的各种知识和技能。教育的内容大致以军事和与军事直接有关的知识、技能为主，同时也注重演说能力的培养。在《荷马史诗》中，包括阿喀琉斯在内的大多数英雄，既是武艺高强的战士，也是在议事会上能言善辩的演说家。道德教育也是教育的内容之一。《荷马史诗》中所歌颂的英雄都是品行高尚、人格健全的道德典范。在他们身上，集中了各种为社会所肯定的美德：勇敢正义、忠诚、大公无私、热爱集体、智慧等。可见，道德教育在对青年人的教育中占有很重要的地位。

概括地说，荷马时代的教育是一种非制度化的教育，其目的是培养像阿喀琉斯那样勇敢、武艺高强和像奥德修斯那样足智多谋、能言善辩的武士。荷马时代的教育还处于较为低级的发展阶段，但是对希腊教育的历史发展具有非常深刻的影响。《荷马史诗》始终是希腊人教育年轻一代的重要教材，是此后希腊学校的重要教学内容。荷马时代教育中所培养的道德品质，不仅成了希腊人的重要道德规范，也始终是希腊学校道德教育的基本内容。更为重要的是，荷马时代的教育既注重个性发展又重视群体利益，既强调实干又注重雄辩、谋略，这为后来希腊教育的发展奠定了深厚的历史基础。

二、古风时代的教育

古风时代，希腊社会形成了奴隶制国家，即城邦。所谓城邦，是指以一个城市为中心的主权国家。从公元前 8 世纪至公元前 6 世纪，希腊先后出现了几十个城邦。在众多希腊城邦中，斯巴达和雅典曾先后称雄于希腊，在希腊历史上占有中心地位。

（一）斯巴达教育

斯巴达人实行严格的体格检查制度以保证种族在体质上的优越性，这样也有利于培养体格强壮的战士。公民的子女出生后，由长老代表国家检查新生儿的体质情况。那些体质健康的新生儿被允许抚养，而身体孱弱或有残疾的新生儿则被弃之荒野。

公民子女 7 岁以前在家中接受母亲的教育，从 7 岁至 18 岁进入国家的教育机构开始军营生活。军营生活的主要任务是通过严格的军事体育训练和道德灌输，使儿童养成健康的体魄、顽强的意志以及勇敢、坚韧、顺从、爱国等品质。教育的主要内容是赛跑、跳跃、摔跤、掷铁饼和投标枪"五项竞技"，这也是古代奥运会的主要比赛项目；此外，儿童也参加祭神、竞技和各种仪式。

儿童在国家教育机构中的生活非常艰苦，以养成坚毅、刚强、机警等品质。他们按年龄分成若干小队，由勇敢机智的儿童担任队长，20岁左右的青年担任教官（被称为埃伦）；在埃伦之上，由"最高尚、最优秀"的公民任派度诺米（即儿童们的监督者），负责对儿童的教育。斯巴达的老人们也经常来监督儿童的教育，并惩罚犯了错误的孩子。儿童们头蓄短发、赤足行走，并且睡在用芦苇编织的草垫上，而芦苇则是儿童用手从河中拔来的。由于经常吃不饱，儿童还被唆使去偷窃，如被发觉，将受到鞭打，以此惩罚他的迟钝。

从18岁起，公民子弟进入高一级的教育机构——青年军事训练团。入团前，青年们在神庙的祭坛前当众接受鞭打的考验，凡能忍受者为合格，忍受鞭打次数最多者为优胜，将受到奖励；哀号求免者会被剥夺入团资格。青年军事训练团的主要任务是进行正规的军事训练，其中的一个重要科目是所谓的"秘密服役"，即在夜间对希洛人进行突然的袭击。年满20岁的公民子弟开始接受实战训练，到30岁时正式获得公民资格。

不同于绝大多数古代国家，斯巴达人非常重视女子教育。女子通常和男子接受同样的军事、体育训练，以造就体格强壮的母亲生育健康的子女。女子教育的另一重要目的是：当男子出征时担负防守本土的职责。

（二）雅典教育

公元前683年，雅典结束了王政时代，逐渐向奴隶制社会迈进，并形成了城邦。早期雅典和斯巴达一样实行贵族统治。从公元前594年至公元前593年梭伦改革开始。经公元前509年至公元前508年的克利斯提尼改革，雅典逐步向奴隶主民主制度过渡，这对雅典文化和教育的发展具有非常深刻的影响。

雅典城邦也高度重视教育。公元前6世纪的梭伦立法中就明确规定：父亲有责任让其子女接受适当的教育，否则，子女成年后有权不赡养父亲。不同于斯巴达的是，雅典是由国家来规定要培养公民在履行公共义务时所应具有的理智、聪慧和公正等品质。而在如何安排个人的闲暇时间以及勇敢、强壮等品质的培养上，就不能完全依靠由国家控制的教育。因此，雅典私学盛行，国家只负责16~20岁青年的教育。

雅典的公民子女出生后，也要进行体格检查，但这体检是由父亲负责进行的。7 岁前，儿童在家中由父母养育。7 岁以后，女孩继续在家中随母亲学习纺织、缝纫等技能，男孩开始进入弦琴学校学习音乐、唱歌、朗诵等。以后又出现了文法学校，教授读、写、算等知识。这类学校是私立、收费的。弦琴学校和文法学校的教师一般是有政治权利的自由公民，也有一些是赎身的奴隶。儿童上学、放学均由有一定知识的奴隶也就是"教仆"陪同，以避免外来的不良影响。到十二三岁，公民子弟一边继续在弦琴学校和文法学校学习，一边进入体操学校接受各种体育训练：游泳、舞蹈、赛跑、跳跃、摔跤、掷铁饼、投标枪。设立体操学校的目的在于使公民子弟具有健全的体魄和顽强、坚韧的品质。到十五六岁，大多数公民子弟开始从事各种职业，少数显贵子弟则继续进入国立体育馆接受体育、智育和审美教育。18～20 岁，青年进入青年军事训练团，接受军事教育。到 20 岁，按照一定的仪式授予公民称号。

古风时代的雅典教育已初步形成了明显不同于斯巴达教育的特征：雅典教育的制度化程度更高一些；相比斯巴达单一的军事体育与道德教育，雅典教育更注重多方面的教育和陶冶。

三、古典时代的教育

公元前 5 世纪至公元前 4 世纪，古希腊的奴隶制经济得到重大发展，奴隶主民主政治制度得以最终确立。也正是在这个时期，古希腊文化和教育的发展达到了全面繁荣的阶段。

希波战争后，随着雅典经济的发展和民主政治的确立，古希腊文化进入了空前繁荣的时期。传统的贵族文化开始向公民普及，并产生了阿里斯托芬（Aristophanes）、埃斯库罗斯（Aeschylus）等戏剧作家以及普罗泰戈拉（Protagoras）、苏格拉底（Socrates）和柏拉图（Plato）等著名的哲学家，哲学的繁荣又直接促进了教育特别是教育思想的大发展。

古典时代是古希腊教育发展的黄金时期。以智者的出现为标志，古希腊（尤其是雅典）教育进入了一个新的发展阶段。

"智者"（sophist，又称诡辩家），在公元前 5 世纪后期主要指以收费授徒为职业的巡回教师，他们云游各地，积极参加城邦的政治和文化生活，传播和传授知识并以此获得报酬，逐步形成了一个阶层。智者派产生于古希腊奴隶主民主政治制度的鼎盛时期，是时代的产物，同时又进一步促进了当时古希腊世界（尤其是在雅典）的思想启蒙运动。

智者派不是真正意义上的学派或学术团体，也没有统一的哲学主张和政治见解，但他们有共同的思想特征：相对主义、个人主义、感觉主义和怀疑主义。在智者看来，一切知识、真理和道德都是相对的，都有赖于具体的感知者；在一个人看来是真的，就是他所说的真；没有客观真理，只有主观意志。普罗泰戈拉以个人作为判断事物存在与否、真假、善恶的唯一标准，实际上提出了一种以人为中心的朴素的人本主义的价值取向。这在当时具有重要的思想启蒙作用。

智者作为西方最早的职业教师，对希腊教育实践和教育思想的发展同样做出了重大的贡献。第一，智者们云游各地、授徒讲学，推动了文化的传播，扩大了教育对象的范围，促进了社会的流动。第二，智者适应了时代对辩论、演讲的广泛需要，以实用的目的研究与辩论、演讲直接相关的文法、修辞、哲学等科目并进行传授，既拓展了学术研究领域，又扩大了教育内容的范围。西方教育史上沿用长达千年之久的"七艺"中的前三艺（即文法、修辞学和辩证法），正是由智者首先确定下来的。第三，智者们把系统的道德知识和政治知识作为主要的教育内容，不仅丰富了教育的内容，而且提供了一种政治家或统治者预备教育的新型教育。这种教育是奴隶主民主政治发展到鼎盛时期所必然产生的客观需要。智者派的教育活动顺应了时代的要求，并使这种教育得以确立。

智者派没有形成系统的教育思想，但从一些著作残篇来看，智者派对教育问题的思考是非常广泛的。智者们已经较为明确地意识到教育活动的特殊性，他们把教育过程当作一个运用禀赋、进行练习的过程。另外，他们开始自觉地把教育现象与政治现象、道德现象等社会现象相区分，同时明确地认识到教育与政治、道德具有密切的相互联系，教育在国家生活中具有举足轻重的作用。智者（尤其是普罗泰戈拉）反对道德天赋论，强调道德是人人都可能具有的，是可以通过学习和训练而获得的。

古希腊教育也发生了一系列重要的变化。在雅典，逐渐形成了文字教师与音乐教师的分工，文法学校与弦琴学校从此分设。更为重要的变化是出现了一些由著名学者创办的高等教育机构，如：公元前387年，柏拉图创办学园（阿加德米）；公元前335年，亚里士多德创办学园（吕克昂）。

四、希腊化时代的教育

从公元前334年到公元前30年的300多年，历史上称为希腊化时代。这期间马其顿国王亚历山大发动军事扩张，建立了横跨欧、亚、非三大洲的庞大的亚历山大军事帝国，东西方文化和教育相融合。亚历山大死后，帝国分裂为若干王国，后相继被罗马灭亡。随着希腊城邦的覆灭，曾经创造出灿烂辉煌的古希腊文化的社会基础不复存在，因而，在希腊化时代，文化和教育方面的变化呈现出明显不同于古典时期的特点。

在希腊化时代，教育的变化主要表现在以下诸方面：第一，古希腊特别是雅典的学校教育制度，广泛地传播到多个地区，对当地的教育发展起了积极的推动作用。第二，文化和教育中心转移。希腊化时代，文化和教育的中心逐步从雅典转移到亚历山大利亚城。该城拥有规模宏大的图书馆、博物馆、植物园、动物园和气象台，吸引了来自各地的学者。整个希腊化时代，亚历山大利亚城事实上一直是东西方文化交流的中心。第三，古希腊的初级学校发生蜕变。希腊化时代，由于城邦的覆灭，带有军事目的的体育首先被取消，美育逐步被削弱，小学教育的内容主要局限于读、写、算等知识性科目。第四，在希腊化时代，原有的中等教育机构体育馆为文法学校所取代。中等教育日益偏重于知识教学，体育和美育被忽视，逐步偏离了古希腊教育的传统，其功能逐渐萎缩。第五，希腊化时代高等教育得到明显发展。除原有的柏拉图的"阿加德米"、亚里士多德的"吕克昂"和伊索克拉底开办的修辞学校之外，还出现了由芝诺开办的斯多葛学派的哲学学校和伊壁鸠鲁开办的伊壁鸠鲁学派的哲学学校。公元前200年前后，上述四所学校合并成为雅典大学。到公元2世纪至3世纪，雅典大学成为非常著名的学术研究中心和高等教育的中心。从公元313年基督教被定为国教后，雅典大学开始衰落，公元529年被关闭。另一方面，希腊化时代的高等教育也呈现出某种蜕变的趋势：内容逐步压缩，日益侧重于修辞学的教学；演说、雄辩已失去原有的实际功用。

第二节　古希腊教育思想

从公元前 5 世纪开始，以苏格拉底、柏拉图和亚里士多德等人的教育思想为标志，古希腊教育思想的发展进入了一个新的历史时期。

一、苏格拉底的教育思想

苏格拉底（前 469～前 399），古希腊哲学家、教育家。青少年时期，苏格拉底继承父业，以雕刻为生；后致力于讲学，公开与人辩论，探讨政治、社会和道德问题。在其培养的学生当中，有后来著名的哲学家柏拉图。苏格拉底从教，没有开办过学校，也未写过任何著作。后人对其思想的了解和研究，主要依据的是其学生的著作。

（一）"智德统一"论

伦理、道德问题是苏格拉底整个思想体系的中心。苏格拉底教育思想的一个重要内容是"智德统一"论。他认为，人与宇宙万物一样，同是神的创造物；神不仅创造了人的肉体，而且为人安排了灵魂；人的一切知识、智慧和道德都存在于人的灵魂之中，都是灵魂的属性。因此，智慧和道德具有内在的、直接的联系。

苏格拉底认为，人的行为之善恶，主要取决于人是否具有有关的知识；只有知道什么是善、什么是恶，人才能趋善避恶。也就是说，道德行为的发生，首先是因为行为者拥有道德的知识；如果行为者不具有道德的知识，便不可能做出道德的行为。苏格拉底明确指出："知识即美德，无知即罪恶。"知识就是智慧。所以，知识即美德也就意味着智慧即美德。

从"智德统一"的观念出发，苏格拉底进一步做出推论：知识是可以通过教授、学习获得的，因此，美德也可以通过传授或学习道德的知识而获得。所以，美德是可教的，是后天获得的。

苏格拉底的主张具有非常重要的意义，否定了当时希腊传统中道德天赋的观念，否定了贵族阶级对道德的垄断，为民主政治的建立做了理论上的辩护，同时高度强调了教育的作用。并且，由于苏格拉底强调知识在道德形成中的重要作用，把知识教育作为道德形成的基本途径，为近代教育教学原则开了先河。

（二）苏格拉底法

苏格拉底创制了著名的"苏格拉底法"来有效地传授知识，以达到道德教育的目的。苏格拉底认为，真理以潜在的形式存在于人的内心，教师的主要任务就在于通过交谈和讨论，唤醒深藏于学生内心的意识，从而发现真理。

"苏格拉底法"的运用包括三个步骤：（1）苏格拉底讽刺。在这个步骤中，教师以无知的面目出现，通过巧妙的连续诘问，使学生意识到自己原有认识中所存在的错误、混乱和模糊。（2）定义。在前一个步骤的基础上，通过进一步的归纳，使学生逐步掌握明确的定义和概念。（3）助产术。在这个步骤中，教师进一步启发、引导学生，使学生自己通过思考，得出结论。

苏格拉底曾说过，他自己虽然无知，但却能用辩论的方法帮助别人获得知识，正如他的母亲一样：他的母亲是助产士，虽年老不能生育，但能帮助别人生产。由于这个原因，"苏格拉底法"又被称作"产婆术"（或"助产术"）。"产婆术"是近代启发式教学法的萌芽。苏格拉底的教育思想和教育主张直接影响了柏拉图和亚里士多德，由此对西方近现代教育产生了深远的影响。

二、柏拉图的教育思想

柏拉图（前427～前347），古希腊哲学家、教育家。柏拉图在青少年时期曾学习文学、音乐和绘画，20岁师从苏格拉底学习8年。苏格拉底去世后，他离开雅典，四处游历。公元前387年，柏拉图在雅典创办学园，授徒讲学，亚里士多德就是他的学生。《理想国》和《法律篇》是他的主要代表作。柏拉图与他的老师苏格拉底和他的学生亚里士多德并称"希腊三贤"。

（一）关于教育目的

柏拉图的教育思想与政治密切相关。柏拉图生活在雅典奴隶主民主政治由盛而衰的历史时期，他深入思考当时的社会，认为要从根本上消除雅典社会当时存在的各种危机，只有两条途径："除非正直的哲学家获得政治权力，或者城邦中拥有权力的人由于某种奇迹变成了真正的哲学家。"柏拉图认为要么由哲学家统治国家，要么使统治者成为哲学家。因为在他看来，哲学以最高的善为对象，它是整个世界遵循的最高原则和所要实现的普遍目的。因此，哲学是治理国家的最高学问，只有掌握了哲学的人才应成为统治者。因此，柏拉图把教育的最高目的归结为培养哲学家（或称作"哲学王"）。

（二）关于教育内容

为了培养广博知识和高尚情操的"哲学王"，柏拉图认为，教育应当是广泛和多方面的。哲学家首先应当具有美德。在一切品德中，勇敢、智慧、节制和正义是最为重要的。他尤其强调统治者应当具有正义的美德，因为只有这样，统治者才能按照善的要求去管理国家，引导国家达到善的最高理想。因此，在对哲学家的培养中，道德教育占有首要的地位。

此外，哲学家还应当接受政治知识的教育。柏拉图把政治知识和艺术看作编织"国家之布"的才能，认为只有具备这种才能，统治者才能够把国家的所有成员组织起来，并加以有效的控制、管理。柏拉图认为，一个要在未来统治国家的哲学家必须掌握广博的知识，形成洞察万物的理性。

在其《理想国》和《法律篇》等著作中，柏拉图为哲学家的教育开列了众多的教学科目，其中包括：阅读、书写、体育、军事、哲学、算术、几何学、天文学、音乐理论（这后四项科目通常被称为"四艺"或"后四艺"，与智者倡导的"三艺"一起构成了"七艺"）。

柏拉图指出，这些科目不仅具有实用性，更为重要的是，它们可以训练思维、发展理性、丰富想象力和培养记忆力等。在所有科目中，柏拉图最为重视的是哲学。他认为，辩证法的教育是国家统治者特别是最高统治者必备的教育，只有接受辩证法的训练才能理解国家的普遍原则，才能成为哲学家。

（三）关于教育制度

柏拉图反对雅典原有的私人办学的传统，主张国家应把教育事务当作头等大事，管理和监督一切教育机构，并且审慎地选拔负责教育事务的官员。为此，他精心设计了一个较为完整的国立学校教育体制。

根据柏拉图的观点，公民的子女为国家所有，由国家统一负责养育和教育。公民的子女从出生到 3 岁，由挑选的女仆照顾，由国家最优秀的公民进行教育；3 ~ 6 岁，送到附设在神庙的儿童游戏场所，由国家委派的女公民负责教育；6 岁以后，男女儿童分别进入国立初级学校，学习初步的读、写、算和音乐知识，同时接受军事体育训练，这一阶段教育的主要任务是进行情感教育；17 ~ 20 岁为意志教育阶段，学生进入青年军事训练团，接受进一步的军事体育训练，同时学习算术、几何学、天文学、音乐理论等；21 ~ 30 岁是理智教育阶段，只有少数具有较强抽象思维能力的学生才能进入到这个阶段，这个阶段教育的主要任务是通过理论知识（主要是"四艺"和哲学）的传授发展学生的理智；之后，极少数天赋优异的学生继续学习、研究哲学，35 岁出任国家的重要官职；个别在哲学上有高深造诣的学生则进一步接受考验，到 50 岁时成为国家的最高统治者。

柏拉图是西方教育史上第一个建立完整教育理论体系的教育家，他的《理想国》及他的教育思想对西方社会和教育的发展产生了深远的影响。

三、亚里士多德的教育思想

亚里士多德（前 384 ~ 前 322），古希腊哲学家、思想家、科学家和教育家。公元前 367 年后，他师从柏拉图，在柏拉图的学园学习和从事教学工作长达 20 年；公元前 343 年，担任马其顿王子亚历山大的家庭教师；公元前 335 年，在雅典创办学园，招生授徒、著书立说。亚里士多德一生著述丰富，涉及哲学、政治学、伦理学、物理学、逻辑学、植物学、文学等，是一位百科全书式的思想家。他的教育思想主要反映在《政治学》和《伦理学》等著作中。

（一）论教育与城邦的关系

与柏拉图一样，亚里士多德非常强调教育与城邦（国家）之间的密切关系。他认为，公民的素质直接决定了城邦的安危兴衰，决定了城邦的命运。所有的公民都应该有好公民的品德，只有这样，城邦才能成为最优良的城邦。城邦的"立法者"（即统治者）应当把青少年的教育当作国家建设首要的工作。因此，他反对雅典私人办学的传统，主张教育应当由国家来控制、管理、监督，并建立统一的教育制度，使所有公民都接受同一的教育，以形成共同的公民意识。教育应当是国家的公共事务。

（二）论和谐教育

亚里士多德认为，人的灵魂由植物灵魂、动物灵魂和理性灵魂三个组成部分。植物灵魂是最低级的部分，主要表现为营养、繁殖等生理方面；动物灵魂高于植物灵魂，主要表现为本能、情感、欲望等方面；理性灵魂是灵魂中最高级的部分，主要表现为认识、思维。在人的发展和教育中，这三个组成部分都应充分考虑，不可偏废。与灵魂三个组成部分相对应的教育分别是：体育、德育、智育和美育。只有通过多方面的教育，儿童的身心才能得到和谐的发展。

亚里士多德还强调教育应当遵循儿童发展的规律：0～7岁为第一个阶段，儿童成长的关键是身体的发育，教育者的主要任务是对儿童的养护，要注意儿童的营养，加强身体锻炼。8～14岁为第二个阶段，儿童发展以道德发展和初步的理性发展为中心，教育的主要任务是对儿童进行道德教育、审美教育和初步的读、写、算等知识技能的教育。15～21岁为第三个阶段，儿童理性的发展成为核心，教育的任务是通过哲学等学科的教育，发展儿童的理性。亚里士多德是西方教育史上第一个明确提出按照儿童年龄自然发展规律来进行教育的教育家，他的思想对欧美近代教育思想的发展产生了重大的影响。

（三）论自由教育

在亚里士多德的教育思想中，对后世影响最大的是他的自由教育理论。他认为，人之所以为人的基本特性在于人具有理性。人只有充分运用和发展其理性，才能真正实现自我。教育应当以充分发展人的理性为根本目的。自由教育的实施需要两个基本条件：（1）闲暇。他认为，只有当自由人无须为生计奔波、操劳而具备足够的闲暇时间时，才有可能不去从事各种"贱业"，以免损害心灵。也只有如此，自由人才能专心从事崇高的"沉思"活动，为心灵的发展而运用理性。（2）自由学科。亚里士多德认为，只有不具有任何功利目的的自由学科，才是自由人应当学习的知识。所谓自由学科，包括读、写、算、体操、哲学等。

亚里士多德自由教育理论的核心是：自由教育是唯一适合自由人的教育，它的根本目的不是为职业做准备，而是促进人的各种能力和理性的发展；自由教育以自由学科为教育内容，应避免机械的、专业化的训练。亚里士多德的自由教育思想对西方教育发展产生了重要影响。

第三节　古罗马教育

古罗马的历史通常分为三个时期：（1）王政时期（公元前 7 世纪~公元前 6 世纪末）；（2）共和时期（公元前 509 年~公元前 30 年）；（3）帝国时期（公元前 30 年~公元 476 年）。罗马教育主要是从共和时期开始其发展历程的。

一、共和时期的罗马教育

在共和前期，罗马教育处于初步发展阶段。这时的罗马教育主要是一种家庭教育，父母是主要的教育者。男童跟随父亲在实际的生产劳动和社会生活中学习农业生产的知识、技能以及各项军事技能，同时接受敬畏神明、服从父母、热爱国家、勤劳、勇敢等道德品质的教育。女童则由母亲教以家政。总的来说，共和前期的罗马教育是一种以培养农民、军人为宗旨的教育。

从公元前 5 世纪中叶开始，除农业生产的知识和技能、军事技能、道德品质和宗教等方面的教育外，法律也成了教育的重要内容。法律教育的基本教材是"十二铜表法"（Law of the Twelve Tables），这是罗马最重要的民法法典，因刻于 12 块铜表之上而得名。这形成了重视法律教育的罗马教育的特色。

共和时期罗马教育的真正发展是在共和后期。公元前 146 年，罗马人完全征服希腊，希腊文化开始对罗马产生全面的影响。罗马教育取得了重大的发展，并开始形成较为系统的学校教育制度。

共和后期罗马的学校主要包括：（1）初级学校。招收 7～12 岁的男女儿童，主要教学内容是拉丁语；通常为私立收费学校；教师大多由有一定文化的奴隶担任，地位非常低下；校内实行严厉的体罚。（2）文法学校。是在希腊文化和教育的直接影响下形成的；招收 12～16 岁的男童，主要学习希腊语、希腊文法和希腊文学；教师由希腊人（他们通常是被俘或被扣做人质的希腊人）担任；共和末期，由于拉丁文学的发展，增加了拉丁语、拉丁文法和拉丁文学的教学。（3）修辞学校。招收 16～20 岁的男性（他们通常是贵族和上层平民的子弟），主要进行演说、雄辩的训练，以培养未来的政治家；教学内容主要有修辞学、希腊语、希腊文学、哲学、历史、法律、数学和音乐。

从公元前 3 世纪开始，具有罗马特色的学校先后建立起来，主要有：（1）拉丁文法学校。以拉丁语和拉丁文学为主要的教学内容。在帝国时期得到了重大的发展，取代希腊文法学校成为罗马主要的中等学校类型。（2）拉丁修辞学校。用拉丁语进行教学，后来发展成为罗马高等教育的重要学校类型。（3）医学校。希腊医学在罗马获得了稳固的地位后，医学专业教育也发展起来。

共和时期的罗马教育在罗马教育发展历史中起着承上启下的重要作用。在这个时期，罗马教育逐步从原有的、相对落后的状况走向开始建立正规的学校教育制度，进入了一个新的发展时期。

二、帝国时期的罗马教育

公元前 30 年，罗马进入帝国时期，政体和社会各方面都发生了重大转变，罗马教育也随之出现了一系列显著的变化。

（1）在教育的管理上，共和时期私人办学的局面逐步得到控制，出现了一种"国家化"趋势。罗马几任皇帝通过各种方式，加强了对教师和学校的控制。

（2）受教育的机会逐步缩小。由于实行帝制，受教育的权利主要局限于贵族阶级和骑士阶级，普通公民及其子女所具有的受教育机会被限制在一个很小的范围。

（3）在帝国时期，罗马学校中修辞学和演说术的研究与教学日益走向形式化、公式化，逐步失去其生命力。

（4）学校教育内容的范围逐步缩小。在修辞学校，教育内容以修辞学和文法为主。希腊语和希腊文学的教学受到严重的削弱，几乎绝迹。文法学校的教学越来越多地侧重于文法和文学，也更加侧重于形式。

（5）专业或职业教育得到一定的发展。在帝国时期，一些原有的专业教育机构（如医学校）得到进一步发展，出现了法律学校这种新型的专业教育机构。

三、基督教教育的兴起

基督教于公元 1 世纪中叶产生于小亚细亚、叙利亚和埃及等地区。公元 4 世纪之前，由于基督教徒拒拜被奉为神的罗马皇帝偶像，被罗马统治者大规模地迫害、杀戮。但基督教反而不断发展，皈依基督教的人数大量增加，基督教会的势力日益扩大。公元 313 年，西罗马帝国皇帝君士坦丁和东罗马帝国皇帝李锡尼在米兰联合发布"宽容敕令"（又称"米兰敕令"），宣布所有宗教同享自由、不受歧视，基督教成了西罗马帝国的正统意识形态。

在罗马帝国后期，基督教教育迅速兴起。从公元 2 世纪开始，为了传播教义、吸收教徒，基督教会先后开办了初等教义学校和高等教义学校等教育机构。其中，初等教义学校是教会最早设立的具有初等教育性质的学校，其目的是对原来信仰"异教"的皈依者进行必要的入学前教育，同时也负责对教徒进行宗教教育。高等教义学校则以培养神职人员为宗旨。公元 179 年前后，斯多葛学派的哲学家潘提翁开办了第一所高等教义学校，此后，神学家奥里根又创办了同样性质的学校。高等教义学校的教学内容主要是所谓"异教"的文化学术，即古希腊和罗马的文化遗产，包括文法、音乐、修辞学、天文学、解剖学、逻辑学、伦理学和形而上学等，教授这些科目的主要目的是反击异教的文化学术以完善基督教义。

在基督教学校兴起和发展的同时，罗马帝国原有的世俗性质的文法学校和修辞学校却在不断衰落。到西罗马帝国行将灭亡之际，帝国境内的世俗教育机构大多已不复存在，均被教会学校所取代。

第四节　古罗马教育思想

一、西塞罗的教育思想

西塞罗（Cicero，前 106～前 43）是罗马共和后期的政治家，也是罗马重要的教育思想家。西塞罗出身富裕的骑士家庭，受过良好的教育，起初从事律师工作，后当选为执政官，在罗马共和末期被捕杀。西塞罗的教育思想主要反映在他的《论共和国》《论善与恶的定义》和《论雄辩家》等著作中。

关于教育目的，西塞罗认为，教育的最高目的是培养政治家，而只有优秀的雄辩家才有可能成为真正的政治家。因此，教育的直接目的就在于培养雄辩家。

西塞罗认为，一个雄辩家不仅要能言善辩，而且必须具有良好的、多方面的素养。

首先，他必须具有广博的知识。其次，雄辩家应当具有修辞学方面的特殊训练。再次，雄辩家应当具有优雅的举止风度。西塞罗指出："演说是由身体、手势、眼睛以及声音的调节及变化等加以控制的，它对于演说本身所产生的作用是巨大的。"

西塞罗的教育思想对昆体良产生了直接的影响。他关于教育目的和教育内容等方面的思想，在昆体良的思想中得到了进一步的继承和发展。

二、昆体良的教育思想

昆体良（Quintilianus，35～95），古罗马帝国时期的雄辩家、著名教育家，出生于西班牙，少年时期赴罗马学习雄辩术；公元 70 年，受命主持罗马第一所国立拉丁语雄辩术学校，成为罗马历史上第一位公职教师；公元 90 年退休后，主要从事著书立说，主要著作为《雄辩术原理》。英国著名思想家穆勒（J. S. Mill）评价《雄辩术原理》一书是"整个文化教育领域中古代思想的百科全书"。

与西塞罗一样，昆体良也主张把培养善良而精于雄辩术的人作为教育所要达到的基本目的。他认为，雄辩术是一门高尚的学问，它的主要任务是宣传正义和德行，指导人们趋善避恶。一个雄辩家既要擅长雄辩，通晓各种有价值的知识，同时也应具有崇高的思想、高尚的情操。昆体良充分肯定了教育的巨大作用，认为大多数人都具有基本相同的天赋，都能敏捷地思考、灵敏地学习；人生而具有的天赋才能，其发展有赖于良好的教育。昆体良也认为教育的作用并不是绝对的，他指出，教育者应当尊重受教育者的个性差异和年龄差异。

昆体良教育思想中最为重要的内容，是他关于教学问题的一系列主张。

（1）教学组织形式。昆体良提出了分班教学的设想。他主张把学生分成班组，在同一时间，由教师对全班进行教学。昆体良注意到了因材施教的问题，认为教师在面向班级进行教学的时候，同样要了解学生的能力、个性特点和倾向，根据学生的具体情况扬长补短、长善救失。

（2）教学原则与方法。昆体良反对体罚，强调运用奖励的方法。强调在教学过程中，教师应当经常向学生提出问题，促使学生积极思考，在必要的时候应当让学生自己动脑筋、想办法、解决问题，培养学生的独立性与创造性。

昆体良高度重视教师的作用，认为教师应当具有全面的素质。一名优秀的教师，第一，必须是道德高尚、行为端庄的人。第二，教师应当具有广博的知识，应当是公认有学识的人。第三，教师应当热爱学生、耐心工作，既不对学生发脾气，也不纵容学生。第四，教师既应熟悉所教学科的内容，又要能熟练地运用教学方法。第五，教师应当深入了解学生的心理特征、个性、才能和倾向，更有针对性地组织教学。

昆体良是古罗马时期最为重要的教育家。他的教育思想在西欧文艺复兴时期产生了广泛的影响，成为人文主义教育的重要思想来源。

第二章　西欧中世纪的教育

第一节　基督教教育

早在公元 4 世纪末，基督教被定为国教。中世纪早期，古希腊、古罗马时代所遗留下来的文化成就被世人遗忘了，西欧的文化教育水准大幅度下降，"僧侣获得了知识教育的垄断地位，因而教育本身也渗透了神学的性质"。随着基督教的发展，早期教会学校也随之发展起来。

当时西欧的教会学校主要包括三种类型：修道院学校、大教堂学校和堂区学校。修道院学校因其藏书丰富、管理严格等特点而成为最为重要的教会学校。

一、修道院学校

修道院学校主要是指设在修道院内的教育机构，是基督教修行制度（或称寺院制度）的产物。公元 3 世纪时，罗马帝国衰落，社会道德沦丧。一些虔诚的基督教徒逃遁山野修身养性，于是在埃及等中东地区出现了最早的修道士和修道院。公元 4 世纪中叶后，修行制度逐渐扩展到西欧。529 年（或 530 年），本尼狄克兴建了蒙特·卡西诺修道院，制定了《本尼狄克规程》，对修道院的组织管理、修道职责和日常生活、宗教活动等进行了全面、详尽的严格规定。诵读和抄写经典等文化、体育活动是修道院日常工作的重要组成部分，修道院从原来的纯宗教机构逐渐演变为兼有宗教、文化和教育等多种职能的机构。由于有对新入修道院者必须进行预备教育和对修道士训练程序的严格规定，蒙特·卡西诺修道院因而具有了学校的雏形。正是在这个基础上，后来产生了修道院学校。修道院学校最初只负责对那些终生从事神职的人进行教育。到 10 世纪，修道院学校遂分为两部分：一是"内学"。儿童 10 岁左右入学，18 岁毕业时成为神职人员。"内学"的教学内容主要包括基督教教义、宗教音乐、宗教仪式等，此外还包括读、写、算的基本知识以及文法、修辞学、天文学等古典学科。二是"外学"。教学内容与"内学"相差无几，但程度要低一些。随着时间的推移，"七艺"成为修道院学校的重要教学内容。后来随着志愿修行的女性人数的增多，也出现了培养修女的修道院学校。

修道院学校因其拥有较为丰富的教育资源和相对完整的教学制度以及一批著名的神学家，而成为中世纪前期西欧最好的教育机构。据后人统计，从蒙特·卡西诺修道院建立到 1334 年间，西欧各地的修道院先后共培养出 24 任教皇、200 位红衣主教、7 000 名大主教、15 000 名主教，还有 20 位皇帝和国王及 10 位皇后先后在修道院学校接受过教育。

二、大教堂学校和堂区学校

大教堂学校又称主教学校或庙堂学校，性质和水平同修道院学校相近，学校设备和条件比较好，学科内容也比较完备。大教堂学校由于自有地产或接受捐赠而不收费。由主教创办的最早的大教堂学校为英格兰的坎特伯雷学校。学生以学习拉丁文法为主，学习拉丁文法是进入教会的必经之路。公元 8 世纪以来，几乎所有的大教堂都办起了文法学校和歌咏学校，这些学校后来都转变为具有初等教育性质和神学性质的教育机构。

堂区学校一般设在牧师所在的村落，是对一般居民子弟进行初步教育的一种形式。堂区学校规模较小，设备也很简陋，只教授一般的读、写、算和基督教的初步知识，也有的教唱宗教赞美诗等。

第二节　世俗封建主的教育

公元 6 世纪以后，西欧封建制度逐渐发展起来，随之出现了为培养封建统治接班人的世俗教育。世俗教育主要包括两种形式：宫廷学校和骑士教育。

一、查理曼的教育改革和宫廷学校

西罗马帝国灭亡以后，在西欧以法兰克王国最为强大。在查理曼统治时期，法兰克人的文化水准普遍低下。出于治理国家和教化臣民的政治需要，查理曼逐步注重发展教育。他命令在全国教区设立学校，除了开展宗教活动外，还要教人们读书识字。

781 年，查理曼邀请英格兰教士、著名学者阿尔琴（Alcuin）到法兰克王国，协助改进学校，发展教育。阿尔琴亲自担任宫廷学校的校长，对教学内容、教学方法等进行了一系列重要的改革，使这所学校成为欧洲最著名的宫廷学校。宫廷学校的学生包括皇后、皇子、公主以及皇室其他成员，还有担任国家和教会高级职务的青年贵族。查理曼本人也时常亲临受教。在教学内容方面，阿尔琴在宫廷学校开设文法、修辞学、辩证法、算术、天文学、神学等课程，还包括学习古典诗人的作品。在教学方法上，阿尔琴注重因人而异：对成年学生，教学以讨论为主；对于年幼学生，则采用当时修道院学校盛行的问答法。在阿尔琴的管理下，法兰克王国的宫廷学校在当时成为世俗教育的中心，吸引了来自国内各地的学者和教师，从而对中世纪早期世俗教育的发展产生了积极影响。

在改革和发展宫廷学校的同时，查理曼还致力于对教会学校的改进。当时许多教士和僧侣的文化水准很低。787 年前后，查理曼发布命令，要求教士不要忽视文学的学习，这样才能更好地探索经义的奥秘。因为《圣经》中包含着借喻和比喻，一个读者的文学教育开始得越早和学习得越好，他对神的意旨的领会也就越能深入。789年，亚琛宗教会议决定，修道院和教区教堂必须附设学校，向儿童传授拉丁文、阅读、基督教历法、赞美诗等知识，并把这项决定作为教育法规，并且祭司职位只授予通过考试及格的僧侣，应考者必须通晓和理解担任祭司所需的一切有关经义，能按照罗马的文法歌唱赞美诗，还能草拟文稿和书札。812年，查理曼命令全体教士对所有教民都教以《使徒信经》《主祷文》，直到能够背诵为止。他还命令每个人都必须把自己的儿子送到学校去学习文法，拒不执行者都将受到鞭笞或禁食的处分。查理曼教育改革在中世纪早期文化衰落的情况下起到了促进教育、文化发展的作用。

二、骑士教育

骑士是西欧封建社会的等级制度中最低一级的贵族，是封建社会的基本武装力量。从11世纪到14世纪，骑士制度盛行一时，特别是在十字军东征中，骑士的地位大为提高，以骑士训练和培养为宗旨的骑士教育遂应运而生。

骑士在当时承担的主要是军人的职责，而军人形象极受社会尊敬，因为军事活动频繁是中世纪的特征，在人们的观念中，战争属于正常的社会生活状态。在经济领域中，骑士是封建体制的组成部分，效忠于领主，并通过宣誓等仪式来加强这种纽带关系。而在社会阶层方面，贵族可以是骑士，但骑士并不一定是贵族。骑士的主要职责是作战，没有贵族所拥有的司法权和一些世袭权，是"贵族的随从"，是处于贵族、农民之间的中间阶层。

骑士教育是一种特殊形式的家庭教育，通常分为三个阶段：（1）宗教教育阶段。从出生到七八岁，贵族子弟在家庭中接受双亲的教育，主要内容为宗教、道德教育和身体的养护。（2）礼仪教育阶段。七八岁以后，贵族子弟按其等级被送入高一级贵族的城堡中充当侍童，侍奉主人和主妇，学习上层社会的社交礼仪、习惯和为人处世之道。也学习阅读、吟诗、唱歌、拉丁语等知识，还要学习赛跑、角力、击剑，进行比武训练。（3）从十四五岁到21岁，被称为侍从教育阶段，重点是学习"骑士七艺"，即骑马、游泳、投枪、击剑、打猎、下棋和吟诗。到21岁时，候选的骑士洁身斋戒和祈祷，然后着礼服去教堂参加宗教仪式：骑士将其佩剑呈送牧师，请牧师祝福，然后进行宣誓；宣誓完毕，牧师将佩剑交还，并告之以戒规。宗教仪式结束后，候选骑士再跪于主人之前，主人以剑横拍其左肩，祝其勇猛；再拍其右肩，示其果敢；又以剑指其头顶，命其忠贞不贰。至此，仪式结束，正式授予骑士封号。骑士教育还有一个重要内容是"骑士十诫"，其中包括：祈祷；摆脱罪恶；保卫教会；保护孤寡、儿童；行游四方；参战；为心上人而战；捍卫正义；热爱上帝；服从主人。骑士教育的基本目的是为封建制度培养保护者，主要内容是军事技能，但与宫廷学校一样深受宗教和教会的影响。骑士教育可以说是近代绅士教育的直接渊源。

第三节　西欧中世纪大学和城市学校

从 12 世纪开始，西欧教育的发展进入到一个新的历史时期，中世纪大学的建立和城市学校的兴起是主要标志。

一、中世纪大学的兴起

工商业的发展、城市的兴起、十字军东征、经院哲学的出现等，都在不同程度上推动了西欧中世纪大学的产生。中世纪大学最初产生于 12 世纪的意大利、法国和英国。早期中世纪大学通常是在原有文化教育机构的基础上建立起来的，一些著名学者的讲学也是促进大学建立、发展的重要原因。

例如，意大利波伦亚大学创立前，在波伦亚城就存在着从事法学研究的研究所，后来，由于求学人数的增多，原有的研究所规模已不能适应需要。1158年，经神圣罗马帝国皇帝弗雷德里克一世赦令，正式创办了波伦亚大学。作为"北方型"大学代表的巴黎大学，是 12 世纪初由原有的诺丹主教学校发展而来。格拉田 12 世纪初在波伦亚城对寺院法的研究，经院哲学家阿伯拉尔于 1108

年~1139 年在巴黎大学的讲学，直接促进了这两所大学的建立和兴盛。从 13 世纪起，德国、西班牙、葡萄牙、奥地利等国相继兴办大学，一时间大学遍布欧洲各地。

二、中世纪大学的组织制度

根据管理体制的不同，中世纪大学通常分为两大类：一类是以波伦亚大学为代表的"南方型"大学，另一类是以巴黎大学为典型的"北方型"大学。

"南方型"大学教授的选聘、学费的数额以及学期的时限和授课时数，均由学生决定，因此又称为"学生大学"。意大利、西班牙、葡萄牙、法国（巴黎大学除外）等欧洲南部地区的大学，一般都是"学生大学"。英格兰、苏格兰、瑞典和丹麦等欧洲北部地区的大学中，则由教师掌管学校的事务，因而被称为"先生大学"。中世纪大学往往是国际性质的，学生（包括部分教师）来自欧洲各地，既没有大学所在国的公民权，也得不到大学所在城市民法的保护，因此他们组织起来建立了一个团体以保护自己的权益。"学生大学"和"先生大学"都由他们组成的团体执掌校务。在中世纪大学创建之初，大学实际上就是一个由教师团体和学生团体组成的"组合"。

中世纪学院的重要职能是授予学位。学生进入大学后，跟随某一教师学习4~6年，经其他教师许可便可获得"学士"学位，取得进行初步教学的资格；获得这种资格后，就可以成为教授的助理，近似于现代大学的助教；在此基础上，经过 6~10 年的学习，通过考试，便可获得"硕士"或"博士"的学位。在中世纪大学，硕士和博士并没有程度的区别，只是硕士考试不公开，合格者发给证书，取得教学资格；而博士考试则是公开进行的，有隆重的仪式。

教师按所教学科而结成组合的形式称"系"或称"教授会"。而"学院"最早出现在波伦亚大学，仅仅为学生解决住宿问题。几个或更多的已获得文学学士学位的学生住在一起，由教师对其学业进行辅导，以获得硕士学位，这便形成一个"学院"。德国大学中，学院则是由教授组织形成的。最早的真正作为教学机构的学院是巴黎大学的索邦学院，其创建于 1258 年。此后，这种性质的学院在一些大学中先后建立。例如，牛津大学的巴利奥尔学院（1263）、默顿学院（1264）等。在中世纪大学中，按学科划分一般有四个学院，即文学院、法学院、医学院和神学院。文学院是一种预备性质的机构，为进入其他三个学院做准备。神学院则是地位最高的学院。文学院的主要课程是七艺、亚里士多德的逻辑学和普里西安的文法。法学院课程分为民法和寺院法。民法的主要内容是罗马法，寺院法的教材是《古氏法令》。医学院主要研究加伦、希波格拉底和阿维森纳等人的医学著作。神学院的教材主要是阿奎那的《神学大全》和《圣经》等。

中世纪大学建立以后，成为一种重要的社会力量。教会和世俗封建主为了争取大学的支持，往往授予大学一定的特权。最初，大学的特权主要是罢课权和迁徙权；以后，特权的范围逐渐扩大，包括免除兵役、免税等，其中最重要的特权是"内部自治"的权利，根据这项特权，当大学教师或学生与外人发生诉讼时，由大学教授审理案件。

三、城市学校

随着社会的发展，传统的教会学校已不能满足新兴市民的需要，世俗封建主和普通市民阶层需要非宗教性的学校教育，这样，城市学校就应运而生了。

城市学校主要有两类：一类是由手工业者行会设立的学校，称为行会学校。行会由同一行业的人组成，正式会员称为行东，行东之下有帮工和学徒。行会学校主要进行艺徒训练，传授读、写、算知识，同时也进行宗教教育。学徒期满后成为帮工，可以在本行会或其他行会进行工作。经过工作锻炼，技艺提高，有了自己的产品，得到有经验师傅的认可，就成为工匠。另一类学校是由商人们组成的行业组织——基尔特设立的，称为基尔特学校，与行会学校类似。这两类学校都属于初级学校性质。到15世纪，西欧各大城市都建立了城市学校，并成为后来初等学校的基础。

第四节　经院哲学与西欧中世纪教育

一、经院哲学

经院哲学产生于 8～9 世纪，盛行于 12～13 世纪，是教父哲学的继续和发展，是中世纪神学哲学化达到最高阶段的产物。经院哲学所要解决的基本问题是：调和哲学和神学、理性与信仰之间的矛盾。为了真正解决这个问题，经院哲学家所做的重要工作之一就是使神学哲学化。为此，他们努力发掘古代哲学（特别是亚里士多德哲学）的遗产，以形式逻辑和哲学方法论证《圣经》和神学命题。

在唯名论与唯实论论战的基础上，经院哲学形成了完整体系，其代表人物是意大利的唯实论者托马斯·阿奎那（Thomas Aquinas）。阿奎那认为理性与信仰一致，但神的启示不属理性的范围，必须依靠信仰才能领悟。他认为，身体隶属于灵魂，物质隶属于精神，哲学隶属于神学，世俗隶属于教会，一切存在都应隶属于教会政治。阿奎那的主要著作是《神学大全》。《神学大全》把希腊哲学和自然、科学都解释为神学的教条，阻碍了自然科学的发展。经院哲学自阿奎那之后便流为烦琐、荒谬的无聊争论。

二、经院哲学对西欧教育的影响

经院哲学被教会奉为正统哲学。由于经院哲学家大都长期执教于大学或其他教育机构，在中世纪后期，经院哲学对教育尤其是高等教育产生了重要的影响。

第一，经院哲学直接促进了中世纪大学的兴起和发展。在一部分中世纪大学的形成过程中，大师的讲学往往吸引着众多的学生，从而使学校的规模不断扩大。阿伯拉尔在巴黎大学的讲学、阿尔伯特和阿奎那在意大利一些大学的讲学，都直接推动了这些大学的兴起和发展。经院哲学家们大多在大学任教。使经院哲学成为大学的重要教学内容，使大学成为经院哲学的研究中心，这在客观上为正处于起步阶段的中世纪大学的发展创造了重要的条件。

第二，经院哲学促进了古典学术、文化的传播。在经院哲学兴起之前，基督教会一直排斥亚里士多德学说，奉柏拉图思想为权威。经院哲学获得了正统的地位后，亚里士多德哲学逐渐为教会所接受，并成为新的理论权威。亚里士多德哲学成为中世纪后期西欧学校特别是大学的重要教学内容，这就扩大了学术界的视野。

第三，经院哲学提出了理性训练的教育目标。亚里士多德哲学"复兴"，经院哲学家强调理性与信仰的调和，重新重视理性。经院哲学家通常都强调理性训练，主张通过知识教育发展抽象思维能力。托马斯·阿奎那就曾明确指出，理性能力的发展应被视为教学的基本目的。由于经院哲学和经院哲学家的推动，注重理性发展和思维训练成为中世纪后期西欧大学教育的普遍特征。

第四，经院哲学的思维方法（形式逻辑的三段论推理），不仅是一种学术研究的方法，同时也是一种训练思维的方法和教学方法。这种方法在阿奎那等经院哲学家的教学实践中得到了不断运用，之后更成为中世纪大学普遍使用的教学方法。这种方法在大学教育中广泛运用，对于提高大学水平曾起过非常重要的作用。

第五，经院哲学内部不同派别的论争，促进了大学的学术自由。经院哲学家中"唯实论""唯名论"和"概念论"三大派别围绕着一般与个别的关系进行了长期的论争。这种论争主要由任教于大学的经院哲学家在大学的讲坛上进行，这在客观上为大学形成教学自由、研究自由的风气创造了有利的条件。

第三章 文艺复兴与宗教改革时期的教育

第一节 文艺复兴时期的教育

一、文艺复兴运动

13~14世纪，在西欧封建制度全面危机的形势下，爆发了文艺复兴运动。13世纪末期，在意大利商业发达的城市，新兴的资产阶级中的一些先进的知识分子借助研究古希腊、古罗马艺术文化，通过文艺创作，宣传人文精神，以后逐渐扩展到德国、法国、英国等地。文艺复兴运动是以复兴古希腊、古罗马文化的形式出现的。

文艺复兴运动涉及文学、艺术、哲学、科学和教育等方面，其指导思想是人文主义。人文主义思想的基本特征是：歌颂世俗以蔑视天堂，标榜理性以取代神性；反对中世纪教会所宣扬的来世观念、禁欲主义、蒙昧主义，强调人是现世生活的创造者和享受者；要求文学艺术表现人的思想感情、科学为人生谋福利、教育发展人的个性，要求把人的思想、感情、智慧从神学的束缚中解放出来。人文主义者反对神性，提倡人性；反对神权，提倡人权；反对宗教束缚，提倡个性自由。作为一场思想启蒙和解放运动，文艺复兴运动对西欧历史的发展产生了极为深刻的影响，进而改变了西欧教育发展的进程。

二、意大利的人文主义教育

意大利由于地处古罗马统治的中心地区和其特殊的地理位置等诸多原因，商业贸易和工场手工业迅速发展，较早出现了资本主义生产方式的萌芽，成为文艺复兴的发源地，也成为人文主义教育的摇篮。

14～16世纪的意大利，人们对古典文化产生了极大的热情，热衷于对古典语言和古典作品的学习和研究。所有城市都先后建立了拉丁学校，主要讲授读、写、算、拉丁文和逻辑学等方面的知识。拉丁学校主要由统治当局或宫廷开办，不受教会的控制。其中最为著名的是孟都亚宫廷学校。维多里诺（Vittorino）在该校任教20多年，以人文主义的理想教育学生，形成了鲜明的办学特色。维多里诺意识到学校环境对学生发展的影响，因而注意校址的选择。孟都亚宫廷学校设在一座花园中，环境优美，学校的设备简朴自然。维多里诺复兴了体育和美育，骑马、击剑、角力、游泳、赛跑、跳舞等都是重要的教育内容。维多里诺强调多方面教育，道德教育、宗教教育、知识教育、体育和美育也被作为考虑因素，儿童的天性、个别差异、兴趣也被作为考察因素：采用游戏的教学方法，教学内容的安排考虑到儿童的接受能力，等等。因此，孟都亚宫廷学校被誉为"第一所新式学校"，也被称为"快乐之家"，在意大利产生了广泛的影响。人文主义使意大利的大学重新恢复了活力，古典语言和古典文化成为大学的重要教育内容。大学在传播古典文化中的重要作用受到了市政当局的普遍重视。

除了教育实践，意大利的教育理论在文艺复兴时期也得到了一定的发展。这个时期，意大利先后出现了佛杰里奥、格里诺和委基乌斯等著名教育家。这些教育家在吸收古典教育理论的基础上，集中阐述了人文主义的教育主张。佛杰里奥（Vergerio）继承了古希腊、古罗马的教育理想，把中高等教育的核心归结为全面教育和自由教育。他指出，所谓全面教育是以发展人的理智和情趣为目的，是发掘人之所以为人的本质特性。自由教育是"一种符合于自由人的价值的教育，是一种能唤起、训练与发展那些使人趋于高贵的身心的最高才能的教育"。全面教育或自由教育应当包括德育、智育、体育、军事教育等方面。

真正的教育是对人的身体和心灵进行有效的训练：心智训练，是为了发展人的理智，使人能控制自己；身体训练，则是为了发展人的体质，使人能更好地服从理性的命令。佛杰里奥的教育思想较为集中地反映了文艺复兴时期意大利人文主义教育家对教育活动认识所达到的水平，较为充分地反映了人文主义教育的基本思想。

三、北欧的人文主义教育

从 15 世纪开始，文艺复兴运动逐渐扩展到阿尔卑斯山以北的国家和地区，并推动了这些国家和地区的教育的发展。

在尼德兰（包括现在的荷兰、比利时、卢森堡和法国北部的一部分），"共同生活兄弟会"（尼德兰的一个宗教团体）所创办的学校促进了人文主义的传播。在法国和英国，人文主义的传播直接促进了新型教育机构的建立。1530 年和 1534 年，法国先后建立了法兰西学院和奎恩学院。在英国，1376 年后，陆续建立了温彻斯特公学、伊顿公学等新型的中等教育机构。这些新建的教育机构与原有学校不同：第一，它们大多由世俗政府或民间创办；第二，它们主要适应了人们学习古典文化的需要；第三，它们以培养绅士为主要目的。

人文主义在北欧的传播还促进了大学的改造。英国牛津大学和剑桥大学先后引进了古典人文学科。德国人文主义的传播也促进了一批大学的建立，并使原有的大学得到了改造。例如爱尔福特大学、威登堡大学，都是较早引入人文主义的德国大学，在 16 世纪都成为德国文化和学术的中心。

北欧人文主义教育发展的一个重要标志是出现了一批具有重要影响的教育家，其中主要包括伊拉斯谟（Erasmus）、蒙田（Montaigne）、拉伯雷（Rabelais）等。

（一）伊拉斯谟的教育思想

伊拉斯谟是 16 世纪初欧洲人文主义运动的主要代表人物，是尼德兰著名的人文主义者和教育理论家。伊拉斯谟的主要教育著作有《愚人颂》《一个基督教王子的教育》《论正确的教学》等。伊拉斯谟的教育思想集中反映了北欧人文主义教育的基本特征，在北欧人文主义教育的发展进程中产生了重要的影响。在

《愚人颂》中，伊拉斯谟抨击在经院主义的统治下，学校成了禁锢学生心灵的监狱。

伊拉斯谟充分肯定了教育的巨大作用，他说："一个国家的主要希望，在于它对青年的适当的教育。"对于政府来说，教育的重要性丝毫不亚于国防，建设一支合格的教师队伍的意义也"绝不次于整顿一支军队"。因此，需要建立一种合理的教育制度，使人民自愿地遵循正义的道路。伊拉斯谟也强调了教育在个人成长和发展中的巨大作用，他引用柏拉图的话说："一个受过正当训练的人，发展成为一种神圣的动物；而另一方面，一个受过错误训练的人，堕落成为一种畸形的野兽。"因此父母有责任和义务来教育子女。

伊拉斯谟认为，教育的目的是培养有虔诚的信仰、高尚的德行和非凡的智慧的人，因此必须进行以古典学科为核心的广泛教育；学生应当学习历史、地理、古典语言、伦理学、《圣经》、政治知识，等等；通过知识教育可以使学生克服各种恶习和弊病，成为正直的人。伊拉斯谟高度重视正确的教育教学方法，他认为正确的教育教学方法可以使天赋平常的学生取得非常优异的成就，反之则会埋没学生的才能。为此，他强调教师应深入了解学生，尊重儿童的个性，因材施教。他反对体罚、反对强制和灌输，主张运用直观的教学方法以激发学生的学习兴趣。

（二）蒙田的教育思想

蒙田是法国著名的人文主义者、文学家和教育思想家。他的教育思想主要反映在他的《论学究气》《论儿童的教育》中。

蒙田以对经院主义旧教育的抨击为出发点表述自己的教育思想。他认为旧教育所培养的只能是目光短浅、行动迟钝、纸上空谈的学究，这种人"从书本中拾取知识，永远停留在嘴唇上，只是为了吐出来，传播四方"；他们"辛勤劳动、勤奋工作，只是去充塞自己的记忆，而理解力和良心却任其空虚"。蒙田认为，正确的教育应当以培养"新人"为目的。这种新人在身体和心灵方面都得到了充分、和谐的发展，具有健康的体魄和健全的心智，具有高尚的德行、优雅的礼仪、充分的理解力和判断力，并且善于把所学的知识加以实际的应用。

同其他人文主义教育家一样，蒙田主张把古典学科作为知识教育的核心，强调儿童应学习广博的知识。但蒙田提出了一些具有显著特点的教育主张。他强调反对盲目轻信书本知识，认为理解力和判断力更为重要。他指出，学习知识的目的并不是为了"博学"，而是为了明智；只有深入理解所学的知识并做出判断，才能将知识变为己有；"离开理解力的知识没有什么价值"，并且学习知识的最终目的在于运用。因此，他主张教师从"一开始就设法引导儿童懂得有效用的知识，不用道听途说和死记硬背的东西，而用行动的试验来教导他们。不仅用言词和教训，更要用榜样和工作来生动地陶铸他们，这样做一定会使知识不是仅仅藏在他们的记忆中，而且形成他们的脾性和习惯"。蒙田主张培养学生独立思考的能力，反对学生对教师权威的盲从，教师"应该按照他所教育的孩子的能力施教，使他的能力表现出来，让他对许多东西都学一点，然后独立地做出选择和区别，有些时候给他开条路，有些时候要让他自己去开路"。蒙田的教育思想对 17 世纪英国哲学家、教育家洛克等人的思想产生了非常重要的影响。

四、人文主义教育的基本特征

第一，人道主义。在中世纪，教育是为了培养信徒，是一种为了神的教育。人文主义的教育宣扬人性，重新恢复了人的尊严，确立了人的价值，始终把人、人的天性的自由发展当作教育的最高目的，主张教育应当以人为中心、以人为目的。以此为出发点，人文主义教育家确立了以德育、智育、体育和审美教育为主的教育内容。

第二，古典主义。在人文主义教育中，古希腊、古罗马的文化和教育成果发挥着巨大的作用。在文艺复兴时期，产生了学习古典作品的广泛需要，对古典人文学科的了解成为取得社会地位的重要条件之一。对人的价值的充分肯定、强调人的多方面能力的和谐发展、注重自由教育等，这些人文主义教育的基本原则，都是对古典文化精神继承和发展的产物。

第三，自然主义。人文主义教育家极力反对对人的天性和个性的压抑，主张人应按照自己的自然本性生活，根据人的天性进行教育，并使天性得到自由发展。人文主义教育家强调受教育者的兴趣、要求、欲望和自由，重视对新的教育方法的探讨，以便更好地促进受教育者天性的发展。

第四，世俗化。中世纪教育以神和来世为目的，人文主义教育则以人和现世为目的；中世纪教育以神学和教义为主要教育内容，人文主义教育则以古典人文学科为基本教育内容；中世纪教育由教会垄断，人文主义教育则开办了大量世俗学校。人文主义教育极大地推动了西欧教育的世俗化进程。

第五，贵族化。文艺复兴运动本身是一场带有明显贵族化特点的思想启蒙运动，发挥主导作用的始终是一小部分人文主义者连同支持他们的教会和世俗贵族。人文主义者重视的主要是中上层社会的教育，民众及其教育是在人文主义教育家们的视野之外的。

第六，变革性。人文主义教育是西方教育历史上的一次重大变革，复兴了古典文化，创办了一系列新型的学校，提出了一系列崭新的教育思想，完成了教育中的重大革新，实现了从中世纪教育向近代教育的转折，并为西方近代教育的发展奠定了坚实的基础。正因如此，文艺复兴时期通常被当作西方教育现代化历史进程的重要开端。

第二节　宗教改革时期的教育

一、宗教改革运动

宗教改革运动发生于 1517 年的德国。神学家马丁·路德（Matin Luther）于 1517 年 10 月 31 日发表《九十五条论纲》，拉开了宗教改革的序幕。1520 年，他先后发表了《关于教会特权制的改革——致德意志基督教贵族公开信》《论教会的巴比伦之囚》《论基督徒的自由》，猛烈抨击罗马教皇和教廷的统治，全面阐发了他的宗教、政治学说。12 月 10 日，路德当众烧毁了教皇的上谕和大量教会法典，一场反对罗马教皇和教廷的民族运动在德国迅速兴起，并最终导致了市民运动和农民起义。德国宗教改革运动爆发不久，在瑞士等地也先后开展了宗教改革。1536 年，约翰·加尔文（John Jalvin）发表《基督教原理》，阐发改革教义、教仪和教会的主张。在他的领导下，日内瓦逐渐成为以加尔文教义为指导思想的政教合一的共和国。宗教改革事实上是一场社会变革运动，它进一步引发了西欧政治、社会、文化和教育的全面变革。宗教改革的直接结果是：从天主教内部分裂出了新教。

二、宗教改革时期的教育思想

宗教改革在阐述新教义的同时，也提出了较为丰富的教育思想。其中，马丁·路德和加尔文所提出的关于强迫义务教育的学说，对近代西方教育的发展产生了非常重要的影响。

（一）马丁·路德的教育思想

马丁·路德是宗教改革中伟大的宗教领袖。他认为，每个人的信仰来自自己对《圣经》独到的理解，信仰完全是个人的主观体验。路德明确提出普及教育的思想，他认为应当使每一个儿童不分性别和等级都受到教育。另外，他还提出了强迫入学的观点。他认为，使自己的子女受到良好的教育是父母的一种神圣义务和责任。他说："在上帝眼中，使人世承受沉重负担和应受严厉惩罚的公开罪行，莫过于忽视子女的教育了。"儿童是国家的信使、帝王的信徒以及现实世界和平的基础和支柱。使儿童受教育，不仅是神所欣慰的事，也是父母对国家和社会的义务。政府有责任让父母把自己的子女送到学校接受教育，对拒不承担这种义务的父母应予以惩罚。政府应当像强迫臣民服兵役一样强迫父母送子女入学。

路德认为教育是国家的公共事务，应当由国家来管理，教育关系到国家的安危兴衰。他说："如果我们为了保护自己免受土耳其人的袭击，情愿出一个金币，那么，为了使一个男孩接受真正的基督教教育，免受无知之苦，我们就应该情愿出一百个金币，因为这样的人所能成就的好事，是无法计算的。""如果我们为了使我们的城市获得暂时和平与安逸，情愿每年花费大量金钱购置枪炮，修筑公路、桥梁、堤坝，那么我们为什么不能花同样多的钱来拯救我们可怜而被忽视的青年，使我们可以有几个熟练精干的教师呢？"

路德还具体提出了实施强迫义务教育的措施。他认为，各地方政府财政上若有困难，可以用被解散的修道院所得的财产来维持学校。因为，世俗政权是根据神的旨意建立的，它对于臣民的精神事务同样负有责任。

（二）约翰·加尔文的教育思想

加尔文重视教育的作用，从多方面阐述了接受教育的重要性。他认为人性是邪恶的，生来具有为恶、犯罪的本能。如果放任人性发展，人就会迅速走向腐败、堕落。因此，人必须接受教育和训练，以抑制为恶的本能冲动，逐步养成为善的倾向，并从事善的活动。另一方面，他认为人对上帝的信仰是后天养成的，因此，为了得到上帝的喜爱、实现上帝的愿望，为了人的现世生活，人也必须接受教育，这样才可以获得直接阅读《圣经》所必不可少的知识和技能，才可以获得信仰。

基于这些思想，加尔文认为教会、国家、家庭都应当高度重视教育，把它当作一项非常重要的事业。他指出，不仅学校是教育的机构，按照上帝的意志，教会、国家和家庭也都应当成为教育年轻一代的机构。在家庭中，每一位长辈都有责任向家中所有孩子讲授教义问答和基督教教义。教区的行政管理机构或宗教法庭有责任对家庭教育进行监督，以确保家庭教育能够真正合乎基督教的要求。教堂有责任在各种宗教仪式中对儿童乃至全体教徒进行宗教教育。

加尔文明确提出由国家负责对全体公民实施强迫教育。他认为，实施普及教育与免费教育不仅是为了促进宗教信仰，也是为了世俗国家的利益。政府应当努力使全体公民都受到良好的教育，学习基督教教义和日常生活所必需的知识、技能。这样一方面可以促进宗教信仰，照顾和保护教会；另一方面有利于国家的意志、法律和政令的执行，有利于社会秩序的稳定，有利于道德的进步。因此，公民的教育有助于国家的发展。所有儿童，不分性别与贵贱贫富，都应当接受教育。为保障公民的这种权利，政府应当开办公立学校，使所有儿童都能进入学校接受教育。

三、耶稣会学校

耶稣会是 16 世纪西欧宗教改革运动中产生的天主教组织，于 1534 年由西班牙贵族罗耀拉创建，主要宗旨是在天主教国家中抑制宗教改革运动和在新教国家反击新教。根据罗耀拉起草的《耶稣会章程》，耶稣会同时负有传教与教育的使命。会员不但应是教士，而且应当把从事教育工作当作自己的职责。为此，耶稣会兴建了大量的教育机构，于 1599 年颁布了《教育计划》作为所有耶稣会学校共同的办学规章。

根据《教育计划》，耶稣会学校的基本目的是培养虔诚的基督教信徒和教士，使学生绝对服从天主教会、为教皇效忠。因此，耶稣会学校采用军队的管理制度，形成了等级森严的组织结构，重视培养服从、顺从、守纪律等品质，严格要求学生绝对服从教师和学校当局。耶稣会的将军是耶稣会学校的最高首领，以下依次为省长、校长、教务监督、教授、舍监、班长、学生。耶稣会学校采用寄宿制，实行免费教育；学生按所学科目分成不同班级，由教师以班级为单位进行集体授课。为加强对学生的管理，耶稣会学校都设立学籍，详细记录学生的学习成绩、在校表现等各种情况。此外，还盛行"侦察制度"，鼓励学生相互监视，规定每个学生都有义务把其他同学的各种过失、隐私向校方检举，校方对告密的学生予以奖励。耶稣会学校实行严格的教学计划和教学大纲。在初级部，学生先后学习初级文法、中级文法、高级文法、人文学科、修辞学。在高级部，第一年学习哲学和逻辑学，第二年学习物理学和宇宙学，第三年学习形而上学、天文学，主要教材是亚里士多德的著作。神学部的教学内容以神学为主，主要教材是《圣经》和托马斯·阿奎那的著作。耶稣会学校的教学主要采用讲解的方法。耶稣会学校对教师培训极为重视，并制定了一整套严格的教师选拔制度。只有在高级部学习 3 年哲学课程者，才能取得初级部教授低年级课程的资格；只有在神学部学习 6 年神学课程者，才有资格到高级部任教。年轻教师任职初期，通常由富有经验的教师指导，并定期进行管理和教育方法的训练。

第四章　17～19世纪欧美主要国家的教育

第一节　17～19世纪的英国教育

一、慈善教育

资产阶级革命以后，英国社会贫富差距扩大，贫苦者剧增。英国统治者为了社会秩序的安定，曾于1601年颁布了《济贫法》，并设置初等学校。1699年，国会成立了基督教知识促进会，1701年又成立了英国国教会、海外福音传播会，劝告各地富人捐款设校。统治者改变了"教育是家庭职责"的老观念，慈善学校一时风起云涌，出现了"免费学校""贫儿学校""乞儿学校"等。这些学校不收学费，免费供给书籍和衣服；教师必须信奉国教；课程主要是讲授基督教教义，使儿童笃信上帝、勤劳守法，也传授一些简单的读、写知识。

这一时期的英国有两种有重要意义的慈善学校："导生制学校"是一种非常节省师资的慈善学校。"幼儿学校"是由工业资本家中的慈善人士开办的，不受教会的控制。英国伟大的空想社会主义者欧文开办的第一所幼儿学校获得了良好的效果。但总的来说，慈善学校教师水平低、方法机械、不易理解，并且校舍破旧、设备简单，因此，慈善学校很受社会鄙视。宗教团体也设置慈善学校宣传教义。所有慈善学校均属社会救济性质，无定制，毕业生不能升入文法学校和公学。

二、文法学校和公学

文法学校和公学产生于文艺复兴时期，目标是升入牛津、剑桥大学，属中等教育性质，实施天才教育和绅士教育，享有很高的声望。

文法学校主要由天主教教会及传教士建立，1387 年正式确定"文法学校"这一名称。文法学校历史悠久，在 15 世纪前后资本主义萌芽时期得到了很大的发展。文法学校主要是为满足上层社会职业以及一般乡绅秘书对拉丁语和文科知识的需要。公学实际上是文法学校的一种，最初由公众集资兴办，目的在于提高公共教育水平和培养一般公职人员。

文法学校和公学都是学费昂贵的寄宿制私立学校，学生 13～14 岁入学，修业通常为 5 年，毕业后升入大学深造。公学的教学设备、条件及教学质量等都好于文法学校。当时有著名的九大公学，如温彻斯特公学、圣保罗公学、舒兹伯里公学和伊顿公学等。文法学校和公学都注重古典语言的学习和上层社会礼仪的培养，同时也进行体育和军事训练。但在 17～18 世纪，文法学校和公学尚未对近代课程予以重视，因而遭到了一些批评。19 世纪以后，改革文法学校和公学成为英国中等教育改革的一项重要内容。

三、学园

由于公学和文法学校实施的是高收费的绅士教育，贫穷的青年与之无缘；同时，由于国教会的压制与排外，非国教派者无法涉足正规学校。17 世纪，英国出现了由非国教派创办的学校形式，称为"学园"。学园没有政府补助，靠学生缴费维持，收费低廉，受到了人们的欢迎，逐渐发展起来。学园最初以神学课为主。英国诗人弥尔顿早在 1644 年就指出，学园除传授古典知识以外，还应传授农业、政治、法律、医学、建筑以及军事等科目。18 世纪初，受工商业及海外贸易发展的影响，学园才发展成为一种具有实科性质的中学。学园在 18 世纪以后逐渐衰落，但它的产生和发展不仅对英国的中等教育，也对美国的中等教育产生了重要的影响。

四、星期日学校和导生制学校

工业革命以后，英国工厂中的童工教育问题受到了重视。1870 年，报馆经理雷克斯仿照学校方式首创了一种在星期日传授宗教知识和粗浅读写知识的班级，主要招收贫困儿童尤其是童工进行教育，后来将其称为星期日学校（sunday school，也译为主日学校）。

1803 年，英国成立了"星期日学校协会"，要求每个教区至少设立一所星期日学校。19 世纪后期，随着正规初等学校的大量开办，星期日学校才日益减少并只限于实施宗教教育。

1798 年，英国非国教派教士约瑟夫·兰卡斯特（Joseph Lancaster）在伦敦创办学校教育贫苦儿童。由于经费少、师资不足，因而学校实行"导生制"教学。"导生制"的基本方法是：将学生编成小组，每 10 人一组，指定一个年龄较大且成绩突出者为"导生"，教师先教"导生"，"导生"再履行教师的职责教其他的学生。利用这种方法，一个教师甚至能负责上千名儿童的读、写、算教学，很适合当时对贫困儿童及童工广泛施行初等教育的要求。导生教学制很快便在英国广泛传开，并发展成为一种运动，教育史上也称这种制度为"兰卡斯特—贝尔制"。但这种教学制度并不能给儿童以系统、充分的知识，教学内容过于简单，教学方法过于机械，19 世纪中期以后逐渐被正规学校所取代。

五、国家干预教育的开端

19 世纪以前，英国教育为教会所把持，教育的领导与管理主要由罗马教廷属下的英国天主教教会所控制，政府很少干预。1534 年，英国脱离罗马教廷自组教派，即英国国教，从此教育又受制于国教教会。在教会办学外，还有非国教信徒所办的学校，形成了国教派与非国教派在学校教育的开办与管理方面的斗争，而英国政府仍然不问教育。19 世纪初期，英国经济的发展对合格的劳动力的需求要求国家必须干涉教育，对广大劳动群众的子女必须进行一定的教育。社会变革的力量促使英国开始实行国家直接管理教育的措施，并日益加强。1816 年，英国国会成立了特别委员会调查伦敦贫困儿童教育情况。1833

年，国会通过教育补助金法案，决定每年从国库中拨款两万英镑作为初等学校的建设补助金。这是英国教育从宗教教派活动或民间活动向国家化发展的转折点，也是英国建立国民教育制度、直接把握教育权的开端。1839 年，英国政府首次设置了"枢密教育委员会"，直接掌管、监督补助金的分配；1856 年，该机构改名为"教育局"，成为政府领导全国初等教育的机构；1899 年，废教育局，建立由议会直属的"教育署"，把对中等教育的领导权集中起来，从此初步完成了英国教育领导体制的国家化。

六、"新大学运动"

19 世纪，产业革命下文化科学的新发展要求大学研究和支援新的课程，但当时的牛津大学和剑桥大学仍恪守古典教育的传统，在一些具有自由主义思想的非国教派人士、重视科学发展的世俗学者以及一些工业资本家等人物的推动下，英国开始了"新大学运动"。

19 世纪初，著名诗人汤玛斯·凯普贝尔（Thomas Campbell）提出了要为富裕的中层阶级子弟建立一所非寄宿制的、有专业分科的、费用低廉的"大伦敦大学"的设想。1828 年，他在伦敦建立了"伦敦大学学院"。学院校务会确定了基本的教育目的、课程等，规定学院为世俗的高等教育机关，以教授自然科学学科为主，不进行宗教教学，产生了很大的反响。伦敦大学学院遭到了贵族与国教会的妒忌。1829 年，国教派在伦敦成立了国王学院进行"一般教育"，除古典语文、宗教与道德以外，也开设自然科学、经验哲学、伦理学、商业原理、近代外语等学科。

1836 年，伦敦大学学院与国王学院这两个并存对峙的新式高等教育机关合并为伦敦大学。19 世纪下半期，伦敦大学带动"新大学运动"进一步发展，英国其他城市纷纷成立大学，如曼彻斯特的欧文学院、里兹学院、伯明翰学院、利物浦学院等。这些新大学的共同特点有：由民众办理；注重工业和科学领域；教育面向中产阶级，招收学生没有教派及性别限制，采用住宿与走读两种制度；注重科学、数学与商业科目等。"新大学运动"的开展，使英国大学在加强与社会联系、扩大受教育对象、推进课程改革等方面都发生了很多变化。

七、1870 年的《初等教育法》

19 世纪下半期，英国工业革命基本完成，资本主义经济的发展要求工人具有一定的机器大生产的素质，对工人的知识和技能提出了一定的要求，于是产生了普及初等教育的需要。1870 年，国会正式颁布了《初等教育法》（又称《福斯特法案》）。1870 年《初等教育法》的颁布，是英国国民教育制度正式形成的标志。

1870 年的《初等教育法》主要规定了如下一些内容：（1）国家继续拨款补助教育，并在缺少学校的地区设置公立学校。（2）全国划分学区，由选举产生的"学务委员会"负责本学区的教育工作。（3）各学区有权实施 5～13 岁儿童的强迫教育。（4）承认以前各派教会所兴办或管理的学校为国家教育机关。（5）学校教学与宗教分离，接受公款补助的学校不得强迫学生上特定的宗教课，学生有权利自己选择上或者不上。

1870 年的《初等教育法》在当时只适用于英国的劳动人民子女，上层社会子弟仍然在家或在预备学校中接受进入中等学校的预备教育。但《初等教育法》的颁布，标志着英国国民教育制度的正式形成，从此，英国出现了公立、私立学校并存的局面。

近代英国出于经济和社会发展的需要，对教育做出了一定的改变，虽然学校的阶级性仍然很明显，但也在一定程度上关照到了劳动人民子女的教育，教育内容向世俗化发展。1870 年《初等教育法》的颁布使得英国初等教育向前迈进了一步。

第二节　17～19世纪的法国教育

一、胡格诺派和冉森派的教育活动

17～18 世纪，虽然法国专制政府也颁布了一系列有关教育的法令，但由于政府不直接办学且新教力量较小，所以法国教育始终为不同教派所掌握。其中，胡格诺派和冉森派推动了法国早期初等教育的发展。

胡格诺派对这一时期法国初等教育的普及和中等教育的改革影响较大。胡格诺派的惯例是：每建立一个教堂，就要举办一所初级学校。在胡格诺派控制的地区，实行强迫初等教育，对不送子女入学的父母要罚款。学生在校主要学习读、写、算的初步知识和唱歌，也记诵本教派的教义。后由于当局迫害新教徒的政策，使得胡格诺派的教育活动遭到了破坏。胡格诺派所办的中级学校被称为学院或基础学校，低年级着重讲各种文字的基本文法与语言的基本训练，高年级学生阅读希腊和罗马一些作家的原著，学习修辞学。18 世纪时，胡格诺派的学院就不复存在了。

冉森派是 17～18 世纪在欧洲流行的基督教教派，他们的主要教育活动也是在小学和中学层次。按照冉森派的观点，每名教师只应教 5～6 名学生，这样才能保证师生的亲密交往。他们反对对儿童滥施惩罚，强调通过教师的榜样和亲切的谈话来教育他们。在教学上，冉森派强调本族语的地位；在方法上，他们反对强记。重视判断力和读写技能的训练，主张采用实物教学。对年幼的儿童，他们还建议将学习和游戏结合起来。17 世纪 60 年代学校被迫停止后。冉森派学者们继续从事学术活动，留下了很多教学著作，如《坡特·诺亚尔语法》《论王子的教育》和《儿童教育法规》等。

二、"基督教学校兄弟会"的教育活动与耶稣会学院

1684 年，天主教神父拉·萨尔（La Salle）建立了"基督教学校兄弟会"，成为此后法国从事初等教育的重要力量。拉·萨尔拟订了一个《学校指南》，作为该学校组织教学的指导。"基督教学校兄弟会"注重师资培养的问题，它于 1685 年在兰斯创办了西欧最早的一所师范学校教师讲习所。这一时期的初等学校以宗教教育为主，辅以读、写、算的教学；以法语讲课，面向社会下层的子弟。

1618～1746 年，耶稣会创办的学院是法国中等教育的重要力量。耶稣会学院重视古典人文学科的学习，主要教学内容有古典语言、哲学和神学。耶稣会学院按照 1599 年公布的《教育法规》来管理和教育学生，在管理和教学上都形成了自己的特点。

三、法国大革命期间的教育计划

1789 年，法国的资产阶级大革命对法国和欧洲的教育发展产生了重要的影响。在法国大革命中先后上台的君主立宪派、吉伦特派和雅各宾派，在反对封建专制的同时，在教育改革方面分别提出了代表性的方案，如塔列兰的教育法案、康多塞的《国民教育组织计划纲要》等。

君主立宪派的塔列兰提出的教育方案指出，必须改造教育以创造"新的习惯、新的情感和新的风尚"来巩固新的政治制度，必须教育公民认识与保卫宪法；主张建立国家教育制度，认为国民教育制度应成为维持"以私有财产为其真正基础"的社会制度的手段。塔列兰教育方案规定了小学、中学、专门学校和大学院四级学制，在教育内容上把公民道德及宪法列为各级学校的主要学科，又使宗教在学校课程中占重要地位，培养教士的专门学校也居于重要地位，并且保留了教士在国立中学中担任教师的权利，体现出了它的明显的折中性质。但是由于制宪会议很快让位给了立法议会，所以，该方案在法国并未真正实施。

吉伦特党人取得主导地位以后的教育改革报告《国民教育组织计划纲要》提出，国家应担负教育其男女公民的责任，建立起包括初级小学、高级小学、

中等学校以及专门学校（大学）的学校体系。四年制的初级小学实施普及的公共教育，中、高等教育的目标是培养担任政府公职和从事研究工作的人才。报告还主张废除传统的宗教教育，要求从初等教育开始就要培养学生了解公民的权利和义务。报告反对教学上的古典主义倾向，重视科学知识的价值。

法国大革命期间，类似的教育改革方案还有 20 多个。尽管这些方案的内容各异，但都反映了法国资产阶级对教育改革的基本主张，即：建立国家教育制度；国家应实施普及教育，保护个人有受教育的权利和机会；主张实现教育世俗化和科学化。方案还在男女平等教育、成人教育等方面提出了要求。由于政权更替频繁，这些教育方案在教育实践中都没有作为，但对后来法国教育的改革和发展产生了重要影响。

四、拿破仑时期的教育改革

1799 年，拿破仑建立了法兰西第一帝国，在教育方面确立了中央集权式的教育管理体制，确立了完整的学制，各级各类教育事业都获得了发展。

拿破仑教育改革的指导思想之一就是教育要为国家服务。他主张通过教育为国家提供受过训练的忠实的行政官员，从而使教育与帝国的社会秩序和专制性质相一致。因此，拿破仑在承认天主教在法国的合法地位的同时要求天主教遵守中央政府的各项制度。此外，拿破仑颁布了很多重要的教育法令，比如 1802 年的《关于公共教育的基本法》和 1806 年的《关于创办帝国大学的法令》等。这样，中央集权制的教育领导体制逐渐建立起来。

帝国大学和大学区制是拿破仑时期教育的突出特点。帝国大学是掌握全国教育行政最高权力的领导部门，其首脑叫作总监，由拿破仑亲自选择、任命。帝国大学附设评议会与若干名总督学。在帝国大学下，全国设 27 个大学区，每区分管几个省的教育行政领导工作。大学区设总长和评议会以及大学区督学。帝国大学和大学区的成员以及大学和中学的教师，都属于国家官员，有严格的任命制度。另外，开办任何学校或教育机构都必须得到国家的批准。这样，全国的学校工作都处于国家中央集权的层层严密监督之下。这种做法在法国延续了将近两个世纪之久，只不过在不同时期其机构名称和组成有所变化而已，它对法国教育产生了巨大而深远的影响。

五、《基佐教育法案》与《费里教育法案》

19 世纪 30 年代开始，法国工业革命速度的加快、资本主义的发展都要求劳动者接受必要的训练以掌握机器生产所需的知识与技能，统治阶级开始重视初等教育。

法国于 1833 年 6 月通过了大力发展初等教育和师范教育的《基佐教育法案》。《基佐教育法案》规定：每个乡必须设立一所初等小学，每个城市要设立一所高等小学。地方有权征收特别税款作为教育经费，同时学校也实行收费；如果经费仍然不足，则由国库补给。各省设立师范学校培养初等学校所需的师资。所有小学教师都必须接受师范教育的训练，通过国家证书考试后才能任教。教师资格的标准由中央政府直接掌握，废止 1830 年以前宗教团体和教会推荐教师及颁发教师资格证书的权力。

1881～1882 年，法国颁布了《费里教育法案》，它是后来在法国历史上实施最久的教育法。《费里教育法案》强调在资产阶级共和主义思想基础上，建立法国的"精神统一"，从而巩固法兰西共和国。《费里教育法案》规定：儿童 6 岁入学。初等教育为义务教育，实施初等教育的小学和实施学龄前儿童教育的母亲学校都是免费的；废除 1850 年《法卢法案》中关于教会对学校的特权，取消公立学校的宗教课，改设道德和公民教育课等。

六、中等教育的发展

19 世纪初，法国的中等教育受到拿破仑第一帝国的高度重视，得到了很大的发展，表现为大批国立和市立中学成立。

国立中学学制 6 年，主要目标是为升入大学做准备，课程包括法语和文学、古典语文（拉丁语和希腊语）、修辞学、道德、数学、理化、天文和史地等，既重视科学知识，又给予古典文科科目以重要的地位。市立中学由地方政府设立，课程主要是古典语言基础、历史及其他科目的基本原理。此外，当时还有许多私立中学。

在拿破仑第一帝国之后，法国的中等教育也处于变化之中，现代与古典、实科与文科的课程应在学校中所占的地位问题一直是争论的话题。国立中学与私立中学也在不断变化之中。第二帝国时期，法国教育部长福尔图尔等人提出了中等教育分为两个阶段实施的教育改革计划：突出文、理科教育，反对宗教束缚，要求中等教育为现代工业发展培养技术人才。普法战争后，法国中等教育加强了现代语言、历史、地理和体育的教育，并且国立女子中学和市立女子中学先后创立。整个 19 世纪下半叶至 20 世纪，法国中等教育课程设置一方面维护古典主义的传统，为中央集权国家庞大的官僚机构培养文职官员服务；另一方面为适应国际资本竞争和科学技术发展的需要，不断增设相应的教学科目，并提高其地位和所占比重。

第三节 17～19世纪的德国教育

一、强迫义务教育

17～19 世纪中期，德国境内小邦林立，长期的封建割据使德国资本主义发展相当缓慢，落后于英、法。随着工人阶级力量的日益壮大，德国资产阶级更是不敢进行反对封建贵族的革命斗争。这是德国国内形势的显著特点。欧洲政局的发展和变化，也直接或间接地影响着德国教育的发展。

德国最初的学校教育和宗教改革运动密切相关。各教派基于其势力扩展的需要，都十分重视教育工作。受路德思想的影响，德意志境内各邦从 16 世纪中期开始先后颁布普及义务教育的法令，使德国成为近代西方国家中最早进行义务教育普及的国家。

1559 年，威丁堡颁布了强迫教育法令，规定国家在每个村庄设立初等学校，强制家长送子女上学。后各公国陆续颁布强迫教育法令，其中普鲁士的教育法令最为突出。普鲁士于 1794 年颁布的《民法》中关于学校教育有明确规定：教育青年是国家的职责，各级学校均系国家机构，其设立必须经国家允许。受政府的监督，要教给青年有用的知识。《民法》还规定：教会办理管辖的学校，或政府和教会共同管辖的学校，必须按照国家立法行事，且以服从政府为先。《民法》虽然不是专门的教育法规，但被视为普鲁士世俗教育的"大宪章"。后普鲁士先后多次颁布教育法令，详细规定了国家办学、强迫义务教育、学校课程、办学经费、教师、家长责任等方面的具体要求和措施，表明了德国近代教育的世俗化特点。

二、文科中学和实科中学

在 17~18 世纪，德国中学的主要形式是文科中学。文科中学是一种贵族学校，主要任务是为升学做准备，使贵族子弟以后成为社会上层职业者，如医生、律师、牧师和官吏等。文科中学与初等学校无直接关系，到初等学校受教育的是劳动者子弟。文科中学和大学有着直接的联系，只有文科中学的学生才有权升入大学。

18 世纪初，德国就已经出现了与文科中学相对的实科中学。中等教育的贵族性不利于资本主义的发展，也不能适应和满足工商业对教育发展的要求，实科中学应运而生。实科中学是一种新型的学校，既具有普通教育的性质，又具有职业教育的性质，因而获得了快速的发展。1747 年，赫克在柏林开办了"经济学、数学实科学校"，是德国第一所正式的实科中学。学生先在预备班里学习，然后各按志愿选择一项专科，如几何、建筑、物理、商品制造、贸易或经济等。

实科中学加强了科学与教育的联系，体现了新的自然学科与旧的古典学科的斗争，是资本主义生产方式与封建的生产方式斗争的反映。但在整个 18 世纪，实科中学的社会地位比文科中学要低得多。

三、泛爱主义教育

18 世纪 70 年代，德国出现了以泛爱主义为宗旨的教育运动。其发起人巴西多（Basedow）根据法国教育家卢梭的思想，提出教育应培养学生博爱、节制、勤劳等美德，教育应该注重儿童的兴趣，反对压抑儿童发展的经院主义和古典主义教育，教育的主要任务在于增进人现世的幸福，教育要以掌握实际有用的知识为主。泛爱主义者认为儿童的天性是善良的，要让儿童自由发展。他们还认为健康的身体是儿童心智发展的必要基础。因此，在泛爱主义者创办的学校中，体育占有重要地位。巴西多还提出了寓教育于游戏中的进步教育主张。泛爱主义者重视发展理性，重视现代语和自然科学知识。1774 年，巴西多创办了一所"泛爱学校"，实践他的教育主张。在他的影响下，当时德国还开办了另外一些泛爱学校，这些学校主要教授实科知识、本国语、外语、体育、音乐、舞蹈等科目，在教学过程中采用"适应自然"的方法，以直观性原则为依据，通过对话、游戏和参观等方式，培养儿童的智力，让儿童主动地学习。

四、洪堡教育改革

1806 年，普鲁士战败，德国进行了多方面的改革。在新人文主义的推动下，德国改组了教育领导机构，对各级学校进行了整顿和改革。新人文主义的代表人物之一威廉·冯·洪堡（William Von Humboldt）时任德国教育部部长，他制定的一系列改革方案对德国教育改革发挥了重要作用。

洪堡认为初等教育的目的是发展学生的理性，陶冶学生的道德情操，培养学生的宗教情感，为进一步的学习做准备。在学科内容上，他减少了宗教神学课，增设了实用知识的学科，如史地、自然常识等。在教学方法上，他废除了体罚和死记硬背，采用实物直观教学。

洪堡重视师范教育，主张积极学习裴斯泰洛齐的师范教育思想。到 19 世纪 20 年代至 30 年代期间，德国的师范教育因受裴斯泰洛齐的影响有了较大的发展，开办了多所师范学校，对学生进行多方面的培养。师范生的学习科目范围较广，包括德语及文学、数学、地理、历史、自然、物理、教育学科，也包括神学课。师范教育的发展为小学教育提供了较多的师资。

关于中等教育，1810 年制定的中学教育计划削减了古典学科的内容，把语文、数学作为基础课程，还增加了地理、历史和自然科学的科目。此外，洪堡在改革中规定，凡是要担任中学教师的人必须通过国家考试，合格的给以中学教师称号。这打破了文科中学一般都是由大学神学科毕业生和准备从事牧师职务的神学者担任教师的局面。

在高等教育方面。洪堡提出了学术自由的原则、教学与研究相结合的原则。1810 年，洪堡等人创建了柏林大学，新的办学思路着眼于研究高深的专门知识和科学学术水平的提高，提倡师生的独立研究和对学术方面的建树及贡献。此后，很多新大学都仿照柏林大学的模式先后建立了起来，如波恩大学、慕尼黑大学等。原来的大学也仿照新大学进行了改变。

第四节　17～19世纪的俄国教育

一、彼得一世的教育改革

18 世纪初，沙皇统治者彼得一世为了改变俄国的落后状况，对俄国进行了多方面的改革，对教育领域的改革主要包括实科性质学校的创建、调整初等义务教育结构以及建立科学院等。

1701 年，为培养军事和工业部门的各种专门人才，彼得一世创办了著名的实科学校，设有数学、天文学、地理常识、测量学、航海学等课程；1707 年在莫斯科设立了外科医学校培养军医；1712 年在彼得堡和莫斯科等地先后开设了炮兵学校和工程学校培养工程人员；此外，还开办了外语学校、航海学校和矿业学校等。

关于初等义务教育，彼得一世进行了举办普通国立学校的尝试。1714 年，他命各教区开办计算学校，教学内容以世俗知识为主，尤其重视数学学科的教学。彼得一世时期还开办了一些初级俄语学校，要求贵族对其子女进行教育。

彼得一世还提出了建立科学院培养高级人才的设想，并草拟了章程。章程规定，科学院要附设大学和中学，研究与教学并重。彼得一世逝世后不久，彼得堡成立了科学院。但是，有些学校（如工程学校、炮兵学校等）很快也就衰落了；有些学校仍然存在了一段时间，但这些学校的等级性加强了。彼得一世的教育改革对俄国教育的近代化有一定的推动作用，但由于改革是自上而下进行的，因而在彼得一世去世后缺乏直接的推动力就陷入了停滞，直到 1755 年才建立了具有俄国特色的莫斯科大学。

二、《国民学校章程》

1786 年，叶卡捷琳娜二世颁布了国民学校委员会制定的《国民学校章程》。章程规定：各地设立国民学校，在当地政府领导下聘请校长来管理；当地政府、贵族、商人共同承担办学经费；省城设立五年制的中心国民学校，县城设立两年制的初级国民学校；初级国民学校和中心国民学校一律免费；此外还对国民学校的学制形式、课程内容、师生品德、教学乃至日常生活和宗教信仰做了严格规定。到 19 世纪初期，许多中心国民学校改为中学，许多初级国民学校改为县立学校。《国民学校章程》是俄国历史上颁布最早的有关国民教育的正式法令，对俄国国民教育制度的建立发挥了重要的作用。

三、《大学附属学校章程》

19 世纪初，法国革命的浪潮一再激起俄国反抗专制统治的活动。在国内外各种进步力量的压力下，沙皇专制政府再一次允诺改进朝政、改革教育。亚历山大一世即位后在内政和教育方面采取了比较自由的政策。他于 1803 年和 1804 年分别颁布了《国民教育暂行章程》和《大学附属学校章程》。

1804 年的《大学附属学校章程》规定：将全国划分为 6 个大学区，每区设立一所大学；大学区有教学和科研的权力，还有管理本学区各级普通学校的权力。大学下设有堂区学校、县立中学和文科学校。堂区学校是一种初级学校，修业 1 年，学生毕业后可以升入县立学校。县立学校是在堂区学校之上的一种初级学校，修业 2 年，学生毕业后可升入文科学校。文科学校是中学的一种，修业 4 年，学生毕业后可以直接升入大学。各级学校都不收学费，学生也不受信仰、身份和社会地位的限制。各级学校的课程内容除神学、古典学科（大学和中学）外，还有自然科学和社会科学。《大学附属学校章程》建立了相互衔接的学校系统，但并未得到很好的落实。

拿破仑帝国崩溃后，俄国公开宣布"国民教育必须以敬神为基础"。1817年，俄国成立了"宗教事务与国民教育部"，更增强了宗教、僧侣在教育方面的地位和东正教会对学校的控制。1819年，堂区学校和县立学校开展收费，限制非贵族子弟入学。大学被视为自由思想的策源地，许多具有进步思想的大学生和教授被开除。1826年，沙皇政府更加露骨地实施反动教育政策。此后，尼古拉一世时期的30年间，俄国的教育政策更是趋于倒退和反动。

四、19世纪60年代的教育改革

在公共教育运动的压力下，沙皇政府于19世纪60年代颁布了一系列学制改革的法令。1860年，俄国颁布了《国民教育部女子学校章程》，规定了六年制的女子初等学校和三年制的女子高等学校（相当于中学）。这是俄国历史上第一次规定建立女子学校。1863年颁布的《俄罗斯帝国大学章程》规定大学有若干自治权，给予大学较大的自由。1864年颁布的《初等国民学校章程》规定人民有权接受各级教育，并授权地方自治机关、社会团体和私人开办国民学校，招收社会各阶层的儿童，在教师的任命方面给教士一些特别的优待。1864年颁布的《文科中学和预备学校章程》宣布文科中学招收各阶层的子弟入学，使俄国的中等教育机构从封建的等级学校向资产阶级的学校前进了一步。该章程还决定设立古典文科中学和实科中学。

19世纪60年代俄国颁布一系列教育改革法令以后，俄国的各级教育都得到了一定的发展，但60年代以后又出现了倒退。俄国近代教育在改革与倒退的交替中的突出特点是带有鲜明的军事封建等级性质和宗教神学的性质，具有很大的反动性。

第五节 17～19世纪的美国教育

一、美国殖民地时期的教育

美国殖民地时期，北部、中部和南部地区的教育有着不同的特色。移居到北部殖民地的多是英国清教徒，他们提出了创办公共的由政府控制的教育，重视初等教育。北部教育的主要目的是教会儿童阅读和培养合格的牧师。1636 年，北部创办了美洲第一所大学——哈佛学院培养牧师，但当时水平还远不及欧洲的古典大学。中部的移民民族众多、宗派林立，各个宗派分别按自己宗主国的模式开办学校，教会负责教育，主要教育机构是堂区学校。南部殖民者多是来自英国国教会的成员，教育模式完全照抄英国，他们不热心举办公立教育事业，子女在家庭进行初等教育或中等教育后送往英国或欧洲的中学和大学深造。奴隶和贫困自由民很少有受文化教育的机会。

总的来说，殖民地教育主要是宗教性质的，施行权威教育。直到 18 世纪，情况才开始发生改变，要求对待儿童要爱而不是令其畏惧，要靠兴趣学习而不是死记字句。殖民地时期形成了教派学校、慈善学校、拉丁文法学校和文实学校及一些学院等。慈善学校是为孤儿和贫儿办的，在教学与管理上都效仿英国。拉丁文法学校主要集中修习拉丁文，纪律严明，极重体罚。文实学校是一种既有古典学科又重视实用学科的中等学校，其课程有重英语文法、作文、文学、修辞、数学和社会学、现代语言、科学、艺术、音乐、测量以及航海、机械制图等。后来文实学校受古典学校的影响转而为升学做准备。

二、教育分权制的确立

美国实行地方分权制，宪法规定教育是属于州的权力。早在殖民地时期，美国的教育行政领导权就以各殖民地地方（即独立后的州）为最高单位，但对教育是由联邦控制还是由州控制、是由宗教团体控制还是由社区控制有过激烈的斗争。1837 年，美国马萨诸塞州首先通过法律，规定成立"州教育委员会"作为地方教育行政机关，下设学区。学区的划分在不同的时期经历了乡制学区、镇制学区、县制学区和市制学区。但在各州的实际教育工作中，几种学区制几乎都同时存在。美国还在各州设立"州学校督察长"，征收"办学税"等，由此确立了美国教育由州一级管理的教育分权制度。南北战争后，美国人开始感到有设立中央教育行政机构的必要。1868 年，美国设立了教育总署，附属于内政部。但美国中央教育行政机构并不干涉各州的实际教育举措，只负责收集和分发统计材料和情报、管理联邦教育经费、为各州学校系统提供咨询帮助、召开各种教育问题讨论会以及举办各种教育展览等。美国教育领导的分权形式，在全世界是最典型的。

三、公立学校运动

19 世纪 20 年代以后，美国这个后起的资本主义国家以惊人的速度发展了起来。资产阶级的民主主义运动与工人阶级争取教育权的斗争都在客观上要求重视教育，以培养新型劳动力并使之能够参与社会政治生活。19 世纪 30 年代，美国掀起了一次重要的普及义务教育运动，即公立学校运动。

公立学校运动主要指依靠公共税收维持、由公共教育机关管理、面向所有公众的免费的义务教育运动。公立学校运动最初发生在初等教育领域，其主要特点有：（1）建立地方税收制度，兴办公立小学；（2）颁布义务教育法，实行强迫入学；（3）实行免费的义务教育。19 世纪后期至 20 世纪初期，美国公立学校运动的进行主要是在中学，公立学校实行免费的原则为更多的人提供了接受中等教育的机会。美国公立学校的大量建立，奠定了美国资本主义教育制度的基础。

公立学校的大量开办刺激了美国师范教育的发展。1839 年，马萨诸塞州开办了美国第一所州立师范学校，专门培养公立小学教师，注重传授教学法，代表了美国东部师范教育的特点；1853 年，伊利诺伊州创办了美国第一所私立学校，不仅注重教学法，还要求教给学生比较全面的实用知识，入学资格较宽松，是美国中、西部师范教育的代表。

四、学术型大学的创建

美国高等教育的办学形式、学校类型、课程设置以及教育规模等在19世纪发生了重大的变化，除了私立大学外，还出现了州立大学，其大学办学深受欧洲（特别是德国）世俗大学重视学术水平的影响。如：哈佛学院，1870年改称大学，1865年摆脱了教会与政府的控制，实现了自治，加强了学术研究和科学实验。18世纪建立的王家学院，1810年重建为哥伦比亚学院，1912年正式定名为哥伦比亚大学，成为学术水平很高的文、理、工、医多科性的私立综合大学。1855年，美国西部加利福尼亚州设立了私立的斯坦福大学，后来发展成为美国著名的科研中心之一。1876年建立美国霍普金斯大学，首次建立了集中精力钻研学术的研究生院。此后，美国许多著名的大学也都以德国大学为榜样，开始向学术型发展。

五、《毛雷尔拨地法》

19世纪60年代，一些州财力不足，无法致力于实用领域的学校建设，不能满足社会经济发展对教育提出的要求。为解决这一问题，毛雷尔向国会提出一个法案，于1862年获得了国会的通过，这就是《毛雷尔拨地法》。法案规定：联邦政府按各州在国会的议员人数，以每位议员拨三万英亩土地的标准向各州拨赠土地，各州应将赠地的收入用于开办或资助农业和机械工艺学院。后来，美国大多数州创办了农业学院或在原有的大学内附设了农业学院，改变了美国高等教育重理论轻实际的传统。纵观美国教育制度的发展过程，注重向欧洲的进步教育措施和理论学习，并能将其与本国的实际有机结合，这对各国都是一个很有借鉴意义的经验。美国一向高唱民主和教育机会均等，但实际教育中却有着严重的阶级差别和种族歧视，这是源于资本主义制度的不可克服的矛盾。

第六节 17～19世纪的日本教育

日本是亚洲第一个走上资本主义道路的国家。日本近代社会经历了明治维新时期、资本主义确立时期和向帝国主义过渡时期三个发展阶段。日本教育在不同的阶段有着不同的特点。

一、明治维新的教育改革

1868 年，日本人民推翻了德川幕府，成立了大地主和大资产阶级联合执政的天皇制明治政府，并开始在政治、经济、军事和文化教育方面实行一系列改革，史称"明治维新"。"富国强兵""殖产兴业"和"文明开化"是明治政府各项政策和措施的总方向。

1871 年，日本设立了文部省，全国的文化教育事业都归文部省主管，这是日本建立中央集权教育管理体制的开始。

1872 年，日本颁布了《学制令》，建立了全国的学校教育体制。按照《学制令》的规定，全国实行中央集权式的大学区制。也就是在文部省的统一管辖之下，将日本划分为 8 个大学区（一年以后又改为 7 个），每个大学区设立 1 所大学；每个大学区又分为 32 个中学区，各设 1 所中学；每个中学区又分为 210 个小学区，各设 1 所小学。在纵向学制上，小学分为上等小学和下等小学两段，各 4 年；中学分为初中、高中，各 3 年；大学分理学、化学、法学、医学、数理学等 8 个学科。日本的学区制和学校体系主要是模仿法国的教育制度，而在课程设置和教学内容的选择方面则主要借鉴了美国的教育。日本的教育行政管理也曾参照过美国把教育行政的领导权力交给地方的经验，1879 年颁布的《教育令》一度废除了大学区制，改为美国式的地方分权制。但不久，随着自由民权运动被镇压，1880 年底，日本对《教育令》进行修改，又恢复了中央集权的大学区制，重新强化了日本传统的中央集权的教育领导体制。这种学区制和学校体系在创建日本近代学校制度和促进教育事业的发展等方面都起到了很大的推动作用。

二、《学校令》

1886 年，在文部大臣森有礼的主持下，日本颁布了《学校令》，其中包括《帝国大学令》《师范学校令》《中学校令》和《小学校令》。

1886 年 3 月 2 日颁布的《帝国大学令》，将东京大学改名为帝国大学，其主要任务是适应国家发展的需要，教授学术、技术理论，研究学术和技术，由大学院和分科大学组成。

1886 年 4 月 9 日颁布的《师范学校令》，规定了师范学校的目标应该是培养教师应有的顺良、信爱、威重的品德和学识，将师范学校分为普通师范学校和高等师范学校。普通师范学校由地方设立，主要培养公立小学的教师和校长；高等师范学校由国家设立，且只在东京设立 1 所，由国库支出学校经费，以培养普通师范学校的教师、校长以及中学的教师为目标。

1886 年 4 月颁布的《中学校令》，规定中学是为实业教育和高等教育培养人才的基础教育，分为普通中学和高等中学。普通中学修业 5 年，由各府、县设置，归各府、县管辖；高等中学修业 2 年，由文部大臣管理。高等中学是大学预科性质，设有法科、医科、工科、文科、理科、农科和商科等科目。

《小学校令》与《中学校令》同日颁布，规定小学分为寻常小学和高等小学两等，修业年限均为 4 年。1890 年 10 月，日本修改《小学校令》后重新公布，确立了小学 4 年义务教育制度，进一步明确规定了小学教育要注重儿童身体的发育，要实施道德教育和国民基础教育，传授生活中必须具备的普通知识与技能，并且特别强调了国民教育，这加重了教育的国家主义色彩。

可见，《学校令》对学术研究与教育、英才教育与国民教育进行了严格区分，把帝国大学视为学术研究中心和培养英才的教育机关，而把小学视为培养顺民的教育机构，高等中学则是通向英才教育的必由之路。它的不足之处在于没有对职业教育给予足够的重视。

三、《教育敕语》

1890 年 10 月 30 日，日本明治天皇签署颁布了《教育敕语》，重申了日本教育的目标是培养忠诚于天皇的臣民和遵从父辈的孝子；在忠君孝亲的前提下，重视学习富国强兵所需的知识和技能；道德教育方面强调爱国教育以维护皇朝的长治久安，要求"一旦危急，则义勇奉公，以扶翼天壤无穷之皇运"。《教育敕语》维护日本天皇制的国家主义，向日本人民灌输了"尊君爱国"的国家主义思想，把日本教育纳入了日本军国主义的轨道。

《教育敕语》是日本近代教育发展的总纲领，在日本近代教育史上占有极其重要的地位。从颁布之日起直到第二次世界大战结束，《教育敕语》起到了规定日本教育方向的教育基本法的作用。《教育敕语》的产生是日本确立君主立宪制的必然产物，反映了日本当时的政治思想战线上的矛盾斗争，同时也是儒学派和国学派战胜洋学派的结果。

日本近代教育的发展过程，既不同于西方资本主义国家，也不同于东方后进国家。它在学习欧美资本主义国家教育经验的同时，仍然保留了封建主义思想和"武士道"精神。因此，日本近代资本主义教育具有两重性，一方面崇尚知识和科学技术、广泛学习外国资本主义教育，另一方面又保留了封建儒学教育和军国主义教育，形成了日本近代资本主义教育的显著特征。

第五章　17～19世纪西方教育思想

第一节　夸美纽斯的教育思想

一、生平与思想基础

夸美纽斯（John Amos Comenius, 1592～1670），是捷克著名的教育改革家和教育理论家。夸美纽斯生活在捷克民族遭受政治和宗教压迫的时代，从小在"捷克兄弟会"成员家庭中长大并接受教育。1614年，他担任一所中学的校长，开始研究教育改革的问题。1628年，夸美纽斯随"捷克兄弟会"被迫迁往波兰后，开始了教育理论的创作，撰写了《大教学论》《泛智的先声》等重要著作。他继承了欧洲文艺复兴和宗教改革时期人文主义教育思想的成果，总结了自己长期从事教育实践的经验，对教育理论与实际问题做了系统的阐述，其代表作《大教学论》是西方第一部系统论述教育、教学问题的著作，标志着独立形态教育学的开端。该书的主要目的之一是要"探索并找到一种教学方法，这种教学方法是一种可以使教师教得少而学生学得多的方法"。

以后，夸美纽斯主要从事泛智教育的研究。他先后去过多个国家，宣传泛智教育思想，创办泛智学校，实施教育改革。"泛智教育"认为，人的本性是善的，只要发展人的智力，给人以广泛的知识，就可以使个人和社会得到良好的发展。因此，应使每个人都能尽自己的能力学习和积累所有的知识，国家应为每个人设立适合他们发展需要的学校。

夸美纽斯用近代自然科学方法论的研究成果来认识和解释人和教育的系统具有积极的进步意义，但他在研究中又往往把人和教育看成一部机器，带有机械唯物论的特征。

二、论教育的作用和目的

受人文主义教育思想的影响，夸美纽斯十分重视教育对于社会改良的作用，认为"教会与国家的改良在于青年得到合适的教导"。他的泛智教育思想，就是要通过创办学校来普及知识，扫除愚昧和无知，使国家得到良好的发展。同时，夸美纽斯也十分重视人的地位和发展。他在《大教学论》中指出，人是最崇高、最完善、最美好的，具有生长和发展的潜在机能。因此，教育只需把他原有的、潜在的东西显露出来，并注意个别的因素就够了。夸美纽斯关于教育与人的发展的思想是一种内发论。它强调人内在的发展动力，反对外部的、强制的教育，这与人文主义教育思想是一致的。

从教育与人的发展和社会的发展之间的关系论述出发，夸美纽斯指出教育的作用就在于发展人的内在本性。他认为，假如要去塑造一个人，那便由教育去塑造。上帝在人的心中播下了知识、德行、虔信三颗种子，只有通过教育才能发展它们，使不同的人受到不同的教育，最后达到相同的结果，使聪明的人更聪明，使愚蠢的人去掉愚蠢。

三、论"教育适应自然"的原则

"教育适应自然"的原则是夸美纽斯教育思想中根本性的指导原则。他认为，自然界中存在着一种普遍法则，即"秩序"或"事物的灵魂"；人也是自然的一部分，因而教育活动也应服从人发展的自然法则。他批评旧学校的教育工作不符合事物的自然秩序的种种弊端，提出"学校改良的基础应是一切事物里恰切的秩序"，"教导的恰切秩序应当从自然中借来"。

"教育适应自然"包括两方面的含义：（1）教育要适应大自然的发展法则。（2）教育要适应儿童个体的自然发展，即适应儿童的天性、年龄特征。夸美纽斯利用自然论证教育，提出了很多科学的教学原则，但是当运用自然原因不能说明问题时，他又认为在一切事物里面发生作用的都是上帝，赋予自然以神祇的色彩，这是他神学世界观的必然局限。不过，与前人不同的是，他的宗教观保护他的自然观，他的自然观又保护他的教育观，使其教育观带有神圣不可侵犯的色彩，从而为他公开引证自然、全面阐述教育创造了条件。

四、"泛智教育"论和学校教育体系的主张

夸美纽斯在教育活动中十分重视对"泛智"的研究，他认为，教育应当把一切事物教给一切人，学校教育的基本功能应当是给人以广泛的知识教育。因此他写了《泛智的先声》一书，并创办了"泛智学校"。从"教育适应自然"和"泛智教育"的思想出发，夸美纽斯论述了学校教育的体系和普及教育的思想。

夸美纽斯认为，人受教育的最好时期是从出生到成年（0～24 岁）这一阶段。从出生到 6 岁是婴儿期，儿童在母育学校接受家庭教育，培养外部感觉。7 岁到 12 岁为儿童期，在每一村落设立国语学校，培养儿童的内部感觉（包括想象力和记忆力等），为初等教育。13 岁到 18 岁为少年期，在每一城市设立一所拉丁语学校，培养儿童的理解力和判断力，为中等教育。19 岁到 24 岁为青年期，在每一王国或省设立一所大学，培养学生的协调性和意志力，为高等教育。夸美纽斯首次提出了这种前后衔接、统一的学校教育体系，这对近代学校教育制度的形成具有重要的影响。

夸美纽斯十分重视通过设置学校开展普及教育工作。针对当时封建社会等级教育只注重富人子弟而穷人子弟很少上学的现状，他提出："所有城镇乡村的男孩和女孩，不论贫富和贵贱，都应该进学校。"他还强调，应当将初等教育普及到手工业者、农民、脚夫和妇女，使广大劳动人民有一定的受教育权。夸美纽斯关于普及教育和扩大教育对象的主张，尽管在当时不可能实现，但反映了他对民主和平等理想的追求。

五、教学论

教学论是夸美纽斯教育思想的核心。他认为教学论就是阐明"把一切知识

教给一切人的艺术"，教学论应该研究使教师可以少教而学生可以多学等问题。于是，夸美纽斯提出了有关教学原则、教学组织形式、教学过程和教育用书等一系列主张，形成了夸美纽斯教学理论的丰富内容。

（一）教学原则

夸美纽斯批判经院主义的教学原则只强调教学的强制性和烦琐性，让年幼的儿童学习许多无用、艰深的内容，这是一种脱离实际、残害儿童的教学。他主张教学要遵循自然的法则。

（1）直观性原则。夸美纽斯认为，一切知识都是从感官的感知开始的。因此，教学要为儿童提供感知事物的条件，充分发挥其多种感官的作用。教学要从观察实物开始，如不能进行直接观察，可利用图像或模型代替。教室内要布满图画，教科书中要有插图。

（2）循序渐进原则。夸美纽斯认为如同事物的有序发展一样，教学活动也应按一定顺序进行。教学中要根据儿童的特征合理地安排教学科目的顺序，使每一学科的内容都细分成段，由近及远、由易到难、由浅入深、由已知到未知、由具体到抽象。

（3）彻底巩固性原则。夸美纽斯认为，知识在学习后没有巩固下来是不能发展儿童的智慧的。因此，教师要讲清事物的原因和理由，在理解的基础上让学生掌握知识。同时，要让学生将所学的知识加以练习和运用。

（二）学年制和班级教学组织形式

夸美纽斯批判了旧教育学校工作的随意性和无序性，改革了个别教学的组织形式，提出了建立新的学校管理和班级授课的教学组织形式。

（1）学年制。夸美纽斯提出，学校工作应实行学年制，各校应在一年的同一时间开学，同时放假。每年招生一次，秋季开学。同时，学校工作应按年、按月、按日、按时计划好，使学校的全部工作有序。

（2）班级教学组织形式。针对个别教学低效的弊端，夸美纽斯主张实行班级集体教学，具体做法是把学生编成班级，由一位教师面向全体学生集体授课。他认为这样一个教师同时可以教几百个学生，可以大大提高教学效率。

（三）教学过程和教学用书

夸美纽斯认为，教学过程主要是传授知识。教学开始时，要先讲一些有趣和实用的东西，以引起学生的注意。讲课时要说明新旧知识之间的联系，讲完课后要及时提问学生以前或刚刚学过的内容，这样可以巩固教学成果。关于教学用书，夸美纽斯提出教科书应带有插图，要形象直观，要有生动的实例，这样才有利于学生的学习。夸美纽斯编写的《世界图解》，图文并茂，成为当时深受欢迎的教科书。

夸美纽斯一生丰富的教育活动和教育理论为人类教育的发展做出了积极的贡献。夸美纽斯是一位伟大的教育改革家，是教育史上的"哥白尼"。

第二节　洛克的教育思想

一、生平与思想基础

约翰·洛克（John Locke，1632～1704），英国资产阶级唯物主义哲学家、政治思想家和教育家，是 17 世纪英国新兴资产阶级思想的代表人物，被马克思称为"一切形式的新兴资产阶级的代表"，又被恩格斯称为"1688 年的阶级妥协的产儿"。

洛克反对封建专制统治和"君权神授"论，提出了"天赋人权"和"社会契约"的主张。洛克认为，人类天生是自由、平等和独立的，每个人都是"他自身和财产的绝对主人"；人们应通过契约建立政府，并转让出一部分权利给政府以保护人民的权利。为了监督和制约政府的权力，洛克提出了"君主立宪"和"分权制约"的思想。

洛克继承并发展了培根的唯物主义经验论，提出了著名的"白板说"。他认为人的心中没有天赋的原则，人之初生，心灵如一块白板，没有任何记号，没有任何观念，所有的理性和知识都是从经验中而来。在《人类理解论》中，洛克明确指出："我们的全部知识是建立在经验的基础上面的，知识归根结底都是导源于经验的。"但洛克的唯物主义并不彻底。他认为人通过感官获得外部经验，而关于知觉、思想、怀疑、信仰、推理等观念的内部经验是通过内心的反省而得到的。这实际上是把人的感性认识和人的理性认识的统一的认识过程割裂开了。洛克的"白板说"对近代教育思想的发展具有重要影响，它确立了新的儿童发展观：儿童的观念和经验是在不断成长过程中通过自己的感知获取的。另外，它还表明了后天学习的重要性。

二、绅士教育论

洛克的教育代表作《教育漫话》探讨了当时资产阶级最关心的绅士培养和教育问题，对英国乃至西方近代教育思想的发展产生了重要的影响。

（一）论教育的作用和目的

洛克十分重视教育对于人的培养作用，他关于教育作用的论述是以"白板说"为基础的，不同于封建社会把人的形成看作遗传或天赋的产物，具有一定的合理性。他在《教育漫话》中指出："我们日常所见的人中，他们或好或坏，或有用或无用，十分之九是他们的教育所决定的。人类之所以千差万别，便是由于教育之故。"

洛克认为教育的目的就是培养绅士。通过教育使绅士具有四种品质，即"德行、智慧、礼仪和学问"。他认为，一个社会只有进行绅士教育、以绅士为榜样才能进步，因为从绅士阶级中能培养出人民的领袖和政治、道德的管理者，他们可以影响社会其他阶级并使之富有条理。洛克关于教育目的的论述反映了英国资产阶级培养统治人才的要求。

如何进行绅士教育？洛克反对学校教育，推崇家庭教育。洛克站在上层社会的立场上，认为社会上"到处流行着粗野与邪恶"，学校里道德败坏，儿童到学校去会被"传染"而失去"纯洁"和美德，绅士所具有的道德品质在学校教育中是不能获得的。因此，绅士教育应当在家庭中进行，只有这样的教育才能使其子弟举止文雅、思维敏捷。

（二）论绅士教育的内容和方法

洛克所倡导的绅士教育是一种资产阶级贵族化的教育，它既不同于中世纪培养僧侣的教育，也不同于人文主义者提倡的重视古典学术的教育。在《教育漫话》中，洛克把绅士教育的内容概括为体育、德育和智育，并提出了相应的教育方法，对西方近代教育思想的发展具有重要的影响。

（1）体育。洛克在《教育漫话》中指出，"有健康的身体才有健康的精神"。他认为父母必须严格规定儿童的衣、食、住及生活常规。如：无论冬夏，儿童的衣着不可过暖，饮食要清淡、简单、定时。儿童要早睡早起，要睡较硬的床。在体育上，他主张儿童要学会游泳，多过露天生活，多进行户外活动，加强身体锻炼，增强身体素质。洛克关于体育的见解反映了英国新兴资产阶级对其子弟在身体素质上的要求，其中有许多是合理的和科学的。

（2）德育。德育是洛克教育思想的核心内容。洛克认为教育最重要的目的就是培养道德优秀的人。他说："在一个人或者一个绅士的各种品行中，德行是第一位的，是最不可缺少的。他要被人看重，被人喜爱，要使自己也感到喜悦，或者也还过得去，德行是绝对不可少的。如果没有德行，我觉得他在今生来世都得不到幸福。"洛克认为要使儿童形成良好的品德，就要培养勇敢、坦白、公正、大度、谦虚、克制、聪敏等各方面的德行。此外，养成青年优雅的礼仪可以使德行大放光彩。关于道德教育的方法，洛克主张首先要以理性为指导，进行说理教育；其次要重视榜样示范作用。洛克还主张运用奖励、表扬等办法而反对体罚。洛克关于德育的见解，反映了英国资产阶级利益的需要。

（3）智育。洛克在《教育漫话》中把智育放在仅次于德育的地位。他认为，对一个绅士来说，"学问是应该有的，但是它应该居于第二位，只能做辅助更重要的品质之用"。在掌握知识与发展智力的关系上，洛克更重视绅士的智力培养。他提出智育的根本任务是"增进心的活动与能力，而不是扩大心的所有物"。他注重学科的实用性和多样性。他认为，为了培养绅士未来的社会交往，应开设语言、文法、外语、地理、历史、自然哲学、伦理学、天文学、法律以及速记等课。为了培养绅士经营事业和置备财产，还要让绅士学会读、写、算，学习木工、园艺、农业等技艺劳动。在智育的原则和方法上，洛克强调多样性的学习以避免智力的狭窄和僵化；要养成儿童热爱求知的习惯；要理论联系实际；要发挥学生的主动性。

第三节 卢梭的教育思想

一、生平与思想基础

让·雅克·卢梭（Jean Jacques Rousseau，1712～1778），法国 18 世纪伟大的启蒙思想家、哲学家、教育家、文学家，18 世纪法国大革命的思想先驱，杰出的民主政论家和浪漫主义文学流派的开创者，启蒙运动最卓越的代表人物之一。主要著作有《论人类不平等的起源和基础》《社会契约论》《爱弥儿》《忏悔录》《新爱洛漪丝》《植物学通信》等。

他的教育思想体现在他的代表作《爱弥儿》中，他提出应以人的自由发展和自然教育为基础培养新人。

卢梭出生于日内瓦的一个钟表匠家庭。他出生不久，母亲便去世了。10 岁时，他父亲也离他而去。卢梭 12 岁时不得不停学开始独立谋生。他先后当过学徒、仆役、家庭教师、私人秘书等，从未停止过学习与撰写文章。他的著作涉及政治、法律、经济、文学和教育等领域，其共同点是抨击法国封建社会的不平等现象，并寻求克服不平等的方法和途径。1754 年，他发表了《论人类不平等的起源和基础》，阐述了"天赋人权"的政治主张。1762 年，他发表了《社会契约论》，提出了"主权在民"的思想；同年，发表教育小说《爱弥儿》。由于书中谴责基督教神学，为新旧教会和政府当局所仇视，被列为禁书，判为当众销毁；卢梭本人也受到通缉，到处逃亡，直到晚年才回到法国过起隐居的生活。1770 年～1771 年，他痛苦地写下了自传《忏悔录》，表达了对封建专制统治迫害的控诉。1778 年，卢梭在巴黎附近的村庄去世。

二、自然教育论

卢梭十分重视教育对人与社会的作用，他明确指出教育是人类一切事业中最重要的事业。卢梭的自然教育论思想是建立在其人性本善的基础上的。他认为人最初是性善的，只是后来受到腐朽"文明"的影响而变坏了，社会改造的根本任务就是对人及人的本性进行改造，使人重新成为自由的人。《爱弥儿》就是卢梭提出的培养自然人的教育计划，他认为必须通过自然教育来完成。卢梭试图通过这一理想的教育计划，寻找解决社会危机的出路。

自然教育的核心是教育必须遵循自然的要求，顺应人的自然本性，促进儿童的自由发展。在卢梭看来，一个人所受的教育主要来自于自然、人为和事物的教育三个方面。他说："我们的才能和器官内在的发展，是自然的教育；别人教我们如何利用这种发展，是人的教育；我们对影响我们的事物获得良好的经验，是事物的教育。""自然的教育是完全不能由我们决定的，事物的教育只是在有些方面才能由我们决定，只有人的教育才是我们能够真正加以控制的。"

对于如何对儿童进行自然教育，卢梭提出了"消极教育"的方法。"消极教育"是指在儿童发展早期阶段，要避开不良环境和因素的影响，使儿童在无外来干扰的情况下按其本性健康地成长。卢梭主张自然教育应当在乡村中进行，他认为城市的环境是腐朽和堕落的。儿童只有在乡村自然、纯朴的环境中接受教育，才能培养和发展纯真的自然本性。《爱弥儿》一书中，爱弥儿就是被送到乡村接受自然教育的。

卢梭的自然教育思想比文艺复兴以来"教育适应自然"的认识更进了一步，他看到了教育中人的自然发展具有不以人的意志为转移的客观规律，提出教育要依据人的发展开展，为更深入地揭示教育的本质和建立新的教育奠定了思想基础。另外，卢梭的自然教育是对几千年来以"原罪说"为基础的封建教育的有力挑战。

三、论儿童身心发展各阶段的教育

卢梭教育思想的一个重要原则是强调教育过程应与儿童的身心发展的各个

阶段相一致。他认为，儿童成长的不同阶段各有其生理和心理特征。根据对儿童发展进程的理解，卢梭把儿童的身心发展划分为 4 个阶段，并提出了每一阶段的教育内容和方法。

从出生到 2 岁是婴儿期，主要任务是使其身体得到健康的发育。这一时期的教育应把婴儿的充分而自由的活动放在第一位。因此，婴儿的穿衣要宽松，不要紧紧地束缚他，以便其四肢自由活动。婴儿正是在不停地自由活动中接触四周的事物、学习最初的知识的。

3～12 岁是儿童期，这是儿童的"理智睡眠"期。儿童的理智处于睡眠状态，认识上只能接受形象而不能形成概念。因此，不应向儿童灌输知识和道德，而应进行身体的各种感官的教育。他反对让儿童在 12 岁以前读书和学习，认为儿童"周围的事物就是一本书"，应让儿童在大自然中活动，积累对周围事物的感觉经验，为发展判断、形成理智打下基础。卢梭关于儿童感官教育和活动教育的思想，包含着唯物主义感觉论的因素，有许多合理的见解。

13～15 岁是少年期，应当接受智育和劳动教育。在智育上，卢梭主张儿童学习的知识要实际、有用，要有益于儿童的幸福，应学习自然、天文、地理和物理知识。在学习方法上，卢梭强调要让儿童主动地进行学习。他说："问题不在于告诉他一个真理，而在于教他怎样去发现真理。"卢梭也十分重视劳动教育。他认为，一个人要生活在社会中，必然要在许多方面依赖于他人的劳动，因而，每个人，无论是富人还是穷人，都必须为社会劳动，否则与流氓和强盗一样。在各种劳动中，卢梭最看重的是手工劳动，因为手工业者凭自己的双手和技术谋生，不依赖土地，也不必依附于权贵，是最自由的。卢梭关于智育和劳动教育的论述许多是具有合理性的，但也有不足之处，如轻视书本知识等。

对于 16 岁至成年阶段的教育，卢梭认为，由于儿童已经在乡村接受了自然教育，能够抵制城市的不良影响并且也需要了解社会，因此在青春期阶段应当回到城里进行道德教育。道德教育主要是培养儿童善良的情感和良好的道德行为。卢梭认为，人类的美德都是从原始善良的情感发展起来的，因此应当培养儿童善良的情感，通过适当的指导使它得到自然成长。但道德行为的形成则更强调儿童的身体力行和艰苦的努力。缺少道德体验和道德实践而轻易形成的善良行为，只能称为慈善行为，不能称为道德行为。道德行为需要通过儿童的努力和良好的习惯养成。卢梭认为，可以通过学习历史、伟人传记以及阅读寓言等来对儿童进行道德教育，也可以通过儿童观察、了解社会并同情人民的苦难等来进行。但他也强调通过宗教教育进行道德教育，这是时代的局限。

卢梭的教育思想是法国启蒙思想运动的产物，不仅影响了同一时代的许多教育家，也成为后世进行教育改革的重要思想源泉。

第四节　裴斯泰洛齐的教育思想

一、生平及教育活动

约翰·海因里奇·裴斯泰洛齐（Johan Heinrich Pestalozzi, 1746~1827）是瑞士著名的教育实践家和教育思想家。他深受法国教育家卢梭的关于适应人的自然本性进行教育的思想的影响，致力于慈善教育和普通教育，力图通过教育改善人民的生活，被誉为"贫苦者之友"。

裴斯泰洛齐出生在一个医生的家庭，5岁时父亲病故，他和兄弟、姐姐从小在母亲和一个女仆的照顾下生活，农民生活的贫困、富人子弟的享乐使他产生了对穷人的深切同情。

裴斯泰洛齐的教育工作最初开始于对自己儿子的抚养。他发现按照卢梭的方法教育孩子有一些缺点，于是，他按照自己对儿童及教育方式的理解，做了观察记录，并记下了"教育3岁孩子的日记"。1774年，裴斯泰洛齐办了一所孤儿院，收留了50名5~10岁的孤儿和流浪儿。他为他们提供衣食，教给他们读、写、算等基本知识，并让他们通过参与纺纱、织布等手工劳动获得生活的技能。在回忆这段经历时，裴斯泰洛齐说，他自己生活得像个乞丐，为的是教乞丐生活得像个人。后来，孤儿院人数剧增，经费不足以致停办。其后他开始写作，于 1781 年写下教育小说《林哈德与葛笃德》，提出人类进步的根源在于通过教育发展人的内在力量，通过立法改善人们的生活条件。

1798 年，受瑞士政府的委托，裴斯泰洛齐建立了一所孤儿院，收留了 80 名 5～10 岁的儿童。在教育中，裴斯泰洛齐注意对儿童进行家庭化的爱的教育，并根据儿童的特点进行智力、道德和体力的教育。1799 年，裴斯泰洛齐在布格多夫的幼儿学校任职，继续进行教学方法的研究。其间，他写下了《葛笃德怎样教育子女》一书，试图研究出一种简便的方法，使每一个家庭的主妇都能掌握，而且能改进初等学校的教学工作。1805 年，布格多夫学院迁到伊佛东，改为伊佛东学院。1827 年，裴斯泰洛齐留下最后一部著作《天鹅之歌》之后去世。

二、论教育的目的与作用

裴斯泰洛齐十分重视教育对人的作用。他认为人的培养只通过政治途径是不够的，还应通过教育，激发人身上存在的力量的萌芽，使其得到和谐的发展，使人在社会上发挥自己的作用。他说："为人在世，可贵者在于发展，在于发展各人天赋的内在力量，使其经过锻炼，使人能尽其才，能在社会上达到他应有的地位。这就是教育的最终目的。"因此，裴斯泰洛齐主张所有人都应受教育。

他把人的发展分为三个阶段：最初，自然状态的人类社会中，人是作为自然人存在的；后来，有了人类社会以后，人开始成为一种社会人，人与社会、人与人之间发生各种矛盾和冲突；最后，人类社会进入一种道德状态，人成为一种道德人，通过道德的力量，人类社会充满亲情和博爱。因此，他认为，国家的改革在于人的变革，良好的国家始于良好的公民。如果能使每个人都有自食其力的意愿和能力，社会就会得到安宁，人民就会得到幸福与自由。

三、关于教育内容的论述

裴斯泰洛齐认为，要使人成为一个道德完善的人，就要使人的才能得到充分和谐的发展，对儿童来说，就是要"发展儿童道德、智慧和身体各方面的能力"。因此，教育的任务就是和谐地发展一个人的各种能力。裴斯泰洛齐关于和谐教育的主张主要包括德育、智育、体育和劳动教育三个方面。

（一）德育

裴斯泰洛齐认为道德教育是"整个教育体系的关键问题"。他是从道德与社会、人与环境的关系来论述道德教育的重要性的。他认为，罪恶的社会环境是人犯罪的原因，为防止道德败坏，必须改善社会环境。但是如果人的内在本性善良到能够抑制罪恶时，便有力量去改善周围的环境，就可以避免犯罪。因此，必须进行道德教育。同时，道德教育还要与改善人们生活条件的立法相结合。

在道德教育实践上，裴斯泰洛齐把爱作为道德教育的基础，重视家庭式的道德情感教育。他还认为应把家庭的爱的关系引进学校，学校应像家庭一样充满亲情和欢乐。

（二）智育

裴斯泰洛齐非常重视智力教育。他认为智力教育的主要任务是激发儿童的天赋才能和能力，发展儿童的心智；发展儿童的心智主要是发展其思考和判断的能力以及表达和接受印象的能力。裴斯泰洛齐强调智力教育的进行主要依据两个原则：一是从已知到未知的原则。儿童的学习是从直接经验的已知物开始发展到未知物的。二是从具体到抽象的原则。儿童所有的学习都必须从具体开始，逐渐过渡到抽象。裴斯泰洛齐要求，在智育上应给予学生多方面的知识，知识要尽可能多地通过观察、联系来获得，教学方法要注重感觉直观的作用。

（三）体育和劳动教育

裴斯泰洛齐主张体育与劳动教育应紧密联系。他认为，体育是把所有潜藏在人身上的生理能量全部发挥出来，因此，从小就应通过抓、蹬、伸、举、拖、拉、走、跑、跳、转等各种活动发展儿童的体力，使其养成强健的体魄。他认为，劳动教育是以体育为基础的，如果人的各种体力没有得到发展，那么劳动中各种习惯、技能的培养和训练都谈不上；在劳动教育中，通过学习文化知识进行职业训练是儿童获得幸福的重要途径之一。

四、教学理论

（一）论教学心理学

裴斯泰洛齐不同意卢梭的教育过程中让儿童任意发展的观点。裴斯泰洛齐认为，人的心理发展是有一定顺序和规律的，教学应当依照儿童的心理发展规律和特点进行。他说："智力和才能的发展要有一个适合人类本性的、心理学的、循序渐进的方法"，"我试图将人类的教学过程心理学化"。裴斯泰洛齐还研究了教学过程中必须遵循的原则。他认为，教学应当循序渐进，以适合儿童的本性；应重视不同年龄阶段儿童的心理特点，使教学更有针对性。

（二）要素教育论

裴斯泰洛齐在长期观察和思考的基础上，发现人的心理都是始于感官对事物的直接观察。因此，根据儿童能力的最初的简单要素寻找简化教学的基本要素是教育和教学的起点。他说："初等教育从它的本质讲，要求普遍地简化它的方法。这种简化，是我一生所有工作的出发点。"在裴斯泰洛齐看来，要素是构成事物的最简单的基本单位，要素教育就是依据儿童先天能力的最初表现寻求教学内容的最简单要素进行教学的方法体系，最基本的、最简单的要素是各种教育不可缺少的基础。在智力教育上，最初，他把读、写、算作为智育教学的简单要素。进一步研究后，他指出，儿童在认识客体前，总是先知道这些客体的数目、形状及名称，因此，数、形、词是智育的最基本、最简单的要素。从这个思想出发，他认为，其他教育上也有教学的简单要素。从要素教育论出发，裴斯泰洛齐研究了初等教育的语文、算术、测量等学科的教学，认为数、形、词完全适合这三科的教学。关于语文教学，他提出其最简单的要素是词。关于算术教学，他认为，应先让学生对个位数的运算及其关系有所了解，然后再以同样的方法了解十位数和百位数。关于测量教学，他主张先从直线开始，进而练习转角、正方形、平行线、正方形的分割，然后练习曲线和几何图形等。

总之，裴斯泰洛齐教育思想的可贵之处在于他密切联系教育理论与现实教育，创立了一套依照儿童心理特点进行教育和教学的方法体系，为欧美各国揭开了教育心理学化运动的序幕。

第五节　赫尔巴特的教育思想

一、生平与思想基础

约翰·弗里德里希·赫尔巴特（Johann Friedrich Herbart, 1776～1841），德国 19 世纪著名的哲学家、教育家，欧洲教育心理学化运动的重要代表之一。他的教育理论建立在哲学和心理学基础之上，揭示了教育、教学的规律。他是西方第一个提出比较完整的教育理论体系的人，被称为"教育学之父"和"科学教育学的创始人"。

赫尔巴特大学毕业后，曾在瑞士的一个贵族家庭做了 3 年的家庭教师，获得了对教育的初步认识。他还曾去拜访裴斯泰洛齐，于 1802 年发表了《裴斯泰洛齐关于直观的初步概念》一文，认为裴斯泰洛齐的思想和方法适合于整个学校教育。离开瑞士后，赫尔巴特到哥丁根大学学习并获得博士学位，之后开始在哥丁根大学任教，讲授教育学和心理学。1806 年，他写了《普通教育学》一书。1809 年，他被聘为柯尼斯堡大学教授，讲授哲学和教育学，长达 24 年。1833 年，赫尔巴特在回到哥丁根大学后写了《教育学讲授纲要》。1841 年，赫尔巴特去世。

赫尔巴特十分重视哲学、心理学对教育学的影响。在哲学上，他接受"实体不变"的思想，认为宇宙是由无数的"精神实在"构成的，这些实在是永恒不变的。他认为心理学是研究观念集聚和分散、结合和消失的科学。赫尔巴特还提出了"统觉"的思想，认为相似的观念互相吸引就形成"统觉"，教学活动就是利用旧知识和新知识相关联的特点来吸收新知识。

赫尔巴特的心理学也被称为经验心理学或观念心理学。赫尔巴特试图把心理学科学化的尝试工作，为教育学与心理学的结合创造了条件。在伦理学方面，赫尔巴特提出了五种道德观念的思想：内心自由、完善、仁慈、正义和公平或报偿。他认为，如果每一个人都具有这五种道德观念，就会用理智约束自己的行为，协调社会矛盾，使社会秩序得到维持和稳定。这是一种保守的伦理道德观。

二、论教育目的

赫尔巴特的教育目的论是以他的五种道德观念为基础的。他说："道德普遍地被认为是人类的最高目的，因此，也是教育的最高目的。"为了更好地实现这一目的，赫尔巴特把教育目的又分为可能的目的和必要的目的两部分。可能的目的是与一个人将来从事什么职业相关的，它是个人自由选择给自己提出的目的，可以通过教育提供职业训练，获得一定的技能来实现；必要的目的是与人的一生发展有决定性作用的道德目的相关的，它是在任何活动中都必须追求的目的，关系到做人的责任和道德品质的养成。赫尔巴特指出，必要的目的才是教育的根本目的。

赫尔巴特关于教育目的的论述是有一定意义的。教育虽然不能预知学生的未来的选择，但可以培养学生形成一定社会所认同的道德品质。赫尔巴特的教育目的论在一定程度上揭示了人的培养的客观规律。

三、论教育过程

为实现其基于道德基础的教育目的，赫尔巴特提出：教育过程就是通过管理和教学，向学生传授知识，并形成其一定的道德品质。为了更好地实现教育目的，赫尔巴特认为教育过程应当通过管理、教学和训练三个阶段按照一定的顺序来完成。

（一）管理

赫尔巴特把管理放在教育过程的第一阶段。他认为管理的目的在于建立和维持教育的外部秩序，"造成一种守秩序的精神"，为实现教学和训练创造条件。赫尔巴特认为儿童生来有一种"不驯服的烈性"，如果从小不加以约束，将来就有可能发展成为"反社会的方向"。因此，应先对儿童的外部行为进行严格的管理。赫尔巴特主张：首先利用强制性的手段管理儿童，其次要监督儿童的行为，再次是用命令和禁止来使儿童绝对服从，最后是使用包括体罚在内的惩罚。赫尔巴特还提出了要把教师的爱作为管理儿童的辅助手段。赫尔巴特对儿童和教育的认识与他保守的政治观是一致的。

（二）教学

赫尔巴特首先认为，教学活动是人类特有的有计划、有步骤地按照一定程序进行智能建设的过程。赫尔巴特指出，人的生长与动植物生长不同，支配人类行动的不是本能而是智能。人的成长需要一种能够把心灵筑成正确形式的艺术，这就是教学。赫尔巴特反对卢梭的自然主义的教学思想。他强调，教学不是一种自然和被动的过程，它要求教师采取符合儿童心理规律的程序，有计划、有步骤地把作为未来成人所应具有的知识、品德传授给儿童。

赫尔巴特认为教学是儿童获取系统知识、进行道德教育的主要途径。对于如何通过教学实现教育目的，他提出了"教育性教学"的原则。他指出，任何教学过程都必须具有教育作用。他说："我想不到有任何'无教学的教育'，正如在相反方面，我不承认有任何'无教育的教学'。"他又说："教学如果没有进行道德教育，只是一种没有目的的手段；道德教育如果没有教学，就是失去了一种手段的目的。"赫尔巴特的这一思想提高了教学的地位。

赫尔巴特又提出了应根据多方面兴趣设置多方面课程的思想。他认为，兴趣是实现教育目的的内在动力。教学应发展学生多方面的兴趣，使学生形成广泛的经验，最终导向善。他把兴趣分为两大类、六个方面：一类是与自然知识相联系的兴趣；一类是与社会交往相联系的兴趣。关于自然知识方面的兴趣有三个方面：（1）经验的兴趣，即了解事物是什么的兴趣。应当设置自然、物理、化学、地理等学科。（2）思辨的兴趣，即回答为什么是这样的兴趣。应当设置数学、逻辑、文法等学科。（3）审美的兴趣，应当设置文学、图画、唱歌等学科。关于社会交往方面的兴趣也有三个方面：（1）同情的兴趣，即个人对同伴或他人的兴趣。可以设置本国语、外国语和文艺作品等课程。（2）社会的兴趣，即广泛与人交往等对社会生活的兴趣。可以设置历史、政治、法律等课程。（3）宗教的兴趣，即人对上帝的兴趣。应当设置神学。赫尔巴特关于依据多方面兴趣设置课程的思想标志着西方近代课程论的研究进入了一个新的阶段。赫尔巴特的教育思想在一定程度上揭示了知识、兴趣与个体学习的关系，为课程论的建设奠定了初步的心理学基础。

赫尔巴特根据个体兴趣的变化来说明教学过程，提出了教学的"形式阶段说"。他认为，个体在获取知识时，其兴趣都要发生注意、期待、探究和行动四个阶段的变化。因此，教学方法也要发生相应的变化。据此，赫尔巴特确定了教学过程的四个阶段：（1）明了阶段，这时，学生需要集中注意了解新知识。教师的任务主要是采用讲述法讲清教材。（2）联想阶段，这时，学生需要进行思考，把上一阶段所获得的知识与已有的知识联系起来，形成新知识。教师的任务是采用谈话方法帮助学生分析问题，激发学生的思维。（3）系统阶段，学生的观念活动处于静态的理解阶段，形成新的知识系统。教师要采用综合的方法和要点概括的方法，帮助学生做出概括和得出结论。（4）方法阶段，学生的观念活动处于动态的理解阶段，要把形成的概念或结论运用到实践中去。教师应要求学生做作业，并检查其理解得是否正确。后来，赫尔巴特的弟子又把四段教学改为"预备、提示、联合、概括、应用"，称为"五段教学法"。赫尔巴特的"形式阶段说"在一定程度上揭示了知识教学的客观规律，为教育心理学化和教育科学化的发展奠定了基础。

后来，在推广和运用赫尔巴特教学思想的过程中，由于过分地强调教师的地位和知识的作用，教学过程趋于刻板、机械，使学生的发展处于被动、消极的状态，赫尔巴特的教育思想作为传统教育思想受到了人们的批判。

（三）训练

训练主要是关于道德教育方法的主张。赫尔巴特认为，管理是从外部对儿童进行强制，而训练是从内部对儿童的思想和性格进行控制，以形成社会所需要的五种道德品质。赫尔巴特强调要通过"约束""限定""抑制""制裁""谴责""训诫""劝告""惩罚"以及"警告"等手段抑制儿童的不良倾向和行为，使儿童成为守法的人。

总之，赫尔巴特的教育思想在一定程度上反映了教育、教学的规律，在近代教育发展中占有重要的地位。

第六节　福禄培尔的教育思想

一、生平及教育活动

福禄培尔（Fredrich Froebel，1782～1852）是德国 19 世纪著名的教育家，他首创了"幼儿园"的名称，并设立了幼儿园机构，以幼儿教育著名，是近代学前教育理论的奠基人。

福禄培尔出生在德国一个信奉路德新教的牧师家庭，从小没有受过系统的正规教育。但他勤奋好学，后从事教育工作。1817 年，福禄培尔在家乡开办了一所初等学校，进行儿童活动和自我发展的实验，并写了《人的教育》一书，阐述了关于儿童教育的基本主张。1829 年，学校被迫关闭，福禄培尔离开德国来到瑞士。在瑞士，他担任一所孤儿院的院长，教育 4～6 岁的儿童，并研究幼儿的游戏、玩具及幼儿歌曲等。1837 年，他在家乡附近设立了一所学龄前儿童教育机构，并于 1840 年将它正式命名为幼儿园。在长期的教育活动与研究中，他形成了一套包括幼儿游戏与唱歌、玩具"恩物"以及作业的幼儿教育体系，对德国乃至欧洲幼儿教育事业的发展产生了重要的影响。1851 年，普鲁士政府以反对自由运动为名，禁止开办幼儿园。1852 年，福禄培尔便去世了。1861年，他的有关幼儿教育的著作经友人编辑出版，名为《幼儿园教育学》。

二、论教育的两个原则

"教育适应自然发展"是福禄培尔的教育思想中一个重要的原则。一方面，他认为，人和自然都有自己的发展过程，但是，人生来具有一定的天性，教育应当适应人的本性的发展。他说："青年一代作为自然的产物，仍在创造发展过程中，其本身是非常好的，同时，我们也应适应他的情境、他的性向和能力。"

另一方面，他认为，人和自然都受上帝的神圣法则这一规律支配，因此教育应当适应自然的发展，要反对违反自然的人为干涉的教育，使人像自然那样按照其本性发展。他说："我们对待自然界事物往往遵循了正确的道路，但在对人当中，却不免走入歧途。"福禄培尔认为人的本性表现为活动的本能、认识的本能、艺术的本能和宗教的本能。其中活动的本能最为重要，随着儿童年龄的增长会发展为"创造"的本能。教育要顺应儿童的本能，而不是压抑儿童的本能。

福禄培尔教育思想中人的"自动"发展是教育的另一个重要的原则。福禄培尔认为，自然界的万物和人都包含着"神的本源"，所以，人的发展还是一种神本源的发展。他说："一切教育、学习和教学的唯一最终目的，是培养人的原有的神性……从人性中体现出神性。"这在人的身上就体现为一种"自动"的发展。它是个体利用自我能动的力量，通过内部表现于外部和外部表现于内部两个阶段实现的。所谓内部表现于外部，是指人的内部需要或内部存在通过外部的形式表现出来，个体的活动本能发挥着重要的作用；所谓外部表现于内部是指人对外部事物的积极认知，使外部的东西成为内部的重要组成部分，个体的创造性本能成为个体发展的主要力量。福禄培尔关于人的"自动"发展的研究推进了对人的发展与外部环境的关系、儿童的主动地位与教育作用的关系的认识。但是，福禄培尔把人的自动发展归结为神本源的发展，反映出他的教育思想的唯心主义倾向。

三、论教育的作用

福禄培尔强调教育的启发作用，反对教育的强制性。福禄培尔用儿童力量的"潜在状态"说明儿童早期发展的特点，以反对教育的成人化倾向。在他看来，旧教育让儿童按照成人的生活方式完成人性的发展，又加以强制的命令和训练，这些都束缚了儿童的发展。他认为，人的发展是不应受到限制的，但也不排斥外部力量对儿童发展的作用。在儿童幼小时，他的内部力量还处于潜在状态，需要外部力量的唤起，但必须以促进儿童的自由发展为准则。他说："良好的教育、正确的教学和真正的训练，必须应唤起自由，法则唤起自决，外在的强制唤起内部的自由意志。"这对于深入认识人的发展和教育活动的关系具有重要的意义。

为了更好地发挥教育的作用，福禄培尔将儿童的发展过程划分为婴儿期、幼儿期和学生期三个阶段。在早期，儿童内部的本能冲动处于睡眠到觉醒的过渡状态，要按照儿童的本性施以正确的教育，能够让儿童自由地运用他的各种能力。之后，儿童内部的各种本能觉醒，首先在活动中"使内部的东西成为外部的"，再通过学习"使外部的东西成为内部的"。儿童觉醒的本能通过活动来显示自己内部的意愿，就会在活动中表现出一种积极的状态。因此，福禄培尔认为，教育不应是命令、灌输、服从和静听，而应是在教师的指导帮助下，儿童积极地参与和配合。并且，不同的教育手段对儿童的影响和作用是不同的，只有能够"唤起"儿童"自动"发展的教育手段才是良好的教育手段。真正的教育应该是从儿童的本性出发，采用启发式的教育方法，从而不断唤起儿童的情感和需要，使儿童主动地参与到学习活动中来。

四、论学前幼儿教育

学前幼儿教育是福禄培尔最有成就、最有影响的事业。他系统地研究了幼儿园教育活动，创立了学前幼儿教育体系，使学前教育开始从教育学科中分化出来，他因此被称为"幼儿教育之父"。福禄培尔认为幼儿时期对人的发展是非常重要的，从幼儿时期起，"真正的人的教育就开始了"。因为一个人对于自然、家庭以及社会关系的认识都取决于这个时期的生活。如果儿童在幼儿时期受到不良的教育，那么在以后的发展中，他将需要以极大的努力去克服由这种教育所造成的损害。

福禄培尔十分重视父母的教育作用。他认为，幼儿时期的孩子和教育是完全托付给母亲、父亲和家庭的，父母在家庭中对儿童的生长和发展负有重要的责任。但他又认为，大多数父母缺乏足够的幼儿教育的知识和训练，不能很好地对幼儿进行教育。因此，为了帮助家庭对幼儿进行合理的教育，有必要建立专门的教育幼儿的机构——幼儿园。1837年，他创立了德国第一所幼儿学校。同时，他还开办讲习班训练了大批的幼儿园教师。他把儿童比作植物，把教师比作园丁，把学校比作花园。

福禄培尔通过对幼儿园教育的研究总结出：幼儿园的主要任务是保障幼儿的身体健康，发展幼儿的感觉，扩大对周围生活的认识，发展语言和创造力，进行初步的道德教育和宗教教育。并且，幼儿园的教育任务主要是通过幼儿的游戏和各种活动完成的。因此幼儿园要重视幼儿的游戏、活动以及教具和作业的设计。关于游戏、活动以及教具的设计，福禄培尔在吸收瑞士教育家裴斯泰洛齐的要素教育思想的基础上主张：教育一开始就应系统、渐次地为儿童提供全面而有兴趣的活动。

游戏和作业也是重要的教育途径。他认为，游戏不仅能增强儿童的体力，还可以发展智力和品德；共同游戏可以形成儿童节制、友爱、勇敢等良好品质。福禄培尔为儿童编制了多种游戏活动，有使用"恩物"的游戏，也有模仿自然现象或成人生活的游戏。作业的种类很多，主要有绘画、纸工、用小木棒或小环拼图、串联小珠、刺绣等。福禄培尔认为通过作业可以扩大儿童对于多种图形的认识，帮助儿童认识点、线、面，并练习用它们去组成整体。此外，他提出作业还应包括一些劳动活动，如初步的自我服务和照料植物等。

总之，福禄培尔的幼儿教育思想是 19 世纪西方幼儿教育积极探索的产物，具有划时代的意义。他的幼儿教育思想体系的形成，标志着西方近代幼儿教育理论开始成为一门独立的科学。

第七节　斯宾塞的教育思想

一、生平与思想基础

赫伯特·斯宾塞（Herbert Spencer, 1820~1903），是 19 世纪后期英国著名的社会学家、哲学家和教育家。他以社会学和哲学为基础来论证教育，提出了新的教育目的论、课程论和科学教育思想，对近代各国实科教育的发展有重要的影响。

斯宾塞出生于英国的德贝郡教育世家，幼年身体多病，没有受过正规的学校教育，但勤奋好学使他获得了广博的知识。1848 年后，他担任英国《经济学家》杂志的编辑。几十年中，他对英国社会政治、经济和伦理等各方面的问题进行了研究，形成了他的哲学、社会学和教育学思想。1854～1859 年，斯宾塞先后在杂志上发表了《智育》《德育》《体育》和《什么知识最有价值》等教育论文。1861 年，他将这些论文汇编成册，出版了其教育代表作《教育论》，系统地论述了智育、德育和体育等问题。

斯宾塞的教育思想是以他的实证主义哲学和庸俗进化论的社会学思想为理论基础的。斯宾塞坚持孔德的实证主义哲学，并强调科学所认识的只是事物的现象而不是事物的本质，凡是科学所不能深入认识的世界都是宗教活动的领域。斯宾塞的哲学企图调和哲学与信仰，坚持认识论上的不可知论，是一种主观唯心主义的哲学。斯宾塞的社会学思想是以庸俗进化论为基础的，认为人类的社会现象与自然现象一样，也受进化法则的支配，因而可以利用自然现象解释社会现象；人类社会如同生物体一样，也是一个有机体，社会各部分职能也像有机体，通过适当的分工表现出来。例如：作为社会头脑的资产阶级统治者相当于人的神经系统，对整个社会起支配作用。反映在教育上，斯宾塞反对国家重视对贫民的教育，认为只有作为"头脑"的资产阶级才应该受到教育，普通群众只能从事生产劳动，不必接受高深的教育。因此，斯宾塞的教育思想是资产阶级性质的。

二、教育目的论

斯宾塞在其文章《什么知识最有价值》中，从知识价值的角度论述了教育的目的。他批评旧教育总是追求装饰而忽略实用，把无多大实用价值的古典知识放在过于重要的地位。他指出，英国的传统教育中对男孩进行的以学习拉丁文和希腊文为主的绅士教育，以及对女孩进行的舞蹈、弹琴、唱歌、绘画等，主要目的就是追求时尚，用装饰知识来培养儿童的心智，远离实际。斯宾塞认为：真正的教育应该是以实际需要为基础，追求实用知识，为过完满的生活做准备。因此，实用的知识就是最有价值的知识。

斯宾塞的思想反映了社会变革中英国文化教育新的变化，即由一种传统的对人的社会地位、身份的追求开始转向对人的实际作为、实用价值的追求。斯宾塞根据为满足人完满生活的五种活动的重要程度，将知识的价值相应地分为：（1）关于直接保全自己的知识；（2）关于获取生活必需品、养活自己的知识；（3）关于家庭幸福所需要的知识；（4）关于社会福利的知识；（5）关于培养艺术爱好的知识。从知识的重要性次序可以看出，斯宾塞把个人生存和健康的知识放在了第一位。在他看来，最有价值的知识正是那些能够用来解决个人生活问题的知识。在教育中，他主张按照知识价值的大小不同应当给予不同程度的注意。显然，斯宾塞的新的知识价值观具有功利主义的倾向，但他提出的将知识的实用价值作为衡量学科价值的标准的思想为新的课程论体系的建立提供了条件。

三、关于智育、德育和体育的论述

在西方教育史上，斯宾塞第一次明确地提出了智育、德育和体育的概念，并对其进行了充分的论述。

斯宾塞十分重视智育问题。他提出了以近代自然科学和社会科学为主要内容的课程体系，还提出了一些智育原则和方法。斯宾塞设置了五部分的学科内容：第一部分，为直接的自我生存做准备的活动，应开设生理学、解剖学。这是直接保全个人生命和健康、保持充沛体力的重要学科，是一个人从事工作、生活的基础。第二部分，为间接自我生存做准备的活动，通过获取生活资料和职业来实现。因此，首先应学会读、写、算的基础知识，然后开设与谋生、提高生产效率、赚取利润等相关的学科，主要有逻辑学、几何学、力学、物理学、化学、天文学等。第三部分，为了抚养子女应开设心理学、教育学等学科。这些知识是为了正当履行父母职责，教养好自己的子女。第四部分，为将来尽公民职责做准备，应开设历史学和社会学，使学生了解过去和现在的人类生活，履行社会义务。第五部分，为准备将来在欣赏文学和艺术等闲暇活动中满足爱好与情感的需要，应开设油画、雕塑、音乐和诗歌等课程。斯宾塞在论述智育问题中也重视对教学原则和方法的研究，他反对旧教育强调机械背诵、压抑儿童心智发展的做法，提出了"自然教学"的主张。

（二）德育

斯宾塞说："一切道德理论都同意：凡远近结果都是有益的行为，就是好行为；凡远近结果都是有害的行为，就是坏行为。人们评定行为的最后标准，就是结果的快乐或痛苦。"斯宾塞的这种道德观反映了资产阶级功利主义的价值观。斯宾塞根据这种道德观，提出了"自然后果"原则，即用儿童自己的行为引起的必然后果来教育儿童。根据这个原则，他主张在道德教育中要耐心地对待儿童经常表现出来的缺点，不要过多地管教儿童，要让他们在自己的行为发展中逐步接受教育。

（三）体育

斯宾塞十分重视儿童的健康和体育问题。他认为个人身体强弱事关民族繁荣，因而，教育不仅是对儿童智力的训练，也要对其身体进行训练，并且身体训练是智力发展的基础。他说："体力充沛才能使心智训练在生活斗争中有用。"他从儿童的饮食、衣着、运动、游戏以及学习方面提出了应当注意的问题。他要求儿童要适度饮食，要有节制；不要穿得过暖、过多；要多运动、多游戏。斯宾塞还指出，学习不要过度，要注意身体精力的分配。

总之，斯宾塞的教育思想反映了这一时期英国社会对教育发展的影响。尽管是为资产阶级服务的，但他重视科学知识的地位，主张根据人的活动设立课程体系，主张建立包括智育、德育和体育在内的完整的教育体系等，对近代教育发展做出了突出的贡献。

第六章 现代外国教育

第一节 英国现代教育

英国在进入 20 世纪后，为了适应社会变革和经济发展的需要，逐步加强对国民教育事业的领导，建立了由国会、教育委员会和地方教育局相结合并以地方教育当局为主的教育行政管理体制。

一、20 世纪前半期的教育改革

英国为了进一步加强对教育的领导，于 1898 年成立了新的中央教育行政管理机构——教育委员会，第一次统一了对初等教育和中等教育的管理，但其权限只是对学校教育进行观察以及分配经费等。为解决地方教育行政管理、学校补助金以及中等教育方面存在的问题，英国在 20 世纪前半期颁布了一系列的重要法令，对教育体制进行了较大幅度的调整。

（一）1902 年的《巴尔福教育法》

1902 年，英国颁布了《巴尔福教育法》。这一法令是由英国保守党政府的首相巴尔福提出的，从 1903 年 4 月 1 日起生效。法令的主要内容有：（1）在教育管理体制上，废除原来独立于地方政府的地方教育委员会，授权郡和郡级市议会负责管理初等教育和中等教育。凡人口在 1 万以上的自治市和人口在两万以上的都市设负责初等教育的地方教育局。这样就形成了包括国会、教育署和地方教育局的教育领导体系。这种既有中央统一领导又有地方分权的国民教育领导体制，成为英国教育领导权的基本形式，一直到目前仍没有做太大的改动。（2）该法令授予了地方教育局兴办公立文法中学以及中等学校的权力，并要求地方教育机关资助私立和教会设立的中等学校，建立了公立中等教育制度。但是并没有建立一个相互衔接的完整的公共教育制度，劳动人民在初等学校中只能学到读、写、算的课程，而文法中学的入学考试要求学生具备拉丁文、代数和几何方面的知识，因而他们基本上不能获得考取文法中学的机会。这种初等教育与中等教育没有联系的双轨教育制度是英国在 20 世纪初国民教育制度中的一个重要特征。

（二）1918 年的《费舍教育法》

第一次世界大战结束后，英国实力的衰落使国内矛盾更加激化，劳动人民在教育领域争取受教育权利的斗争有增无减。英国统治者进一步了解到德国广泛实施国民教育卓有成效，于是对英国国民教育的不完善进行了改革。1918 年，英国通过了以文教大臣费舍的名字命名的《费舍教育法》，主要内容包括：（1）为 2～5 岁的儿童开办幼儿学校，地方政府必须给予资助。（2）把义务教育年限提高到 5～14 岁，并把初等学校分为 5～7 岁和 7～11 岁两个阶段。不满 14 岁离开学校的青少年必须接受部分时间制教育，直至 18 岁为止。（3）令地方教育局为公立初等学校较年长和有才干的学生开设高级而实用的课程。在教学内容中注重贯彻"儿童中心"的原则。

（三）《哈多报告》《斯宾斯报告》与《诺伍德报告》

1902 年《巴尔福教育法》建立的公立中等教育制度与初等教育不相衔接，不利于劳动人民子女升入中学。在 20 世纪二三十年代，出身于中产阶级的儿童 40% 升入中学，而劳动阶层的子女只有 10%，升入大学的比例相差更大。1924 年，英国工党政府提出了"人人受中等教育"的主张，任命调查委员会提出了发展中等教育的建议，统称《哈多报告》。其主要内容有：（1）小学教育重新称为初等教育。（2）义务教育年限延长到 15 岁。（3）建议以 11 岁为界将义务教育分为初等教育和中等教育两个阶段。（4）实施中等教育的学校可分为两种：一种是文法中学，为升入大学做准备；另一种可以称为现代中学，教学偏重于应用或实践。到第二次世界大战前，英国有 2 / 3 的初等学校根据《哈多报告》进行了改组。

1938 年，英国针对改革中等教育提出了《斯宾斯报告》，这一报告针对当时技术发展的需求提出：（1）中学课程中应增加更多的有用的和有趣的学科。（2）在中等学校应加强技术教育，建议开办一种招收 11～16 岁学生的普通中等技术学校。（3）广泛建立现代中学，使低层社会的青少年受到中等教育。（4）成立一种兼有文法中学、现代中学和技术中学特点的多科性中学。这是第二次世界大战后英国发展起来的关于综合中学的最初提议。《斯宾斯报告》又明确提出，应让儿童从 11 岁开始从不同类型的中学里接受不同的教育，儿童能进入哪一种类型的学校取决于他们的智力水平。

1941 年，以诺伍德爵士为主席的教育委员会又提出了《诺伍德报告》，从理论上论证了不同的儿童应进入不同的学校。报告指出：具备理论智力的儿童应上文法中学，对应用科学技术感兴趣的儿童应上中等技术中学，接受具体事物比接受原理更为容易的儿童应上现代中学。

（四）1944 年的《巴特勒教育法》

第二次世界大战期间，英国教育遭受了严重破坏。为了恢复教育，英国政府于 1944 年颁布了以教育委员会主席巴特勒命名的教育法。这一法案主要包括以下几个方面：（1）为了加强中央对教育的集中领导，废除教育委员会，设立全国性教育领导机构——教育部。规定郡和郡自治市的议会为唯一的地方教育当局，对本地区各种类型的公共教育设施负有法律上的责任。（2）废除以往中小学教育不连贯、相互重叠的学制，重新把教育划分为初等教育（5～11 岁）、中等教育（11～18 岁）和继续教育三个连续的阶段。（3）把义务教育年限从原先的 9 年（5～14 岁）延长到 10 年（5～15 岁），并规定有条件的地方实施 11 年（5～16 岁）义务教育。（4）公立中学免费，并根据学生的年龄、能力和性向提供不同类型的教育。（5）根据不同经费来源将学校分为郡立学校、志愿学校、独立学校。郡立学校是地方教育当局设立的公立学校。志愿学校是教会或民间团体设立的学校，接受地方教育当局的资助。独立学校主要是指预备学校和公学，财政独立，不受公款补助，学校行政管理独立于国家教育之外，但必须在教育部注册、备案并接受检查。（6）详细规定了地方教育当局的职责，如为学生提供免费医疗、为有生理缺陷的儿童提供特殊教育、为少数考入收费学校的学生支付学费、为公立学校学生提供生活补助金等。

1944年的教育法是英国教育发展史上一个极其重要的教育法令，它决定了英国在二战后教育发展的基本方针和政策。至今，这一法案仍是英国现行教育制度的主要基础。

二、20世纪50~80年代的教育改革

二战后科学技术迅猛发展，国与国之间的竞争日益激烈，使得教育面临诸多新的问题。英国在20世纪50~80年代多次对教育进行了新的调整和改革，主要表现在以下几个方面：

（1）进一步延长义务教育年限。1959年《克鲁塞报告》提出10年内实现16岁义务教育；1970年起建立地方学院（一种短期大学），为提早离校的青年提供到18岁为止的半日制义务教育。

（2）取消11岁考试，普遍设立综合中学。根据1980年的统计，综合中学的学生已占学生总数的80%左右。综合中学虽然从名义上取消了入学考试，所有小学毕业生都可进入同样的学校，但大部分综合中学不过是将原来的文法、技术、现代中学的三种教学合并在了一起，校内仍然是分别讲授三种课程，因此并未能从根本上解决问题。

（3）在高等教育方面实行双重制，一方面为正规大学，另一方面为包括短期大学、开放大学等在内的高等教育机构。1983年，英国高等教育研究会整理诸多建议后提出了《雷弗休姆报告》，主要内容包括：①扩大高等教育的入学途径，扩大高等教育的招生对象。将高等教育和继续教育结合起来，向所有愿意或能够学习的人开放。要求高等教育采用业余制、工读交替、校外教育以及其他课程形式，以满足成人参加高等教育和继续教育的需求。②建议高等教育的入学考试要多样化，所有高等院校及招生单位应允许1/4的学生使用其他考试标准。③改革呆板的课程结构和学位结构，建议把三年的荣誉学位课程分成两年初级学位课程的学习和一年荣誉学位课程的学习两个阶段来进行。还要求设

计课程肄业证书，实行学分转换制，以便能够使受经济结构影响的学生广泛地接受高等教育。④废除高校教师终身制，实行提早退休制。建议定期招聘有教学和科研能力的年轻教师，以改变高校教师结构。⑤加强高等院校的教学与科研工作。⑥改变对学生资助的办法，以奖学金或贷学金与助学金相结合的办法取代原来的助学金资助的方式。《雷弗休姆报告》对英国 20 世纪 80 年代乃至以后高等教育的发展具有深远的影响。

三、英国现行教育制度

英国现行的教育制度在教育领导体制上采用中央集权和地方分权相结合的方式。

1964 年成立的教育和科学部是中央教育行政管理机构，负责制定国家教育标准、培训教师、资助一般学校等。各地方（郡）教育当局也有较大的自治权力。

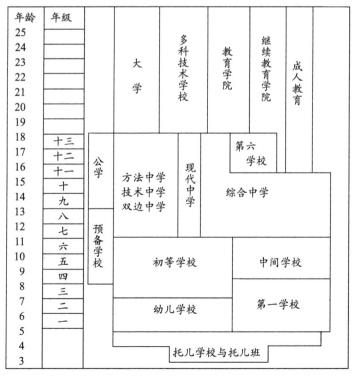

英国现行学制

英国现行学校系统中，初等教育分为两段：5～7岁的儿童入幼儿学校，8～11岁的儿童进初级学校。中等教育机构仍有文法、技术、现代、综合中学等几种形式，数量最多的是综合中学。另外，还保留有自成系统的公学。英国高等教育有：以牛津、剑桥为代表的古典大学；19世纪末前后成立的近代大学；第二次世界大战之后出现的新大学；技术大学；20世纪70年代以后出现的开放大学等。

英国的教育有自己的特色，例如：中央与地方相结合的教育行政管理体制，完善的现代学校系统和反映等级性教育的"独立学校"系统同时并存，学校同时进行科学知识与宗教知识的传输；等等。这些正是英国社会资本主义性质的反映。

第二节　法国现代教育

一、20世纪前半期教育的基本情况

欧洲资产阶级革命最彻底的是法国。19世纪末，法国已逐步形成了现代学制的雏形，这是一种典型的双轨制。一轨是为贫民子弟而设的母亲学校——初等小学——高等小学——小学补习班系统；另一轨是为上层阶级子弟而设的幼儿园——基础学校——国立中学或市立中学——大学或高等专业学院系统。20世纪以后，这一制度遭到了各方面的批评，许多进步人士不断呼吁提高国家的义务教育年限、扩大免费教育范围、废除双轨学制、实行教育机会均等。这些合理的、民主的建议得到了广大国民的支持，迫使法国政府进行必要的改革。

1902年，法国对中等教育作了一次改制，规定中等教育改为前后衔接的7年制，前4年为第一阶段，后3年为第二阶段，并加强自然科学与现代外语的教学。同年，封闭了3 000多所教会学校。1905年通过了《政教分离法》，使教育向世俗化方向前进了一大步。但仍允许教会开办私立学校，也允许公立学校学生在校外接受宗教教育。

第一次世界大战后，法国的统一学校斗争也取得了一定成效。1923年开始使原来中等学校与小学的教育内容趋向衔接，1925年初步实行了小学阶段的统一学校（初等统一学校），1930年起国立、市立中学教育一律免费。1937年，当时的教育部长向国会提出了在中学初级阶段实行统一学校制度的方案，其重点有：把国立中学与市立中学的初级阶段改为独立的公立学校，与初等统一学校相衔接，得以实现普及教育的统一化；统一规定小学生11岁时进行一次"初等教育证书"的考试，进入中学的准备阶段"指导班级"学习一年，以此来培养并指导儿童的兴趣与能力的发展；对所有已获得初等教育证书的12岁儿童给予三种课程的教育选择：（1）仅教拉丁文古典文化知识的课程；（2）教现代外国语，重点讲授现代文化知识的课程；（3）不教任何外国语而重点讲授实用性与技术性知识的课程。这样就为今后分别培养不同规格的人才奠定了基础。1937年5月，法国教育部正式发布命令，在全国初等学校设置"指导班级"。后因第二次世界大战爆发，这一教育改革措施被迫中止。

二、第二次世界大战后的教育改革

（一）1947年的《郎之万—瓦隆教育改革方案》

1947年，由物理学家郎之万和心理学家瓦隆等人组成的教育改革委员会提出了全国性的教育发展计划《郎之万—瓦隆教育改革方案》。该方案以"现代化""民主化"为目标，提出了六条改革原则：（1）一切儿童，不分出身、种族、社会地位，都应受教育。（2）无论知识分子还是一般劳动者，所从事的工作都应有同样的尊严。（3）一切儿童和成人都有平等的受教育权利，尊重儿童，发挥他们的天赋才能。（4）设置专门教师指导在校生的学习、就业等问题。（5）根据个人才能、社会需要等，在一般文化教育的基础上对学生进行专门化教育。（6）青年离校后要继续接受社会教育。这在当时具有明显的积极意义。

该方案将教育分为两个阶段：第一阶段为6～18岁的强迫义务教育，其中6～11岁为面向所有儿童实施的教育；12～15岁，教师根据儿童的各方面能力和兴趣对其学习与升学进行指导；15～18岁属于定向后进行分科教育阶段，分为学术科（为以后升学做准备）、技术科（培养各种职业的职员）、实际科（以培养工人和体力劳动者为主）。第二阶段为高等教育，包括两个时期：（1）大学先修教育，也称大学预科，修业两年，一方面丰富学生的一般文化教养，另一方面淘汰不合格的学生。（2）高等教育，也称硕士阶段，经过严格筛选的学生通过两年的学习获得硕士学位。

由于受到法国教育界保守主义和法国对外侵略战争的影响，《郎之万—瓦隆教育改革方案》并未付诸实施，但一些具体的建议对"二战"后法国教育改革产生了重要的影响。

（二）20世纪五六十年代戴高乐政府的教育改革

为适应"二战"后经济发展对人才培养的需要，戴高乐政府在1959年连续颁布了两项教育法令，即《教育改革法令》和《国家与私立学校关系法案》，至今仍是法国教育制度的法律基础。

根据《教育改革法令》，义务教育期从原来的6～14岁延长为6～16岁。其中，6～11岁为基础教育（小学教育），所有儿童学习相同的基础知识与技能；12～13岁的初中阶段为"观察期"，所有学生学习同样课程并接受教师的观察和有关升学与就业方向的指导；14～16岁为义务教育的完结期，学生分别进入普通中等教育学校或各种技术教育学校。入普通中等教育学校的学生学习7年后参加学士学位考试，通过者直接升入大学。入长期技术教育学校的学生毕业后可获"技术学士学位"进而升入高等技术院校。入短期技术教育学校的学生毕业后获得"职业能力证书"，然后就业。《国家与私立学校关系法案》颁布的目的主要是加强国家对私立学校的管理，防止宗教势力在这一领域的扩张。

法国的高等教育在20世纪50年代的改革并未引起根本性的变化。1968年发生"五月风暴"，引发全国范围的民主运动，政府随之颁布实行了《高等教育方向指导法案》（也称《富尔法案》）。该法案提出了改革高等教育的三条中心原则，即：自主自治、民主参与和多科性。根据自主自治原则，取消了原有大学设五个学院（文、理、医、法、哲）的体制，按现代科技发展需要组建"教学与研究单位"，由数个"单位"组合成一所多科性大学。根据民主参与原则，各大学及"教研单位"都设立由教授、一般教师、研究人员及学生代表组成的管理委员会，直接参与学校的管理工作。根据多科性原则，重新组合各相近学科，重视应用科学、工程技术、边缘学科和跨学科的研究。

三、法国现行教育制度

法国的教育领导体制虽几经改革，但仍属于典型的中央集权制。中央设有教育部，管理全国各级各类教育。地方教育行政部门（包括学区、省、市、镇等各级）在教育部的统一领导与监督下进行具体工作。

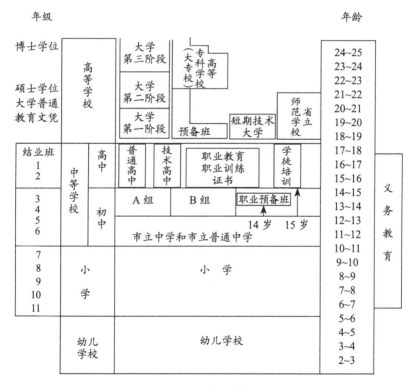

法国现行学制

法国实行 6～16 岁的义务教育制。6～11 岁为初等教育，毕业后不用考试可直接升入中学。中等教育一般为 7 年制，分为初中、高中两段。初中 4 年分别称为观察期（前 2 年）和方向指导期（后 2 年）。高中阶段称为"培养期"，分为长期教育与短期教育；前者导向升学，后者导向就业。法国进行高等教育的机构主要有综合大学、高等专科学校和短期技术大学。其共同特点是学制较长，要求严格，竞争性强。

法国在"二战"后的教育改革在许多方面都反映了当时的普遍性问题，如在教育行政管理上的中央集权与民主化的斗争、在学校系统上的双轨与单轨问题等。20世纪以来，法国现代教育发展的速度与规模都取得了显著的成就，但是在教育改革与发展上也面临着严峻的考验。进步势力、广大民众要求教育现代化、民主化，而保守的教会势力和陈旧观念的影响也很严重，法国的现代教育正是在这种斗争中不断地向前发展的。

第三节　德国现代教育

1871年普法战争后，长期处于封建割据状态的德国统一，建立德意志帝国。到20世纪初，德国进入垄断资本主义经济发展阶段，对内实行专制统治，对外侵略扩张，发动了第一次世界大战并成为战败国，之后建立了魏玛共和国。1934年.8月，希特勒窃取了政府领导大权，于1939年发动了第二次世界大战。战败后，德国一分为二，成立了德意志联邦共和国和德意志民主共和国，实行两种不同的社会制度和教育制度。1990年10月，东德、西德签订和平统一条约，实现了两个德国的统一。按照联邦德国的模式，改造东部地区的政治、经济、军事、文化，其中也包括教育体制。

一、20世纪前期的德国教育

（一）魏玛共和时期（1919～1934）的教育

第一次世界大战后，1919年德国资产阶级制定了《魏玛宪法》，废除了君主政体，建立了共和国政府。在教育方面，按照民主原则，进行了一系列改革。在初等教育方面，废除了双轨的学校教育制度，建立了单一的学制系统。凡6～10岁的儿童，都必须接受义务教育。4年基础学校的学习再加上4年高等国民学校的学习，构成了强迫义务教育阶段。在中等教育方面，一是取消了中学的预备阶段，使中学能够建立在统一的基础学校之上；二是新建立了德意志中学和上层建筑学校。德意志中学渗透着日耳曼民族沙文主义精神。高等国民学校毕业的成绩优异的学生可以被选拔到上层建筑学校，将来有资格报考高等学校。关于教师培养，小学教师由高等教育的师范学院培养。师范教育从原来的初等教育轨道提高到中等教育轨道，中等学校毕业生只有通过严格考试选拔才能作为未来小学教师进行培养。师范学院的学习由两年学习和两年实习组成。中学教师则由大学培养。学生在大学学习4年后，经第一次考试合格者获得见习教师资格；再经过为期两年的见习和试教之后，参加第二次考试合格者成为助理教师，此后经正式任命，成为终身任职的教师。关于高等教育，一方面坚持大学自治、教学与科研相结合的原则，另一方面提出了高等教育面向大众的思想。但实际上，劳动者的子弟仍是不能上大学，只有资产阶级和贵族子弟才能上大学。

总之，魏玛共和时期是德国教育获得快速发展的一个时期，但其强调民族主义和国家主义倾向，排斥外来文化和犹太人。

（二）纳粹统治时期（1934～1945）的教育

希特勒一上台，就全力实行法西斯专政。1934年，纳粹德国建立了科学、训练和国民教育部，竭力贯彻希特勒的"种族论"和"争取生存空间"的思想，使全部教育纳入进行侵略战争的轨道。各级学校教育的重点并不在于传授知识，而在于使学生效忠于希特勒和纳粹政权。城市国民学校毕业生必须到农村集中学习9个月，过军事化生活；年满18～25岁的青年要到劳动服役营去服役一年，接受纳粹主义思想灌输和参加构筑军事工程的劳动。此外，还成立了一些特殊学校——希特勒学校、全国政治教育学院和骑士团城堡学校，培养法西斯头目。这些措施致使德国教育事业大大倒退。

二、第二次世界大战后德国的教育改革

第二次世界大战后，联邦德国在很长一段时间里被完全置于占领国尤其是美国的控制之下，教育上也是如此。20 世纪 50 年代末，各资本主义国家纷纷开始进行教育改革，联邦德国也着手对其教育开展一些至关重要的改革。1959 年 2 月，由各州教育文化部长常设会议和联邦内政部共同组建的"德国教育委员会"要求建立适合于现实社会变革需要的教育制度。1964 年，联邦各州共同签署了《关于统一学校教育事业的修正协定》（简称《汉堡协定》）。

《汉堡协定》规定：联邦各州的所有儿童应接受 9 年全日制义务教育，分为 4 年基础学校教育和 2 年的"观察期"，老师在"观察期"给予指导以便儿童选择上哪一种学校。中学包括主要学校、实科学校和完全中学。主要学校与共和时期的高等国民学校是完全相同的，绝大多数学生是家庭条件一般和普通劳动者的子女。实科学校讲授实用学科，学习年限为 6 年，程度低于完全中学，但又高于主要学校，主要培养工业和商业的专业人员、政府机关和企业的职员，毕业的学生可以直接参加实际工作。完全中学的学生要经过严格选拔，交纳很高的学费，学生多来自有钱人家，毕业后一般都可以升入大学学习。

《汉堡协定》基本上形成了"二战"后联邦德国统一的学校教育系统。联邦政府为进一步加强对教育的统一领导，扩大其管理权限，于 1969 年 10 月首次成立了全国教育科学部，下设联邦与各州的教育计划委员会。全国教育科学部的主要任务是制定并调整联邦与各州的教育计划，对全国的教育经费进行预算，教育计划委员会主要通过提出建议和控制拨款来影响各州的教育事务。至此，德国建立起了一个全国统一的教育领导体制。

三、20 世纪 60 年代以来德国教育的发展

20 世纪 60 年代开始，联邦德国进入了一个新的发展阶段。这一时期的教育发展主要表现在：（1）为了保持和提高国际竞争力，普遍要求增加教育投资，扩大教育事业。制定了学前教育计划，延长了义务教育年限，建立了综合中学。开放了实科中学和文理中学以及高等学校。并且特别强调要为工人家庭子

女、农村居民和妇女提供更多的受教育机会。（2）更加强调教育和科学对社会发展的影响。改革师范教育，实现教材和教学大纲的现代化和科学化，加强科学知识教育。并用其代替传统的教学内容和教学课程，教会对教育的传统影响逐渐减弱。科学的发展改变了遗传决定论，转而强调智力的社会局限性和发展可能性的研究，为教育普及和现代化创造了前提。

四、德国现行教育制度

德国的教育体制包括：基础教育，即3～6岁儿童接受的学前教育；初等教育，即1～4年级的小学教育（柏林小学学制为6年）；中等教育第一阶段，学生在小学毕业时或者在6年级定向阶段结束时，根据自己的成绩、特长、爱好以及学校和家长的意见，分流进入普通中学、实科中学、文理中学或综合中学（即综合上述三类中学的学校）学习；中等教育第二阶段，即文理中学和综合中学第11～13年级，考试合格后可以升入高等学校；职业教育，主要是双元制职业培训以及各种类型的职业教育学校；高等教育包括大学、各种高等院校和专科高等学校；继续教育形式多种多样。这几个部分相互衔接、彼此协调，构成一个完备发达的体制。

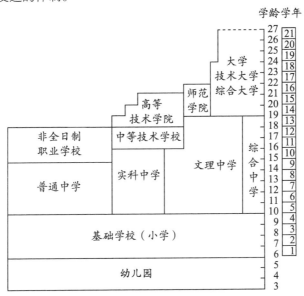

德国大多数州实行的学制

德国的教育体制相当复杂，表现在：（1）德国的教育管辖权在各州，各州的教育结构有相同之处又有差别，例如，柏林和北威州义务教育时间为10年，其他各州为9年。（2）学生在小学毕业后分流到三类不同的中学，并且具体规定了如何分流；不同类型的学校之间在具备一定条件后可以互相转学，并详细规定了相关条件。（3）除了经过小学、中学可以进入大学外，还有许多其他的途径可以进入大学，如职业教育途径、业余进修途径等，正如德国人说的："在学习的道路上没有死胡同。"

德国的教育体制具有显著的特征：（1）学生共同的小学教育之后分流到教育目标不同的普通中学、实科中学和文理中学，这是德国教育的一个重要传统。不少西方国家在教育改革中都在一定程度上实现了义务教育一体化，但德国的三类中学却一直保存下来，并据此把各种职业分成等级。普通中学毕业生主要是接受双元制职业教育，成为技术工人；实科中学毕业生有资格进入各种全日制职业教育学校，成为中级技术人员和管理人员；文理中学毕业生有资格进入高等学校继续深造，将来担任社会领导职务。（2）德国纯学校式的职业教育比重很小，"双元制"职业教育独具特色。德国规定，普通中学和实科中学毕业生如不继续升入高一级学校深造，都必须接受职业教育。"双元制"职业教育要求，每周有3天半至4天时间在企业里学习实际知识，1天到1天半时间在职业学校里学习理论知识，总共需要3年或3年半时间完成职业教育。双元制职业教育的重点是在企业里，职业学校起补充作用，把教育体制与就业体制衔接起来。（3）德国教育管理体现了"多样化中的统一"。德国各州均拥有管理各级各类学校的权力，联邦政府主要是间接地参与制定教育政策。因此，各州在基本方面较一致的基础上，允许其他方面存在一定的差异。（4）德国的学校绝大多数是公立的，私立学校在数量上不占优势。各州都有专门的私立学校法，规定了私立学校得到批准和获得国家承认的条件，私立学校同样也要由国家补助。（5）国家容许教会在教育中有一定的影响，但是，教会在教育中的影响不断下降。（6）德国几乎所有的学校都实行半日制，全日制的学校极少，公立住宿学校几乎没有。（7）德国各地的高等学校结构基本相同，这是因为高等学校拥有较大的自主权。

第四节 美国现代教育

进入 20 世纪以来，为了适应垄断资本主义经济发展的需要，美国在教育领域进行了多次改革。

一、20 世纪前期的教育改革

20 世纪初，为了革除传统教育的弊端，美国掀起了一场进步主义教育运动和实用主义理论的宣传，对美国学校教育产生了很大的影响。1918 年，美国教育协会提出"中等教育七大原则"：保持身心健康、掌握基础训练、成为家庭有效成员、养成就业技能、胜任公民职责、善于运用闲暇时间和具有道德品质。在这些进步主义主张的指导下，美国教育强调教学与社会生活的联系；强调教学方法从讲授法转向解决问题为主的各种新式教学模式，如设计教学法、单元教学、分班分组教学、实验室制教学等；注重儿童个人经验的活动课程得到迅速发展，而传统的系统传授书本知识的教学遭到了批判和否定。

20 世纪 30 年代，在经济危机的背景下，为了解决中学与大学衔接、升学和就业的矛盾等问题，美国进步教育协会成立了"大学与中学关系委员会"，探讨中学与大学之间的合作关系问题。1932 年，大学与中学关系委员会制定了一项为期 8 年（1933～1941 年）的大规模实验研究计划，即"八年研究"计划，也称为"三十校实验"。实验研究以进步主义教育思想为指导，研究的主要内容有：确定中学教育的目的除升学外就是实现个人的发展，为走向社会做准备；建立管理机构，负责课程设计、教育评估以及实验研究人员的培训等；主张围绕青少年个人和社会活动的问题设计新的课程，在教学方法上注意激发学生的兴趣，强调学生的独立思考以及学生与教师之间的合作；开展检查评估工作。

"八年研究"计划所揭示的许多问题以及所使用的研究方法给美国教育改革的发展提供了有益的借鉴。

重视职业教育的发展也是美国 20 世纪前期中等教育改革的重要特征之一。社会的发展需要大批的熟练技术工人，单为大学而设的中等教育不能满足社会的迫切需要，社会公众强烈呼吁进一步加强职业教育。1917 年，美国通过了职业教育提案《史密斯—休士法案》，对职业教育的发展做了指导：联邦政府应承担起发展职业教育的职责，拨款补助各州大力发展大学程度以下的职业教育；联邦政府应当与各州合作，提供农业、工业、商业、家政等科目的师资训练；在公立中学里应当开设职业科，把专为升学做准备的普通中学改成兼具升学和就业双重目的的综合中学；对职业学校的教师和校长设立考核标准。《史密斯—休士法案》的颁布极大地推动了美国中等职业教育的制度化。

20 世纪初，初级学院开始在美国各地迅速建立起来，并形成了一个全国范围的初级学院运动。1902 年，美国创立了欧美第一所两年制的初级学院。这是一种从中等教育向高等教育过渡阶段的教育。学生在学完两年课程后，既可以直接就业，也可以进入四年制大学的三年级继续完成高等教育。初级学院的课程和专业设置，完全按当时当地社会劳动市场需求来开设，经费完全由地方和州的税收来承担，因此也称社区学院、专业学院。这类学院学费低廉、就业方便、灵活快捷，颇受社会欢迎，因而发展迅速。

第二次世界大战以后，随着美国经济的进一步发展，从 20 世纪 50 年代起，美国多次进行教育改革，这些改革深刻地影响着以后教育的发展。

二、第二次世界大战以后的教育改革

（一）1958 年的《国防教育法》

1957 年，美国的强劲对手苏联成功地发射了第一颗人造卫星，这件事大大刺激了美国。人们认为，这表明美国科技已落后于苏联，国防力量方面也与之有了很大的差距，而这些与教育密切相关。因此，联邦政府于 1958 年 9 月颁布了《国防教育法》，其中心内容是由联邦政府增拨大量教育经费来迅速提高美国的教育质量，规定从 1959 年至 1962 年的 4 年内拨款 8 亿多美元。拨款资助的项目包括：增加学生贷款；加强科学、数学和现代外语（即"新三艺"）的教学，以提高教育质量；设立国防科研奖学金奖励学习优秀的大学生；加强"天才教育"；设立语言研究学习中心及训练班，提高现代外语教学水平；研究和试验如何更有效地使用电视、电影、广播等视听设备提高教学效率和质量等。

1964 年，美国国会通过了《国防教育法修正案》，把《国防教育法》的有效期延长到 1968 年，而且扩大了它的使用范围，进一步增加对教育的拨款，并增加了学生贷款和奖学金的名额。1982 年，美国国会再次讨论《国防教育法》的新补充，其目的仍是通过增加拨款进一步提高数学、科学、技术、外语等关键学科的教学质量，以应付其他发达国家在科学、技术等领域的挑战。《国防教育法》在美国现代教育发展中起着十分重要的方向指导作用。

（二）20 世纪 60 年代的课程改革

20 世纪 60 年代，世界进入新技术革命的时代，国际竞争日益剧烈，要求培养大批掌握科学技术的人。而美国由于受进步主义教育理论的影响，过于忽视系统文化科学知识的掌握，学者和政府官员们纷纷要求对美国学校的课程设置进行改革，提高学业标准。

1959 年，美国教育科学院召开了由 35 位科学家与心理学家参加的会议，讨论普通学校课程改革问题。结构主义心理学家布鲁纳强调结构的重要性，要求按照知识的基本结构来设计课程，并把反映各门学科现代发展水平的基本概念与原理作为教材的中心内容；要求按照儿童认知发展结构来改进教学方法和使用现代化教学手段。于是，从 20 世纪 60 年代开始，许多科学家参与编写中小学各科教材的工作，并针对新教材对教师进行培训。但这次课程改革并未达到预期的效果，其中最主要的原因是由科学家编写的教材难度太大，与中小学实际相脱节。

（三）20 世纪 70 年代的教育改革

1974 年，在美国教育总署署长西德尼·马兰提出的"生计教育"理论的基础上，国会通过了《生计教育法》。生计教育的实质是以职业教育和劳动教育为核心的适应社会发展的教育，要求把普通学校教育和职业教育结合在一起。其实施的对象是从幼儿园、中小学一直到大专院校的学生以及成人，其中中小学阶段是生计教育的重点。

20 世纪 70 年代后半期，为了改变推行布鲁纳的课程改革方案而引起教育质量下降的问题，美国开展了"返回基础"的教育运动，目的在于强调基础知识的传授并恢复传统的教学方法和道德教育，要求在小学阶段强调教学阅读、写作和算术等基本技能。在中学阶段主要强调英语、自然科学、数学和历史科目的教学，并要求教师在学校教育的一切阶段起主导作用。公立学校课程中取消了各种"虚饰"课程和选修科目等。20 世纪 80 年代以后，"返回基础"的呼声逐渐消沉下去。

（四）20 世纪 80～90 年代的教育改革

为适应 20 世纪 80～90 年代现代新科技革命的迅猛发展和人类知识的迅速增长，美国在课程和教材内容以及教学方法等方面进行了许多改革。

在 20 世纪 80 年代初期，美国中小学课程中增加了消费教育、环境教育、多元文化教育、反毒品教育、性教育等内容。1983 年，美国中小学教育质量调查委员会提出了一份题为《国家在危机中：教育改革势在必行》的报告，列举了美国学校教育中所存在的缺陷，宣称："我们的国家正处于危机之中……我们社会的教育基础目前正被一股日益增长的平庸潮流所侵蚀。这股潮流威胁着我们国家和人民的未来。"为了提高学校教育质量，该报告提出了五条建议：（1）加强中学五种"新的基础训练"，即 4 年英语、3 年数学、3 年自然科学、3 年社会科学、半年计算机科学，并把它们看成现代课程的核心以及中学生毕业后取得成功的基础。此外，还要开设两年外语以及艺术和职业教育课程。（2）学校以及学院和大学在学业成绩和学生品行上采取更严格的和可测量的标准，把分数看作学生成绩的标志，并注意提高和更新课程内容。（3）应该把更多的学习时间用于"新的基础训练"，并增加教和学的时间。（4）注意改进师资培养工作，使未来的教师达到高的教育标准，既有从教的性向，又有从教的专业能力，并使教师工作成为报酬更高且受人尊敬的职业。（5）联邦政府、州和地方官员以及各级教育领导人员在教育改革中必须起决定性的领导作用，并提供必要的财政资助。为面向 21 世纪，1985 年，美国促进科学协会提出了著名的《普及科学——美国 2061 计划》。该计划把学科课程改革作为教育改革的总的指导思想，以培养学生适应信息社会的需要。80 年代后期，布什总统推出了包括提高学术水平、加强职业教育和高等教育、兴办新兴学校、关注困难儿童教育等在内的一系列新的教育政策。1991 年 4 月 18 日，美国发表了《美国 2000 年教育战略》，提出了 2000 年美国 6 大教育目标和 4 项保证措施，为美国教育发展规划了蓝图。

三、美国现行教育制度

美国现行的教育行政制度仍是地方分权制，但也在逐步加强联邦政府在教育行政方面的领导作用。1979 年 10 月，美国建立了联邦教育部，主要通过拨发教育经费的途径对各州教育进行渗透。各州教育权实际由教育委员会掌握，州以下还有地方教育行政机构。另外，美国还有一些大财团设立的"教育基金会"，也通过对各级学校赠款对教育产生影响。美国现行学制见下图。

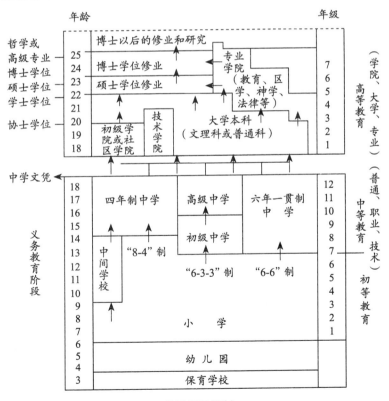

美国现行学制

关于义务教育，美国各州的规定不同，有的州长达 12 年，有的仅为 9 年。美国小学和中学的学制大多是"6—3—3"制（小学 6 年，初中、高中各 3 年），也有少数地区采用"8—4"制（小学 8 年，中学 4 年）等其他学制，各地区在学制、学校组织、课程设置、教学方法等方面有很大的差异性与灵活性。美国的中等教育一般分为初中、高中两段。初中进行一般的文化基础知识教育，高中则实行分科教育，如为升学做准备的学术科、为就业做准备的职业科等。美国的高等教育基本分为三级：两年制初级学院，毕业后获得副学士学位（协士学位）；四年制综合大学和各种专业学院，毕业后获得学士学位；研究院和高级专业教育。美国建有较完整的职业教育、成人教育系统。

在近代资本主义各国中，美国这样一个年轻的国家在短短一二百年时间里就成了世界上工业最发达、经济实力最强大的国家，其重视教育、重视人才培养不能不说是重要原因之一。

第五节　日本现代教育

一、20 世纪前半期的教育

日本是个实行天皇制的国家，20 世纪初进入了垄断资本主义发展阶段，并迅速走上了法西斯主义的道路。20 世纪 20 年代开始，日本极大地加强了对学校教育的控制，强化对青少年的思想灌输，在课程内容设置中鼓吹"皇道""神道""武士道"精神的内容，美化并歌颂对外扩张的侵略行径。1937 年日本发动全面侵华战争后，开展所谓"国民精神总动员"，日本教育也全面转入战时教育体制；12 月，内阁下设"教育审议会"，要求全国各级各类学校加强忠于天皇的思想教育，实行法西斯军事训练。在"校门即营门"的军国主义政策下，大批青年学生被送入军队成为扩张侵略的工具。

二、第二次世界大战后初期的教育改革

（一）1947 年《教育基本法》《学校教育法》的颁布

1945 年 8 月，日本无条件投降，第二次世界大战结束。美国以及盟国敦促并迫使日本进行了战后的民主改革。日本改革教育的最初步骤，是以盟军总司令部采取紧密措施的形式进行的。1947 年，日本先后颁布了《教育基本法》与《学校教育法》。

《教育基本法》总共 11 条条文，是战后日本的一项根本教育大法，对有关教育工作的重大问题都做出了原则性的规定。《教育基本法》提出，为了世界和平与人类幸福，日本必须建设成为一个民主的、文明的国家，由此确定了教育以陶冶人格为目标，培养身心健康的国民。该法还规定了尊重学术自由的方针，不准许党派争执左右学校的政治教育，在国立及地方公立学校中禁止实施宗教教育或进行其他宗教活动。该法还确立了"教育机会均等"的原则，规定实施九年制的免费义务教育。同时，明确了教师必须履行职责，提升了教师的地位与待遇。此外，该法还鼓励家庭教育与社会教育。

为了落实《教育基本法》，日本还颁布了《学校教育法》，对学校教育制度以及小学、初级中学、高级中学和大学的入学、目标、年限、校长及教员、经费及管理等事项都做出了系统详细的规定。其主要内容有：废除中央集权制，改为地方分权制；在中央仍设文部省，但削弱其权力，设地方教育委员会管理学校事务；学制改为单轨的"6—3—3—4"制；义务教育年限由 6 年延长为 9 年；高中既设普通科又设职业科，以实施普通教育和专门教育为目的；高中把旧制高等女子学校、实业学校合并起来，经过结构改革统一成为单一类型的三年制高中。

《教育基本法》和《学校教育法》的颁布否定了战时军国主义的教育政策，战后日本教育发展进入了一个新的时期。

第二次世界大战后，日本废除了中央集权的教育管理体制，但在中央仍设文部省，同时新设教育委员会作为各级地方教育行政的领导部门。1948 年颁布了《教育委员会法》，次年颁布了《文部省设置法》，规定教育委员会负责管理

地方上设置学校、安排课程、任命学校的工作人员等，文部省的教育权力大为缩小，这对于重建学校的教育改革发挥了积极的作用。1956 年颁布《地方行政组织与职能法》之后，日本的教育行政又朝着中央集权化的方向发展。教育委员会的权力被大大削弱，文部省的权限却得到扩大与加强。

（二）20 世纪 70 年代和 80 年代的教育改革

20 世纪 70 年代后，日本实现了经济强国、技术大国的目标，各产业部门对人才的需求在数量与规格上都出现了很大变化，教育体制也由于经济的发展暴露出种种问题和局限性，教育改革势在必行。1971 年 6 月，日本中央教育审议会提出了《关于今后学校教育综合扩充、整顿的基本措施》的报告，拉开了日本自明治维新和战后初期两次重大教育改革后的"第三次教育改革"的序幕。该报告的基本思想是：（1）以培养自主性和创造性的人作为教育目标；（2）从终身教育观点出发，对整个教育体系进行综合性整顿；（3）在综合协调家庭教育、学校教育、社会教育的基础上改革学校教育。1977 年，日本政府陆续颁布了《关于改善中小学教学计划的标准》《小学初中教学大纲》，1978 年颁布了《高中教学大纲》等法规。

20 世纪 80 年代后，教育改革进一步展开。1984 年 8 月，日本正式组建"临时教育审议会"。1987 年，日本文部省成立了"教育改革推进本部"，二者成为 80 年代日本推进教育改革的领导机构。

"临时教育审议会"于 1987 年 8 月第四次发表了关于教育改革的咨询报告，其主要内容有：（1）教育改革本着重视个性的原则、适应时代变化的原则、向终身教育体制过渡的原则展开；（2）确立了培养"21 世纪面向世界的日本人"的教育目标；（3）完善终身教育体制，加强家庭、学校与社会的合作；（4）强调按照灵活、多样、柔性化的观点改革中小学教育体制；（5）加强道德教育和振兴体育；（6）提高高等教育的质量，促进高等教育多样化发展；（7）培养运用信息手段的能力。

日本从 20 世纪 70 年代初开始的历时 20 多年的第三次教育改革在改革的范围、力度和效果等方面都取得了很大的进展，为以后日本的教育发展打下了坚实的基础。

三、日本现行教育制度

日本的教育行政管理体制经过"二战"后直至 20 世纪 50 年代的改革，基本形成了既有地方分权的因素又有中央集权的性质这一特点，并且教育行政部门的任务、机构和编制都由法律固定了下来，保证了机构的稳定性和效率。

日本的义务教育包括 6 年小学和 3 年初中。由于"二战"后日本多次对中小学的课程进行改革导致学生负担过重，目前日本教育改革的主要方向是在坚持教学内容现代化的基础上减轻学生负担。日本的高中一般也是 3 年，目前有普通高中、职业高中、专科高中等几种形式。日本的高等学校由综合性大学、短期大学、高等专科学校组成。综合性大学和短期大学招收高中毕业生，高等专科学校招收初中毕业生，分国立、公立、私立三种。日本现行学制见下图。

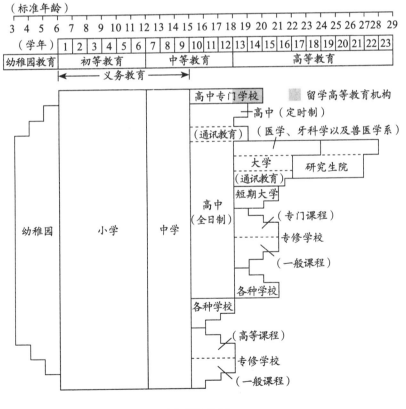

日本现行学制

第六节　俄罗斯现代教育

一、苏维埃建立初期对旧教育制度的改造

（一）废除旧教育机构、建立新的教育领导机构

1917 年"十月社会主义革命"的胜利，标志着世界上第一个社会主义国家的诞生。1917 年 11 月 9 日，新的苏维埃政权建立了教育最高领导机构——教育人民委员会；11 月 11 日，由教育人民委员会发表了《教育人民委员会关于国民教育的宣言》，阐明了苏维埃政府关于教育的基本原则和任务，其主要内容有：（1）实施普及义务初等教育；（2）学校绝对脱离宗教；（3）建立统一的苏维埃学校；（4）国民教育经费由国家预算内支付并增加教育预算；（5）实行国民教育民主化，吸引教育家与工农群众参与教育事业建设与管理；（6）提高教师的地位。在对全国和地方教育组织机构的彻底的改组和整顿中，撤销了旧俄时代所设的学区，解散了学区督学和视察员，所有学校都归教育人民委员会统一管辖。各类教会学校也改为世俗的普通学校。明令个人有宗教信仰的自由，但禁止在学校里讲授神学和举行宗教仪式，使学校成为完全世俗的场所。

（二）教育体制和学校制度的初步确立

1918 年 10 月 16 日，新政权正式公布了第一个教育法则——《俄罗斯苏维埃联邦社会主义共和国统一劳动学校规程》。该规程规定：所有普通学校都统一归教育人民委员会管理，一律叫某某统一劳动学校，所有少年儿童都可进同样的学校，要求特别重视劳动；还规定了"取消教师的等级"，"禁止布置家庭作业"，"取消一切考试"等。这个规程奠定了苏联学校教育制度的基础，但同时也应当注意到《规程》中一些不合理的部分，比如把"生产劳动……当成学校生活的基础"，忽略了系统完整的知识的学习。1919 年开始试办高等学校附设

的工人系（也叫工农速成中学），使高等学校向工农打开了大门，以便更快、更多地从工农中培养掌握高等文化技术的干部。

二、20 世纪 20 年代的教育发展

20 世纪 20 年代，苏维埃共和国转入经济恢复建设的阶段，对教育提出了一系列要求，苏联开始了对教育和教学的调整和改革。1920 年 12 月 31 日至 1921 年 1 月 4 日召开的关于国民教育问题的会议将普通学校（即中小学）的学制改为 7 年，并允许在七年制学校的基础上设立修业年限为 3～4 年的中等技术学校和职业学校，高等学校一般是 3 年。此后，还逐步开办了工人青年学校、艺徒学校和农村青年学校等工农学校。根据会议的精神，又通过了《改组第二级学校的条例》，决定逐步把第二级学校改组为中等技术学校。但由于改组中各方面的困难，又决定保留第二级学校。于是，原来的"统一劳动学校"改为九年制（4—3—2 制）学校和中等技术学校，并要求更新教学内容，使教学与生活和生产劳动紧密结合起来。

1921～1925 年，苏联公布了《国家学术委员会教学大纲》。该大纲打破了学科界限，将规定的学习内容按自然、劳动和社会的形式排列，并以劳动为中心，按季节、节日和地区的情况组成教学单元。在教学方法上，采用劳动的教学方法；在教学组织形式上，取消了班级授课制，代之以分组实验室制和设计教学等。综合教学大纲使学校接近了国家的社会政治生活，积极参与国家的社会主义改造。但不好的一面是，它破坏了各学科之间的内在逻辑，削弱了学校中系统基础理论知识的学习和基本的读、写、算能力的训练，不能保证学生获得系统的科学知识。

三、20 世纪 30 年代至 50 年代初期教育的调整和发展

20 世纪 30 年代，苏联工农业的发展要求迅速发展教育事业，加速培养专门人才。但 20 世纪 20 年代后期，苏联教育尤其是中小学教育受到了极"左"的教育思潮的干扰和影响，在数量和质量上都不能满足要求。因此，从 20 世纪 30 年代初开始，苏联对全部教育进行了全面调整和整顿。

（一）对普通教育的调整和整顿

对普通学校（即中小学）的调整和整顿始于 1931 年 9 月 5 日颁布的《关于小学和中学的决定》。该文件指出，苏联中小学的教学未能使学生掌握各门学科的基本知识，以致高等学校招收不到合格的新生从而大大影响了高等教育对专门人才的培养。并且指出，这种现象主要是"学校消亡论"和设计教学法的泛滥所造成的。因此，要求立即组织力量着手研究制定中小学各科教学大纲，保证各科的教学要以系统知识为主。学校要按照严格规定的教学计划和教学大纲进行，通过教学一定要培养学生具有足够的读、写、算的能力。"在学校的一切教学工作中，绝对保证教师的领导作用。"

此后又陆续颁布了一系列决定，1932 年 8 月 25 日颁布《关于中小学教学大纲和教学制度的决定》、1933 年 2 月 12 日颁布《关于中小学教科书的决定》，1936 年 7 月 4 日颁布《关于教育人民委员部系统中的儿童学曲解的决定》等。通过这些决定的颁布和实施，苏联学校首次确立了以掌握知识为主、培养各类专门人才的教学体制，纠正了 20 年代后期学校教学上的混乱现象。

（二）普及义务教育的实施

20 世纪 30 年代，苏联在全国范围内较大规模地开展和实施普及义务教育。1930 年 8 月 14 日公布《关于普及初等义务教育的决定》，规定所有适龄儿童从 1931 年 9 月起都要进入初等学校受 4 年的初等普及义务教育；1935 年开始，城市、工人区普遍实施七年制义务教育；1937 年开始，农村地区的儿童也都在 4 年小学教育基础上继续 7 年义务教育。直到 1949 年才事实上开始普遍实施七年制普及义务教育，在城市、村镇开始实施十年制的普及义务教育。

四、20 世纪 50 年代末至 80 年代末的教育大改革

（一）1958～1964 年的教育改革

20 世纪 50 年代中期，苏联实施普及义务教育使得高中毕业生人数骤然激增。但大学无法容纳这么多为升学做准备的高中毕业生，而各劳动单位需要他们去工作，可是这些高中毕业生都无任何就业准备。为解决这一矛盾，政府决定从改革教育入手。1958 年，苏联把"走向生活和参加公益劳动""积极参加社

会所需财富的生产"作为教育改革的主旨，12 月 24 日颁布了《关于加强学校同生活的联系和进一步发展苏联国民教育制度的法律》，将普及义务教育年限延长为 11 年，将原来为升学做准备的完全中学改成三种类型的学校：（1）工人青年学校和农村青年学校；（2）实施生产教学的劳动综合技术普通中学；（3）中等职业技术学校和其他中等专业学校。在高等教育改革方面，确立了把教育与公益劳动相结合的原则和方向。逐步减少录取应届普通中学毕业生，相应增加优先录取具有工龄的工农兵学员。学生在校学习期间，要求用更多的时间参加实际生产劳动。从 1959 年开始，所有高等院校都要开办夜大和函授大学，以满足大批青年升入大学受高等教育的需要。这样，高等学校教育教学与生产、实际联系加强了，但同时，科学基础知识的学习显然被削弱了，整个教育教学质量严重下降了。更不合实际的是，中学学习年限延长了，劳动时间增加了，而生产技术条件和职业训练的目的却没有实现，而且中学教育质量下降直接导致大学质量的下降，这一系列的问题致使 1958 年的教育改革无法继续。

（二）1964～1973 年的教育改革

1964 年开始的战后第二次的教育改革与上次改革有直接联系。1964 年 8 月颁布了《关于改变兼施生产教学的劳动综合技术普通中学的学习期限的决定》，把"兼施生产劳动的劳动综合技术普通中学"的学习年限制由 3 年改为 2 年。1964 年 10 月，由 500 名著名学者、大学教授、教学法专家、优秀教师组成的委员会全面审定了中学课程内容的范围和性质，并于 1965 年提出了《关于普通教育课程的建议》，要求彻底修改普通学校教学计划、各科的教学大纲并重新编写教科书。苏联教育家据此在将近 10 年的时间内编写出了新的试用教科书 103 种，其中 87 种被批准为标准教科书。1966 年 11 月 10 日公布了《关于进一步改进普通中学工作的措施》，明确提出普通学校的主要任务是"使学生获得牢固的科学基础知识"。1973 年 7 月 19 日，苏联第八届最高苏维埃第六次会议通过了《苏联和各加盟共和国国民教育立法纲要》（以下简称《立法纲要》），把从 1964 年 8 月以来的一系列改革和措施以立法的形式固定了下来。《立法纲要》以重视牢固的科学基础知识为基本原则，规定了学校必须组织劳动教学、参加社会活动和进行选择职业的教育，还特别强调"深刻知识是进入高等学校的通行证"。《立法纲要》规定高等学校的主要任务是培养"具有高深的理论知识和实际技能的高度熟练的专家"。但是这一系列措施仍未能解决实际问题与矛盾，1977年开始了战后第三次教育改革。

（三）1977年以后的教育改革

1977年12月22日，苏共中央和苏联部长会议针对普通学校在第二次改革中的矛盾和问题做出并通过了《关于进一步改进普通学校学生的教学、教育和劳动训练的决议》（以下简称《决议》）。《决议》指出："当前在普通学校工作中存在着的重大缺点是，学生负担过重，学校中的教学大纲和教科书往往充斥着多余的资料和次要的材料。"普通中学的主要任务是使学生掌握系统的科学基础知识，并且必须掌握一定的职业技能，才能适应国民经济部门工作的需要。据此，《决议》规定增加劳动教学时间、加强劳动教育和职业指导、普通中学都要配备劳动课教师，并着手修改教学计划、教学大纲和教科书，删减教材、减轻学生负担，增开选修课、帮助学生自觉选择职业。

1984年4月公布了《普通学校和职业学校改革的基本方针》（以下简称《基本方针》），调整了普通学校的学制，学生入学年龄由7岁提前到6岁，小学学习年限由3年延长到4年，五年级至九年级为不完全中学（即九年制学校），十年级至十一年级为中等学校（包括普通中学、中等职业技术学校和中等专业学校）。九年级以前除集中学习科学基本知识外，还要完成一般劳动的基本训练，八年级开始配合职业定向开设选修课。《基本方针》要求："青年的中等普及教育将辅之以普及职业教育，所以年轻人都将有机会在开始劳动活动之前就学会一种职业技能。"1985年11月27日，苏联第十一届最高苏维埃第四次会议又通过了《苏联和各加盟共和国国民教育立法纲要》，规定：通过综合大学、学院、专科大学、厂办学院等高等学校，把青年学生"培养成具有高等教育程度的高度熟练的专门人才"。

总的来说，战后苏联第三次教育改革，一方面重视学生学习科学基础知识，另一方面也关注生产教学、劳动教学和职业训练，并且在不久后使二者"接近和统一"起来。可以说，20世纪50年代后期以来三个阶段的苏联教育大改革，走了一条曲折前进的道路。

五、俄罗斯现行学制

苏联解体后，俄罗斯颁布新的法律文件——《俄罗斯联邦教育法》(1992)，重新构建了其国民教育体制，这一次改革基本保持了苏联学制的传统，只是分类方法不同。新的分类法把俄罗斯教育划分成两大部分：普通教育和职业教育。普通教育又分为学前普通教育、初等普通教育、基础普通教育、中等（完全）普通教育；职业教育则分为初等职业教育（相当于原来的职业技术教育）、中等职业教育（相当于原来的中等专业教育）、高等职业教育（相当于原来的普通和专业高等教育）、高等后职业教育（相当于原来的副博士、博士研究生教育）。此外，把中小学阶段原来的各种校外、课外教育划归"儿童补充教育"，把原来的各级各类业务进修、业务提高、业务再培训划归"成人补充教育"。以上从学前教育到补充教育构成了现在俄罗斯的终生教育体系。

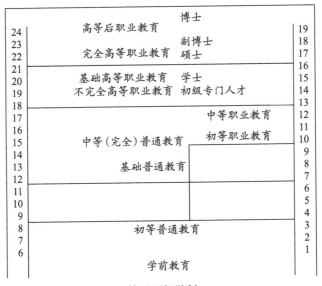

俄国现行学制

第七章　现代外国教育思想

第一节　新教育运动

一、新教育运动的由来与发展

"新教育运动"也称作"新学校运动"，是指 19 世纪末 20 世纪初在欧洲各国兴起的教育改革运动。随着垄断资本主义的发展，人们纷纷指责旧教育传授的是一些空乏无用的知识，培养出的是一些虚荣、无能的青年，因此，采用新的教育形式、内容和方法，开始了方方面面的教育改革运动。在实践中，一些倾向于教育民主、尊重儿童、内容实际、讲求效率的"新学校"应运而生。随之，欧美各国便仿效开办，发展成为一场影响较大的"新教育运动"。

"新教育运动"最早发端于英国教育家雷迪（Ceil Reddie）于 1889 年创办的阿博茨霍尔姆学校。阿博茨霍尔姆学校是为 11～18 岁男生开办的寄宿中学，建在远离城市的乡村。其办学目的是提供"一种完全现代和有合乎情理的特点的适应社会'领导阶级'需要的全面教育"，以培养出能够应付现代知识与现代生活不断增长的复杂性从而建立健全的人类社会的人才。雷迪为了改造当时重古典课程、脱离社会生活、贵族化的公学制度，特别重视学生的创造性活动。学生通过各种活动获得知识，学会如何合作与领导，从而在各方面都得到良好的发展。随之，"新教育运动"扩展到欧洲其他国家。

1983 年，巴德利在英国建立了贝达尔斯学校，是阿博茨霍尔姆学校的第一个分支。但其实行男女合校，更多地倾向于培养创造者，学校管理更民主，因此大受欢迎。德国的赫尔曼·利茨（Hermann Lietz）先后建立了三所相互衔接的家庭式乡村寄宿学校，分别是 1898 年为 6～12 岁儿童开办的伊尔森保学校、1901 年为 13～16 岁男生开办的豪宾达学校和 1904 年为 16～19 岁男生开办的比伯尔史泰因学校。1899 年，法国社会学家和教育家埃德蒙·德穆林（Edmon Demoline）创办第了一所新学校——罗歇斯学校，该校尤其重视体育运动。在瑞士，1902 年，楚伯尔比尤勒尔创办格拉里塞格学校；1906 年，赫尔曼·托布勒创办瑞士法语地区新学校，又于 1907 年创办霍夫·奥伯基希学校。

这些先驱性的乡村寄宿学校都深受雷迪的影响，在办学模式、目的、课程及方法等方面有许多一致的地方，如：新学校都设在远离城市、自然环境优美的乡村；新学校在管理、教育和教学上具有民主性，师生之间、学生之间不是命令和服从的关系，而是相互爱护、亲密无间的关系；学校把学生的各种活动与学习融为一体；重视学习现代语言和最先进的自然科学知识；课程根据学生的兴趣、年龄特征和个性来设置。但是也存在局限性，如：费用昂贵，主要以具有激进思想的上层社会和高收入阶层的少数学龄儿童为对象，因而规模一般都较小，并且完全独立于国家教育系统之外。新学校引起了人们对传统教育的反思，并且由于各国新学校之间紧密联系而开辟了国际交流。

1899 年，费利耶尔（A. Ferriere）在日内瓦建立"国际新学校局"作为欧洲各国新学校的联络中心。1921 年，在费利耶尔的发起下在法国成立了"新教育联谊会"，并出版杂志《新时期的教育》。新教育联谊会成立后先后三次提出过相应的新教育原则。1921 年，刚成立的新教育联谊会提出了七项新教育原则：（1）新教育的目的应该是保持和增进儿童内在的精神力量；（2）教育者必须研究和尊重儿童的个性；（3）新学校应该使儿童的天赋兴趣得到充分的发展；（4）学校应该由儿童自己来管理，同时儿童都必须懂得自我约束；（5）新教育制度必须以合作的精神来代替自由竞争的精神；（6）支持男女同校教育；（7）在上述原则的基础上正确实施新教育，将使儿童为成为未来的公民做好准备，而且意识到他自己的和每个人的尊严。1932 年，为应对世界经济危机对社会所带来的冲击，新教育联谊会提出了五项原则：（1）教育应该能够使儿童领会我们时代的社会和经济的复杂性；（2）应该设法适应不同个性的儿童智力和情感方面的各种各样的需要；（3）应该帮助儿童通过发展个人的首创精神和责任感来更好地适应社会生活的需求；（4）应该提倡合作精神，使教师和学生认识到性格差异和独立思考的重要；（5）应该引导儿童去正确评价他们的民族遗产，并高兴地欢迎每一个民族对人类文化做出特殊的贡献。1942年，新教育联谊会通过的《儿童宪章》提出：（1）尊重儿童的人格，儿童的需要是任何良好教育制度的基础；（2）每个儿童都享有适当的衣食住的权利，国家财政应当予以保障；（3）应该对每个儿童提供有效的医疗保健和治疗；（4）所有儿童都应有获得自己民族的知识和智慧财富的平等机会；（5）应该为每一个儿童提供全日制的学校教育；（6）应该对所有儿童提供宗教训练。

新教育联谊会在不同时代所提出的教育原则，反映了对教育不断适应社会发展的思考，体现了新教育与传统教育的区别。新教育运动成为对20世纪欧洲乃至世界教育产生深远影响的教育运动。

二、蒙台梭利的教育主张

（一）生平与教育实践

蒙台梭利是意大利第一个获得医学学位的女性，是20世纪杰出的幼儿教育家，是西方教育史上与福禄培尔齐名的幼儿教育家之一。她的教育理论与实践推动了新教育运动及幼儿教育的发展。

蒙台梭利出生于意大利一个天主教徒的家庭。在研究和诊疗残疾和低常儿童的实践中，她认为"儿童智力缺陷主要是教育问题，而不是医学问题"，并通过实验，使低常和残疾儿童通过了小学各科考试。她认为适用于低常和残疾儿童的教学方法也适用于正常儿童，于是便力图以医学为基础，用自然科学的直接观察的研究方法，建立对正常儿童进行教育的"科学的教育学"。

1907年，她在罗马贫民区开办了第一所幼儿学校，名为"儿童之家"，招收3～6岁的贫苦儿童。在那里，她将最初用于低能儿童的教育方法经过适当修改，运用于正常儿童，取得了极大的成功，引起了社会的广泛关注。1909年，她写了第一本著作《蒙台梭利方法》，全面阐述了她的教育主张及在"儿童之家"实施的教育方法。该书在世界范围内广泛传播,被译为 20 多种文字。人们大力宣传蒙台梭利的方法,开办"蒙台梭利学校"。1913 年,美国成立了"蒙台梭利协会";1929 年,荷兰成立了"国际蒙台梭利协会"。但是,20 世纪 30 年代后期,蒙台梭利学说被禁止,其肖像被纳粹销毁。第二次世界大战后,蒙台梭利客逝于荷兰。

(二)儿童发展观

蒙台梭利批判旧教育是强制性的,干涉儿童的"自由行动"太多,惩罚儿童是一种罪过,必须改变。她在《童年的秘密》一书中论述道:"他们被关在学校里和奴隶一般,受到社会强加的痛苦。儿童长时间伏案读书写字,使他们胸腔受压而变得狭小,容易患肺病。""学习是强制性的,充满了厌倦和恐惧,儿童的心智疲劳了,他们的神经系统疲倦了。"她批判旧学校说:"在这样的学校里,儿童像被钉子固定的蝴蝶标本,每人被束缚在一个地方——桌子边。"她把对儿童的自发冲动是压制还是引发作为区分好坏教育的分水岭。

蒙台梭利指出,儿童发展时期是一生最重要的时期。因此,要为儿童创造一个适宜的环境,让儿童在适宜的环境中自由活动,受到陶冶,得到锻炼。不仅要关心儿童的物质生活,更需要关注他的精神和心灵的迫切需要。蒙台梭利认为人生来就具有各种潜伏在人心灵中不断发展的潜能,教育的主要目的就是使儿童内在的潜能在适当环境中得到充分自由发展。

蒙台梭利对于儿童心理发展的看法,是其教育学说的基础。她认为儿童的心理发展既不是单纯的内部成熟,也不是环境、教育的直接产物,而是机体和环境交互作用的结果。儿童心理发展如同各种生物现象一样有各种敏感期,在各个阶段会显示某种心理的倾向性和可能性,过了这特定的时期,其敏感性就会消失。她对儿童的敏感期进行了区分:儿童从出生到 5 岁是感觉的敏感期,2~2.5 岁达到顶峰;从 1 岁多到 4 岁左右是秩序的敏感期;出生后两个月到 8 岁是语言的敏感期;从出生到 6 岁是动作的敏感期。以此为基础,蒙台梭利认为儿童发展中的每个阶段具有不同的身心特点。0~6 岁是儿童个性的形成期,6~12 岁是儿童增长学识和艺术才能、有意识地学习的时期,12~18 岁可以对他们进行成人那样的宣传教育。

蒙台梭利的儿童发展观的特色是：重视早期教育，认为儿童心理的发展具有节律性、阶段性、规律性，强调生命力的冲动是儿童心理发展的原动力，强调儿童心理的正常发展必须依靠环境和教育的合理安排。其中特别强调的是，为了科学教育儿童，必须掌握和尊重儿童的心理特征和个性差异，这正是当时席卷欧美的新教育思潮的体现。

（三）感官教育

基于其儿童敏感期的认识，蒙台梭利幼儿教育法中最重要的组成部分是重视幼儿的感官训练和智力的培养。她把智商归纳为感觉器官的训练，认为：感官训练能使人的感觉敏锐，发展人的各种能力。通过练习可以使儿童掌握各种技能，并养成儿童的德行，可使儿童适应现代社会生活的要求，又为他将来实际生活做了准备。她的感官教育主要包括视觉、听觉、嗅觉、味觉及触觉的训练，其中以触觉为主。她所倡导的感官练习要求教师不要过多地管束儿童，主要让儿童自我练习，依赖教师提供的各种教具刺激感觉器官发展自己的知觉和辨别事物的能力，为发展高级智力活动打下基础。

为了系统地对儿童进行感官练习，蒙台梭利专门设计了一套有独创性的教具，教具根据用途分为不同的种类。她强调采用单独训练的方法，使每一感官都有极度敏感性，设计的教具各训练一种特殊的感觉；在训练过程中，为了使一种感觉器官不妨碍另一种感觉器官的感受，常常把儿童某一种感觉器官与其他感官隔离出来。她所设计的教具还能控制儿童使用不当的错误。

蒙台梭利很重视唤起儿童持久的、活跃的注意力的方法，这种方法在儿童教育中是激发隐藏在儿童内心深处的那些力量，使儿童认真辨别各种事物。她把注意分为有等级的刺激，由易到难、由具体到抽象，这样在不同年龄用不同的刺激就会把儿童的文化修养建立起来。她认为教师的责任在于运用各种教具，引导儿童去练习，发挥潜在力量，成为有文化教养的人。蒙台梭利认为这是一种"自我教育"，这是其教育方法中非常重要的一个方面。她强调："人之所以成人，不是因为教师的教，而是因为他自己的做。"

三、"公民教育"和"劳动学校"思想

凯兴斯坦纳（G. Kerschensteiner）是德国著名的教育家，在慕尼黑市任教育局长达 30 年之久，主要著作有《教育原理》《公民教育要义》《劳动学校要义》《学校组织基本原理》等。凯兴斯坦纳所提出的"公民教育"是他的教育理想和办学的指导原则，"劳动学校"则是公民教育付诸实施的一种学校组织形式和教育机构。

国家怎样才能实现其自我保存和增进福利的职能呢？凯兴斯坦纳认为，要通过给予每个人最广泛的教育，使他们懂得国家的职能并且乐意尽最大努力担负起他们在国家中的职责，在国家中"担任一种工作或一种职务，并且把这种职务或工作做得能够多么好就多么好"。此外，"公民教育"要通过精神训练或性格陶冶，发展学生的"意志力、判断力、精细性和自奋性"；要对其进行道德教育，培养学生和青年工人忠诚的爱国心和牺牲精神，并养成容忍、乐观、干练等思想品格，最终教育青年成为有价值的"良好公民"。"公民教育"的根本目的是通过教育以陶冶人们的思想、性格和意志，把他们训练成为"爱国""忠君"的顺民。其实质是对内维护资产阶级的利益和统治，对外维护军国主义德国的利益。

从培养良好公民的目的出发，凯兴斯坦纳提出建立"劳动学校"。"劳动学校"主要通过劳动训练使青年对职业和工作深感兴趣，同时对青年进行精神陶冶的训练。因此，凯兴斯坦纳把"劳动学校"也叫作"工作学校"和"性格陶冶学校"。"劳动学校"里反对那些"杂乱"和"肤浅"的知识，而主张用极少的"真正经验的知识"材料去培养学生"极多的适应力、本领和工作兴趣，以完成国家公民教育的使命"。凯兴斯坦纳还强调"劳动学校"不仅要为学生将来的职业做准备，更应重视劳动的精神陶冶和精神训练的价值和作用。为了实现劳动训练的意义和价值，凯兴斯坦纳主张把以传授书本知识为主的传统学校改成以劳动活动教学为主的"劳动学校"。此外，他还主张按儿童将来的职业兴趣去组织国民学校的劳动教学，进行"分组教学"。他认为儿童最感兴趣的劳动是各种制作、园艺、烹饪、细木工、钳工等手工技艺劳动。凯兴斯坦纳的

这种职业训练理论与欧洲的"新学校"理论是同出一辙的，在某种意义上也是一种"新学校"。

第二节　进步教育

一、进步教育的始末

进步教育的教育革新思潮亦称"进步主义教育运动"，产生于 19 世纪末期并一直持续到 20 世纪 50 年代，是美国进步主义运动的重要组成部分。进步主义教育运动的核心是力求通过教育的改革，使学校教育能更好地适应美国社会的新的发展需要。进步教育理论源自卢梭、裴斯泰洛齐和福禄培尔等人的教育思想，并深受现代科学尤其是生物科学和进化论的影响。进步主义教育运动兴起的标志是美国教育家帕克 19 世纪末在马萨诸塞州昆西市和芝加哥市库克师范学校开展的教育革新实验。在这些实验的基础上，帕克提出了"昆西教学法"，为此，帕克本人也被杜威称作"进步教育之父"。1896 年，杜威创办芝加哥实验学校。在他的影响下，进步教育的实验在美国以各种形式大规模兴起。进步主义教育成了 20 世纪上半期美国的主要教育思潮。

美国于 1919 年成立了"进步教育发展协会"以满足人们教育革新和实验对于交流平台的需求，该协会后来改称"美国进步教育协会"。1924 年，该协会创办《进步教育》杂志，向读者介绍欧洲的新教育实验以及美国进步教育实验的相关情况，是推动美国进步教育发展的重要力量和平台。1929 年，经济大萧条严重影响了美国进步教育运动的发展。进步教育由此前强调儿童中心开始意识到学校的社会职能。1940 年，随着美国卷入第二次世界大战，进步教育开始逐步走向衰落。1955 年，美国进步教育协会解散。1957 年，《进步教育》杂志停办，这标志着美国进步主义教育运动的终结，也标志着以进步教育为代表的一个时代的结束。人们对进步教育思想及其运动褒贬不一，但其给学校带来了多方面的变革，在反对落后传统教育方面发挥了积极作用。

二、进步教育家的实验

（一）帕克的昆西教学法

帕克（F. W. Parker）作为美国进步教育之父，曾先后担任过马萨诸塞州昆西市教育局局长、芝加哥市库克师范学校校长和芝加哥大学教育学院第一任院长等职。他领导和主持了昆西学校实验，并且在教育实践中不断总结其教育革新经验，最终提出了"昆西教学法"。"昆西教学法"也被称为"昆西制度"。

"昆西教学法"的主要内容包括：（1）强调儿童应处于学校教育的中心，教师必须了解和尊重儿童的本性，创造条件满足其需求；（2）重视学校的社会功能，强调学校应成为理想的家庭、完善的社区和雏形的民主政治，在促进民主制度的发展方面发挥巨大的作用；（3）主张学校课程应尽可能与实践活动相联系，并将学习内容与儿童的日常生活相联系来安排科目；（4）强调培养儿童自我探索和创造的精神。

"昆西教学法"对儿童主体地位的强调和对教育与实践关系的重视都成为日后进步主义教育运动的核心所在。这也在很大程度上开启了对传统教育的批判，开创了声势浩大的进步教育运动。

（二）约翰逊的有机学校实验

约翰逊（Marietta Johnson），美国著名进步主义教育家。她于1907年在美国亚拉巴马州创办费尔霍普学校，以"有机教育学校"著称。杜威把约翰逊的教育实验称作"教育即自然发展的一个实验"。

约翰逊称自己的教育方法是"有机的"，因为它们遵循学生自然生长的途径。有机学校教育的目的在于为儿童提供每个发展阶段所必需的作业和活动，按照一般的发展而不是以获得知识的分量来调整学生的分班。有机学校的课程安排以活动为主要形式。学校里的活动必须是对家庭活动的自然延续，这样才能保证儿童的自然生长过程的完整性。儿童由于需要和兴趣而主动探索，教师要循着这种自然的途径，将学生引导到读、写、算、地理等正规课程的学习，强迫的作业、课文和考试都被取消了。约翰逊设计了一系列活动来代替一般课程。

约翰逊重视社会意识的培养。她认为，人是社会的人，发展合适的社会关系应该是学校最重要的任务之一。学校应培养学生无私、坦率和合作等方面的品质以及培养儿童提出建设性建议的能力等。约翰逊有机学校的思想实质上是对昆西教学法的进一步延伸，是主张按照儿童的自然生长规律和秩序实施教育的学校。

（三）帕克赫斯特的道尔顿制

帕克赫斯特（Helen Parkhurst）是美国著名进步主义教育家，道尔顿制的创始人。她于 1920 年在马萨诸塞州道尔顿市的道尔顿中学开展教学实验，成绩显著，于是将其教育方法以"道尔顿实验室计划"命名，也称作"道尔顿制"或"道尔顿计划"。

"道尔顿制"实际上是一种个别教学制度。帕克赫斯特批判班级授课制中学生的个别差异得不到照顾，于是提出以下主张：（1）在学校废除课堂教学，废除课程表和年级制度，代之以合同式的学习。具体做法是：把各学科一年的课程以月为单位划分作业大纲，学生以合同的形式确定自己应完成的学习任务，然后根据自己的需要进行自学。学生可以根据学习进度快慢来适当延长或修改合同。（2）将各科教室改为各科作业室，分别配备该学科教师进行指导。（3）用表格法来了解学生的学习进步，既可以增强学生学习的动力，也可以使学生管理简单化。道尔顿制的关键在于自由与合作，要给予学生学习的自由，允许学生根据自己的需要安排自己的学习，养成独立工作的能力。同时，强调师生之间、学生之间的合作，以培养学生的合作意识和社会意识。

（四）克伯屈与设计教学法

克伯屈（W. H. Kilpatrick）是美国著名教育家，一生致力于诠释杜威思想。1918 年，他发表《设计教学法》一文，提出了设计教学法，被称为"设计教学法之父"。

克伯屈认为教育的最终目的是培养品格，强调教育应适于现实生活，积极改造生活。因此，他主张建立一种以生活和实际经验为中心的新学校。克伯屈将设计的方法运用于教育，并系统归纳阐述了设计教学法。他将设计教学法定义为是在社会环境中进行的有目的的活动，设计教学注重教学活动的社会和道德因素。其中，有目的的活动是设计教学法的核心，儿童自动、自发的有目的的学习是设计教学法的本质。克伯屈主张取消现有的课程体制与分科教学，取消教科书，把学生有目的的活动作为所设计的学习单元。

克伯屈根据不同的目的，将设计教学法分为四类：第一类是生产者的设计，克伯屈称之为建造设计，它是以生产某物为目的，用物质的形式去体现思想或观念。第二类是消费者的设计，他认为儿童非常活跃地消费、吸收别人生产的东西，如欣赏别人的画等，所以又称作"欣赏设计"。第三类是问题的设计，其目的在于解决一个问题。第四类是练习的设计，或称为"具体学习设计"，其目的在于获得某一种或某一程度的技能或知识等，一个具体的学习单元经常可以包含两个或两个以上的设计。此外，克伯屈还提出了设计教学法的四个步骤，即决定目的、制订计划、实施计划和评判结果。教师在设计过程中应发挥指导的作用，主要由学生自己思考来进行设计。

设计教学法以儿童为中心，可以充分发挥儿童的主动性和积极性，同时强调教学与生活、教学与社会的联系。但由于强调以儿童经验来组织教学，设计教学法的实施不可避免地会削弱对系统知识的学习。

第三节　杜威的教育思想

一、生平与教育活动

约翰·杜威（John Dewey，1859～1952）是美国著名的哲学家和教育家，是20世纪人类历史上少数几个最有影响的教育家之一。他出生于美国佛蒙特州的柏林顿。在佛蒙特大学学习期间，他对赫胥黎的进化论思想产生了浓厚的兴趣，开始了对哲学问题的思考。

1879 年大学毕业后，杜威先后在中学和乡村学校担任教师。1882 年，他进入霍普金斯大学学习研究生课程。在此期间，杜威对黑格尔哲学产生了极大的兴趣。1894 年杜威应聘到芝加哥大学任哲学教授，并担任了哲学、心理学和教育学系的系主任，讲授哲学、伦理学、心理学、教育学等课程。1896 年，他创办了芝加哥大学实验学校（亦称杜威学校）。1904 年，杜威辞职后到哥伦比亚大学任哲学教授，直到退休。在此期间他曾到日本、中国、土耳其、墨西哥和苏联等国家进行教育考察和演讲。1952 年，杜威在纽约去世。

杜威一生出版教育著作 30 余部，教育论文约 180 篇，其中主要教育著作有：《我的教育信条》《学校与社会》《儿童与课程》《民主主义与教育》《经验与教育》《今日之教育》《人的问题》等。《民主主义与教育》最系统地阐述了杜威的实用主义教育思想。

二、实用主义教育思想

杜威是实用主义教育思想的创始人，他的实用主义教育理论以实用主义哲学、"社会个人主义"的社会观、生物化的本能论心理学为理论基础。

（一）实用主义哲学

实用主义是在美国的具体历史条件下形成和发展起来的一种主观唯心主义的哲学，主要代表人物是皮尔斯、詹姆士和杜威。杜威主张哲学应是人们用以适应环境、整理经验的一种工具。他认为哲学必须与人的生活发生联系，以促进社会和政治的发展。但怎样实现这一结合与促进呢？杜威将哲学与教育紧密结合起来以发挥哲学的最大推动作用。

"经验"是杜威的教育哲学中最重要的一个名词。他认为，经验是人与环境相互作用的结果。杜威的"经验"概念包括人（经验的主体）和环境（经验的客体）在内，它们被看成是同一过程的两个侧面。杜威认为，存在即经验，人的主观经验是客观世界存在的基本前提。自然界所存在的一切都是"被经验到的东西"，自然界离不开人的经验。这是明显的主观唯心主义经验论。根据这种经验论，杜威提出："教育就是经验的改造或改组。"

（二）"社会个人主义"的社会观

杜威的教育理论，同时又是以"人性论"和"庸俗进化论"为理论基础的。由此出发，杜威把人类社会看作是由具有原来的人性诸如本能、习惯等的个人结合而成的。他进而论述，既然社会只是人性的组合，那么教育在改进社会中就具有决定性的意义。杜威这种把教育看成是社会发展的基本途径而反对阶级斗争、社会革命的观点，是一种社会改良主义的观点。另外，杜威还强调个人的发展在于适应社会环境的需要，即通过对个人的教育可以达到社会改良的要求。

（三）生物化的本能论心理学

杜威把心理理解为本能的活动。他认为，人的情绪、习惯、冲动等生物性的本能是心理的基本内容，是由遗传作用一代代传下来的。心理活动的实质就在于有机体采用一定的行动来适应环境并满足自己的需要。这是一种"机能主义心理学"的观点，即把心理活动完全生物学化，注重心理学的实用效能。根据这种生物化本能论的心理学观点，杜威提出教育的任务就是要按照儿童本能生长的不同阶段，提供适当的材料，组织各种活动，以有利于儿童本能的表现和发展。

三、关于教育本质的论述

关于什么是教育，杜威说："教育即生长""教育即生活""教育即经验的不断改造"。

（一）"教育即生长"

杜威认为教育的本质和作用就是促进儿童本能生长。杜威在《明日之学校》中说："教育不是把外面的东西强迫儿童或青年去吸收，而是要使人类与生俱来的能力得以生长。"在《民主主义与教育》中，他提出："教育就是生长。在它自身之外，没有别的目的，学校教育的价值，它的标准，就看它创造继续生长的愿望到什么程度，看它为实现这种愿望提供方法到什么程度。"他在《学校与社会》中批判了旧教育忽视儿童本能的弊病，明确提出了以儿童为教育的中心。这就是杜威的"儿童中心主义"的教育原则，该原则是杜威的教育理论甚至整个现代派教育理论中的核心。

杜威批判传统教育的最大缺点就是从外面对儿童施行强迫教育，让儿童学习成人编好的教材，使教育成为一种外来的压力。他提出：书本、教师本应是为儿童服务的，而在传统教育中，学生被书本、教师牵着鼻子走。他反对传统教育的死记硬背、置儿童于被动地位、压制儿童个性和不考虑儿童的心理特点的发展等做法。杜威主张把教育的中心转移到儿童方面来。他声称："现在我们教育中将引起的改变是重心的转移……这里，儿童变成了太阳，而教育的一切措施围绕着他们转动；儿童是中心，教育的措施便围绕他们而组织起来。"杜威重视儿童本身的能力和主动精神在教育中的重要性，并将之看作教育的素材和出发点。但"儿童中心主义"是杜威在其生物化的本能论心理学基础上提出来的，他把人的心理活动看成是生物化本能活动的产物，否定社会实践对人的心理作用；他一味强调教育要顺应并促进儿童心理本能发展。要以儿童为中心，却忽视了社会因素对教育的制约性，这是杜威"儿童中心主义"理论的缺陷所在。但是这一论述在批判传统教育弊病的问题上具有其积极的意义，并且也切合现代社会对培养人才规格的需要。因此，杜威的"儿童中心主义"理论虽然有不少缺陷，却产生了广泛的影响。

（二）"教育即生活"

杜威从教育与社会生活的关系这个角度提出，教育的本质即生活。他说："没有教育即不能生活，所以我们可以说：教育即生活。"杜威认为最好的教育就是"从生活中学习"，学校教育应该利用现有的生活情境作为其主要内容，而不是系统地学习那些由科学知识组成的文理科目。他宣称自己不同于斯宾塞把教育看作生活的准备的主张，他认为教育就是儿童现在生活的过程，而不是生活的准备；教育在于使儿童学会适应眼前的生活环境。

根据"教育即生活"，杜威又提出"学校即社会"。他要求根据现有社会制度来设置现有学校的环境，学校这个小环境应当是社会大环境的一个复制，这样就能在其中培养出能完全适应眼前社会生活的人。在《学校与社会》一书中，他明确提出应把学校创办成一个小型的社会、一个雏形的社会。

杜威的"教育即生活""学校即社会"的观点，其目的在于把年轻人培养成能服务于现代资本主义社会的人，其中要求学校教育应与社会实际联系、反对学校完全脱离实际生活等具有一定的积极意义。

（三）"教育即经验的不断改造"

根据杜威的主观经验论，经验就是世界的基础。因此他认为，教育也就是通过儿童的主动活动去经历一切和获取各种直接经验的过程。学校教育主要不是教给儿童既有的科学知识，而是让儿童自己在活动中去获取经验。杜威在此强调了直接经验的重要性，对于批判传统教育有积极的作用。但是他把"求知"和"知识"本身混为一谈，过于强调直接经验而忽略间接经验的重要性，实质上就是夸大个人的主观经验，不符合教学过程的科学认识。

杜威认为，人的最初的经验来源于"先天的能力"与环境的相互作用。但在人的一生中要不断获得新的经验，这些新的经验增加到原有的经验上，就会对原有经验进行改组、改造。所以对于教育来说，一是要增加儿童的经验，二是要提高儿童指导后来经验的能力。根据其主张的儿童经验的获得是要依靠儿童自身的活动去达到，杜威又提出"从做中学"，并把它作为教学理论的中心原则。

杜威关于教育本质的论述具有合理积极的因素，但其本质上是唯心主义的。他忽视了教育的社会基础和教育的阶级性，没有全面地阐明教育在促进社会发展和在培养人方面的重大作用。

四、关于教育目的的论述

杜威说："教育本身并无目的。只是人，即家长和教师等才有目的。"从表面看，杜威似乎是否定教育是含有目的的，而实际上在杜威的哲学与教育理论论述中，教育是有目的的。杜威提出：教育只是一种过程，除这一过程自身发展以外，教育是没有目的的。他说只有"教育过程以内"的目的，即由儿童的本能、冲动、兴趣所决定的具体教育过程就是教育目的。实际上杜威是将"生长"作为其教育的目的，他说："教育就是生长，在它自身之外，没有别的目的。"杜威之所以主张生长为教育的目的，其主要是为了反对外在因素对儿童发展的强迫和压制，在于强调教育要尊重儿童的需要和兴趣。杜威把由社会、政治需要所决定的教育目的看作"教育过程以外"的目的。他认为外在的教育目的不能顾及儿童的兴趣和需要，因而强烈反对这种外在的、固定的、终极的教育目的，这种终极的目的其实是一种理论上的虚构。

杜威明确提出教育过程本身就是它自己的目的，除此之外别无其他目的。他又说："教育的过程和目的是完全相同的东西，如要在教育之外另立一个任何目的，例如给它一个目标和标准，便会剥夺教育过程中的许多意义，并导致我们在处理儿童问题时依赖虚构的和外在的刺激。"可见，杜威的教育目的论，只是对于脱离儿童而由成人决定教育目的的旧教育的批判，并非根本放弃教育目的。在杜威后期的著作中，也谈到了为什么样的社会培养什么样的人的问题。

五、活动课程论与"从做中学"

杜威反对以既有的知识编写系统教材进行学科课程教学。他认为学科课程虽然可以学到系统知识，但这种前人的符号积累远离儿童个人的生活经验，把儿童同实际生活割裂开了，并不能使儿童学到处理实际问题的方法。他要求把课程与教材建立在儿童现在的生活经验基础之上，并认为，儿童本身的活动就是课程，也是教材。他甚至提出儿童的学习应循着历史上人类的进步的足迹重新体验其全部发展过程。

杜威认为，学校课程的主要内容就是各种不同形式的主动作业，如园艺、纺织、烹饪、木工、铁工、缝纫等活动课程。学校教育者要做的是为儿童提供各种活动材料，提供活动情境。儿童运用这些材料的过程是一个创造性的思维活动过程，最能体现儿童的个性与兴趣。儿童在这个过程中自己发现问题，并且寻找解决问题的方法。知识也就在"做"中获得了。杜威认为，这样获得的知识完全是通过儿童的自身体验得来的，是绝对的直接经验，对儿童来说，只有这样的知识才是最准确无误、最有价值的，而且也是记忆最深刻的。

"从做中学"是杜威教育理论的基本原则。杜威所说的"从做中学"，实际上也就是"从活动中学""从经验中学"。杜威的"从做中学"理论也是在他批判传统的学校教育弊端的基础上提出来的。杜威批评传统教学是"三中心"的教学，即以前人的知识、课堂的讲授和教师的作用为中心，而唯独忽视了真正的中心——儿童本身的活动。他全面否定传统教育，认为传统式的教学是对儿童进行外部的灌输，所用的教材脱离儿童本身的需要，儿童的学习过程只是吞剥书本上的和成人经验中的东西。而活动教学则以表现和培养儿童的个性为主，教学中注意培养儿童的创造性思维能力，以儿童自由活动的形式进行。儿童从自己的活动、自身经验中学习，教学结合儿童当前的实际需求开展。总而言之，活动教学是以儿童的活动为中心，注重儿童的主动性和创造性的发挥。杜威要求现代学校要用活动教学来完全取代传统教学，用活动课程取代学科课程。

第四节 实验教育学

"实验教育学"19世纪末20世纪初产生于德国，在欧美各国流传较广，是以教育实验为标志的教育思想流派。它标榜以"科学"的新方法来进行教育理论的研究，寻求提高教育质量的途径，反对传统的教育学研究方法。"实验教育学"以实验心理学为直接的理论基础和实验方法，并且从实验生理学以及其他自然科学的研究成果中吸取养分。"实施教育学"主张，只有能够得到"科学"证明的东西才是真实可靠的，此外，一切超出人的感觉之外、凡不能由"科学"得到验证的事物则都是不可知的。应用到教育研究上，强调要用心理实验的"科学"方法来研究儿的身心发展，据此革新教育内容和方法，也是作为传统教育的对立物出现的。"实验教育学"在各资本主义国家又各有自己的论述，其主要代表有德国的梅伊曼、拉伊和美国的桑代克。

一、梅伊曼的教育思想

梅伊曼（E. Meumann）是德国著名的教育家、心理学家，实验教育学的创始人之一。他是实验心理学家冯特的学生。1901年，他采用心理实验的方法研究儿童的学习与疲劳等问题，并在《德意志学校》杂志上发表文章，首次提出了"实验教育学"的名称。

梅伊曼批判传统教育学体系缺乏以科学实验方法进行的严密论证，其所提出的规章和准则要么是思辨的产物，要么是直观思维的产物，并且生搬硬套这些规章、原则阻碍了教育科学的发展。梅伊曼认为只有实验室研究中所取得的数据才是最可靠、最有价值的成果。他主张把教育研究建立在生理学、心理学、解剖学、精神病学和犯罪学的理论基础上，从多方面来研究儿童、研究教育问题，如：儿童生理、心理发展的主要特征是什么？儿童身心发育的过程及个别差异是什么？如何促进儿童智力、精神的健康发展？如何比较教学方法的优劣？另外，他重视通过实验心理学测试儿童身心特点而确定教育和教学的内容与方法，以便更好地促进儿童智力与能力的发展。

梅伊曼是教育史上第一个系统地论述实验教育学的性质、方法、研究范围和任务的人。他看到了实验教育学的实践性，要求把教育学建立在科学实验的基础上，极大地推动了传统教育的改革。但梅伊曼过分相信实验室里心理实验的方法，以至于排斥在现实教育活动中对儿童发展的研究，把人看成单纯生物学化而不考虑社会的、阶级的影响，这就使他的研究脱离实际，走向极端。

二、拉伊的教育思想

拉伊（W. A. Lay）是德国教育家、实验教育学的创始人之一，与梅伊曼在一些基本问题上有许多共识。他同样认为用思辨方法建立起来的旧教育学缺乏科学性，不能很好地解决教育实践中的问题，主张实验教育学应当借助于相关的其他学科。

拉伊也用生理学、心理学的理论来解释教育问题。他认为，人的意识产生于身体受到刺激以后所发生的反应，反应的形式是印象、印象的类化和表现。教育的目的即在于使人善于接受外界的刺激，然后做出一系列的反应。教育就是按照规范的科学对于人类的身心发展的引导和控制。他设想一切生物的活动过程都是遵循"感受—加工—活动"来完成。在教育中，学生的学习首先是通过感官获得印象、构成知觉，进而通过思维对印象和知觉进行整理加工，最后付诸行动。所以，拉伊的教育理论也被称为"行动教育学"。

在一些问题上，拉伊与梅伊曼也存在着分歧。拉伊不认同梅伊曼将实验教育学与系统教育学对立起来的做法。拉伊把实验教育学看作旧教育学的扩充与严密化，是一种完整的教育学。另外，拉伊不同意梅伊曼的研究方法，他突出强调教师在日常的实际教学中对儿童的心理、学习与行动进行观察和实验的重要性，并主张教育家、心理学家、医学家和人类学家共同注重对儿童的多方面的研究，从而选择与确定教育和教学的合适方法，提高教学质量。这比梅伊曼只重视实验室内的实验具有很大的进步性。然而，他的研究把教育学完全归结为生物化的人体条件反射的公式，却是片面的、不科学的。

三、桑代克的教育思想

桑代克（E. L. Thorndike）是美国著名的心理学家和教育家，一生致力于心理测验的研究，并首创了成绩测验及其量表，推动了实验教育学的发展。

"联结"是桑代克教育心理学的核心概念。桑代克通过对动物进行研究认为，动物的学习就是在刺激和反应之间形成的联结。他把这一看法照搬到人的心理研究中，认为人类和动物在心理行为上的复杂过程虽然大不相同，但是从接受刺激到做出反应并取得学习效果是相同的。根据其学习心理学，桑代克认为学习的过程就是形成后天习得的联结的过程，并提出了他的尝试错误的学习理论和三个学习定律：准备律、效果律和练习律。而教育的过程主要就是给学生以刺激，使其做出行动上的反应，在多次尝试、错误的反复之后得出正确的结论。

在这一行为主义教育心理学理论指导下，桑代克首次提出了成绩测验的方法。他认为以往学校中的成绩评定受教师的评分标准、态度、教学经验等不同主观因素的影响，进而不能科学地反映学生的成绩。他提出了一个科学的成绩测验与量表：首先规定一个严格的"标准测验"，其题目内容、答题标准、时限、环境等都有统一的规定。然后应用统一的"量表"来表示从零度能力以至高度能力分配、排列的情况。在此基础上，他又提出把成绩测验与智力测验结合起来测定学生的"成绩年龄"和"成绩商数"，以此判别学生天资能力的差异。

总之，实验教育学的学者们提出了一定的实际见解与方法，把教育、教学工作放到一定的科学实验之上，这比以往的旧教育理论显得现实而有效，但他们往往置教育的社会、政治原因于不顾，具有片面性。

第五节　当代欧美教育思潮

一、改造主义教育

改造主义教育理论是在 20 世纪 30 年代从实用主义教育和进步教育中逐步分化出来的，自称是进步教育真正的继承者，并以实用主义教育理论的一个分支而著称，在第二次世界大战后得到很大发展。这一派的代表人物是美国教育家布拉梅尔德（T. Brameld）。

他指出，改造主义是一种危机哲学，适用于处在危机中的文化和社会。他的著作有《新时代的教育》《教育哲学的模式》《教育哲学的改造》《危机时代的教育》等，奠定了改造主义教育的理论基础。

"改造"有两层含义：一是要把改造社会作为教育的根本目的，二是要对已不适应当代要求的教育进行改造。布拉梅尔德指出，20 世纪 50 年代美国的教育水平比 40 年代大大降低了，例如师资缺乏、物质条件的困窘、公民对政治的不关心、轻视科学方法等，这些将导致教育上出现保守主义。他继而指出，当前时代下却宣传传统的教育信条，无视进步主义教育的主张却重新实施保守主义教育，这是一种倒退。他认为，实用主义教育理论才是美国教育史上最有创见、最有影响的教育理论。它摆脱了传统旧模式的弊病，符合时代的需要。但他也认识到了实用主义教育理论本身的缺点，即：只重视手段和而不重视目的，只要过程而不要结果，只强调个人中心而忽视社会发展等。改造主义教育理论就是针对解决这些问题出现的。

布拉梅尔德主张通过改造教育来解救时代的危机,建立社会的新秩序,根据行为科学来重新考察教育的整个传统结构。行为科学是在 20 世纪 30 年代提出、50 年代发展起来的一种科学理论。它把人的心理与人与人之间的关系看作支配人的行为的重要因素,主张要在心理学、社会学等实验科学基础上研究人的行为规律,提倡激发人性、发展合作精神。

根据上述主张,改造主义教育的主要理论包括:

(1)教育应当以"改造社会"为目标,改造主义的教育目标不同于进步主义的个人中心,它首先要考虑的是社会的大目标,具体表现为建设新文化、创建世界秩序。

(2)重视学习社会科学知识和以解决问题为主的教学方法。课程的选择与社会文化的改造、发展要有内在的联系。课程应体现社会价值论的灌输,要求围绕一定的社会问题来学习各方面的知识。

(3)提倡民主的师生关系。改造主义者认为,促进人们对社会改造而努力,主要使用说服方法,而不是用政治行动的办法。在教育中,改造主义者反对灌输式的教育和学习,强调教师应当通过民主的讨论、劝说教育说服学生去"改造"他们所生活的社会。

二、要素主义教育

要素主义教育是 20 世纪 30 年代末作为实用主义教育和进步教育的对立面出现的。该派的主要代表人物为美国哥伦比亚师范学院的威廉·巴格莱(W. C. Bagley)。1938 年,他与德米亚西克维奇等组织成立了"要素主义者促进美国教育委员会",并通过了《要素主义者促进美国教育之纲领》,标志着要素主义教育的正式形成。要素主义教育思想主要包括以下要点:

(1)关于教育目的。要素主义者一般认为,教育的目的是促进社会的进步。要促进社会的进步,就必须通过理智和道德的训练来保存文化遗产。要素主义者认为教育目的就是传递人类文化遗产中永恒不变的"共同要素";只有掌握了文化,人才能够准确地预见各种行为方式的后果,从而达到他期望的目的并且帮助个人实现理智和道德的训练。简言之，要素主义认为教育的终极目标就是维护社会中已有的、稳定的、确定的价值，而不致出现混乱。

（2）关于课程。要素主义者主张，教学内容首先应该是人类文化遗产中的要素、精髓，主张把人类文化的"共同要素"作为学校教育的核心。课程设置应该遵循种族第一、个体第二以及理性第一、个人快乐第二的原则，并且首先要考虑国家和民族的利益，要注重种族经验的传授，因为它具有永久的价值，要包含社会的传统的价值标准。此外，要素主义者还坚持学科课程与教材的逻辑组织。

（3）关于教育过程。要素主义者认为，教育作为一种传递民族文化遗产的过程，教师在教学过程中应处于中心的地位，具有较大的权威。因为学生自己是不能理解学习内容的，必须靠教师的指导才行。

（4）在教学方法方面，要素主义者既反对进步主义又区别于传统主义，注重心智的训练。他们认为，不是所有的内容都能通过经验、问题解决或设计学到的，并且这样容易导致忽视知识的掌握。要素主义者主张在深刻理解的基础上的有目的的记忆。

三、永恒主义教育

永恒主义教育产生于 20 世纪 30 年代，代表人物主要有美国的赫钦斯（R. M. Hutchins）、法国的阿兰（Alam）和英国的利文斯通（R. Livingstone）等人。永恒主义是提倡复古的一种教育理论，其哲学基础是古典实在主义论。永恒主义教育理论包括以下要点：

（1）教育的性质是永恒不变的。他们认为，"实在"乃是潜在于物质之中的永恒的形式之展现，因而世界上存在着由"实在"构成的永恒不变的真理。而理性则是人性中共同的最主要的永恒不变的特性。人性或人的潜能必须不断发展才能达到理性，而这必须依靠对人的教育，所以教育的目的是发展永恒的人性。

（2）永恒的古典学科应该在学校课程中占有中心地位。永恒主义教育家认为教育的基础是永恒不变的"实在"所构成的永恒知识与伦理原则，这就是永恒主义教育名称的由来。"永恒学科"是发展"理性"的最好的途径。"永恒学科"主要是指古希腊、古罗马时期的哲学、文学、历史、科学等方面的伟大著作，它们具有永恒不变的价值，蕴藏着大量关于真理的知识和丰富的精神世界，能使学生更切实地认识世界的永恒性和从中寻找独立思考的源泉。为此，他们推行了"百部名著计划"，这些名著包括《荷马史诗》《圣经》和莎士比亚的著作及牛顿的《光学》等。

（3）在教学方法方面，永恒主义者认为，好的教学方法的主要标准取决于它能否有效地完成教学任务，而选择教学方法的关键是要区别对待不同的学习对象。要按照学生自己的学习速度、接受能力来进行教学，但不能迁就学生的懒散和所谓的兴趣。要达到学生的"自我实现"，就必须让他们有"自我约束"。永恒主义者反对进步主义教育单纯追求兴趣、降低知识标准的做法。

四、存在主义教育

存在主义教育是以存在主义为哲学基础的一种教育理论，萌芽于 19 世纪下半叶。德国的海德格尔（M. Heidegger）1927 年在《存在与时间》一书中首次提出了存在主义哲学体系，宣告了存在主义哲学的正式产生。从 20 世纪 50 年代开始，存在主义有了更广泛的传播，而且其影响也涉及文学、艺术、教育等领域。第二次世界大战以后，德国教育人类学家博尔诺夫（O. Bollnow）等人把存在主义应用于教育理论。存在主义教育哲学并无统一的完整的理论体系，其基本教育主张有：

（1）关于教育目的。存在主义教育家认为，教育纯粹是个人的事，教育的目的就是使每一个人都认识到自己的存在，并形成一套不同于他人的独特的生活方式。教育对公众、集体和社会都不承担任何责任，因此，教育要维护个人的自由，帮助个人进行自我选择，并对自己的选择负责。教育的最终目的乃是个人的自我完善。

（2）关于教育的任务和教育的内容。存在主义教育家认为，不能把知识的传授作为中心。用知识填塞学生，犹如用外物、他人的意志来控制学生。学生是自由发展的个人，而不是知识的被动接受者。同样，在道德教育中，也不能以固定的道德标准对学生进行灌输，而只需让学生懂得应该选择道德行为。教师应该尊重学生的主观性，把学生当作一个人而不是物来对待。教师既不是知识、道德的传授者，也不是学生的监督者；教师需要做的只是激励学生学会学习，增强他们的自由和选择性。

（3）关于教育方法。存在主义教育家认为，教育是为了使学生认识到自己的存在，所以应选择那些允许学生最大限度地自我表现和自我选择的教育方法。他们认为苏格拉底的"产婆术"是最理想的教学方法，因为学生通过这种方法可以获得"自己的"知识，而且可以使师生之间建立真诚、正直的关系。

五、结构主义教育

结构主义教育盛行于 20 世纪 50 年代，以著名的心理学家皮亚杰的学说为理论基础，注重儿童心理结构与教育知识、课程结构的研究。皮亚杰提出了"发生认识论"的理论体系，认为儿童的认识能力既不是先天的心理官能，也不是简单的在外界影响下的联想，而是认识结构的不断构造与发展。通过对环境的不断"同化"和"顺应"，儿童的认识能力从低级向高级不断发展。儿童的认识结构具有区别于成人的独自的特点，因此，皮亚杰反对传统教育把儿童当作"年幼的成年人"施以教育，而要求依据儿童心理结构的特点进行教育与教学。美国心理学家布鲁纳接受并发展了皮亚杰的"发生认识论"，并把它应用于美国 60 年代的教学改革，创立了结构主义教育理论。布鲁纳具体地提出，应该关注"我们将教些什么？什么时候教？怎样教？"的问题，并对之做出了明确的回答，基本代表了结构主义教育的主张。

（1）重视学生学习学科知识的基本结构。结构主义教育者认为，科学技术迅猛发展的形势下不适合继续使用儿童中心主义的活动课程了，但也不能简单沿用传统教育的只教具体知识的学科课程。面对当前知识在数量和速度方面的快速增长，必须教给儿童学科知识的结构，即要教给儿童各门学科知识的基本概念、原理和原则。这样，他们就能根据基本原理去独立地理解、扩展基本知识的领域。

（2）主张学科基础的早期学习。结构主义教育理论注重对儿童的早期教育。对儿童进行早期教育、注意智力开发的工作不仅是培养现代人才所必要的，而且是可能的。布鲁纳提出了一个著名的论断："任何学科都能够采用在智育上正确的方式，有效地教给任何发展阶段的任何儿童。"他认为只要使学科知识的基本结构与儿童认识的基本结构发展水平相适应，教学就应该成为促进儿童智力发展的过程。

（3）提倡"发现学习法"。结构主义理论认为，学习是一种过程而不是结果，类似于人类探求知识的过程。应当是让儿童在学习中自己去发现，而不应是教师的冗长的讲解、灌输和强迫儿童去死记硬背。儿童在探求、发现的过程中，不仅学得了知识、发展了思维，也学会了如何学习和独立探究的能力。这样的主动学习，会使儿童的知识质量和智慧发展水平都有很大的提高。

关联拓展阅读之一

误读美国教育：中国英才教育批判

程红兵

按：2011年4月，国务委员刘延东与美国国务卿希拉里就中美人文交流达成协议，中美双方将启动教育、文化、青年、妇女等多方面的交流。

7月19日至8月1日，作为此项目的第一批赴美考察团，由来自北京、上海、浙江、山西等地的78位优秀校长、教师组成的教育考察团，在国务院参事、中国人民大学附中刘彭芝校长率领下，赴美国芝加哥、波士顿、华盛顿深度考察，访问美国最优秀的公立、私立高中。在考察回国的飞机上，考察团成员程红兵难掩激动与焦虑，动手写作这篇文章，并第一时间发给本刊。其中的观点有点"刺耳"，但这样"不同的声音"，或许能给中国教育带来不一样的反思和启示。

只有深入到美国的学校中去，我们才会陡然惊觉，过去对美国教育的一些看法，都是片面的、主观臆断的，是对美国教育的误读。我们以为美国的基础教育还在为基本的阅读能力、计算能力不过关发愁，并不关注英才教育，因此会有"不让一个孩子掉队"的总统令。我们以为美国的基础教育总体质量不行，比如 PISA 测试（国际学生评估项目）中，美国学生的阅读能力、计算能力、科学能力排在中下游，只是因为美国的高等教育比我们的强，所以美国科技发达。我们以为美国的基础教育都是杜威的"生活即教育"，在玩中学，轻轻松松上学去，基本没有负担。我们以为美国的基础教育特别不重视学科教学，他们的学科教学远远不及我们，不及我们深，不及我们广，不及我们扎实。我们以为美国的科技教育成功一定是政府投入的资金雄厚，所以要搞精英教育一定要由政府投入相当多的经费。

2011 年 7 月 28 日上午，我们访问了美国的托马斯·杰弗逊科技高中，亲眼所见、亲耳所闻的一切颠覆了以往我们自以为是的错误认识，反思中国基础教育中的英才教育，即以前叫重点中学、今天叫实验性示范性高中的教育，与美国存在巨大差距。

我们到访的是一个以美国第三任总统托马斯·杰弗逊的名字命名的学校。学校就坐落在马路边，与所有美国学校一样，学校没有围墙，在紧靠马路的地方，有一个学生设计的雕塑，是由两个圆形、两个三角形、几个方块、一个人组成的不锈钢雕塑，作为学校的纪念碑，代表教师帮助学生开启科学大门，象征着这个学校的办学宗旨。

这所学校是美国国家创办的 4 所科技高中之一，始建于 1985 年，2007 年被美国《新闻周刊》列为美国最好的精英型公立高中，在《美国新闻与世界报道》所做的"美国 100 所最佳公立高中排名"中，连续 3 年位列榜首。一所只有 25 年历史的公立学校，获得如此殊荣，的确有其不同凡响的做法。

校长伊万·格雷泽接待我们，这是一位年轻的校长，看上去也就 40 岁出头，虽然背有点驼，但仍显得健壮、英俊，他向我们详细介绍了这所学校是如何培养科学技术的精英人才的。然后是学校的校长助理、各学科优秀教师向我们介绍学科教学、课题研究，最后由一个高三年级学生带我们参观学校。

托马斯·杰弗逊科技高中一共 4 个年级，从 9 年级到 12 年级，学生从十三四岁到十七八岁，主要是来自北弗吉尼亚州的优秀学生。学校属于弗吉尼亚州，是"磁铁石学校"，即有专长的学校。美国的"磁铁石学校"是在办学过程中有非常鲜明的特色课程的学校，因为可以吸收其他学校的学生来选修他们的一些课程，因而有这一称呼。一般公立学校的选修课必须达到 20 至 30 人以上才能开设，"磁铁石学校"可以聚集当地周边学校的学生，每周一起上半天的课。美国的"磁铁石学校"不仅有科技特色学校，而且也有文科特色学校、艺术特色学校、体育特色学校，"磁铁石学校"常常与相关科技公司、研究机构、大学、社会团体密切合作。

托马斯·杰弗逊科技高中的办学宗旨是：特别注重学生能力培养，包括思辨能力、解决问题的能力、好奇心、社会责任感。学校的办学理念贯穿在学校课程之中，学校提供充满挑战性的课程，各个学科相互交融，共同创造一种创新的文化氛围，这种氛围是建立在伦理道德的基础上的。

一、暑假学校：独特的招生育人模式

托马斯·杰弗逊科技高中的教育从暑假学校就开始了，暑假学校招收一些想报考这所高中的初中学生。在这里，每个学生每次交 200 美元，就可以参加这所学校的科技课程，这些科技课程都是动手动脑的，比如物理学科，从加工材料做起，锯、剪、焊、接、电脑编程等，基本功就在这里学会，短短的暑假学校期间，学生学会了许多技能。暑假学校的科技课程非常生动活泼，吸引学生热爱学校、热爱科学，比如以电视连续剧《解密》为话题，让学生参与破解一个个有趣的科学秘密，在破解秘密的过程中产生浓厚的科学兴趣、研究兴趣。暑假学校针对学生的需求开设课程，学校将参加暑假学校的学生分成若干个组，要求学生提问题，同时给每个学生阅读材料，放相关电影，高年级带低年级学生讨论问题，然后每个小组集中向学校提出一个值得关注的问题，如科技化的时代如何保持个性、创造性？要求每个学生都参与投票，选出最受学生关注的问题，学校针对问题设计课程，教师指导学生学习。在整个暑假学校学习过程中，每一个学生的志趣爱好、能力水平、情商、智商以及责任意识、合作能力，教师都可以真真切切地观察到，学校因此可以在这些初中学生里发现一些好苗子，介入早期的培养。

为了更广泛地发现人才，每年招生由这所学校自己组织考试，选拔一些科技方面有志趣、有特长的学生，报考的人很多，每年的录取率就在 20% 左右。这些少数科技精英进入学校之后，就开始了科学的符合教育规律的培养。

二、大学先修：比我们更广更深的科技课程

托马斯·杰弗逊科技高中的课程设置重视基础、突出科技、文理并重。科技、工程、数学学科实力非常雄厚。除了理科课程，还有丰富的文科课程、体育艺术课程。学校特别注意文科理科结合，英语、数学、历史（包括各种历史，如美国历史、科技历史等）是每年的必修课程，教师重视教会学生用理科的方法解决文科问题。

主体课程有必选课，首先是数学，学生每一年必选数学，必选微积分。80％学生在修完微积分之后，会选修高等数学。学生至少要选修 1 年的电脑课程，大部分学生还会选数学建模、电脑编程、人工智能等。英语和社会也是主体课程，学生必须选修 4 年的英语和 4 年的社会课程。学生必须选修 3 年的外语，主要有汉语、德语、法语、拉丁语、西班牙语等供学生选择。学生还必须选修两年的体育课、1 年的艺术课。科技课程每年有所侧重，9 年级学生学生物，10 年级学化学，11 年级学物理，12 年级学地球物理。

学校课程设置当中一大特色就是 9 年级新生要学习复合型课程，即生物、英语、技术 3 门课的复合。技术课指的是动手实验、计算机、焊接等实用技术。3 门学科之间是有关联的，相关学科教师一起备课，把一年的计划设计好，根据教材设定主题，3 门课的教师一起上课，指导学生，如环保主题，生物教师带学生看样本，指导学生研究基本原理；英语教师指导学生看文章，帮助学生提问分析；技术课老师带学生做实验，帮助学生掌握技术、器械。复合型课程一节课时间比较长，这样的教学除了学科综合的优势外，还有助于学生形成团队精神。中国是班级授课，美国一般学校都是学生走班，45 分钟或 90 分钟之后走班。学生进校之前都互相不认识，走班上课，学生没有一个团队概念，而复合型课程把学生分成几大组。该校复合型课程融合了走班制和班级授课制两种方式的优势，每一组学生都有机会相互了解，团体意识、团队精神由此建立起来。

该校学科教学的深度和广度都远远超过了中国高中学生，比如 10 年级学生学化学，暑假里就提前自学了化学课程，因此开学后的课堂教学节省了大量时间，学习进度大大加快。必修课之余，有志于化学研究的学生还可以在选修课时选择大学化学课程，每个学生在某一志趣学科中所学的知识面、知识深度远远超过中国学生，不像中国学生面面俱到，人人一样。11 年级学生学物理，分为普通物理、AP（advanced placement，大学预修课程）物理两种，取决于学生是否学了微积分，学了微积分，就选 AP 物理，一般是数学成绩好的学生选 AP 物理。12 年级学习地球科学，数学非常关键，很多地方要用到

数学建模，使用建模的软件来进行天气预测、地震预测。虽然每年科技课程各不相同，但教师每年都要指导学生回顾一下所学过的学科，使学生具有扎实的学科基础。

除了主体课程之外，还有大量的选修课程，10 至 11 年级学生选修 AP 课程的物理、化学、生物、纳米技术等课程，其他还有有机化学、神经生物学、地球生态学，等等。选修课程开设的是大学级别的课程，老师先讲授，再指导学生实验，有些课程如生物课要在户外获取大量标本进行分析。

该校还有一个很有意思的特色课程——"第 8 节课"，这是学生自发形成的，没有学分，学生自己选择做事，根据自己的兴趣，自己找老师，除了科技研究，还有文化活动，或者到当地小学讲授科技，或者组织有意义的活动，学生也可以选择找老师补课，给学生相当大的自由度。

三、推动人类进步：每个学生都有研究项目

这所学校的另一大特色就是每一位学生都有研究项目，最后一年都必须提供研究成果。学校积极倡导推动人类进步的科学研究，每学年学校邀请科学家来校演讲，为学生做报告，激发学生为人类的科学事业而奋斗。

学生在 4 年高中生活中，其科学课题研究是有系统设计的，9 年级学生刚开始进入高中，先感受一下高中课程，同时要考虑自己的兴趣，思考自己的课题方向，全面规划设计自己的课程，把学校每个学年的学习和暑假学校都纳入到学时之中。如对化学有兴趣，在各个年级选修什么，暑假学校学什么，把中学、大学的课程全部考虑进去，由广到细，由浅入深，最后第 4 年，12 年级学生必须选择科技项目的研究课题来研究。科研项目与课程紧密相连，先有学生的兴趣，学校再设计相关课程，比如有些学生对通过电脑读取人类大脑的脑电波产生很大兴趣，学校因此建立神经科学课程，建立神经科学实验室，不少课程是建立在学生课题的基础上。

学生选择的研究项目都是真实的、立足于解决现实问题的研究，有些研究属高端前沿，因此对科学实验室的要求非常高，公立学校没有资金购买，就想办法寻求相关科技公司、研究机构、大学的支持。85% 的学生在学校进行研究，学校在相关单位的帮助下建立了神经科学实验室、能源实验室、化学分析实验室、海洋生物实验室等 13 个高端实验室，另外有 15% 的学生到外面的大学、研究机构做研究。所有的学生必须自己找研究方向，学生要读大量的科学文献，读学兄学姐的研究报告，与当地科学家讨论问题，有

的学生特别有灵感，能够创造自己崭新的研究项目，如有学生研究人造卫星，在课内做研究，在课外寻求社会各界给予支持，找当地人造卫星公司给予支持。学校与公司、政府、大学、科研机构合作，这是学校成功的因素，公司会给学校提供很多机会，进一步推进研究项目，学生提出研究报告给公司。

学校还特别关注学生社会责任感的培养，组织各种活动，如环境保护、社区服务，组织高中生为小学生服务，周末向当地的小学生介绍科学研究，帮助小学生培养研究精神，从而使自己的学生有一种自觉的社会担当。学校举行一年一度的科学研究大会，表彰优秀成果，将优秀的作品刊登在学校的杂志上。

四、中美对比：我们的问题在哪里？

托马斯·杰弗逊科技高中的外在条件并不特殊，甚至远远比不上中国的高中，特别是不像北京、上海的实验性示范性高中那么豪华、那么漂亮，但是他们在科学人才的早期培养上远远走在我们的前面，走在世界的前面，让人震撼。由此可以得出结论，如果中国基础教育，尤其是高中教育不加改变的话，未来科学世界的高峰仍然是美国人的，我们很难赶上。大家知道，谁占据了科学的制高点，谁就占据了全球经济的制高点，占据了整个世界发展的制高点。我们要想在科技创新领域赶上美国，必须改变基础教育的英才培养模式，舍此，别无选择。

很少听到美国人谈论精英人才的培养，因为这个方面他们做得很好，所以他们根本不需要谈；他们最喜欢谈的是不让一个孩子掉队，因为他们在教育均衡方面做得不够好。因此千万不要误读美国基础教育，不要以为他们只重视均衡，实际上他们特别重视英才培养。

当我们在痛批英才教育、着力解决教育均衡问题的时候，美国人一边号召不让一个孩子掉队，一边悄悄把少数英才少年紧紧抓住，对高端人才进行卓有成效的早期培养；当我们的优秀学生在拼命做题的时候，他们在动手做实验；当我们的精英高中学生仍然在为分数、高考拼搏的时候，他们在做科学研究课题；当我们的英才少年在搞奥林匹克竞赛的时候，他们在研究攻克癌症，他们在制造火箭，他们在开发新能源，他们在做火星探测器。这些年来，我们的重点高中也搞课题，但那多半是点缀；我们也搞研究性学习，但那多半是纸上谈兵；我们的学生也会写科研论文，但时常是老师帮忙，甚至是父母代劳；我们有些高中也有一些像模像样的所谓实验设施，但那多半是博物馆型的，观摩的意义大于动手的意义；我们一些职业技术学校也有一些实验设施，但很可惜，这些学生只会操作，不习惯于创造，而英才学生更是只做题，不去研究创造，不去制作具体东西，不出产品。但美国人是真抓实干，走进这里的 13 个实验室，每个实验室都是堆满了各种工具、材料和各种半成品，看似杂乱无章，但其实自然真实，他们是在做真研究，做真课题，做实实在在的科学研究，做推动人类进步的发明创造。接待我们的一个该校高三学生兴奋地告诉我们：托马斯·杰弗逊科技高中学生制造的火箭将于 2012 年春天升上太空。这样的真研究比比皆是，是他们每一个高中学生的必修课。

他们将杜威"做中学"的思想、赫尔巴特的学科教学的思想、建构主义的研究探索体验的学习思想，把看似矛盾的各种学派教学思想全部整合在一起，形成了有效的育人方式，培养了一批批真正的科学技术人才。他们会做，最基本的动手能力、实验能力远远超过我们的学生；他们会读，离开老师的时候，他们自学了大量学科教材、科学著作，形成了比我们的学生更加广博、更加深入的理论知识系统，为创造研究打下了深厚的知识基础；他们会问，不断地向书本发问，向教师发问，向科学家发问，向自然和社会发问，形成了他们质疑探索的可贵精神；他们会学，自主学习，自主研究，自我表达，将自己的研究成果用文字、用他们亲手创造的物品表达出来。相反，我们的学生多半只会做题。

今天中国最杰出的学校尚且基本停留在应试升学的准备上，国家的创新人才从哪里培养？中国高端科技人才的培养，从起步上比美国至少晚了 10 年（笔者认为，中国从初中、高中乃至大学本科，很少有真正意义上的科学研究）。而美国差不多是让一大批中等人才、初等人才随心所欲、随行就市、顺其自然，能学到什么程度就学到什么程度（数学相当于中国初中二年级水平的高中生，也能够高中毕业），想学什么就学什么（大量的非学科类的选修课程），但是他们抓住了极少数高端人才，从初中开始就进入到科学素养的培养上。从初中到大学本科毕业，这个 10 年是一个人一生中最少保守思想、最容易接受新鲜事物、最容易产生新创意、想象力创造力最为活跃的 10 年。因此，我们在提倡教育均衡的同时，也要重视少数高智商学生的发展。上海学生参加 PISA 测试的成绩已经证明了，我们目前的状况是，低端学生不低，高端学生不高。让高智商的学生去重复做一些低层次的试题，浪费了大好光阴，错失了开发他们科学潜质的宝贵时光，让人痛惜，让人扼腕！

　　这里当然有我们民族文化的问题，我们相对更加功利，更加实惠，更加注重眼前，更加看重分数，就是因为分数能给学生带来好的高校、好的专业。要解决这个问题，当然不能指望即刻改变功利实惠的文化环境，但是可以改变政策，改变招生政策，对极少数高端科技人才，我们完全可以取消高考，代之以全面衡量学生的科学研究能力、科学素养，比如可以请大学教授以综合素质考核的方式录取学生进入一流高校。要改变一种文化，首先要从改变政策做起，为什么不能解放优秀学生？为什么不能在教育均衡发展取得阶段性成果之后，抓紧培养高端优秀人才？

选自《人民教育》2011 年第 11 期

关联拓展阅读之二

何等清晰的教育改革思路

谢小庆

　　长期以来，美国在精英教育方面是成功的，不仅培养了比尔·盖茨、乔布斯、扎克伯格等一大批科技和商业精英，而且培养了一大批诺贝尔科学奖的获奖者，使美国一直在科技领域保持着领先的地位，使美国一直控制着世界上大部分的科技专利，使美国在"全球化"经济中处于利益丰厚的"上游"，使美国甚至在"金融危机"的经济困难时期也一直保持着对中国的高科技禁运，一直威胁着欧洲和以色列不得放松对中国的高科技禁运。

　　美国精英教育的成功与其宽松的、非竞争教育环境有关。这种教育环境，使孩子的好奇心、探究欲和创造力得到保护。在美国学校中，从小就注意发展孩子的审辨式思维（critical thinking）。"成也萧何，败也萧何"，也正是由于这种宽松的、非竞争的教育环境，使美国学校中出现了一大批"掉队（left behind）"学生或"差生"。43－17=？48÷3=？在中国的小学毕业生中，5秒钟内不能做出正确回答的比例可能不足5%；在美国的小学毕业生中，5秒钟内不能做出正确回答的比例可能高达50%。

为了解决这一问题，小布什总统推动了一场轰轰烈烈的教育改革。在小布什的首次竞选中，核心的竞选主题是教育改革。2000年夏天，在整个竞选过程中最重要的活动——共和党全国代表大会上，大会的主席台被布置成一间小学教室。

2001年1月20日，小布什总统宣誓就职。1月23日，他就推出了被称为"一个都不能少"（No Child Left Behind，直译为"不让一个孩子掉队"）的教育改革方案。2001年12月，美国国会通过了关于教育改革的《一个都不能少法案（2001）》（No Child Left Behind Act of 2001），以立法的形式肯定了小布什的教育改革方案。"一个都不能少"的口号家喻户晓，"一个都不能少"教育改革在法律的保护下稳步推进。

"一个都不能少"教育改革的关键词是"问责（accountability）"，改革的重要内容是加强考试，核心举措就是在四年级和八年级举行州统考，通过考试加强对学校和教师的问责。对于美国，这种改革是必要的。在美国的文化环境中，加强考试对优秀的学生的影响微乎其微，却可以督促缺乏自觉性的学生，督促后进的学生，可以减少"掉队"现象。

为了实施这一法案，美国政府大幅度增加了中小学教育拨款。有研究表明，这场改革在提高学生，尤其是落后生的阅读和数学成绩方面，取得了显著成效。民意调查显示，多数美国民众对这一法案抱支持态度。

在2004年的大选中，小布什的民意调查结果曾经大幅度落后于自己的竞选对手克里（现任外交部长）。当时，我曾对学生说："我估计小布什会连任。一般人只知道小布什打伊拉克，不知道他搞教育改革。他打伊拉克在美国是不得人心的，但他搞教育改革是认真的，也是得人心的。知道吗，'911'发生的时候他正在小学的教室里给小学生朗读课文。"不出我所料，2004年小布什获得了连任。

世上没有免费的午餐，也没有"有百利而无一害"的改革选择。虽然"一个都不能少"改革在解决学生"掉队"方面效果明显，也带来新的问题。最主要的是，这一法案给各州的学校教师包括学生，都增加了不小的压力。因为每年的考核与问责措施密切相连，考试开始成为学校日常工作的指挥棒。在年度测评、达标评价和逐步升级的问责压力下，各中小学都程度不同地采取了应对措施。学校越来越重视州统考的科目，在时间、资源、教师等各个方面都予以加强。而州统考不考的科目，包括美术、音乐、体育等，则被削弱。

同时，为了达标，不少中小学延长学校上课时间，并且在放学后补课，缩减学生的休息时间，不仅增加了学生负担，也增加了教师的负担。

小布什的教育改革造成的"应试教育"束缚了教师的创造力，不利于教师的创造性发挥。"应试教育"造成的竞争性教育环境也不利于优秀学生的自由发展，可能使优秀学生的好奇心受到挫伤。因此，小布什的教育改革也遭到一部分教育专家的批评，尤其是遭到来自基层教师的强烈抵抗。伴随改革的推进，"应试教育"的弊端也越发明显。

如果说小布什总统的兴奋点是"教育改革"，奥巴马总统的兴奋点则是"医疗改革"。尽管教育问题不是奥巴马关注的首要议题。但作为一个民选总统，奥巴马绝对不敢对教育问题掉以轻心。实际上，奥巴马 2009 年 1 月宣誓就职，2 月 17 日就签署了《美国复兴与再投资法案（2009）》（American Recovery and Reinvestment Act of 2009），就提出了自己的教育改革口号"力争上游（race to the top）"，就签署法律拨款 43.5 亿美元建立了"力争上游基金"，支持各州的教育发展和教育改革。

小布什"一个都不能少"教育改革旨在改变大批学生"掉队"的问题，这种改革带来的"应试教育"却会伤害孩子的个性发展和打击教师的个性创造。怎样在"救济后进"和"保护优秀"之间保持中道？怎样寻求二者之间适度的妥协点？怎样在二者之间保持平衡？这是奥巴马在关注医疗改革和焦头烂额地应对乌克兰、叙利亚、朝鲜等一系列外交问题的同时，不得不予以考虑的问题。

在奥巴马执政进入尾声的时候，2015 年 12 月 10 日，奥巴马签署了《每一个学生成功法案》（Every Student Succeeds Act）。新法案明确宣布，此法案将取代已经施行 14 年的小布什的《一个都不能少法案（2001）》。

为改善美国基础教育（幼儿园到 12 年级，K-12）的质量，美国参议院和众议院进行了长期的讨论和两党沟通，终于在 2015 年 11 月 19 日两院的协商委员会上达成一致协议，形成了这份新法案。

奥巴马说，新的教育法案将改变《一个都不能少法案（2001）》中联邦政府对学校严格的考核评级制度，这种考评使得学校压力重重，甚至成为学校发展的负担。他承认，

"一个都不能少"教育改革的目标是正确的，有助于使每一个儿童的教师都是优秀的教师，使每一所学校都能确保每一个学生获得达到一定质量标准的教育。小布什的改革确实提升了整个教育的质量。但是，联邦政府考核的压力使学校忙于应付每年的测试，使考试成为一些中小学日常工作的"指挥棒"。

新法案终结了原本规定的联邦以测试成绩为基础的问责制，代之以州问责制，将控制教育的权力归还给各州和地方学区。新法案显著简化和减少了现有联邦项目的数量，用综合的州设计制度（state-designed system）替代了联邦问责制，减少了不必要的测试。各州的问责制以对学校的创新性评估为基础，利用多种方法来评估学校绩效，而不仅仅依靠考试分数。

新法案保留了阅读、数学和科学科目的州统考，同时强调教育评估中对学生创新性的评估，鼓励各州开发并实施灵活、适用的创新性评估。

新法案要求各州改善本州5%最困难的学校、辍学率高的高中学校以及那些部分学生表现不佳的学校的教学，确保所有学生都达到目标。

新法案的最大特点是将控制教育的权力归还给各州和地方学区，结束了联邦主导的以测试为基础的问责制度。媒体说，新法案体现了"25年来联邦对于各州控制的最大转移"，新法案代表着"一个时代的终结，即联邦政府咄咄逼人地控制公立学校成绩的时代的终结，从而将控制权归还于各州和地方学区"。

新法案并没有放松对"掉队"问题的关注，规定由各州自己界定的评估分数处于底部之5%的学校、毕业生少于67%的高中，或弱势群体学生学业成绩始终不佳的学校，都可被认为是"失败学校"且可以被州政府接管。

关于自己的教育理想，奥巴马说："通过这个安排，我们再度确认美国根本性的理想——让每一个儿童，不论他的种族、家庭收入、背景，不论他的邮政编码，不论他所居住的地点，都能获得实现自己愿望的机会。"

小布什执政之前，美国虽然在精英教育方面非常成功，但存在严重的"掉队"现象，小布什的改革旨在扭转这种局面。伴随这种改革出现的"应试教育"，又可能伤害到优秀学生的学习兴趣。奥巴马及时进行了纠偏，力争在挽救"掉队"学生的同时，保护优秀学生，力争使"每一个学生成功"。

完全是巧合，2001年，在小布什启动"一个都不能少"教育改革的同时，我国也启动了"新课程改革"。从 2004 年开始，许多年中在北京语言大学的官网上都有我写给打算报考"语言测试"方向研究生的一封信。我在信中写道："我个人认为，对于 21 世纪中国的发展，没有一件事情比于 2001 年开始的基础教育课程改革更重要。她的成败，关系到今后几十年中国的命运。她的成败，很大程度要取决于考试评价制度的改革。"

小布什执政期间，我经常感叹：美国的教育改革是总统在推动，而中国的教育改革却是教育部基础教育司的一个副司长朱慕菊在推动。

当我看到奥巴马总统签署《每一个学生成功法案》的消息，不禁从心中发出一声赞叹：这是何等清晰的教育改革思路啊。

选自《搜狐教育》第 426 期

关联拓展阅读之三

论第三代学校的核心使命

丁念金

无论在中国还是西方，学校都持续地受到普遍而严厉的批评，例如许多天赋优秀的学生在学校成为失败者。我们认为现代学校就学校进化的历程来看，属于第二代学校，第二代学校存在着全局性的问题，实现学校深刻的整体革新，转向新一代学校，即第三代学校势在必行。为了顺利而有效地转向第三代学校，首先要明确第三代学校的核心使命，为办学理念、办学目标、课程规划、教学实践、教育评价等提供直接的基础。为此，需要对第三代学校的核心使命开展前瞻性的研究。

一、向第三代学校转变的必要性

（一）三代学校的划分

到目前为止，学校总的来说已经经历了两代的发展，这两代学校呈现出很不相同的特征。第一代学校是在古代，以孔子等人为主要代表，其主流的基本特征大体上可以概括为："以人格为载体，传递人类已有文明的场所。"这大致可以分解为如下三点：第一，第一代学校的核心使命是传递人类已有的文明，包括道德文明、生活经验文明以及科技文明等，在不同地区和国家，学校的侧重点不一样；第二，在第一代学校中，对人类已有文明的传递是以人格为载体的，这里的"人格"是一个哲学范畴，是指社会期望其成员具备的身心素质的总和，按照梁启超的话来说就是"谓成为人之资格也，品行智识体力皆包于是"[1]，例如我们经常说"儒家的理想人格"，就是从这个意义上说的；第三，第一代学校是一种场所，其结构和形态非常灵活，形式千变万化，而没有统一的标准。第二代学校存在于近现代，在中国则始于清末，其重要的开创者之一是捷克教育家夸美纽斯（J.A.Comenius），它的基本特征可以概括为："学校是教师向学生传授学业的规范化机构。"这句话包含如下重要含义：第一，第二代学校的核心使命聚焦于学业，这种学业与工业一样，成为一种行业，其中最核心的学业是学问；第二，学业运行的基本方式是教师向学生传授，因此学生成为教师传授学业和塑造的对象；第三，第二代学校教育是一种制度化的教育，是规范化的，而且基本上是趋于划一的和标准化的，甚至"十分死板"[2]。近年来，学校开始显示出向新一代学校即第三代学校转向的迹象。第三代学校的基本特征可以概括为："聚焦于素质全面而个性化发展的学习共同体。"这可以做如下三点解释：第一，第三代学校的核心使命在于促进学校全体成员素质全面而个性化的发展，这里的个体即学校成员；第二，第三代学校之形式的基本内涵是学习共同体，即各类成员形成一种共同体，这种共同体的核心活动是学习活动；第三，第三代学校的结构和形态不再是划一的和标准化的，而是千变万化的，充分体现人的创造力。

（二）第二代学校全局性的严重问题

第二代学校存在全局性的严重问题，对个体身心发展的消极作用非常严重，而且这些严重问题持续了漫长的时间。众所周知，德国教育家赫尔巴特是很具有代表性的大教育家，而他的教育体系实际上说明了第二代学校的严重问题。例如，他的教育过程中，作为进行教育的必要条件，要进行耗时多、复杂而严厉的"管理"。主要的管理措施包括威吓、监督、命令、禁止和惩罚等[3]。这些管理措施基本上是非常消极的、违背儿童的天性的。这些措施成为必要，说明整个教育体系只有依赖于消极的管理措施才能进行。第二代学校往往使许多学生厌学，甚至有些儿童心存恐惧，例如，据1913年4月号的《麦克卢尔杂志》记载："1909年，一位督察员对二十家工厂的500名童工做了一项非正式的调查。她发现，其中的412名童工宁可在恶劣的环境里干活，也不愿意回到学校去。"[4]联合国教科文组织的著名报告《学会生存——教育世界的今天和明天》揭示出，有大量的儿童不适应学校："我们发现了这样一种近于荒谬的情况：在有些地区，全部儿童中只有一半能进入学校，而这一半中又有一半儿童不适应于这样的学校。即使在初等教育阶段，这些儿童就已经心灰意懒了。"[5]在第二代学校中，教师和学生都负担沉重。例如，在当前的中小学，学生负担沉重、教师工作压力大，已经是众所周知的事实。人们不断地提出要"减负"，可是就是减不了。在第二代学校里，教师和学生极为辛苦，但是他们活动的效果如何呢？我们只能说，效果并不理想。例如，在美国，早就普及了较长年限的义务教育，然而，据美国高质量教育委员会1983年的报告，在日常读、写、理解的最简单测验中，17岁的青少年，大约13%的人属于半文盲；在20世纪70年代到80年代初的美国，70年代制定的高中毕业生"最低限度能力标准"变成了"最高限度"，即便如此，每年也只有75%的高中毕业生能够拿到毕业证书。[6]美国多次开展以提高教育质量为宗旨的大规模的教育改革，都没有取得显著成效。又如，在中国，较长时间以来盛行所谓的"应试教育"，导致学生的素质较普遍地处于低水平。有人认为，教师和学生负担重，是考试制度导致的，其实并不完全如此，因为中小学12年有漫长的时间，人的学习潜能极其巨大，可以学习大量的东西，而考试制度要考到的内容并不很宽广。在第二代学校中，不但学生的学习成效差，而且学生的身心发展受到严重的消极影响，其他相关人员也受到严重的伤害，美国学者柯尔斯滕·奥尔森（Kirsten Olson）深刻地分析了学校教育在各方面相关人员的伤害，并从创造力之伤、顺从之伤、反叛之伤、麻木之伤、低估之伤、完美主义之伤、平庸之伤等方面做了分析。[7]面对第二代学校现状，丹尼尔·卡托姆（Daniel Cottom）从多个方面分析了为什么学校是无用的甚至是有害的，分析了现行学校教育的21条危害。[8]那么，第二代学校为什么会如此低效且危害严重呢？因为第二代学校的主流所遵循的总体思路是错误的，即按照工业生产的思路来开展学校教育。近现代社会总的来说是工业社会，工业生产影响着社会生活的各个领域，包括学校教育领域。工业生产的思路主线是工人制造产品，受此影响，第二代学校教育的思路主线是教师塑造学生；工人制造产品整齐划一，学校教师塑造学生也整齐划一，例如，所有的学生都几乎遵循划一的学习目标、学习内容、学习方式方法、学习速度、学习进度安排，并接受划一的评价；工业生产的基本单元是车间，学校教育的基本单元则是课堂。这些都显然是错误的，因为：第一，这种用外在力量来塑造学生的思路严重违背了人的主观能动性和自主性规律；第二，整齐划一的思路，严重违背了人的个性差异规律；第三，以课堂为基本单元的思路，严重违背了学习的广延性特征，因为个体学习应该在时间和空间上都高度广延的，远远地不能局限于课堂；第四，基于上述三点，第二代学校的核心使命实际上演化为行业化的学业论，其核心使命是传授。因此，要全面地改善人类的命运，就必须全面摆脱第二代学校，转向第三代学校。而且，近年来，已经显示出向新一代学校转变的迹象。20世纪90年代中期始于西方国家的"学习共同体"的思想和实践，在中国被日益广泛认同的"素质教育"观念，新课程改革中的"以学生发展为本"理念等等，都预示着第三代学校的来临。例如，进入21世纪以来，"以'学习共同体'为愿景的学校改革正在日本各地推展"[9]，虽然这些学校还不是完整意义上的第三代学校，但正在向第三代学校前进。

二、第三代学校核心使命的基本依据

上文提到，第三代学校的核心使命在于促进学校全体成员素质全面而个性化的发展。这里的"素质"取广义，指人的身心发展水平和特征，包括性格、价值观、知识、技能、智力、创造力、实践能力、身体素质等。[10]这种核心使命不是凭空提出的，而具有多方面的依据。其基本依据包括：

（一）人类的理想

人类理想的深层是人自身的素质发展，整个人类历史都承载着这一理想，因此，马克思强调："人们的社会历史始终只是他们的个体发展的历史，而不管他们是否意识到这一点。"[11]这里的"发展"显然就是素质发展。而人类的素质发展的理想中，特别注重两点：一是个体的全面发展，二是个体的个性化发展。全面发展的理想有着极为漫长的历史，关于这一历史，可以举如下三个典型例子：其一是孔子的"成人"（成为一个人）的思想体现了一种全面发展观："若臧武仲之知，公绰之不欲，卞庄子之勇，冉求之艺，文之以礼乐，亦可以成为人矣。"[12]其二，马克思著名的人的全面发展学说，强调古希腊在一定范围内实现了，因此古希腊人是正常的儿童。[13]其三是《学会生存——教育世界的今天和明天》中阐述的"完人"思想："把一个人在体力、智力、情绪、伦理各方面的因素综合起来，使他成为一个完善的人，这就是对教育基本目的的一个广义的界说。"[14]个性化发展的理想，也有着相当长的历史。对于个性化发展这种理想，可以用四个有代表性的例子来说明。其一，孔子曾强调："君子和而不同，小人同而不和。"[15]这已经意识到君子各自有不同的个性。其二，马克思曾强调，与资本主义机器大工业之后的社会相适应的个体发展，将是"自由个性"[16]。其三，在中国五四新文化运动时期，许多思想家都认识到人性的重要价值，充满了对个性发展的强烈追求，陈独秀、李大钊、胡适等人都是著名的代表。其四，当代人本主义心理学家马斯洛（A.H.Maslow）更是对人的个性发展做了深层次的研究，他主张的自我实现的需要，就是一个人成为自己希望的人的需要，实质上就是成为一个具有丰富而完善的个性的人，这种人是最幸福的人。他的研究还表明：自我实现的人，"既是社会上最有个性的成员，同时又是最合群、最友好的成员"[17]。

（二）人类的潜能

大量的研究和事实表明，人类具有极其巨大的潜能，这就为学校全体成员实现全面而个性化的素质发展的理想提供了最重要的前提。首先，实现个体素质的全面发展，是由人类潜能做基础的。在古代，就有许多人实现了个人素质的全面发展，例如古希腊的一些人士就是如此。在现在的一些学校，虽然多数学生是片面发展的，但也有一些学生由于提高了学习效率而实现了全面发展，他们既成功地应对了考试，又发展了多方面的素质和特长。还有这样的情况，小学阶段就学完了高中的课程，例如，辽宁省的张炘炀，10岁就考上了大学本科。我们不提倡这么早就考大学，但如果在中小学12年中，学生都像张炘炀那么高效地学习，那么是可以实现全面发展的。当前，脑科学研究的进展进一步有力地说明了人类发展潜能的极其巨大。其次，实现个体素质的个性化发展，也是由人类潜能做基础的。因为人性是多样化、存在丰富的个体差异的。正如哈耶克（A.V.Hayek）所说："人性有着无限的多样性——个人的能力及潜力存在着广泛的差异——乃是人类最具独特性的事实之一。人种的进化，很可能使他成了所有造物中最具多样性的一种。"[18]既然人性是多样化的，个体的各个方面的发展基础也是存在个别差异的，那么实现个体素质的个性化发展则是符合人性和规律的，也只有朝着个性化的方向努力，才有可能充分发挥每个个体的潜能，实现每个个体的充分发展。

（三）社会的新需求

学校全体成员素质的全面而个性化的发展，日益成为社会的新需求，也是社会发展的深层次的需求。这主要表现为以下几点：

第一，社会发展的总体指向是走向美好社会，而社会的美好首先是人的美好，人的美好的核心则是人的素质发展的美好。什么算美好的社会呢？因为人人都有着发展自己素质的内在追求，因此"美好社会"的首要任务也正在于促进人的素质的发展。正如约翰·杜威（John Dewey）所强调的，判断一个社会是否良好，根本的标准在于这个社会是否养成人的性格、解放人的能力、发展人的感觉、动手能力、求知欲和人的道德品质等。[19]总之，是发展人的各种各样的素质。

第二，尤其是今天，我们需要建设和谐社会，而和谐社会的首要基础是每个社会成员形成完善的个性。充分发展每个人的个性，对和谐社会的形成具有多方面的价值，其中特别重要的有：不同人有不同的个性，就会有不同的、多样化的价值追求，由于不同的人追求不同，就会大幅度地减少人与人之间的冲突；充分发展每个人的个性，而不是压制人的个性，人性深处的力量得到充分的释放和表现，人就会达到内在满足和平和的健康心态，这有利于促进社会的和谐；不同个人在全面发展和相互理解的基础上实现个性化的发展，充分尊重自己和他人的个性发展，就会使具有异质个性的个人之间相互吸引、相互欣赏，从而全面而深层地促进社会和谐。

第三，如今的社会在经济形态上已经开始进入知识经济社会，这既为个体素质全面而个性化的发展提供了经济基础，又对之提出了更高的要求。因为知识经济要求劳动者具有较高的创造力和整体素质发展水平，整体素质发展水平需要素质的全面发展；按照创造力投资理论，创造力的发展需要智力、知识、思维风格、个性、动机和环境六种资源，[20]这显然既需要个体素质的全面发展，又需要个体素质的个性化发展。

三、第三代学校核心使命的基本内容

第三代学校的核心使命将不再是聚焦于行业化的"学业"。上文提到，第三代学校的核心使命可以概括为"促进学校全体成员素质全面而个性化的发展"，为了更加深刻地理解这个概括，我们需要对此加以分解，即分析第三代学校核心使命的基本内容，特别要注重如下三个要点：

(一)发展主体是学校全体成员

过去许多学校的通常做法是：学校的学习与发展者主要是学生，而教师主要是传授学业，管理人员主要是对相关人员及事务进行管理，服务人员则主要是为其他成员提供服务。在第三代学校中，情况将发生巨大的变化：学校的所有成员都是学习与发展者，即学生、教师、管理人员、服务人员这四类人员都成为重要的发展主体。因为：

1. 整个社会的发展、整个学校的发展中，最基本的内涵是人本身的素质发展。当代的社会发展观已经提升为"以人为中心"的社会发展观，其基本内涵包括人自身的发展和为人的发展提供保证条件的社会各方面的发展等。[21]即社会发展的最重要的内容是作为社会成员的人的素质的发展。学校作为一种社会组织，其发展的最重要的内容是其中各类人员的素质发展。这样，学校才能真正成为一种符合学习化社会建设需要的学习型组织、学习共同体。

2. 人本身的素质发展，也是人类本性上内在的最高价值追求——有谁不希望自己素质高，例如，有谁不希望自己富有智慧呢？学校的存在与发展，应该满足每个学校成员的素质发展的价值追求。尤其是，学生阶段的核心任务就是实现自身的素质发展，促进学生的素质发展，是学校教育的首要宗旨。

3. 学生之外的各类学校成员的素质发展，对于学生和整个学校的发展也具有特别重要的意义。其中，特别重要的意义有：能够使他们在不断变化的社会中实现不断的自我更新，更加胜任本职工作，在工作中不断地实现创新；为学生的素质发展提供强大的榜样作用，从而更强有力地促进学生的素质发展，实现教育目标；由于从根本上讲，"学校的改革只能是内发的"[22]，而学校成员的素质发展，是学校内发性改革的动力和高质量的源泉。

(二)富有新时代内涵的全面发展

素质的"全面发展"是人们较熟悉的。全面发展是人类长期以来最重要的理想，在过去漫长的历史中，由于教学的低效能，这个理想基本上没有得到实现。现在，重建教学体系已经成为一种必然[23]，新的教学体系的效能将显著地提高，因此将为人的全面发展提供重要的条件。但在第三代学校中，"全面发展"的内涵将更新。按照现代课程研究中关于目标分析的重要做法，我们分析人的素质发展可以从两个维度进行：一是行为维度，即素质内在构成的基本侧面；二是内容维度，即素质发展所指向的内容领域。

1. 行为维度

关于人类素质发展内在的行为维度应该包括哪些方面，至今尚无统一的看法，也没有真正全面的研究，而只有一些初步的构想和研究。整合这些研究，我们可以认为，内在的行为维度中，关键的素质构成有如下几个方面：性格，价值观，知识、技能，智力，创造力，实践能力，身体素质。

2. 内容维度

关于素质全面发展涉及的内容侧面，学术界亦尚无系统的分析。整合各种相关的研究成果来看，全面的素质发展应该涉及的关键内容至少应有如下几个方面：学术，具体包括自然学科、人文学科、艺术、道德等领域；生产，具体包括多个行业领域；日常生活，具体包括基本生存、独处、人际交往等领域。

人的素质的全面发展，要将上述两个维度结合起来加以分析，既应该在行为维度达到相对的全面性，也应该在内容维度达到相对的全面性。显然，这不是绝对的全面性。

（三）富有新时代内涵的个性化发展

素质的"个性化发展"也是人们所熟悉的，但在第三代学校中，其内涵需要更新和进一步丰富化。就可见的未来而言，素质的个性化发展应该特别注重以下几个方面：

1. 注重人的自由发展

即注重学校全体成员的自由发展，这是素质个性化发展的深层内涵。注重自由发展，主要是因为：第一，自由是人的内在追求，"'自由个性'是马克思学说'永恒不变'的价值目标"[24]，这种价值目标当然强调人的自由发展，并以此作为个性化发展的要义。第二，注重人的自由发展，能够使人充分体验到素质发展的内在意义。正由于如此，当代人本主义心理学家罗杰斯（Carl Rogers）特别强调人的自由发展，这值得我们发扬。第三，自由发展能够拓展每个人素质发展的巨大空间，并增强每个人充分拓展自身发展空间的动力。

2. 注重不同学校成员素质发展的独特性

素质个性化发展最直接的内涵是注重每个人的独特性，即不同个人各个方面素质发展的组合互不相同，每个人的素质发展都形成一种独特的组合。之所以注重这一点，主要原因有三：第一，"人性不是一架机器，不能按照一个模型铸造出来，又开动它毫厘不差地去做替它规定好了的工作；它像一棵树，需要生长并且从各方面发展起来，需要按照那使它成为活东西的内在力量的趋向生长和发展起来"[25]，而要适应人性的内在生长性和多样性，就应该发展每个人的独特性。第二，充分发展每个人的独特性，能使每个人都更好地自我表现和充分发展，使每个人都具有充分而独特的、不可替代的价值。第三，每个人都发展其独特性，各个个体的总和，就构成社会发展的丰富性。

3. 注重个人特长的发展

无论是学生还是学校的其他成员，都要注重其特长的发展，因为：第一，发展每个人的特长，能够实现每个人的高度成功，创造每个人的美好生活，因为特长发展是成功和美好生活的重要条件之一。第二，实现个人的特长发展，可以促进社会事业的高度发展，促进社会事业的繁荣，因为每个人在发挥其特长的情况下，相应地会在相关职业岗位上创造出更大的价值。第三，实现个人的特长发展，由于每个个人都在各自的领域内追求新的发展高度，因此从总体上讲，能够不断地提升人类总体的发展水平。从进化论的角度看，世界上物质的存在和精神的存在都将倾向于向着完美的方向进步。[26]第三代学校的形成及其使命的实现，将使学校向着完美的方向前进，并帮助人类向完美的方向前进。那么，如何才能实现第三代学校的使命呢？这需要专门的探索。

参考文献：

［1］梁启超. 论教育当定宗旨［M］. 上海：上海教育出版社，1997：259～260.

［2］陈桂生. 学校教育原理（修订版）［M］. 上海：华东师范大学出版社，2012：46.

［3］中国大百科全书总编辑委员会《教育》编辑委员会编. 中国大百科全书·教育［M］. 北京：中国大百科全书出版社，1985：122.

［4］［美］约翰·泰勒·盖托. 上学真的有用吗？［M］. 汪小英译. 北京：生活·读书·新知三联书店，2010：1.

［5］［14］联合国教科文组织国际教育委员会编. 学会生存——教育世界的今天和明天［M］. 华东范大学比较教育研究所译. 北京：教育科学出版社，1996：11，195.

［6］吴文侃，杨汉清. 比较教育学［M］. 北京：人民教育出版社，1989：149～150.

［7］［美］柯尔斯滕·奥尔森. 学校会伤人：反对旧学校文化，重拾学习乐趣［M］. 孙玫璐译. 上海：华东师范大学出版社，2014：21～67.

［8］Daniel Cottom. Why Education is Useless, Philadelphia：University of Pennsylvania Press，2003：1～16.

［9］［日］佐藤学.学校的挑战：创建学习共同体［M］.钟启泉译.上海：华东师范大学出版社,2010：1.

［10］丁念金.中国素质文化发展历程的人学审视［J］.徐州工程学院学报（社会科学版）,2014（2）.

［11］马克思.马克思致帕·瓦·安年科夫［M］.北京：人民出版社,1995：532.

［12］［15］孔子.论语［M］.张燕婴译.北京：中华书局,2006：210,199.

［13］马克思恩格斯选集第2卷［M］.北京：人民出版社,1995：29.

［16］马克思恩格斯全集第46卷（上）［M］.北京：人民出版社,1979：104.

［17］［美］弗兰克·戈布尔.第三思潮：马斯洛心理学［M］.吕明,陈红雯译.上海：译文出版社,1987：31-32.

［18］［英］弗里德利希·冯·哈耶克.自由秩序原理（上）［M］.邓正来译.北京：生活·读书·新知三联书店,1997：103.

［19］［美］杜威.哲学的改造［M］.许崇清译.北京：商务印书馆,1958：106.

［20］［美］罗伯特·J·斯滕博格.创造力手册［M］.施建农等译.北京：北京理工大学出版社,2005：11.

［21］鲍宗豪.当代社会发展导论［M］.上海：华东师范大学出版社,1999：80.

［22］［日］佐藤学.学校见闻录：学习共同体的实践［M］.钟启泉译.上海：华东师范大学出版社.2014：12.

［23］丁念金.重建教学体系：一种必然［J］.湖南师范大学教育科学学报,2015（1）.

［24］王盛辉."自由个性"及其历史生成研究——基于马克思恩格斯文本整体解读的新视角［M］.北京：人民出版社,2011：339.

［25］［英］约翰·密尔.论自由［M］.程崇华译.北京：商务印书馆,1959：63.

［26］［英］约翰·伯瑞.进步的观念［M］.范祥涛译.上海：上海三联书店,2005：235.

选自《南京社会科学》2015年第5期

本丛书主要参考文献

说明：以下所列书目既是本丛书编写的主要参考文献，也是中小学教师进一步拓展阅读的主要书目。

1. 厉以贤著．现代教育原理［M］．北京：北京师范大学出版社，1988.

2. 袁振国著．教育原理［M］．上海：华东师范大学出版社，2001.

3. 孙俊三著．教育原理［M］．武汉：中南大学出版社，2001.

4. 陈桂生著．教育原理［M］．上海：华东师范大学出版社，2012.

5. 柳海民著．教育学原理［M］．北京：高等教育出版社，2011.

6. 叶澜著．教育概论［M］．北京：人民教育出版社，2006.

7. 王道俊、郭文安著．教育学原理［M］．北京：人民教育出版社，2009.

8. 檀传宝著．世界教育思想地图［M］．福州：福建教育出版社，2010.

9. ［美］乔伊·帕尔默著，任钟印等译．教育究竟是什么：100位思想家论教育［M］．北京：北京大学出版社，2008.

10.［西］费尔南多·萨瓦特尔著，李丽等译．教育的价值［M］．北京：北京大学出版社，2012.

11. 袁振国著．当代教育学［M］．北京：教育科学出版社，2010.

12.［英］A.N. 怀特海著，黄铭译．教育与科学理性的功能［M］．大象出版社，2010.

13.［英］A.N. 怀特海著，庄莲平等译．教育的目的．上海：文汇出版社，2012.

14. 全国十二所重点师范大学编．教育学基础［M］．北京：教育科学出版社，2014.

15.钟启泉、崔允都、张华编．为了中华民族的复兴，为了每位学生的发展——基础教育课程改革纲要（试行）解读［M］．上海：华东师范大学出版社，2001.

16.李政涛著．交互生成：教育理论与实践的转化之力［M］．上海：华东师范大学出版社，2001.

17.郭思乐著．教育走向生本［M］．北京：人民教育出版社，2015.

18.朱智贤著．儿童心理学［M］．北京：人民教育出版社，2009.

19.邵瑞珍著．教育心理学（修订本）［M］．上海教育出版社，1997.

20.皮连生著．学与教的心理学［M］．上海：华东师范大学出版社，1997.

21.王逢贤著．学与教的原理［M］．北京：高等教育出版社，2003.

22.梁宁建著．当代认知心理学［M］．上海：上海教育出版社，2003.

23.［美］罗斯（S. Rose）著，尚春峰等译［M］．北京：科学出版社，2016.

24.皮连生著．教育心理学［M］．上海：上海教育出版社，2011.

25.林崇德著．发展心理学［M］．北京：人民教育出版社，2009.

26.陈琦、刘儒德著．当代教育心理学［M］．北京：北京师范大学出版社，2007.

27.张奇著．学习理论［M］．武汉：湖北教育出版社，1999.

28.顾明远著．国际教育新理念［M］．海口：海南出版社，2005.

29.施良方著．学习论：学习心理学的理论与原理［M］．北京：人民教育出版社，1994.

30.施良方著．学生认知与优化教学［M］．北京：中国科学技术出版社，1991.

31.曹南燕著．认知学习理论［M］．郑州：河南教育出版社，1991.

32.［丹］克努兹·伊列雷斯著，孙玫璐译．我们如何学习：全视角学习理论［M］．北京：教育科学出版社，2014.

33.王竹立著．碎片与重构：互联网思维重塑大教育［M］．北京：电子工业出版社，2015.

34.徐耀忠著.脑科学［M］.合肥：中国科学技术出版社，2008.

35.［美］弗里斯（Chris Frith）著，杨南昌译.心智的构建：脑如何创造我们的精神世界［M］.上海：华东师范大学出版社，2012.

36.裴娣娜.教学论［M］.北京：教育科学出版社，2010.

37.［美］布鲁斯·乔伊斯（Bruce Joyce）玛莎·韦尔（Marsha Weil）艾米莉·卡尔霍恩（Emily Calhoun）著，兰英等译.教学模式（第八版）［M］.北京：中国人民大学出版社，2014.

38.施良方著.教学理论：课堂教学的原理、策略与研究［M］.上海：华东师范大学出版社，2003.

39.高文著.现代教学的模式研究［M］.济南：山东教育出版社，1998.

40.钟启泉著.现代课程论［M］.上海：山海教育出版社，2003.

41.靳玉乐著.探寻课程世界的意义：课程理论的建构与课程实践的慎思［M］.北京：北京师范大学出版社，2014.

42.钟启泉著.课程论［M］.北京：教育科学出版社，2007.

43.靳玉乐著.课程论［M］.北京：人民教育出版社，2015.

44.施良方著.课程理论：课程的基础、原理与问题［M］.北京：教育科学出版社，1996.

45.安桂清著.整体课程论[M].上海：华东师范大学出版社，2007.

46.［美]James A.Beane 著，单文经译.课程统整[M].上海：华东师范大学出版社，2003.

47.［美]Grant Wiggins,Jay Mctighe 著，赖丽珍译.重理解的课程设计[M].台北：心理出版社，2008.

48.［美]H.Lynn Erickson 著，兰英译.概念为本的课程与教学[M].北京：中国轻工业出版社，2003.

49.［美］坪谷·纽厄尔·郁子著，庄雅秀译.给孩子与世界接轨的教育[M].台北：商周出版社，2015.

50. [美] 克里夫·贝克著，戚万学等译.优化学校教育——一种价值的观点 [M]. 上海：华东师范大学出版社，2011.

51. [美] 小威廉·E·多尔著，王红宇译.后现代课程观［M］.北京：教育科学出版社，2015.

52. [美] 艾伦·C·奥恩斯坦（Allan C.Ornstein），弗朗西斯·P·汉金斯（Francis P.Hunkins）著.课程论：基础、原理和问题（第5版）[M].北京：中国人民大学出版社，2010.

53. 鲁洁、王逢贤著.德育新论［M］.南京：凤凰出版传媒集团，江苏教育出版社，2010.

54. 郑航著.学校德育概论［M］.北京：高等教育出版社，2007.

55. 檀传宝著.德育原理［M］.北京：北京师范大学出版社，2007.

56. 檀传宝著.当代东西方德育发展要览［M］.北京：人民教育出版社，2013.

57. 黄向阳著.德育原理［M］.上海：华东师范大学出版社，2000.

58. 刘丙元著.当代道德教育的价值危机和真实回归［M］.北京：北京师范大学出版社，2012.

59. 唐盛昌著.资优生教育：乐育精英的追求［M］.上海：上海教育出版社，2009.

60. 何克抗、李文光.教育技术学［M］.北京：北京师范大学出版社，2007.

61. 南国农著.信息化教育概论［M］.北京：高等教育出版社，2011.

62. 魏忠著.教育正悄悄发生一场革命［M］.上海：华东师范大学出版社，2014.

63. 魏忠著.教育正悄悄发生一场革命 [M].上海：华东师范大学出版社，2014.

64. 赵中建著.美国 STEM 教育政策进展 [M].上海：上海科技教育出版社，2016.

65. [美] 罗伯特·M·卡普拉罗等著，王雪华等译.基于项目的 STEM 学习

[M]．上海：上海科技教育出版社，2016.

66．杨晓哲著．五维突破［M］．北京：电子工业出版社，2016.

67．［美］戴夫·伯格斯（Dave Burgess）著，韩可等译．教学需要打破常规：全世界最受欢迎的创意教学法［M］．北京：中国青年出版社，2015.

68．杨雪著．听故事，学 PPT 设计［M］．北京：电子工业出版社，2014.

69．［美］戴维·珀金斯（David Perkins）著，杨彦捷译．为未知而教，为未来而学［M］．杭州：浙江人民出版社，2015.

70．尤丽嫦等著．教师信息素养 88 个情景实例［M］．广州：暨南大学出版社，2014.

71．杜积西等著．云教育：开启学习的 3A 时代［M］．北京：北京理工大学出版社，2013.

72．何传启著．第六次科技革命的战略机遇［M］．北京：科学出版社，2013.

73．熊才平著．教育在变：论信息技术对教育发展具有革命性影响［M］．北京：科学出版社，2013.

74．涂子沛著．大数据［M］．北京、桂林：广西师范大学出版社，2012.

75．涂子沛著．数据之巅：大数据革命：历史、现实与未来［M］．北京：中信出版社，2014.

76．李善友著．颠覆式创新：移动互联网时代的生存法则［M］．北京：机械工业出版社，2014.

77．腾讯科技频道编著．跨界：开启互联网与传统行业融合新趋势［M］．北京：机械工业出版社，2014.

78．［美］杰伦·拉尼尔著，李龙泉等译．互联网冲击中国：互联网思维与我们的未来［M］．北京：中信出版社，2014.

79．［美］埃里克·布莱恩约弗森等著，蒋永军译．第二次机器革命——数字化技术如何改变我们的经济与社会［M］．北京：中信出版社，2014.

80．［美］迈克尔·塞勒著，邹滔译．移动浪潮：移动智能如何改变世界［M］．北京：中信出版社，2013.

81.［美］胡迪·利普森等著，赛迪研究院专家组译.3D 打印：从想象到现实［M］.北京：中信出版社，2013.

82.［美］维克托·迈尔等著，盛杨燕等译.大数据时代：工作、生活与思维的大变革［M］.杭州：浙江人民出版社，2013.

83.［美］曼弗雷德·施皮茨尔著，王羽桐译.数字化痴呆［M］.北京：北京时代华文书局，2014.

84.［美］克里斯·安德森著，萧潇译.创客：新工业革命［M］.北京：中信出版社，2012.

85.［美］帕特里克·塔克尔著，钱峰译.赤裸裸的未来：大数据时代——如何预见未来的生活和自己［M］.南京：江苏文艺出版社，2014.

86.［美］大卫·琼斯著，苏立译.赢在互联网思维：写给下一个十年的企业领袖们［M］.北京：人民邮电出版社，2014.

87.［美］罗伯特·斯考伯等著，赵乾坤等译.即将到来的场景时代：大数据、移动设备、社交媒体、传感器、定位系统如何改变商业和生活［M］.北京：北京联合出版公司，2014.

88.［美］赵勇著，周珊珊译.就业？创业？从美国教改的迷失看世界教育趋势［M］.北京：教育科学出版社，2014.

89.［美］奇普·希思等著，姜奕晖译.让创意更有黏性［M］.北京：中信出版社，2014.

90.［美］托马斯·弗里德曼著，何帆等译.世界是平的：21 世纪简史［M］.长沙：湖南科学技术出版社，2009.

91.［美］托马斯·弗里德曼著，何帆等译.曾经的辉煌：我们在新世界生存的关键［M］.长沙：湖南科学技术出版社，2012.

92.［美］杰里米·里夫金著，赛迪研究院专家组译.零边际成本社会：一个物联网、合作共赢的新经济时代［M］.北京：中信出版社，2014.

93.［美］杰里米·里夫金著，张体委译.第三次工业革命：新经济模式如何改变世界［M］.北京：中信出版社，2012.

94. 王磊，周骥著. 无边界：互联网＋教育［M］. 北京：中信出版社，2015.

95. 赵中建著. 美国 STEM 教育政策进展［M］. 上海：上海世纪出版股份有限公司，2015.

96. ［美］埃里克·布伦赛尔著，赵中建译. 在课堂中整合工程和科学［M］. 上海：上海世纪出版股份有限公司，2015.

97. 卓越教育编著. 数字时代的高中课堂变革［M］. 济南：济南出版社，2015.

98. 金洪源著. 学科学习困难的诊断与辅导［M］. 上海：上海教育出版社，2012.

99. 张卓玉著. 第二次教育革命是否可能：人本主义的回答［M］. 北京：商务印书馆，2011.

100. 马玉玺等著. "问题导学"教学模式实践操作指南［M］. 太原：山西教育出版社，2014.

101. 管锡基著. 新课堂教学的理论研究［M］. 北京：教育科学出版社，2009.

102. 黄发国著. 翻转课堂理论研究与实践探索［M］. 济南：山东友谊出版社，2014.

103. 曹红旗编著. 教育：走向优质和卓越［M］. 济南：泰山出版社，2010.

104. 王允庆等主. 学习诊断研究［M］. 北京：外语教学与研究出版社，2013.

105. 诸葛彪等著. 自主教学操作全手册［M］. 南京：江苏教育出版社，2010.

106. 汪贤泽著. 基于课程标准的学业成就评价的比较研究［M］. 北京：教育科学出版社，2010.

107. 崔允漷著. 基于标准的课程纲要和教案［M］. 上海：华东师范大学出版社，2014.

108. 李金钊著. 基于脑的课堂教学框架设计与实践应用［M］. 上海：华东

师范大学出版社, 2013.

109. 崔允漷等著. 课堂观察：走向专业的听评课［M］. 上海：华东师范大学出版社, 2013.

110. 陈大伟著. 建设理想课堂：新课程课堂教学的反思与改进［M］. 北京：中国轻工业出版社, 2007.

111. 金瑜著. 心理测量［M］. 上海：华东师范大学出版社, 2013.

112. 崔允漷等著. 基于标准的学生学业成就评价［M］. 上海：华东师范大学出版社, 2012.

113. 李崇坤著. 教学评估：多种评价工具的设计与应用［M］. 上海：华东师范大学出版社, 2011.

114. 孙卫国著. 数字化聚合与新课程教学［M］. 北京：教育科学出版社, 2013.

115. 陈玉琨等著. 幕课与翻转课堂导论［M］. 上海：华东师范大学出版社, 2014.

116. 王坦著. 合作学习：原理与策略［M］. 北京：学苑出版社, 2001.

117. 孙亚玲著. 课堂教学有效性标准研究［M］. 北京：教育科学出版社, 2009.

118. 唐劲松著. 点击中美课堂：中美教学模式操作性比较［M］. 北京：教育科学出版社, 2010.

119. 杨莲清著. 高效能学习技术［M］. 广州：暨南大学出版社, 2006.

120. 张庆林著. 高效率教学［M］. 北京：人民教育出版社, 2002.

121. 王鉴著. 课堂研究概论［M］. 北京：人民教育出版社, 2007.

122. 丛立新著. 课程改革的教学支持研究［M］. 北京：教育科学出版社, 2007.

123. 张天宝等著. 高中新课程课堂教学改革［M］. 天津：天津教育出版社, 2005.

124. 周军著. 教学策略［M］. 北京：教育科学出版社, 2003.

125. 郅庭瑾著 . 教会学生思维［M］. 北京：教育科学出版社，2002.

126. 上官木子著 . 创造力危机：中国教育现状反思［M］. 上海：华东师范大学出版社，2006.

127. 余文森著 . 有效教学十讲［M］. 上海：华东师范大学出版社，2009.

128. 胡秋萍等著 . 平板数字化教学指导手册［M］. 北京：北京师范大学出版社，2013.

129. 郅庭瑾著，为思维而教［M］. 北京：教育科学出版社，2007.

130. 王志良著 . 脑与认知科学概论［M］. 北京：北京邮电大学出版社，2011.

131. 刘热生著 . 破解高效学习的密码：元认知高效学习五维调控技术［M］. 北京：光明日报出版社，2013.

132. 夏雪梅著 . 以学生为中心的课堂观察［M］. 北京：教育科学出版社，2012.

133. 卢敏玲等著 . 课堂学习研究：如何照顾学生个别差异［M］. 北京：教育科学出版社，2006.

134. 李淑华著 . 更有效的评价细节［M］. 重庆：西南师范大学出版社，2009.

135. 吕勤著 . 课堂大问题：高效课堂问题诊断［M］. 南京：南京大学出版社，2011.

136. 赵国忠著，透视名师课堂管理［M］. 南京：江苏人民出版社，2007.

137. 陈时见著 . 课程与教学理论和课程与教学改革［M］. 桂林：广西师范大学出版社，1999.

138. 肖成金等著 . 有效教学［M］. 大连：辽宁师范大学出版社，2006.

139. 王爱娣著 . 美国课堂教育［M］. 南京：东南大学出版社，2014.

140. 李曼丽著 . 解码 MOOC 大规模在线开放课程的教育学考察［M］. 北京：清华大学出版社，2013.

141. 高慎英等著 . 有效教学论［M］. 广州：广东教育出版社，2010.

142. 江梅著. 为高级思维能力而教［M］. 广州：华南理工大学出版社，2014.

143. 赵国栋著. 微课与幕课设计初级教程［M］. 北京：北京大学出版社，2014.

144. 茅育青等著. IT 环境下教师与学生沟通行为的发展［M］. 北京：教育科学出版社，2012.

145.［美］Michael S. Gazzaniga 等著，周晓林、高定国译. 认知神经科学：关于心智的生物学［M］. 北京：中国轻工业出版社，2011.

146.［美］David A. Sousa 著，周家仙等译. 心智、脑与教育：教育神经科学对课堂教学的启示［M］. 上海：华东师范大学出版社，2013.

147.［美］Curtis J.Bonk 著，焦建利等译. 世界是开放的：网络技术如何变革教育［M］. 上海：华东师范大学出版社，2011.

148.［美］David A. Sousa 著，认知神经科学与学习国家重点实验室译. 天才脑与学习［M］. 北京：中国轻工业出版社，2005.

149.［美］David A. Sousa 著，认知神经科学与学习国家重点实验室译. 脑与学习［M］. 北京：中国轻工业出版社，2005.

150.［美］E·詹森著，梁平译. 基于脑的学习［M］. 上海：华东师范大学出版社，2008.

151.［美］威廉·卡尔文著，杨雄里等译. 人脑如何思维：智力演化的今昔［M］. 上海：上海科学技术出版社，2012.

152.［美］扎克·林奇著，暴永宁等译. 第四次革命：看神经科技如何改变我们的未来［M］. 北京：中国科学出版社，2012.

153.［美］Paul D. Eggen 著，伍新春等译. 学习与教学策略［M］. 北京：北京师范大学出版社，2007.

154.［美］Carl R. rogrers 著，伍新春等译. 自由学习［M］. 北京：北京师范大学出版社，2006.

155.［美］David W. Johnson 著，伍新春等译. 合作学习［M］. 北京：北京

师范大学出版社,2004.

156.[美]帕克·帕尔默著,吴国珍等译.教学勇气:漫步教师心灵[M].
上海:华东师范大学出版社,2005.

157.[美]托尼·瓦格纳著,余燕译.教育大未来[M].海口:南海出版
社,2013.

158.[美]尼克·帕卡德等著,尚志强等译.美国中小学教学技巧2000则:
美国教师教学法[M].北京:首都师范大学出版社,2004.

159.[日]佐藤学著,钟启泉译.学校的挑战:创建学习共同体[M].上
海:华东师范大学出版社,2010.

160.[日]佐藤学著,钟启泉译.学校见闻录:学习共同体的实践[M].
上海:华东师范大学出版社,2014.

161.[日]佐藤学著,钟启泉译.教师的挑战:宁静的课堂革命[M].上
海:华东师范大学出版社,2012.

162.[美]约翰·D·布兰思福特等著,程可拉等译、高文审校.人是如何
学习的:大脑、心理、经验及学校[M].上海:华东师范大学出版社,2002.

163.[美]莱斯利·P·斯特弗等著,高文等译.教育中的建构主义[M].
上海:华东师范大学出版社,2002.

164.[美]戴维·H·乔纳森等著,郑太年等译、高文审校.学习环境的理
论基础[M].上海:华东师范大学出版社,2002.

165.[美]戴尔·H·申克等著,韦小满等译、张斌贤审校.学习理论:教
育的视角[M].南京:江苏教育出版社,2009.

166.[美]理查德·I·阿兰兹著,丛立新等译.学会教学[M].上海:华
东师范大学出版社,2007.

167.[美]罗伯特·L·索尔索等著,何华译.认知心理学[M].南京:江
苏教育出版社,2009.

168.[美]James A.Beane著,单文经等译.课程统整[M].上海:华东师
范大学出版社,2003.

169. ［美］F·戴维著，李彦译. 课堂管理技巧［M］. 上海：华东师范大学出版社，2003.

170. ［美］Edmund T. Emmer 著，王毅译. 中小学课堂管理［M］. 北京：中国轻工业出版社，2004.

171. ［日本］佐藤正夫著，钟启泉译. 教学原理［M］. 北京：教育科学出版社，2001.

172. ［美］威廉·F·派纳著，张华等译. 理解课程（上下）［M］. 北京：教育科学出版社，2004.

173. ［美］H·M·加涅著，王小明等译. 教学设计原理［M］. 上海：华东师范大学出版社，2007.

174. ［美］Thomas L. Good 等著，陶志琼译. 透视课堂［M］. 北京：中国轻工业出版社，2009.

175. ［加拿大］迈克尔·富兰等著，孙静萍等译. 突破［M］. 北京：教育科学出版社，2009.

176. ［美］肯·罗宾逊等著，廖建蓉等译. 发现天赋之旅［M］. 台北：天下文化出版社，2014.

177. ［美］萨尔曼·可汗著，刘婧译. 翻转课堂的可汗学院：互联时代的教育革命［M］. 杭州：浙江人民出版社，2014.

178. ［美］威廉·G·鲍恩著，欧阳淑铭等译. 拆掉常青藤的围墙：数字时代的大学［M］. 北京：中信出版社，2014.

179. ［美］阿兰·柯林斯著，陈家刚等译. 技术时代重新思考教育：数字革命与美国的学校教育［M］. 上海：华东师范大学出版社，2013.

180. 石中英著. 教育哲学［M］. 北京：北京师范大学出版社，2007.

181. 陆有铨著. 现代西方教育哲学［M］. 北京：北京大学出版社，2012.

182. 黄济著. 教育哲学通论［M］. 太原：山西出版集团，山西教育出版社，2008.

183. 黄济著. 雪泥鸿爪：新中国教育哲学重建的探索［M］. 北京：北京师

范大学出版社, 2010.

184. 冯建军著. 教育哲学 [M]. 武汉：武汉大学出版社, 2011.

185. 周浩波著. 教育哲学 [M]. 北京：人民教育出版社, 2000.

186. 武尔夫著, 张志坤译. 教育人类学 [M]. 北京：教育科学出版社, 2009.

187. 冯增俊著. 教育人类学教程 [M]. 北京：人民教育出版社, 2005.

188. 袁同凯著. 教育人类学简论 [M]. 天津：南开大学出版社, 2013.

189. 李政涛著. 教育人类学引论 [M]. 上海：上海教育出版社, 2008.

190. J.U. 奥布编, 石中英译. 教育大百科全书：教育人类学 [M]. 重庆：西南师范大学出版社, 2011.

191. 钱焕琦著. 教育伦理学 [M]. 南京：南京师范大学出版社, 2009.

192. 檀传宝著. 教师伦理学专题：教育伦理范畴研究 [M]. 北京：北京师范大学出版社, 2010.

193. 赵汀阳著. 论可能生活 [M]. 北京：中国人民大学出版社, 2010.

194. 斯特赖克著, 洪成文、张娜、黄欣译. 教学论理 [M]. 教育科学出版社, 2007.

195. 于文模著. 教育伦理学 [M]. 成都：西南交通大学出版社, 2011.

196. 丘景尼著. 教育伦理学 [M]. 福州：福建教育出版社, 2011.

197. 贾馥茗著. 教育伦理学 [M]. 南京：江苏教育出版社, 2012.

198. 鲁洁著. 教育社会学 [M]. 北京：人民教育出版社, 1990.

199. 徐瑞, 刘慧珍著. 教育社会学 [M]. 北京：北京师范大学出版社, 2010.

200. 钱民辉著. 教育社会学概论 [M]. 北京：北京大学出版社, 2010.

201. 张人杰著. 国外教育社会学基本文选 [M]. 上海：华东师范大学出版社, 2009.

202. [美] 珍妮·H·巴兰坦（Jeanne H.Ballantine）、弗洛伊德·M·海默克（Floyd M.Hammack）著, 熊耕、王春玲、王乃磊译. 教育社会学：系统的分析

［M］.北京：中国人民大学出版社，2011.

203.［美］丹尼尔·U·莱文（Daniel U.Levine）、瑞依娜·F·莱文（Rayna F.Levine）著，郭锋、黄雯、郭菲译.教育社会学［M］.北京：中国人民大学出版社，2010.

204.吴康宁著.教育社会学［M］.北京：人民教育出版社，1998.

205.齐学红著.在生活化的旗帜下：学校道德教育改革的社会学研究［M］.桂林：广西师范大学出版社，2011.

206.吴刚著.教育社会学的前沿议题［M］.上海：上海教育出版社，2011.

207.朱洵著.西方教育社会学近著导读［M］.北京：社会科学文献出版社，2015.

208.［美］迈克尔·W·阿普尔（Michael W.Apple）著，李慧敏译.全球危机、社会公平和教育［M］.中国政法大学出版社，2012.

209.杨东平著.中国教育公平的理想与现实［M］.北京：北京大学出版社，2006.

210.王思斌著.社会学教程［M］.北京：北京大学出版社，2010.

211.贾春增著.外国社会学史［M］.北京：中国人民大学出版社，2008.

212.杨善华，谢立中著.西方社会学理论（上下）［M］.北京：北京大学出版社，2006.

213.［美］吉尔伯特·萨克斯（G. Sax）、詹姆斯·W·牛顿（J.W. Newton）著，王昌海译.教育和心理的测量与评价原理［M］.南京：江苏教育出版社，2011.

214.陈玉琨著.教育评价学［M］.北京：人民教育出版社，1999.

215.胡中锋著.教育评价学［M］.北京：中国人民大学出版社，2016.

216.章建石著.基于学生增值发展的教学质量评价与保障研究［M］.北京：北京师范大学出版社，2014.

217.［日本］田中耕治著，高峡、田辉、项纯译.教育评价［M］.北京：北京师范大学出版社，2010.

218.［美］丹奈尔·D·史蒂文斯（Dannelle D.Stevens），安东尼娅·J·利维（Antonia J.Levi）著，陈定刚译.评价量表：快捷有效的教学评价工具［M］.广州：华南理工大学出版社，2014.

219. 张伟江，陈效民等著.学校教育评估指标设计概论［M］.北京：高等教育出版社，2011.

220. 杨涛著.国际基础教育质量监测实践与经验［M］.北京：北京师范大学出版社，2015.

221.［美］洛林·W·安德森著，蒋小平等译.布卢姆教育目标分类学［M］.北京：外语教学与研究出版社，2009.

222.［美］罗伯特·J·马扎诺著，高凌飙等译.教育目标的新分类学［M］.北京：教育科学出版社，2012.

223.［美］Pater W. Airasina 著，徐士强等译，赵中建校.课堂评估：理论与实践［M］.上海：华东师范大学出版社，2008.

224. 王允庆著.增值评价研究——发展性评价的实施方式［M］.大连：东北师范大学出版社，2012.

225. 黄光扬著.教育测量与评价［M］.上海：华东师范大学出版社，2012.

226. 杨向东著.课堂评价：促进学生的学习和发展［M］.上海：华东师范大学出版社，2013.

227. 陈孝彬，高洪源著.教育管理学［M］.北京：北京师范大学出版社，2008.

228. 吴志宏，冯大鸣，魏志春著.新编教育管理学［M］.上海：华东师范大学出版社，2008.

229. 萧宗六著.教育管理学［M］.北京：人民教育出版社，2008.

230. 魏凤春著.学校管理的 50 个典型案例［M］.上海：华东师范大学出版社，2009.

231. 黄志成等著.现代教育管理论［M］.上海：上海教育出版社，1999.

232. 郑杰著.给校长的建议［M］.北京：教育科学出版社，2010.

233.［美］塞西尔·G·米斯克尔、韦恩·K·霍伊著，范国睿译．教育管理学：理论研究实践［M］．北京：教育科学出版社，2007.

234. 褚宏启，张新平著．教学管理学教程［M］．北京：北京师范大学出版社，2013.

235.［美］伦恩伯格（Fred C.Lunenburg）、奥恩斯坦（Allan C.Ornstein）著，朱志勇、郑磊译．教育管理学：概念与实践［M］．北京：中国轻工业出版社，2013.

236. 黄崴著．教育管理学［M］．北京：中国人民大学出版社，2009.

237.［美］埃尔查南·科恩、特雷·G.盖斯克著，范元伟译．教育经济学［M］．上海：上海人民出版社　格致出版社，2009.

238. 范先佐著．教育经济学［M］．北京：中国人民大学出版社，2012.

239. 靳希斌著．教育经济学［M］．北京：人民教育出版社，2009.

240.［美］卡诺伊、莱文编，杜育红等译．教育大百科全书：教育经济学［M］．重庆：西南师范大学出版社，2011.

241. 张学敏著．教育经济学［M］．重庆：西南师范大学出版社，2001.

242. 刘志民著．教育经济学［M］．北京：北京大学出版社，2007.

243. 叶芸著．教育法学［M］．北京：北京师范大学出版社，2015.

244. 劳凯声著．教育法学［M］．北京：北京师范大学出版社，2008.

245. 申素平著．教育法学：原理、规范与应用［M］．北京：教育科学出版社，2009.

246.［美］内尔达·H·坎布朗·麦凯布（Nelda H.Cambron McCabe）、马莎·M·麦卡锡（Martha M.McCarthy）、斯蒂芬·B·托马斯（Stephen B.Thomas）著，褚宏启译．教育法学：教师与学生的权利（第5版）［M］．北京：中国人民大学出版社，2010.

247. 张维平，石连海著．教育法学［M］．北京：人民教育出版社，2008.

248. 吴开华，安杨，劳凯声著．民办学校法律地位［M］．南京：江苏教育出版社，2011.

249. 肖宝华著. 教育法学与小学校园安全概论［M］. 北京：人民教育出版社, 2015.

250. 高君智著. 教育法学［M］. 兰州：甘肃人民出版社, 2011.

251. 褚宏启著. 教育政策学［M］. 北京：北京师范大学出版社, 2011.

252.［英］Lan·J·Menter 著，邱超译. 教育科研实用指南［M］. 上海：华东师范大学出版社, 2015.

253. 郑金洲著. 校本研究指导［M］. 北京：教育科学出版社, 2002.

254. 郑金洲著. 教师如何做研究［M］. 上海：华东师范大学出版社, 2012.

255. 徐世贵，刘恒贺著. 教师怎样做小课题研究［M］. 重庆：西南师范大学出版社, 2011.

256. 陈岩著. 中小学课题研究［M］. 北京：北京师范大学出版社, 2013.

257. 陈大伟著. 教育科研与教师成长［M］. 上海：华东师范大学出版社, 2009.

258. 陈大伟著. 教育案例写作与研究［M］. 北京：教育科学出版社, 2012.

259. 徐建敏，管锡基著. 教育科研有问必答［M］. 北京：教育科学出版社, 2005.

260. 徐建敏，管锡基著. 国内外当代教学理论简明读本［M］. 北京：教育科学出版社, 2011.

261. 叶澜著. 教育研究方法论初探［M］. 上海：上海教育出版社, 2014.

262. 沈凌著. 校本教研新视野［M］. 北京：国家行政学院出版社, 2013.

263. 裴娣娜著. 教育研究方法导论［M］. 合肥：安徽教育出版社, 1995.

264.［美］安奈特·布鲁肖（Annette Breaux）、托德·威特克尔（Todd Whitaker），范杰译. 从优秀教师到卓越教师：极具影响力的日常教学策略［M］. 北京：中国青年出版社, 2013.

265. 朱旭东著. 教师专业发展理论研究［M］. 北京：北京师范大学出版社, 2011.

266. 教育部教师工作司编. 教师教育课程标准（试行）解读［M］. 北京：

北京师范大学出版社,2013.

267. 钱梦龙著. 教师的价值［M］.上海：华东师范大学出版社,2015.

268. 郭元祥著. 教师的 20 项修炼［M］.上海：华东师范大学出版社,2008.

269. 曹红旗编. 追寻我们共同的精神家园：教师人文读本集萃［M］.济南：济南出版社,2007.

270. 金美福著. 教师自主发展论［M］.北京：教育科学出版社,2002.

271. 吴非著. 不跪着教书［M］.上海：华东师范大学出版社,2004.

272. 张万祥著. 给年轻班主任的建议［M］.上海：华东师范大学出版社,2008.

273. 魏书生著. 班主任工作漫谈［M］.桂林：漓江出版社,2014.

274. 魏书生著. 教学工作漫谈［M］.桂林：漓江出版社,2014.

275. 李镇西著. 爱心与教育：李镇西素质教育探索手记［M］.桂林：漓江出版社,2014.

276. 程红兵著. 直面教育现场：书生校长的教育反思［M］.上海：华东师范大学出版社,2012.

277. 王崧舟著. 诗意语文：王崧舟语文教育七讲［M］.上海：华东师范大学出版社,2008.

278. 李希贵著. 面向个体的教育［M］.北京：教育科学出版社,2014.

279. 李希贵著. 学生第一［M］.北京：教育科学出版社,2011.

280. 冉乃彦著. 给年轻教师的建议［M］.上海：华东师范大学出版社,2012.

281. 陈时见著. 教师教育课程论：历史透视与国际比较［M］.北京：人民教育出版社,2011.

282. 孙培青著. 中国教育史［M］.上海：华东师范大学出版社,2009.

283. 王炳照,郭齐家等著. 简明中国教育史（第 5 版）［M］.北京：北京师范大学出版社,2008.

284. 张传燧著. 中国教育史［M］.北京：高等教育出版社,2010.

285. 曲铁华著.新编中国教育史[M].长春：东北师范大学出版社,2011.

286. 郭齐家著.中国教育史（上下）[M].北京：人民教育出版社,2015.

287. 王炳照等著.中国教育通史[M].北京：北京师范大学出版社,2013.

288. 刘垚玥、卢致俊著.中外教育简史[M].北京：中国人民大学出版社,2013.

289. 金忠明著.中外教育汇通[M].上海：上海教育出版社,2006.

290. 胡金平著.中外教育史纲[M].南京：南京师范大学出版社,2010.

291. 于洪波著.简明中外教育史[M].济南：山东人民出版社,2010.

292. 吴艳茹,杜海燕著.中外教育史[M].北京：北京师范大学出版社,2015.

293. 杜成宪,王保星著.中外教育简史（上下）[M].北京：北京师范大学出版社,2015.

294. 张斌贤著.外国教育史[M].北京：教育科学出版社,2015.

295. 吴式颖,李明德著.外国教育史教程[M].北京：人民教育出版社,2015.

296. 周采著.外国教育史[M].上海：华东师范大学出版社,2008.

297. 吴式颖著.外国教育史简称（缩编本）[M].北京：人民教育出版社,2003.

298. 雷通群著.西洋教育通史[M].长春：吉林人民出版社,2013.

299. [意]蒙台梭利著,吴启桐、金海涛译.蒙台梭利家庭教育全书[M].南宁：广西科学技术出版社,2009.

300. 赵章靖著.美国基础教育[M].上海：同济大学出版社,2015.

301. 李建民著.英国基础教育[M].上海：同济大学出版社,2015.

302. 秦琳著.德国基础教育[M].上海：同济大学出版社,2015.

303. 王晓宁,张梦琦著.法国基础教育[M].上海：同济大学出版社,2015.

304. 康建朝,李栋著.芬兰基础教育[M].上海：同济大学出版社,2015.

305. 姜晓燕，赵伟著．俄罗斯基础教育［M］．上海：同济大学出版社，2015.

306. 胡军，刘万岑著．加拿大基础教育［M］．上海：同济大学出版社，2015.

307. 李新翠著．澳大利亚基础教育［M］．上海：同济大学出版社，2015.

308. 索丰，孙启林著．韩国基础教育［M］．上海：同济大学出版社，2015.

309. 田辉著．日本基础教育［M］．上海：同济大学出版社，2015.

310. 叶澜著．中国基础教育改革发展研究［M］．北京：中国人民大学出版社，2009.

311. 从立新著．当前我国基础教育课程改革理论问题研究［M］．重庆：重庆大学出版社，2013.

312. 中国教育科学研究院课程教学研究中心编．中国基础教育课程改革十年［M］．武汉：湖北教育出版社，2013.

313. 郭齐家著．中国教育思想史［M］．北京：教育科学出版社，1987.

314. 单中惠等编著．外国教育思想史［M］．北京：高等教育出版社，2007.

315.［美］菲利普·库姆斯著，王英杰等译．世界教育危机［M］．北京：人民出版社，2001.

316. 王东华著．发现母亲［M］．成都：四川人民出版社，1999

317.［美］J.W. 博特金等著．回答未来的挑战［M］．上海：上海人民出版社，1984.

318. 斯霞著．我的教学生涯［M］．南京：江苏教育出版社，1985.

319. 李吉林著．李吉林小学语文情境教学——情境教育［M］．济南：山东教育出版社，2000.

320. 孙云晓主编．向孩子学习［M］．昆明：晨光出版社，1998.

321. 朱永新主编．中国著名校长办学思想录［M］．南京：江苏教育出版社，2000.

322. 朱永新主编．中国著名班主任德育思想录［M］．南京：江苏教育出版社，2000.

323. 赵祥麟主编. 外国教育家评传 [M]. 上海：上海教育出版社，1992.

324. 顾泠沅，郑润洲，李秀玲著. 青浦教育实验 [M]. 上海：上海教育出版社，1999.

325. 吴增强主编. 小学生心理辅导指南 [M]. 上海：上海科技教育出版社，2007.

326. 叶澜主编. 教师角色与教师发展新探 [M]. 北京：教育科学出版社，2001.

327. 陈龙安著. 创造性思维与教学 [M]. 北京：中国轻工业出版社，1999.

328. 杨东平著. 2020 中国教育改革方略 [M]. 北京：人民出版社，2010.

329. 陈时见著. 比较视野下的教育变革——比较教育理论与世界教育发展 [M]. 北京：北京师范大学出版社，2014.

330. 褚宏启等著. 中国现代教育体系研究 [M]. 北京：北京师范大学出版社，2014.

331. 何晓文著. 卓越教育的理论与实践研究 [M]. 上海：华东师范大学出版社，2014.

332. 王红顺著. 学校管理的 N 个创意 [M]. 济南：山东文艺出版社，2013.

333. 李镇西著. 给教师的 36 条建议. 武汉：长江文艺出版社，2013.

334. 于伟等著. 现代性的省思——后现代哲学思潮与我国教育基本理论研究 [M]. 北京：教育科学出版社，2014.

335. 杨伯峻著. 论语注释 [M]. 北京：中华书局，2012.

336. 朱熹著，李春尧注释. 大学 中庸 [M]. 长沙：岳麓书社，2012.

337. 高时良著. 学记研究 [M]. 北京：人民教育出版社，2006.

338. 瞿葆奎编. 中国古代教育文选 [M]. 上海：华东师范大学出版社，2010.

339. 褚宏启著. 教育现代化的路径——现代教育导论 [M]. 北京：教育科学出版社，2013.

340. 程平源著.中国教育问题调查［M］.北京：清华大学出版社,2013.

341. 熊丙奇著.教育的挑战：别忘了教育是什么［M］.上海：华东师范大学出版社,2012.

342. 郑也夫著.吾国教育病理［M］.北京：中信出版社,2013.

343. 陶行知著.陶行知文集［M］.南京：江苏教育出版社,2008.

344. 朱永新著.新教育之梦［M］.北京：人民教育出版社,2004.

345. 单中惠,杨汉麟主编.西方教育学名著提要［M］.南昌：江西人民出版社,2000.

346. 杨鑫辉主编.西方心理学名著提要［M］.南昌：江西人民出版社,2002.

347. 叶圣陶著.叶圣陶教育文集［M］.北京：人民教育出版社,1994 年.

348. 吕静等编.陈鹤琴教育论著选［M］.北京：人民教育出版社,1994.

349. ［美］戴安·拉维奇（Diane Ravith）著,冯颖译.美国学校体制的生与死［M］.北京：北京大学出版社,2014.

350. 王定华著.透视美国教育［M］.北京：北京大学出版社,2012.

351. 李希贵著.36 天美国教育之旅［M］.上海：华东师范大学出版社,2006.

352. 李茂著.彼岸的教育［M］.上海：华东师范大学出版社,2006.

353. ［美］L·迪安·韦布著,陈露茜、李朝阳译.美国教育史：一场伟大的美国实验［M］.合肥：安徽教育出版社,2010.

354. 王承绪,顾明远著.比较教育［M］.北京：人民教育出版社,2012.

355. ［美］贝磊、鲍勃、梅森著,李梅译.比较教育研究：路径与方法［M］.北京：北京大学出版社,2010.

356. 顾明远,薛理银著.比较教育导论：教育与国家发展［M］.北京：人民教育出版社,1998.

357. ［美］路易丝·斯托尔（Louise Stoll）、迪安·芬克（Dean Fink）著,柳国辉译.未来的学校：变革的目标与路径［M］.北京：北京大学出版社,2015.

358. ［美］威廉・鲍威尔（W. Powell ）、欧辰・库苏玛・鲍威尔（Q. Kusuma Powell ）著，张园译 . 如何进行个性化教学：来自国际学校的启示［M］. 北京：北京大学出版社，2013.

359. ［美］约翰・杜威（J. Dewey）著，王承绪译 . 民主主义与教育［M］. 北京：人民教育出版社，2001.

360. ［捷克］夸美纽斯著，傅任敢译 . 大教学论［M］. 北京：教育科学出版社，2014.

361. ［德］福禄培尔（Froebel）著，孙祖复译 . 人的教育［M］. 北京：人民教育出版社，2001.

362. ［德］赫尔巴特著，李其龙译 . 普通教育学［M］. 北京：人民教育出版社，2015.

363. ［英］赫・斯宾塞（H. Spencer ）著，胡毅、王承绪译 . 斯宾塞教育论著选［M］. 北京：人民教育出版社，2005.

364. ［苏联］维果茨基著，余震球译 . 维果斯基教育论著选［M］. 北京：人民教育出版社，2005.

365. ［英］洛克，杨汉麟译 . 教育漫话［M］. 北京：人民教育出版社，2006.

366. ［瑞士］皮亚杰著，卢濬译 . 皮亚杰教育论著选［M］. 北京：人民教育出版社，2006.

367. ［苏联］苏霍姆林斯基著，蔡汀译 . 苏霍姆林斯基选集［M］. 北京：教育科学出版社，2001.

368. ［美］舒尔茨著 . 教育的经济价值［M］. 长春：吉林人民出版社，1982.

369. ［法］保罗・郎格朗著，终身教育引论［M］. 北京：中国对外翻译出版公司，1985.

370. ［美］约翰・杜威（J. Dewey）著，赵祥麟、王承绪编译 . 明日之学校［M］. 上海：华东师范大学出版社，1981.

371. ［英］罗素著，杨汉麟译 . 教育和美好的生活［M］. 石家庄：河北人民出版社，2001.

372.［法］卢梭著，李平沤译.爱弥儿［M］.北京：商务印书馆，1978.

373.［美］布鲁纳著，邵瑞珍译.教育过程［M］.北京：文化教育出版社，1982.

374.［苏］巴班斯基著，吴文侃等译.教育过程最优化［M］.北京：教育科学出版社，2001.

375.［美］罗森塔尔、雅各布森著，唐晓杰、崔允漷译.课堂中的皮格马利翁——教师期望与学生智力的发展［M］.北京：人民教育出版社，1998.

376.［苏］阿莫纳什维利著，朱佩荣译.孩子们！你好！［M］.北京：教育科学出版社，2002.

377.［德］菲拉·费·毕尔肯比尔著.学习，别听学校的［M］.南京：江苏人民出版社，2000.

378.［苏］赞科夫著，杜殿坤译.和教师的谈话［M］.北京：教育科学出版社，1980.

379.［美］加德纳著，沈致隆译.多元智能［M］.北京：新华出版社，2004.

380.［英］斯宾塞著，颜真译.斯宾塞的快乐教育［M］.福州：海峡文艺出版社，2005.

381.［苏］马卡连柯著，磊然译.教育诗［M］.北京：人民文学出版社，1957.

382.［英］赫青黎著，单中惠等译.科学与教育［M］.北京：人民教育出版社，1990.

383.［美］斯腾伯格著，俞晓琳译.成功智力［M］.上海：华东师范大学出版社，1999.

384.［日］木村久一著，王传璧译.早期教育与天才［M］.海口：海南出版社，1977.

385.联合国教科文组织国际21世纪教育委员会编.教育——财富蕴藏其中［M］.北京：教育科学出版社，1996.

386.联合国教科文组织编.学会生存——教育世界的今天与明天［M］.北

京：教育科学出版社，2000.

387.［美］彼得·圣吉著，郭进隆译.第五项修炼［M］.上海：三联书店，2002.

388.［英］埃德蒙·金著，王承绪等译.别国的学校和我们的学校［M］.北京：人民教育出版社，2001.

389.［美］布鲁克菲尔德、普瑞斯基尔著，罗静、褚保堂译.讨论式教学法：实现民主课堂的方法与技巧［M］.北京：中国轻工业出版社，2002.

390.［挪威］波·达林著，直国睿主译.理论与战略：国际视野中的学校发展［M］.北京：教育科学出版社，2003.

391.［美］欧内斯特·L·博耶著.关于美国教育改革的演讲［M］.北京：教育科学出版社，2003.

392.［英］托尼·布什等著，许可译.教改时期，你该如何当校长［M］.福州：福建省教育出版社，2011.

393.［日］黑柳彻子著.窗边的小豆豆［M］.海口：南海出版公司，2003.

394.［美］拉尔夫·泰勒著，罗康、张阅译.课程与教学的基本原理［M］.北京：人民教育出版社，2014.

395.［美］约翰·古德莱得著，苏智欣等译.一个称作学校的地方［M］.上海：华东师范大学出版社，2014.

396.［巴西］保罗·弗莱雷著，顾建新等译.被压迫者教育学［M］.上海：华东师范大学出版社，2014.

397. 龚春燕主编.中小学特色学校建设策略［M］.北京：教育科学出版社，2013.

398.［美］内尔·诺丁斯著，侯晶晶译.当学校改革走入误区［M］.上海：教育科学出版，2013.

399.［美］柯尔斯滕·奥尔森著，孙玫璐译.学校会伤人［M］.上海：华东师范大学出版社，2014.

后 记

这套丛书的编选，主要源自于我们多年来从事教育事业的丰富实践与体验，对教师专业发展的深入思考与探索，对教育专业理论书籍的系统研读与重构。

多年以来，一个教育现象值得我们思考：我们广大的一线教师，参加了那么多会议式的报告会和讲习班，在会上聆听了那么多著名专家学者的学术报告，听取了那么多优秀教师先进经验的介绍；阅读了那么多的报纸杂志和教学经验选编，浏览了那么多的互联网知识信息；并且教了多年的书，具有丰富的教育教学实践，但为什么没有成为一名优秀而卓越的教师呢？为什么对自己或他人教育教学实践的思索与判断经常是只知其一，不知其二；只见树木，不见森林；为什么总是跳不出片面思维的桎梏，总是就事论事，一叶障目而不见泰山？甚至经常出现知识性、常识性错误？为什么不能敏锐地看到尚在萌芽中但却极具发展潜力的教育大趋势？而专家学者却在发现问题和研究问题时往往能够透过表象抓住实质、揭示规律，能够多角度、全方位、超时空地思考和研究教育教学问题？

2008 年夏，本丛书的总策划因工作职务变动，得以从教育教学一线繁忙的事务性工作中解脱出来，于是沿着专家学者和卓越教师、校长专业化读书的路径，系统深入地阅读了数以千万字的政治学、心理学、伦理学、哲学、社会学、教育学、学习论、课程论、教学论、中外教育史等大量专业书籍。在阅读的过程中，结合自己以往的教育教学及管理实践经验，有针对性地观察一线骨干教师和优秀校长从事教育教学及管理的现状，不断深入反思自己的工作经验和读书经历，渐渐地对所从事的教育事业有了些规律性的感悟和体会，对教育教学工作有了一种豁然开朗、一通百通的感觉和体验，对教育现象的分析也逐渐地能够把握本质、靠拢规律，研究学生的健康成长也逐渐地摸到了门径。

认真审视和思考自己的这一系列变化，才真正地认识到除了丰富的教育教学实践和积极的反思之外，系统而完备的专业理论知识对一个教育工作者专业发展起着至关重要的作用。因此，针对教师专业知识结构构建、专业发展和专业阅读的需要，开始起意编选这套专业理论读物。2014年春，我们编写组在大量阅读专业书籍、深入自我反思、多方请教和广泛征求一线教师和校长意见的基础上，起草了本丛书的编写大纲。编写大纲起草之后，我们先后征求了北京师范大学、华东师范大学、华南师范大学等高校著名专家学者的意见，得到了这些专家学者的充分肯定，这才在济南出版社的大力支持帮助下，开始集中人力、物力编选此套丛书。

在编选的过程中，不知遇到了多少困难！因为理论支撑不够、资料难以搜求、时间比较紧张、学术水平所限、与原作者沟通版权等种种原因，着手又放下，放下再开始，如是反复多次，终于在2016年的春天有了现在的模样。说起来，迄今已两年多过去了。多少苦与累，难以言说。

此书的编选得到了济南出版社的大力支持和帮助。感谢济南出版社的领导，感谢各位编辑，祝你们事业发达，再创辉煌。

感谢各位原著作者，是你们的辛勤劳动成就了本丛书。

感谢为本丛书做校对的各位老师，是你们的辛勤付出成就了本书的精彩。祝您在专业发展和成长的道路上一帆风顺，在教书育人的道路上前途无量。

最后，感谢各位读者，预祝你们阅读愉快，能有收获。

卓越教育谨识于 2016 年 6 月 1 日

附　丛书阅读导图

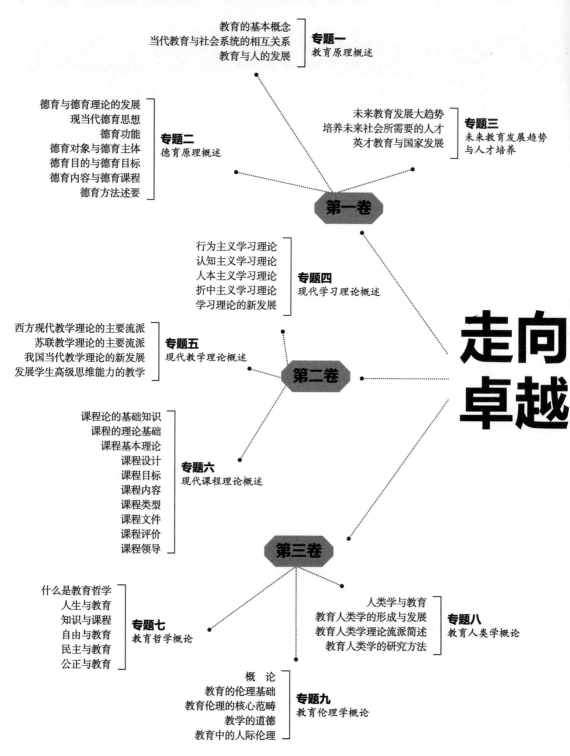

教育的基本概念
当代教育与社会系统的相互关系
教育与人的发展

专题一
教育原理概述

未来教育发展大趋势
培养未来社会所需要的人才
英才教育与国家发展

专题三
未来教育发展趋势
与人才培养

德育与德育理论的发展
现当代德育思想
德育功能
德育对象与德育主体
德育目的与德育目标
德育内容与德育课程
德育方法述要

专题二
德育原理概述

第一卷

行为主义学习理论
认知主义学习理论
人本主义学习理论
折中主义学习理论
学习理论的新发展

专题四
现代学习理论概述

西方现代教学理论的主要流派
苏联教学理论的主要流派
我国当代教学理论的新发展
发展学生高级思维能力的教学

专题五
现代教学理论概述

第二卷

课程论的基础知识
课程的理论基础
课程基本理论
课程设计
课程目标
课程内容
课程类型
课程文件
课程评价
课程领导

专题六
现代课程理论概述

走向
卓越

什么是教育哲学
人生与教育
知识与课程
自由与教育
民主与教育
公正与教育

专题七
教育哲学概论

第三卷

人类学与教育
教育人类学的形成与发展
教育人类学理论流派简述
教育人类学的研究方法

专题八
教育人类学概论

概　论
教育的伦理基础
教育伦理的核心范畴
教学的道德
教育中的人际伦理

专题九
教育伦理学概论

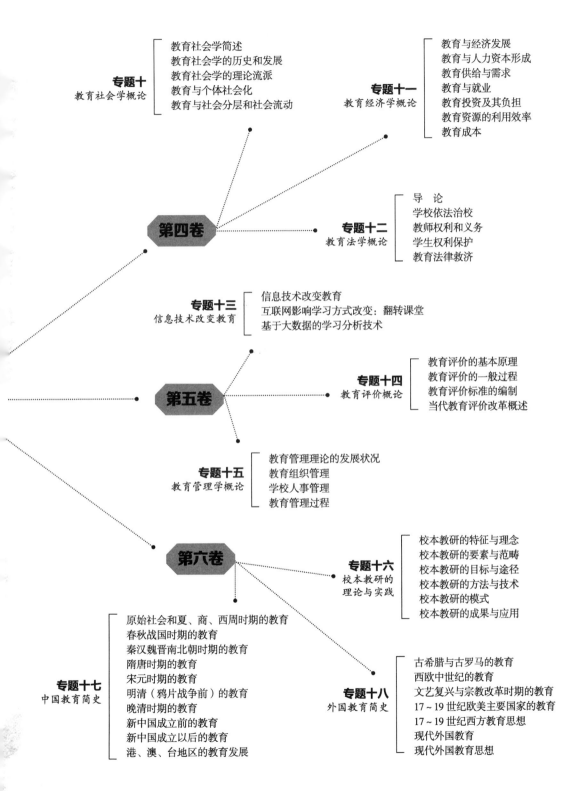

专题十
教育社会学概论
- 教育社会学简述
- 教育社会学的历史和发展
- 教育社会学的理论流派
- 教育与个体社会化
- 教育与社会分层和社会流动

专题十一
教育经济学概论
- 教育与经济发展
- 教育与人力资本形成
- 教育供给与需求
- 教育与就业
- 教育投资及其负担
- 教育资源的利用效率
- 教育成本

第四卷

专题十二
教育法学概论
- 导 论
- 学校依法治校
- 教师权利和义务
- 学生权利保护
- 教育法律救济

专题十三
信息技术改变教育
- 信息技术改变教育
- 互联网影响学习方式改变：翻转课堂
- 基于大数据的学习分析技术

第五卷

专题十四
教育评价概论
- 教育评价的基本原理
- 教育评价的一般过程
- 教育评价标准的编制
- 当代教育评价改革概述

专题十五
教育管理学概论
- 教育管理理论的发展状况
- 教育组织管理
- 学校人事管理
- 教育管理过程

第六卷

专题十六
校本教研的
理论与实践
- 校本教研的特征与理念
- 校本教研的要素与范畴
- 校本教研的目标与途径
- 校本教研的方法与技术
- 校本教研的模式
- 校本教研的成果与应用

专题十七
中国教育简史
- 原始社会和夏、商、西周时期的教育
- 春秋战国时期的教育
- 秦汉魏晋南北朝时期的教育
- 隋唐时期的教育
- 宋元时期的教育
- 明清（鸦片战争前）的教育
- 晚清时期的教育
- 新中国成立前的教育
- 新中国成立以后的教育
- 港、澳、台地区的教育发展

专题十八
外国教育简史
- 古希腊与古罗马的教育
- 西欧中世纪的教育
- 文艺复兴与宗教改革时期的教育
- 17～19世纪欧美主要国家的教育
- 17～19世纪西方教育思想
- 现代外国教育
- 现代外国教育思想